中共国家税务总局党校　系列教材·税收理论与实务类
国家税务总局税务干部学院

"一带一路"税收政策解析与风险防范

王文清　主编

中国税务出版社

图书在版编目（CIP）数据

"一带一路"税收政策解析与风险防范/王文清主编．－－北京：中国税务出版社，2022.1

ISBN 978－7－5678－1177－5

Ⅰ.①一… Ⅱ.①王… Ⅲ.①"一带一路"－国际税收－税收政策－干部培训－教材 Ⅳ.①F810.42

中国版本图书馆CIP数据核字（2021）第280456号

版权所有·侵权必究

书　　名：	"一带一路"税收政策解析与风险防范
作　　者：	王文清　主编
责任编辑：	刘　菲　王振波
责任校对：	姚浩晴
技术设计：	刘冬珂
出版发行：	中国税务出版社
	北京市丰台区广安路9号国投财富广场1号楼11层
	邮政编码：100055
	网址：https：//www.taxation.cn
	投稿：https：//www.taxation.cn/qt/zztg
	发行中心电话：（010）83362083/85/86
	传真：（010）83362047/48/49
经　　销：	各地新华书店
印　　刷：	北京天宇星印刷厂
规　　格：	787毫米×1092毫米　1/16
印　　张：	26
字　　数：	436000字
版　　次：	2022年1月第1版　2022年1月第1次印刷
书　　号：	ISBN 978－7－5678－1177－5
定　　价：	86.00元

如有印装错误　本社负责调换

中共国家税务总局党校
国家税务总局税务干部学院

系列教材编审委员会

主　　任：曾光辉

副主任：朱诗柱　王锦锋　高永清　辛连珠

委　　员：周开君　丁正智　王建华　张文珍

　　　　　田金辉　钱　杨　朱　洁　尹　磊

　　　　　潘雷驰　赵子建

本书编写人员

主　编：王文清
副主编：曹琦欢
成　员：何振华　杨昌睿　姚巧燕　梁丽丽
　　　　王　烜

前　言

2013年9月和10月，中国国家主席习近平在出访中亚和东南亚国家期间，先后提出共建"丝绸之路经济带"和"21世纪海上丝绸之路"的重大倡议，此后简称为"一带一路"倡议。2015年3月28日，经国务院授权，国家发展和改革委员会、外交部、商务部联合发布了《推动共建丝绸之路经济带和21世纪海上丝绸之路的愿景与行动》；2017年5月，推进"一带一路"建设工作领导小组办公室发布了《共建"一带一路"：理念、实践与中国的贡献》。

"一带一路"倡议以共商、共建、共享为基本原则，以政策沟通、设施联通、贸易畅通、资金融通、民心相通为重点方向，致力于与"一带一路"沿线国家（地区）打造命运共同体和利益共同体，得到了国际社会的广泛认同。截至2021年11月底，我国已经同144个国家和32个国际组织签署200余份共建"一带一路"合作文件。"一带一路"建设8年来，为我国应对国际逆全球化和单边贸易保护主义，推进"一带一路"沿线国家（地区）及第三方贸易体全球治理体系和多边合作，构建新型国际投资贸易格局和多边投资贸易规则发挥了重要的主导作用。

共建"一带一路"，税收"责无旁贷"。在全球区域经济合作中，税收政策协调和创新都发挥着十分重要的作用。2017年5月14日，中国国家税务总局局长王军参加"一带一路"国际合作高峰论坛"推动贸易畅通"平行主题会议，并作了题为《深化税收合作，促进经贸畅通》的发言。旨在推动"一带一路"沿线国家（地区）税收合作，促进经贸畅通，努力消除税收壁垒，有效降低税收负担，共同提升税收治理能力，进一步服务和推进"一带一路"建设。2019年4月20日，由中国国家税务总局主办的第一届"一带一路"税收征管合作论坛在浙江乌镇闭幕。与会各国联合发布了《乌镇声明》以及《乌镇行动计划（2019—2021）》，"一带一路"税收征管合作取得标志性新进展。2020年6月，王军局长在"一带一路"税收征管合作机制视频会议中指出，要各方搭建"以税抗疫"专项交流研讨平台，及时、全面分享应对新冠肺炎疫情的税收政策措施和征管服务举措；充分发挥专业优势，开展疫情对各经济体的影响以及应对政策的效应分析，寻求抗疫情、促发展的税收良策。在数字经济快速发展和抗疫攻坚克难的当前，世界各国之间需要国际税收的交流合作，更需要相互信任、共同发展、和平稳定的良好环境。2021年，中共中央办公厅、国务院办公厅印发《关于进一步深化税收征管改革的意见》，要求不断完善"一带一路"税收征管合作机制，支持发展中国家提高税收征管能力。进一步扩大和完善税收协定网络，加大跨境涉税争议案件协商力度，实施好对所得避免双重征税的双边协定，为高质量"引进来"和高水平"走出去"提供支撑。2021年9月9日，以"数字时代税收信息化能力建设"为主题的第二届"一带一路"税收征管合作论坛闭幕。与会各国联合发布了《第二届"一带一路"税收征管合作论坛联合声明》以及《努尔苏丹行动计划（2022—2024）》等，为开创"一带一路"税收征管合作机制向着"以数治税"方向发展提供了强有力的保障。在持续推进"一带一路"建设的税务行动中，先后设立了"一带一路"税收征管合作机制秘书处，建立了"一带一路"税收征管能力促进联盟，建成了多所"一带一路"税务学院，上线了"一带一路"税收征管合作机制官方网站，创立了《"一带一路"税收（英文）》期刊，等等。因此，需要加强税务干部的"一带一路"税收征管知识培训，便于更好地服务"一带一路"建设。

对此，为满足全国税务系统干部教育培训的需要，帮助税务干部更好地提升业务能力，学好和用好相关税收政策和服务管理措施，充分发挥税务部门的职能作用，服务好"走出去"企业，有力促进"一带一路"建设，由国家税务总局税务干部学院牵头组织税务系统内业务骨干精心编写了《"一带一路"税收政策解析与风险防范》学习教材，供从事国际税收、进出口税收等管理岗位人员及"走出去"企业参考使用。本教材所依据的各项政策发布时间截至2021年11月30日，从我国"一带一路"建设发展历程入手，总结归纳了国内及"一带一路"沿线9个国家的税收制度及政策，并对我国对外签署的税收协定进行了逐条分析，形成对"一带一路"税收政策的整体概览。

本教材共分四章，其中：第一章主要概括我国"一带一路"建设的发展历程，回顾各个时期的建设情况；第二章对"一带一路"税收征管合作机制建设进行介绍，展示建设性成果；第三章解析服务"一带一路"建设税收政策，总结整理进出口税收、企业所得税、境外所得个人所得税、税收协定等政策，以及反避税规定、税收管理和服务举措等；第四章对"走出去"企业涉税风险识别与防范进行分析，深入阐述了"走出去"企业税收风险识别的必要性和方法，以及税收风险防范的要点。附录部分主要介绍巴基斯坦等9个"一带一路"沿线国家的税制情况并进行比较和分析，为"走出去"企业提供可参考的资料；同时对"一带一路"税收政策以目录形式呈现（政策内容摘编请详见本书附录2的二维码增值服务内容）。同时，本教材还编入诸多案例与税收数据分析，提出如何处理世界各国之间存在税收征管差异的解决方案，助力"走出去"企业行稳致远。

本教材由王文清、曹琦欢、何振华、杨昌睿、姚巧燕、梁丽丽、王烜组织编写，全书由王文清负责统稿。全书在作者学术见解和观点的基础上，参考借鉴国家税务总局相关司局及部分省、市税务局的有关书籍，运用简洁明了的文字表述进行了梳理归纳。在此，特别感谢参与本教材编写人员的大力支持和辛勤努力。同时，对给予我们关心和指导的领导及国际税收业界同行一并表示感谢。

由于作者水平有限，加之教材编写时间紧任务重，不足之处在所难免，恳请业内专家及广大读者批评指正。

编　者

2021 年 11 月

目 录

第一章 我国"一带一路"建设的发展历程 1
- 第一节 我国"一带一路"建设发展历程回顾 1
- 第二节 "十三五"时期我国企业参与"一带一路"建设情况 12
- 第三节 税收服务"一带一路"建设工作情况 14

第二章 "一带一路"税收征管合作机制建设 30
- 第一节 "一带一路"税收征管合作机制背景及框架结构 30
- 第二节 "一带一路"税收征管合作论坛举办情况 38
- 第三节 "一带一路"税收征管能力促进联盟基本情况 41
- 第四节 "一带一路"税收征管合作机制的建设成果及进展 46

第三章 我国服务"一带一路"建设的税收政策 59
- 第一节 出口退（免）税政策 59
- 第二节 出口免税政策 116
- 第三节 进出口环节税收政策 132
- 第四节 境外所得企业所得税政策 146
- 第五节 境外所得个人所得税政策 155
- 第六节 税收协定 175
- 第七节 反避税规定 253
- 第八节 税收管理规定 265
- 第九节 税收服务举措 299

第四章 "走出去"企业税收风险识别及防范 ………………… 309
第一节 "走出去"企业税收风险识别的必要性及依据 ……… 309
第二节 "走出去"企业税收风险类型及识别 ………………… 312
第三节 "走出去"企业税收风险防范建议 …………………… 324

附录 ……………………………………………………………… 327
附录1 9个"一带一路"沿线国家税制概览 …………………… 327
附录2 服务"一带一路"建设主要税收政策目录 …………… 403

第一章 我国"一带一路"建设的发展历程

第一节 我国"一带一路"建设发展历程回顾

[学习导读] 本节主要介绍我国"一带一路"建设的发展历程。我国"一带一路"建设与发展的国际性影响力十分显著,本节通过对"五通"① 高质量建设的介绍,使读者进一步了解从"一带一路"倡议提出到建设发展的轨迹与成果。

一、国际性影响力显著,多方位实现全球化再平衡

2013年9月7日,习近平主席在哈萨克斯坦纳扎尔巴耶夫大学所作题为《弘扬人民友谊共创美好未来》的演讲,提出共同建设"丝绸之路经济带"倡议。2013年10月3日,习近平主席在印度尼西亚国会发表题为《携手建设中国—东盟命运共同体》的演讲,提出共同建设"21世纪海上丝绸之路"倡议。共同建设"丝绸之路经济带"和"21世纪海上丝绸之路"的倡议简称"一带一路"倡议。

目前,"一带一路"倡议已被国际上广泛认为是当前发展前景最好的国际合作平台之一。截至2021年11月底,我国已同144个国家和32个

---

① "五通",是指"政策沟通、设施联通、贸易畅通、资金融通、民心相通",源自于《携手推进"一带一路"建设》——2017年习近平主席在"一带一路"国际合作高峰论坛开幕式上的演讲。

国际组织签署 200 余份共建"一带一路"合作文件①，涵盖互联互通、投资、贸易、金融、科技、社会、人文、民生、海洋等领域，越来越多的国家和国际组织加入共商、共建、共享的"朋友圈"，其国际影响力与地位十分显著。

一是"一带一路"倡议顺应了和平、发展、合作、共赢的时代潮流，契合各国追求开放、联动发展的共同愿望，正在多方位实现全球化再平衡。二是"一带一路"倡议提出以来，我国不断与"一带一路"沿线国家深化经贸合作，助推经济发展和工业化进程，实现共同发展，催生了世界经济新格局。2013 年至 2019 年，我国对"一带一路"沿线国家（地区）累计直接投资 1173.1 亿美元。截至 2019 年末，中国对"一带一路"沿线国家的直接投资存量为 1794.7 亿美元，占我国对外直接投资存量的 8.2%②，为当地创造近百万个就业岗位。三是我国大规模投资"一带一路"沿线国家（地区）的基础设施，改善了当地货物贸易和民众生活水平，有利地支持了各国经济迅猛发展，很多国家通过参与"一带一路"合作找到了发展经济的有效渠道。近年来，世界银行发布包括《交通基础设施："一带一路"倡议的量化模型和估算》《"一带一路"经济学：交通走廊发展机遇与风险》《"一带一路"倡议对东亚及太平洋国家的经济增长和福利影响》等多项研究报告。据统计，"一带一路"倡议将使相关国家（地区）760 万人摆脱极端贫困、3200 万人摆脱中度贫困，使参与国贸易增长 2.8% ~ 9.7%、全球贸易增长 1.7% ~ 6.2%、全球收入增加 0.7% ~ 2.9%。③ 通过促进沿线国家（地区）互联互通建设，"一带一路"相关项目使沿线国家（地区）货运时间平均减少 1.7% ~ 3.2%，全球货运时间平均缩短 1.2% ~ 2.5%，贸易总成本降低 1.1% ~ 2.2%；新建设的交通网络将让"一带一路"沿线国家（地区）的外国直接投资总额增加 4.97%；"交通网络效应"预计将推动撒哈拉以南非洲"一带一路"沿线国家 GDP 增长 0.13%，促进东亚及太平洋地区的发展中国家 GDP 平均增长 2.6% ~

---

① 中国一带一路网. 已同中国签订共建"一带一路"合作文件的国家一览 [EB/OL]. [2021-12-01]. https://www.yidaiyilu.gov.cn/xwzx/roll/77298.htm.
② 商务部. 商务部等部门联合发布《2019 年度中国对外直接投资统计公报》[EB/OL]. [2020-09-16]. http://hzs.mofcom.gov.cn/article/date/202009/20200903001523.shtml.
③ 胡必亮. "一带一路"创造全球共同发展新机遇 [EB/OL]. [2019-10-05]. https://baijiahao.baidu.com/s?id=1646526557883641411.

3.9%。① 由此可见,"一带一路"倡议对全球而言是一种"平衡性力量",有助于广大发展中国家在发展的同时保持主权独立和自由平等,是推动全球实现多边主义转轨的重要力量。

总而言之,"一带一路"一方面为长期处于"全球化洼地"的国家(地区)提供了发展机遇,助其摆脱贫困并逐步实现现代化;另一方面,也为发达国家的发展注入新动能,延长全球价值链,多方位实现全球化再平衡。

二、顶层设计日趋完善,多类合作协议与蓝图绘就

政策沟通是共建"一带一路"的重要保障,顶层设计科学且完善,才能整体谋篇布局,使得"一带一路"建设的当下和长远、现实和未来相统一,实现沿线国家(地区)的共同进步。

2016年,"一带一路"建设实现多个"首次"事项。4月11日,《中华人民共和国外交部与联合国亚洲及太平洋经济社会委员会关于推进地区互联互通和"一带一路"倡议的意向书》签署成功,这是中国与国际组织签署的首份"一带一路"合作文件。6月23日,中国、俄罗斯、蒙古三国元首共同见证《建设中蒙俄经济走廊规划纲要》的签署,这是共建"一带一路"框架下的首个多边合作规划纲要。9月2日,中国与哈萨克斯坦两国元首共同见证签署《"丝绸之路经济带"建设与"光明之路"新经济政策对接合作规划》,这是共建"一带一路"倡议框架下签署发布的第一个双边合作规划。11月17日,"一带一路"倡议首次写入联合国大会决议,并得到193个会员国的一致赞同,体现了国际社会对共建"一带一路"倡议的普遍支持。

2017年,"一带一路"建设获得沿线各国的广泛支持。1月8日,习近平主席访问联合国日内瓦总部,提出"构建人类命运共同体"。3月27日,新西兰与中国签署"一带一路"合作文件,成为了首个签署"一带一路"合作文件的西方发达国家。5月14日至15日,首届"一带一路"国际合作高峰论坛在我国北京举办,来自29个国家的国家元首、政府首脑与会,有140多个国家和80多个国际组织的1600多名代表参会,形成了76大项、270多项具体成果。6月19日,《"一带一路"建设海上合作设想》发布,这是中国政府首次就推进"一带一路"建设海上合作提出中国方案。12月3日,在第四届

---

① 吴乐珺,王慧. 世行评价一带一路:跨大陆互联互通的宏伟举措[EB/OL]. [2019-04-20]. https://baijiahao.baidu.com/s?id=1631294327516140726&wfr=spider&for=pc.

世界互联网大会上，中国、老挝、沙特阿拉伯、塞尔维亚、泰国、土耳其、阿联酋等国家相关部门共同发起《"一带一路"数字经济国际合作倡议》。

2018年，"一带一路"合作平台不断拓展，合作机制更加健全。1月22日，我国与拉美国家发布《"一带一路"特别声明》，"一带一路"倡议得到拉美国家广泛认同。6月，"一带一路"国际商事争端解决机制和机构建立。9月3日，中非合作论坛北京峰会召开，论坛期间28个非洲国家和非洲联盟与中国签署"一带一路"政府间谅解备忘录。

2019年，"一带一路"建设从谋篇布局的"大写意"转入精耕细作的"工笔画"，向高质量发展转变。3月23日，中意签署"一带一路"合作文件，意大利成为首个加入"一带一路"倡议的七国集团（G7）成员国。4月18日，"一带一路"税收征管合作机制建立，34个国家税务部门共同签署谅解备忘录。4月25日至27日，第二届"一带一路"国际合作高峰论坛在我国北京举行，37个国家的元首、政府首脑等领导人出席圆桌峰会，来自150多个国家和90多个国际组织的近5000位外宾出席论坛，会议形成了6大类283项成果，并通过圆桌峰会联合公报。6月17日，中英签署《关于开展第三方市场合作的谅解备忘录》，截至2019年底，中国与法国、日本、意大利、英国等14个国家签署第三方市场合作文件。

2020年，新冠肺炎疫情赋予"一带一路"新内涵和新使命。受新冠肺炎疫情影响，当年全球经济陷入衰退，在这种形势下，中国秉持共商、共建、共享原则，加大与"一带一路"沿线国家的抗疫合作。3月2日，"一带一路"银行间常态化合作机制发布倡议，呼吁"一带一路"金融机构为全球抗击疫情、保持经济稳定增长作出积极贡献。6月18日，"一带一路"国际合作高级别视频会议举行，中国国家主席习近平在书面致辞中强调愿同合作伙伴一道，把"一带一路"打造成团结应对挑战的合作之路、维护人民健康安全的健康之路、促进经济社会恢复的复苏之路、释放发展潜力的增长之路。此外，2020年自贸区建设取得新突破，2020年11月15个成员方共同签署《区域全面经济伙伴关系协定》（RCEP），标志着世界上人口最多、成员结构最多元、发展潜力最大的自贸区建设取得重大突破，这是东亚区域一体化20年来最重要的成果。另外，还有与柬埔寨签署自贸协定、正式实施中国—巴基斯坦自贸协定第二阶段议定书关税减让安排、签署中欧地理标志协定等硕果。

三、基础设施建设蓬勃发展，为共同体"铺路架桥"①

设施联通是共建"一带一路"的优先方向。经分析《共建"一带一路"倡议：进展、贡献与展望》报告和《中国"一带一路"贸易投资发展报告2020》可知，"一带一路"建设聚焦"六廊六路多国多港"主骨架，实现推动铁路、港口、航空、能源领域一系列标志性项目取得实质性进展，"六廊六路多国多港"互联互通架构基本形成。具体如下：

新亚欧大陆桥、中蒙俄、中国—中亚—西亚、中国—中南半岛、中巴和孟中印缅等六大国际经济合作走廊将亚洲经济圈与欧洲经济圈联系在一起，为构建高效畅通的亚欧大市场发挥了重要作用。以中巴经济走廊为例，2020年12月，由中国建筑集团有限公司承建的中巴经济走廊最大交通基础设施项目——巴基斯坦PKM高速公路（白沙瓦至卡拉奇高速公路）项目（苏库尔至木尔坦段）TOC证书签发仪式在木尔坦举行，标志着项目正式移交通车，阿巴斯的梦想终于成真。新冠肺炎疫情期间，走廊项目共雇用19780名巴方员工，数量不降反增，为稳定巴基斯坦当地经济发展、提振民众信心起到重要作用。

铁路合作方面，以中老铁路、中泰铁路、匈塞铁路、雅万高铁等合作项目为重点的区际、洲际铁路网络建设取得重大进展。以中欧班列为例，截至2020年11月，中欧班列累计开行超过3万列，运输网络已通达欧洲21个国家、92个城市，运送医疗物资近800万件，共计6万多吨，通过中欧班列，中西部城市搭建了一条联通中亚、欧洲的开放、有效、快捷的"生命线"。

公路合作方面，中蒙俄、中吉乌、中俄（大连—新西伯利亚）、中越国际道路直达运输试运行活动先后成功举办，中越北仑河公路二桥建成通车，中国正式加入《国际公路运输公约》（TIR公约）。我国与15个"一带一路"沿线国家签署了包括《上海合作组织成员国政府间国际道路运输便利化协定》在内的18个双多边国际运输便利化协定。

港口合作方面，阿联酋哈利法港二期集装箱码头已于2018年12月正式

---

① 推进"一带一路"建设工作领导小组办公室.《共建"一带一路"倡议：进展、贡献与展望》报告［EB/OL］.［2019-04-20］. https：//www.yidaiyilu.gov.cn/ldzd/dejgfld/wjxz/86708.htm；张斐晔.《中国"一带一路"贸易投资发展报告2020》发布 "一带一路"倡议七周年 高质量共建持续推进［EB/OL］.［2020-09-10］. http：//chinawto.mofcom.gov.cn/article/e/r/202009/20200903000110.shtml.

开港。缅甸皎漂特别经济区深水港扎实推进,希腊比雷埃夫斯港年吞吐量突破500万标准箱。意大利瓦多集装箱码头正式开港,成为意大利第一个半自动化码头,可接收并作业当前世界上最大的集装箱船舶。

航空运输方面,中国与卢森堡、俄罗斯、亚美尼亚、印度尼西亚、柬埔寨、孟加拉国、以色列、蒙古、马来西亚、埃及等国家扩大了航权安排。截至2019年5月,中国与"一带一路"沿线国家新增国际航线1239条,占新开通国际航线总量的69.1%。

机场建设方面,作为尼泊尔目前唯一的国际机场,加德满都特里布万国际机场跑道及平滑道改建项目竣工。多哥首都洛美纳辛贝—埃亚德马国际机场跑道滑行道及指廊扩建项目完工,有效提升多哥航空安全水平和民航运营能力,助推机场成为西非地区重要航空枢纽之一。

能源设施建设方面,中国与"一带一路"沿线国家(地区)签署了一系列合作框架协议和谅解备忘录,在电力、油气、核电、新能源、煤炭等领域开展了广泛合作,促进能源资源优化配置。例如,中国广核集团有限公司与法国电力集团、英国政府签署了英国新建核电项目一揽子协议,这是我国在英国和欧洲最大的投资项目,也是我国企业首次主导开发建设西方发达国家核电项目。"一带一路"能源合作伙伴关系在北京成立,会议期间,伙伴关系成员国共同对外发布《"一带一路"能源合作伙伴关系合作原则与务实行动》。截至2019年5月,中国国家电网积极推进跨国联网互联互通,建成中俄、中蒙、中吉等10条跨国输电线路,累计交易电量超过270亿千瓦时。

通信设施建设方面,中缅、中巴、中吉、中俄跨境光缆信息通道建设取得明显进展。中国与国际电信联盟签署《关于加强"一带一路"框架下电信和信息网络领域合作的意向书》。与吉尔吉斯斯坦、塔吉克斯坦、阿富汗签署丝路光缆合作协议,实质性启动了丝路光缆项目。

四、贸易和投资呈增长态势,为全球经济注入动能

贸易畅通是共建"一带一路"的重要内容,"一带一路"为相关国家扩大贸易提供了全新机遇。在近年来全球贸易萎缩大背景下,中国与"一带一路"相关国家的协力合作,使双边贸易逆势而上,迅猛增长。

一是"一带一路"贸易往来保持增长。据商务部统计,2020年我国与"一带一路"沿线国家货物贸易额1.35万亿美元,同比增长0.7%(人民币计为1.0%),占我国总体外贸的比重达到29.1%;中欧班列的贸易大通道作用更加凸显,全年开行超过 1.2 万列,同比上升 50%,通达境外 21 个国家的 92 个城市,比 2019 年底增加了 37 个,凸显了新亚欧大陆桥经济走廊作为《推动共建丝绸之路经济带和 21 世纪海上丝绸之路的愿景与行动》中六大经济走廊之首的位置。① 国际陆海贸易新通道建设加快,合作规划编制等相关工作扎实推进。

二是"一带一路"投资合作不断深化。据商务部统计,2020 年中国对"一带一路"沿线国家非金融类直接投资 177.9 亿美元,同比增长 18.3%,占全国对外投资的比重上升到 16.2%;在"一带一路"沿线国家承包工程完成营业额 911.2 亿美元,占全国对外承包工程的 58.4%。② 一大批境外项目和园区建设在克服疫情中取得积极进展,中老铁路、雅万铁路等重大项目稳步推进。同时,"一带一路"沿线国家企业也看好中国发展机遇,在华新设企业 4294 家,直接投资 82.7 亿美元。③

三是"一带一路"贸易投资合作规模巨大。根据 2016 年至 2020 年《中华人民共和国国民经济和社会发展统计公报》,中国对"一带一路"沿线国家进出口总额 406305 亿元人民币,其中,出口 234690 亿元人民币,进口 171615 亿元人民币;"一带一路"沿线国家对华直接投资(含通过部分自由港对华投资)新设立企业 21126 家,对华直接投资金额 2406 亿元人民币;中国对"一带一路"沿线国家非金融类直接投资额 773 亿美元;全年对外承包工程完成营业额 55842 亿美元,其中,对"一带一路"沿线国家完成营业额 4399 亿美元,对外劳务合作派出各类劳务人员 229 万人。

四是"一带一路"双边合作机制建立。根据《中国"一带一路"贸易投资发展报告 2020》,我国与韩国、缅甸、马来西亚、日本、奥地利、芬兰、希腊、捷克等国共同召开双边经贸联委会等机制性会议,全面梳理双边经贸合作情况和问题,共商深化合作路径。境外经贸合作区产业集聚效应显现,截至 2019 年底,在"一带一路"沿线国家建设的合作区累计投资 350 亿美元,

---

① 商务部.2020 年我国与"一带一路"沿线国家货物贸易额 1.35 万亿美元 [EB/OL]. [2021 - 01 - 29]. http://news.cctv.com/2021/01/29/ARTI38lHyfCvfTaECowzlwfV210129.shtml.
② 中国一带一路网.2020 年中国对"一带一路"沿线非金融类直接投资同比增长 18.3% [EB/OL]. [2021 - 01 - 23]. https://baijiahao.baidu.com/s? id = 1689638336148409118&wfr = spider&for = pc.
③ 中国一带一路网.2020 年"一带一路"沿线国家在华新设企业 4294 家,直接投资 82.7 亿美元 [EB/OL]. [2021 - 01 - 31]. https://baijiahao.baidu.com/s? id = 1690338620263893611&wfr = spider&for = pc.

上缴东道国税费超过30亿美元,为当地创造就业岗位33万个。截至2019年底,中国已建立17个边境经济合作区,中哈霍尔果斯国际边境合作中心、中老磨憨—磨丁经济合作区(位于云南省西双版纳州与老挝南塔省交界处)2个跨境经济合作区,推进建设中蒙二连浩特—扎门乌德经济合作区。

五是"一带一路"展览交易成果丰硕。以国际进口博览会为例,2018年11月5日至10日,首届中国国际进口博览会举行,吸引172个国家(地区)和国际组织参会,3600多家企业参展。按年计,累计意向成交578.3亿美元。2019年11月5日至10日,第二届中国国际进口博览会举行,150多个国家(地区)的3000多家企业、50万采购商和观众参会。按年计,累计意向成交711.3亿美元,较首届进口博览会增长了23%。①

六是"丝路电商"成为经贸合作新渠道和新亮点。据《中国"一带一路"贸易投资发展报告2020》统计,截至2019年底,我国已与22个"一带一路"沿线国家(地区)建立双边电子商务合作机制,跨境电商贸易已覆盖"一带一路"沿线所有国家(地区),合作伙伴遍及五大洲。2019年,通过海关跨境电商管理平台的进出口额达到1862.1亿元人民币,同比增长38.3%,我国与"一带一路"相关国家跨境电商交易额同比增速超过20%,与柬埔寨、科威特、阿联酋、奥地利等国的交易额同比增速超过100%,"丝路电商"正成为"一带一路"贸易畅通的重要引擎。

五、融资多元化趋势渐显,为全球合作"舒筋活络"

资金融通是共建"一带一路"的重要支撑。"一带一路"巨大的资金需求使资金融通更为迫切。我国金融机构、国际多边金融机构以及各类商业银行围绕构建稳定、科学、多元、风险可控的融资体系,不断探索新型国际投融资模式,发挥多边金融合作支撑作用,使得金融机构合作水平不断提升、金融市场体系建设日趋完善、金融互联互通不断深化,为共建"一带一路"提供稳定、安全且高质量的资金支持。

一是资金投资规模显著增加。例如,阿联酋阿布扎比投资局、中国投资有限责任公司等主权财富基金对沿线国家主要新兴经济体投资规模显著增加,丝路基金与欧洲投资基金共同投资的中欧共同投资基金投资规模超过5亿欧

---

① 夏晓伦. 第二届进博会累计意向成交711.3亿美元比首届增长23% [EB/OL]. [2019 – 11 – 10]. https://baijiahao.baidu.com/s? id = 1649805847697690116&wfr = spider&for = pc.

元，有力促进了共建"一带一路"倡议与欧洲投资计划相对接；2013 年至 2019 年 11 月，中国出口信用保险公司累计支持对"一带一路"沿线国家贸易和投资约 8133 亿美元。①

二是融资纲领性文件可操作性强。《"一带一路"债务可持续性分析框架》《"一带一路"融资指导原则》《融合投融资规则 促进"一带一路"可持续发展》等文件正式对外发布，有助于提高"一带一路"参与各方投融资决策科学性，加强有关国家债务管理能力，推动共建"一带一路"高质量发展。

三是金融机构合作水平不断提升。据《共建"一带一路"倡议：进展、贡献与展望》和《中国"一带一路"贸易投资发展报告 2020》数据显示：截至 2020 年 7 月，亚洲基础设施投资银行成员总数已达 103 个，项目投资额逾 196 亿美元，覆盖交通、能源、电信、城市发展等多个领域；中国人民银行支持商业银行与相关国家主要银行建立"一带一路"银行常态化合作交流机制，截至 2019 年 4 月，该机制成员已覆盖 45 个国家（地区）的 85 家金融机构，承贷总额近 400 亿美元；截至 2019 年 9 月底，国家开发银行在"一带一路"沿线国家国际业务余额超过 1600 亿美元，重点支持基础设施互联互通、产能合作、社会民生等领域发展。

四是人民币国际化进程加快，为资金融通创造先期条件。《共建"一带一路"倡议：进展、贡献与展望》报告显示，我国先后与 20 多个"一带一路"沿线国家建立了双边本币互换安排，与 7 个"一带一路"沿线国家建立了人民币清算安排，与 35 个"一带一路"沿线国家的金融监管当局签署了合作文件。人民币国际支付、投资、交易、储备功能稳步提高，截至 2019 年第一季度末，人民币海外基金业务规模超过 3000 亿元。人民币跨境支付系统（CIPS）业务范围已覆盖超过 60 个沿线国家（地区）。②

六、各国人民友好共话丝路，全球文化交流大提速

民心相通是共建"一带一路"的人文基础。中外文化交流明显加速，经分析《共建"一带一路"倡议：进展、贡献与展望》和《中国"一带一路"贸易投资发展报告 2020》数据可知，民心相通的发展具有以下特点。

---

① 王俊岭. 中国信保累计支持贸易及投资超 4.5 万亿美元 [EB/OL]. [2019-12-23]. https://baijiahao.baidu.com/s?id=1653671063021906697&wfr=spider&for=pc.
② 中国一带一路网. 图解："一带一路"倡议六年成绩单 [EB/OL]. [2019-09-09]. https://www.yidaiyilu.gov.cn/xwzx/gnxw/102792.htm.

一是"一带一路"合作伙伴之间广泛开展人文交流与文化合作。中国与"一带一路"沿线国家互办艺术节、电影节、音乐节、文物展、图书展等活动,合作开展图书广播影视精品创作和互译互播。丝绸之路国际剧院、博物馆、艺术节、图书馆、美术馆联盟相继成立。中国与中东欧、东盟、俄罗斯、尼泊尔、希腊、埃及、南非等国家(地区)共同举办文化年活动,形成了"丝路之旅""中非文化聚焦"等10余个文化交流品牌,打造了丝绸之路(敦煌)国际文化博览会等一批大型文化节会,在沿线国家设立了17个中国文化中心。"一带一路"新闻合作联盟建设积极推进。丝绸之路沿线民间组织合作网络成员已达310家,成为推动民间友好合作的重要平台。

二是"一带一路"合作伙伴之间深化教育合作与交流。我国是全球最大的留学生生源地国,截至2020年9月,中国出国留学人员约有160万人。目前,我国已与188个国家(地区)、46个重要国际组织建立了教育合作与交流关系,与54个国家签署了高等教育学历学位互认协议,其中有24个国家为"一带一路"沿线国家。① 我国与英国、日本、韩国、新加坡、哈萨克斯坦等国都建立了"一带一路"研究机构,举办了形式多样的论坛和研讨会。截至2019年8月,"一带一路"人才发展项目共培养了来自全球22个国家的33名"一带一路"国际公共管理硕士和中国法法律硕士;通过举办6期高级研修班,培训了来自20个国家(地区)的240名高级政府官员、企业高管、知名学者,促进了"一带一路"民心相通。

三是中国通过"一带一路"倡议在新冠肺炎疫情下架起"生命之路"。2020年,"一带一路"合作伙伴在疫情中相互支持、团结抗疫,据相关数据显示,2020年中欧班列开行突破1万列,当年前10个月运量就超过2019年全年,成为助力各国抗疫的"钢铁运输驼队"。中国还通过"空中丝绸之路",向很多国家和地区提供支持与帮助,疫情期间累计运送防疫物资超过1700吨。② 此外,我国已向100多个国家和国际组织捐赠了医疗物资,并通过派出医疗专家组、毫无保留地与国际社会分享抗疫信息、建立新冠肺炎疫情网上知识中心和国际合作专家库、举办技术交流会议、向世界卫生组织捐款等,支持全球开展抗击新冠肺炎疫情的国际合作。

---

① 魏梦佳,高敬. 教育部:打造"一带一路"教育行动升级版[EB/OL]. [2019-09-09]. https://www.yidaiyilu.gov.cn/xwzx/bwdt/146551.htm.

② 孙昌岳. "一带一路"为疫情中的全球经济注入暖流[EB/OL]. [2021-01-11]. https://www.yidaiyilu.gov.cn/ghsl/gnzjgd/161045.htm.

[学习小结] 通过本节的学习，使读者从"一带一路"的国际影响力和"五通"发展六条线，厘清我国"一带一路"建设发展历程，进一步了解"一带一路"建设发展的六大特点，为今后的知识积累奠定良好的基础。

[思考练习]

1. 什么是"一带一路"倡议？

答：2013年9月7日，国家主席习近平在哈萨克斯坦纳扎尔巴耶夫大学作题为《弘扬人民友谊共创美好未来》的演讲，提出共同建设"丝绸之路经济带"倡议。2013年10月3日，习近平主席在印度尼西亚国会发表题为《携手建设中国—东盟命运共同体》的演讲，提出共同建设"21世纪海上丝绸之路"倡议。"丝绸之路经济带"倡议和"21世纪海上丝绸之路"倡议简称"一带一路"倡议。

2. 为什么说"一带一路"倡议国际性影响力显著，多方位实现全球化再平衡？

答：目前，"一带一路"倡议已成为全球最受欢迎和公认的利好举措，也是当前前景最好的国际合作平台之一。截至2021年11月，我国已经同144个国家和32个国际组织签署200余份共建"一带一路"合作文件，涵盖互联互通、投资、贸易、金融、科技、社会、人文、民生、海洋等领域。越来越多的国家和国际组织加入共商共建共享"朋友圈"，国际影响力显著。此外，"一带一路"的发展对全球而言是一种"平衡性力量"，有助于广大发展中国家在发展同时保持主权独立和自由平等，是推动全球实现多边主义转轨的重要力量。"一带一路"一方面为长期处于"全球化洼地"的国家（地区）提供了发展机遇，助其摆脱贫困并逐步实现现代化；另一方面，为发达国家的发展注入新动能，延长全球价值链，多方位实现全球化再平衡。

3. "一带一路"倡议主要的融资纲领性文件有哪些？

答："一带一路"倡议主要的融资纲领性文件为《"一带一路"债务可持续性分析框架》《"一带一路"融资指导原则》《融合投融资规则促进"一带一路"可持续发展》等。这些文件有助于提高"一带一路"参与各方投融资决策科学性，加强有关国家债务管理能力，推动共建"一带一路"高质量发展。

4. "一带一路"贸易与投资呈现什么特点？

答："一带一路"贸易和投资呈增长态势，为全球经济注入动能。主要特点包括：一是"一带一路"贸易往来保持增长；二是"一带一路"投资合作不断深化；三是"一带一路"贸易投资合作规模巨大；四是"一带一路"双边合作机制建立；五是"一带一路"展览交易成果丰硕；六是"丝路电商"成为经贸合作新渠道和新亮点。

第二节 "十三五"时期我国企业参与"一带一路"建设情况

[学习导读] 本节通过介绍"十三五"时期我国企业参与"一带一路"建设情况，使读者全面了解这一时期我国企业参与"一带一路"建设总体特点、建设情况以及相关数据。本节数据来源于"十三五"时期历年《政府工作报告》、商务部国际贸易经济合作研究院《中国"一带一路"贸易投资发展报告2020》和2016年度至2020年度《中国对外投资合作发展报告》以及我国商务部、国家统计局、国家外汇管理局2016年度至2019年度《中国对外直接投资统计公报》等资料。

一、投资流量与存量增长

一是在投资流量方面。据联合国贸易和发展会议发布的《世界投资报告2020》统计显示，2019年我国对外直接投资流量1369.1亿美元，继续保持全球第二位，连续8年居全球前三。此外，据《中国对外投资合作发展报告2020》统计，2019年，我国在"一带一路"沿线国家（地区）新签对外承包工程合同额1548.9亿美元，占同期对外承包工程合同总额的59.5%，同比增长23.1%。

二是在投资存量方面。《世界投资报告2020》和《2019年度中国对外直接投资统计公报》统计显示，截至2019年底，我国对外直接投资存量21988.8亿美元，占全球比重6.4%，存量规模位列全球第三，其中，我国对"一带一路"沿线国家（地区）的直接投资存量为1794.7亿美元，占全国对外直接投资存量的8.2%。

二、投资国别（地区）广

"十三五"时期，从我国对"一带一路"沿线国家（地区）的投资流量看，主要流向新加坡、印度尼西亚、越南、泰国、阿联酋、老挝、马来西亚、伊拉克、哈萨克斯坦、柬埔寨等国家。从投资存量看，截至2019年底，位列前十的国家是：新加坡、印度尼西亚、俄罗斯、老挝、马来西亚、阿拉伯联合酋长国、哈萨克斯坦、泰国、越南、柬埔寨。2016—2019 年，新加坡、印度尼西亚、俄罗斯、老挝、阿联酋、哈萨克斯坦、泰国七国连续 4 年位居前十。其中，我国对新加坡投资流量和存量连续 4 年均位居"一带一路"沿线国家（地区）首位。2019 年底，我国对新加坡投资流量和存量分别达到 48.3 亿美元和 526.4 亿美元，分别占我国对"一带一路"沿线国家（地区）投资流量和存量的 25.8% 和 29.3%。

三、投资行业日趋多元化

"十三五"时期，我国对"一带一路"沿线国家（地区）的投资领域更加多元化，投资分布在多个行业领域，包括制造业、租赁和商务服务业、批发和零售业、建筑业、采矿业、金融业、电力生产和热力供应业、农林牧渔业等。2019 年，从行业构成看，流向制造业的投资 67.9 亿美元，同比增长 15.5%，占 36.3%；批发和零售业 25.1 亿美元，占 13.4%；建筑业 22.4 亿美元，占 12%；金融业 15.9 亿美元，占 8.5%；科学研究和技术服务业 13.5 亿美元，占 7.2%；电力生产和供应业 13.4 亿美元，占 7.2%。

一是从我国投资东盟的流量行业构成情况看。2019 年投资的第一目标行业是制造业 56.7 亿美元，同比增长 26.1%，占 43.5%，主要流向印度尼西亚、泰国、越南、马来西亚和新加坡；第二是批发和零售业 22.7 亿美元，同比下降 34.7%，占 17.4%，主要流向新加坡；租赁和商务服务业位列第三，投资额 11.9 亿美元，同比下降 20.8%，占 9.1%，主要流向新加坡、老挝、印度尼西亚。

二是从 2019 年中国对东盟投资存量的行业构成看。投向制造业 266.0 亿美元，占 24.2%，是中国对东盟投资存量最大的行业，主要分布在印度尼西亚、越南、马来西亚、泰国、新加坡、柬埔寨、老挝等；租赁和商务服务业 188.5 亿美元，占 17.2%，主要分布在新加坡、印度尼西亚、老挝等；批发和零售业 178.1 亿美元，占 16.2%，主要分布在新加坡、马来西亚、泰国、印度尼西亚等。

四、跨国并购项目数量上涨

2019 年，我国企业对"一带一路"沿线国家（地区）实施并购项目 91 起，较上年增加 12 起，并购金额 29.4 亿美元，占并购总额的 8.6%。其中，新加坡、科威特、马来西亚吸引我国企业并购投资超5亿美元。从区域分布看，东南亚是中国"一带一路"跨境并购的集中地，其次是南亚。2016—2019年，我国企业对"一带一路"沿线国家（地区）实施并购项目共计361起，并购金额已达到358.9亿美元。

[学习小结] 通过本节的学习，使读者从我国境内投资企业的角度，了解"十三五"时期，我国企业参与"一带一路"建设情况，及时掌握新时期我国企业参与"一带一路"建设存在投资流量与存量增长、投资国别（地区）广、投资行业日趋多元化、跨国并购项目数量上涨等特点，为研究和探索"一带一路"我国"走出去"企业税收政策的取向提供第一手参考资料。

[思考练习]

1. "十三五"时期我国企业参与"一带一路"建设的投资流量和存量情况如何？

答：投资流量方面，2016年和2019年，我国对"一带一路"沿线国家直接投资流量分别为153.4亿美元和186.9亿美元，增长22%；2016—2019年我国对"一带一路"沿线国家直接投资流量已达到720.9亿美元。投资存量方面，截至2019年末，我国对"一带一路"沿线国家的直接投资存量为1794.7亿美元，占中国对外直接投资存量的8.2%。

2. "十三五"时期，中国对"一带一路"沿线国家的投资领域主要有哪些？

答："十三五"时期，中国对"一带一路"沿线国家的投资领域更加多元化，投资分布在多个行业领域，包括制造业、租赁和商务服务业、批发和零售业、建筑业、采矿业、金融业、电力生产和热力供应业、农林牧渔业等。

第三节 税收服务"一带一路"建设工作情况

[学习导读] 近年来，国家税务总局深入贯彻习近平总书记关于共建"一带一路"和深化国际税收合作等重要指示精神，不断加强与"一带一路"沿

线国家（地区）税务部门的交流合作，主动服务"一带一路"共建大局。本节主要从谈签税收协定、制定与落实税收优惠政策、优化"走出去"企业服务、深化国际合作拓展等方面，使读者更好地了解税收服务"一带一路"建设工作情况。

一、税收协定谈签工作进程"加速度"

（一）我国对外缔结税收协定概况

税收协定的主要作用包括降低"走出去"纳税人在东道国的税负、有效消除双重征税、提高税收确定性和通过相互协商机制妥善解决涉税争议等。其涉及的税种范围主要包括所得税，部分协定中还包括财产税。原则上，协定仅适用于协定税种范围条款所规定的税种，但也有例外。例如，有些协定的国际运输条款、情报交换条款或非歧视待遇条款，规定的内容涉及协定税种范围条款规定之外的其他税种，或规定不受协定税种范围条款的限制，具体由协定而定。税收协定主要是通过降低所得来源国税率或提高征税门槛，来限制其按照国内税收法律征税的权利，同时规定居民国对境外已纳税所得给予税收抵免。截至 2021 年 11 月，我国已对外正式签署 107 个税收协定；我国内地和香港、澳门签署 2 个税收安排，大陆与台湾签署 1 个税收协议。"十三五"期间，国家税务总局加快与"一带一路"沿线国家协定谈签和修订进程，与柬埔寨、阿根廷、印度、意大利、新西兰、巴基斯坦等 19 个国家（地区）新签或修订了税收协定或安排。

（二）与"一带一路"沿线国家签订税收协定的意义

随着"一带一路"建设向更大范围、更宽领域、更高层次推进，参与国的数量越来越多，跨境投资的规模越来越大，经贸往来的频次越来越高，税收的重要性日益凸显，税收制度越来越成为"一带一路"沿线国家（地区）营商环境的重要体现，税收便利越来越成为投资便利的重要保障，税收协定也越来越成为经贸合作的重要组成部分。税收协定的签署对于"一带一路"建设而言格外重要，由于"一带一路"建设涉及的国家和地区范围广，资金投入大、不确定风险高，盈亏平衡点和投资架构对税收政策非常敏感，加之各国税制差异，因此，加强国际税收政策支持和国际税收协调的意义非常重要。随着我国对外投资的增长，投资活动范围不断扩大，各类涉税分歧和争议也不断增加，各级税务机关充分利用税收协定项下的双边协商机制，积极帮助纳税人解决涉税争议，有效为"走出去"纳税人和"一带一路"重大项目降低税收成本。在新的发展阶段,中共中央办公厅、国务院办公厅于2021年3月24日印发《关于进一步深化税收征管改革的意见》,明确指出我国将进一步扩大和完善税收协定网络,加大跨境涉税争议案件协商力度,实施好对所得避免双重征税的双边协定,为高质量"引进来"和高水平"走出去"提供支撑。

(三) 与"一带一路"国家(地区)签订协定情况

截至2021年11月,我国政府共签署107个税收协定;我国内地和香港、澳门签署了税收安排,大陆与台湾签署了税收协议,已形成了比较完善的税收协定网络,具体如表1-1(我国与亚洲国家建交45个,签署协定35个,生效35个)、表1-2(我国与欧洲国家建交44个,签署协定39个,生效39个)、表1-3(我国与非洲国家建交53个,签署协定18个,生效12个)、表1-4(我国与美洲国家建交25个,签署协定12个,生效11个)、表1-5(我国与大洋洲国家建交10个,签署协定3个,生效3个)、表1-6(我国内地与港澳签署税收安排及大陆与台湾签署税收协议3个,生效2个)所示。

二、以精准有力的税收优惠政策助力"一带一路"建设

目前,税务部门从落实落细税费优惠政策方面发力,进一步优化营商环境,便利企业办税,助力"一带一路"建设。

(一) 制定多项税收优惠政策

近几年,税务部门出台一揽子税收优惠政策,全力支持企业"走出去",为"一带一路"建设护航。例如,结合深化增值税改革工作,落实营业税改征增值税跨境应税行为增值税政策、对外投资和对外承包工程出口货物退(免)税政策、天然气等资源进口税收优惠政策;按照所得税政策规定,落实境外企业所得税和个人所得税抵免政策,减轻企业与个人税收负担。据统计,"十三五"期间新增减税降费累计将达7.6万亿元左右,进口税收减免税额达1230亿元。①

---

① 王观. "十三五"期间新增减税降费累计将达7.6万亿元左右 [EB/OL]. [2020 - 05 - 11]. http://www.gov.cn/xinwen/2020 - 12/08/content_5567831.htm.

表1-1　我国与亚洲国家签署税收协定情况

序号	国家	签署日期	签署地点	生效日期	执行日期	所在地区
1	日本	1983.9.6	北京	1984.6.26	1985.1.1	亚洲
2	马来西亚	1985.11.23	北京	1986.9.14	1987.1.1	亚洲
3	新加坡	1986.4.18	新加坡	1986.12.11	1987.1.1	亚洲
		2007.7.11	新加坡	2007.9.18	2008.1.1	亚洲
4	泰国	1986.10.27	曼谷	1986.12.29	1987.1.1	亚洲
5	巴基斯坦	1989.11.15	伊斯兰堡	1989.12.27	1989.1.1/7.1	亚洲
6	科威特	1989.12.25	科威特	1990.7.20	1989.1.1	亚洲
7	蒙古	1991.8.26	乌兰巴托	1992.6.23	1993.1.1	亚洲
8	阿拉伯联合酋长国	1993.7.1	阿布扎比	1994.7.14	1995.1.1	亚洲
9	韩国	1994.3.28	北京	1994.9.27	1995.1.1	亚洲
10	印度	1994.7.18	新德里	1994.11.19	1995.1.1	亚洲
11	以色列	1995.4.8	北京	1995.12.22	1996.1.1	亚洲
12	越南	1995.5.17	北京	1996.10.18	1997.1.1	亚洲
13	土耳其	1995.5.23	北京	1997.1.20	1998.1.1	亚洲
14	亚美尼亚	1996.5.5	北京	1996.11.28	1997.1.1	亚洲
15	乌兹别克斯坦	1996.7.3	塔什干	1996.7.3	1997.1.1	亚洲
16	孟加拉国	1996.9.12	北京	1997.4.10	中: 1998.1.1 孟: 1998.7.1	亚洲
17	老挝	1999.1.25	北京	1999.6.22	2000.1.1	亚洲

续表

序号	国家	签署日期	签署地点	生效日期	执行日期	所在地区
18	菲律宾	1999.11.18	北京	2001.3.23	2002.1.1	亚洲
19	卡塔尔	2001.4.2	北京	2008.10.21	2009.1.1	亚洲
20	尼泊尔	2001.5.14	加德满都	2010.12.31	2011.1.1	亚洲
21	哈萨克斯坦	2001.9.12	阿斯塔纳	2003.7.27	2004.1.1	亚洲
22	印度尼西亚	2001.11.7	雅加达	2003.8.25	2004.1.1	亚洲
23	阿曼	2002.3.25	马斯喀特	2002.7.20	2003.1.1	亚洲
24	伊朗	2002.4.20	德黑兰	2003.8.14	2004.1.1	亚洲
25	巴林	2002.5.16	北京	2002.8.8	2003.1.1	亚洲
26	吉尔吉斯斯坦	2002.6.24	北京	2003.3.29	2004.1.1	亚洲
27	斯里兰卡	2003.8.11	北京	2005.5.22	2006.1.1	亚洲
28	文莱	2004.9.21	北京	2006.12.29	2007.1.1	亚洲
29	阿塞拜疆	2005.3.17	北京	2005.8.17	2006.1.1	亚洲
30	格鲁吉亚	2005.6.22	北京	2005.11.10	2006.1.1	亚洲
31	沙特阿拉伯	2006.1.23	北京	2006.9.1	2007.1.1	亚洲
32	塔吉克斯坦	2008.8.27	杜尚别	2009.3.28	2010.1.1	亚洲
33	土库曼斯坦	2009.12.13	阿什哈巴德	2010.5.30	2011.1.1	亚洲
34	叙利亚	2010.10.31	大马士革	2011.9.1	2012.1.1	亚洲
35	柬埔寨	2016.10.13	金边	2018.1.26	2019.1.1	亚洲

资料来源：国家税务总局． "走出去"税收指引（2021年修订版）[EB/OL]．[2021-11-22]．http://www.chinatax.gov.cn/chinatax/n810219/n810744/n1671176/n2884609/c2884646/content.html．

第一章 我国"一带一路"建设的发展历程

表1-2 我国与欧洲国家签署税收协定情况

序号	国家	签署日期	签署地点	生效日期	执行日期	所在地区
1	法国	1984.5.30	巴黎	1985.2.21	1986.1.1	欧洲
		2013.11.26	北京	2014.12.28	2015.1.1	欧洲
2	英国	1984.7.26	北京	1984.12.23	1985.1.1	欧洲
		2011.06.27	伦敦	2013.12.13	中（CHINA）：2014.1.1 英（UK）：所得税和财产收益税（Income Tax and Capital Gains Tax）：2014.4.6；公司税（Corporation Tax）：2014.4.1	欧洲
3	比利时	1985.4.18	北京	1987.9.11	1988.1.1	欧洲
		2009.10.7	布鲁塞尔	2013.12.29	2014.1.1	欧洲
4	德国	1985.6.10	波恩	1986.5.14	1985.1.1/7.1	欧洲
		2014.3.28	柏林	2016.4.6	2017.1.1	欧洲
5	挪威	1986.2.25	北京	1986.12.21	1987.1.1	欧洲
6	丹麦	1986.3.26	北京	1986.10.22	1987.1.1	欧洲
		2012.6.16	哥本哈根	2012.12.27	2013.1.1	欧洲
7	芬兰	1986.5.12	赫尔辛基	1987.12.18	1988.1.1	欧洲
		2010.5.25	北京	2010.11.25	2011.1.1	欧洲
8	瑞典	1986.5.16	斯德哥尔摩	1987.1.3	1987.1.1	欧洲

续表

序号	国家	签署日期	签署地点	生效日期	执行日期	所在地区
9	意大利	1986.10.31	北京	1989.11.14	1990.1.1	欧洲
10	荷兰	2019.3.23	罗马	（尚未生效）		欧洲
		1987.5.13	北京	1988.3.5	1989.1.1	欧洲
		2013.05.31	北京	2014.8.31	2015.1.1	欧洲
11	捷克斯洛伐克（适用于斯洛伐克）	1987.6.11	布拉格	1987.12.23	1988.1.1	欧洲
12	波兰	1988.6.7	北京	1989.1.7	1990.1.1	欧洲
13	前南斯拉夫（适用于波斯尼亚和黑塞哥维那）	1988.12.2	北京	1989.12.16	1990.1.1	欧洲
14	保加利亚	1989.11.6	北京	1990.5.25	1991.1.1	欧洲
15	瑞士	1990.7.6	北京	1991.9.27	1990.1.1	欧洲
		2013.9.25	北京	2014.11.15	2015.1.1	欧洲
16	塞浦路斯	1990.10.25	北京	1991.10.5	1992.1.1	欧洲
17	西班牙	1990.11.22	北京	1992.5.20	1993.1.1	欧洲
		2018.11.28	马德里	2021.5.2	2021.5.2	欧洲
18	罗马尼亚	1991.1.16	北京	1992.3.5	1993.1.1	欧洲
		2016.7.4	布加勒斯特	2017.6.17	2018.1.1	欧洲

续表

序号	国家	签署日期	签署地点	生效日期	执行日期	所在地区
19	奥地利	1991.4.10	北京	1992.11.1	1993.1.1	欧洲
20	匈牙利	1992.6.17	北京	1994.12.31	1995.1.1	欧洲
21	马耳他	1993.2.2	北京	1994.3.20	1995.1.1	欧洲
22	卢森堡	2010.10.18	瓦莱塔	2011.8.25	2012.1.1	欧洲
23	俄罗斯	1994.3.12	北京	1995.7.28	1996.1.1	欧洲
24	克罗地亚	1994.5.27	北京	1997.4.10	1998.1.1	欧洲
25	白俄罗斯	2014.10.13	莫斯科	2016.4.9	2017.1.1	欧洲
26	斯洛文尼亚	1995.1.9	北京	2001.5.18	2002.1.1	欧洲
27	乌克兰	1995.1.17	北京	1996.10.3	1997.1.1	欧洲
28	冰岛	1995.2.13	北京	1995.12.27	1996.1.1	欧洲
29	立陶宛	1995.12.4	北京	1996.10.18	中:1997.1.1 乌:股利特个人1996.12.17 企业所得税:1997.1.1	欧洲
30	拉脱维亚	1996.6.3	维尔纽斯	1997.2.5	1998.1.1	欧洲
31	原南斯拉夫联盟（适用于塞尔维亚和黑山）	1996.6.3	里加	1996.10.18	1997.1.1	欧洲
		1996.6.7		1997.1.27	1998.1.1	欧洲
		1997.3.21	贝尔格莱德	1998.1.1	1998.1.1	欧洲

续表

序号	国家	签署日期	签署地点	生效日期	执行日期	所在地区
32	马其顿	1997.6.9	北京	1997.11.29	1998.1.1	欧洲
33	葡萄牙	1998.4.21	北京	2000.6.7	2001.1.1	欧洲
34	爱沙尼亚	1998.5.12	北京	1999.1.8	2000.1.1	欧洲
35	爱尔兰	2000.4.19	都柏林	2000.12.29	中：2001.1.1 爱：2001.4.6	欧洲
36	摩尔多瓦	2000.6.7	北京	2001.5.26	2002.1.1	欧洲
37	希腊	2002.6.3	北京	2005.11.11	2006.1.1	欧洲
38	阿尔巴尼亚	2004.9.13	北京	2005.7.28	2006.1.1	欧洲
39	捷克	2009.8.28	北京	2011.5.4	2012.1.1	欧洲

资料来源：国家税务总局."走出去"税收指引（2021年修订版）[EB/OL].[2021-11-22].http://www.chinatax.gov.cn/chinatax/n810219/n810744/n1671176/n2884609/c2884646/content.html.

表1-3　我国与非洲国家签署税收协定情况

序号	国家	签署日期	签署地点	生效日期	执行日期	所在地区
1	毛里求斯	1994.8.1	北京	1995.5.4	1996.1.1	非洲
2	苏丹	1997.5.30	北京	1999.2.9	2000.1.1	非洲
3	埃及	1997.8.13	开罗	1999.3.24	2000.1.1	非洲
4	塞舌尔	1999.8.26	北京	1999.12.17	2000.1.1	非洲
5	南非	2000.4.25	比勒陀利亚	2001.1.7	2002.1.1	非洲

续表

序号	国家	签署日期	签署地点	生效日期	执行日期	所在地区
6	尼日利亚	2002.4.15	阿布贾	2009.3.21	2010.1.1	非洲
7	突尼斯	2002.4.16	突尼斯	2003.9.23	2004.1.1	非洲
8	摩洛哥	2002.8.27	拉巴特	2006.8.16	2007.1.1	非洲
9	阿尔及利亚	2006.11.6	北京	2007.7.27	2008.1.1	非洲
10	埃塞俄比亚	2009.5.14	北京	2012.12.25	2013.1.1	非洲
11	赞比亚	2010.7.26	卢萨卡	2011.6.30	2012.1.1	非洲
12	乌干达	2012.1.11	坎帕拉	(尚未生效)		非洲
13	博茨瓦纳	2012.4.11	哈博罗内	2018.9.19	中国：2019.1.1；博茨瓦纳：源泉扣缴的税种：2018.10.19 其他税种：2019.7.1	非洲
14	津巴布韦	2015.12.1	哈拉雷	2016.9.29	2017.1.1	非洲
15	肯尼亚	2017.9.21	内罗毕	(尚未生效)		非洲
16	加蓬	2018.9.01	北京	(尚未生效)		非洲
17	刚果（布）	2018.9.5	北京	(尚未生效)		非洲
18	安哥拉	2018.10.9	北京	(尚未生效)		非洲

资料来源：国家税务总局. "走出去"税收指引（2021年修订版）[EB/OL]. [2021-11-22]. http://www.chinatax.gov.cn/chinatax/n810219/n810744/n1671176/n2884609/c2884646/content.html.

表1-4　　　　　　　　　我国与美洲国家签署税收协定情况

序号	国家	签署日期	签署地点	生效日期	执行日期	所在地区
1	美国	1984.4.30	北京	1986.11.21	1987.1.1	美洲
2	加拿大	1986.5.12	北京	1986.12.29	1987.1.1	美洲
3	牙买加	1996.6.3	北京	1997.3.15	1998.1.1	美洲
4	巴巴多斯	2000.5.15	北京	2000.10.27	2001.1.1	美洲
5	古巴	2001.4.13	哈瓦那	2003.10.17	2004.1.1	美洲
6	特立尼达和多巴哥	2003.9.18	西班牙港	2005.5.22	预提税：2005.6.1 其他：2006.1.1	美洲
7	墨西哥	2005.9.12	墨西哥城	2006.3.1	2007.1.1	美洲
8	巴西	1991.8.5	北京	1993.1.6	1994.1.1	美洲
9	委内瑞拉	2001.4.17	加拉加斯	2004.12.23	2005.1.1	美洲
10	厄瓜多尔	2013.1.21	基多	2014.3.6	2015.1.1	美洲
11	智利	2015.5.25	圣地亚哥	2016.8.8	2017.1.1	美洲
12	阿根廷	2018.12.2	布宜诺斯艾利斯	（尚未生效）		美洲

资料来源：国家税务总局．"走出去"税收指引（2021年修订版）[EB/OL]．[2021-11-22]．http://www.chinatax.gov.cn/chinatax/n810219/n810744/n1671176/n2884609/c2884646/content.html．

第一章 我国"一带一路"建设的发展历程　25

表1-5　我国与大洋洲国家签署税收协定情况

序号	国家	签署日期	签署地点	生效日期	执行日期	所在地区
1	新西兰	1986.9.16	惠灵顿	1986.12.17	1987.1.1	大洋洲
2	澳大利亚	2019.4.1	北京	2019.12.27	2020.1.1	大洋洲
2	澳大利亚	1988.11.17	堪培拉	1990.12.28	1991.1.1	大洋洲
3	巴布亚新几内亚	1994.7.14	北京	1995.8.16	1996.1.1	大洋洲

资料来源：国家税务总局．"走出去"税收指引（2021年修订版）［EB/OL］.［2021-11-22］. http://www.chinatax.gov.cn/chinatax/n810219/n810744/n1671176/n2884609/c2884646/content.html.

表1-6　内地与港澳签署税收安排及大陆与台湾签署税收协议情况

序号	地区	签署日期	签署地点	生效日期	执行日期	所在地区
1	中国澳门	2003.12.27	澳门	2003.12.30	2004.1.1	中国
2	中国香港	2006.8.21	香港	2006.12.8	内地：2007.1.1 香港：2007.4.1	中国
3	中国台湾	2015.8.25	福州	（尚未生效）		中国

资料来源：国家税务总局．"走出去"税收指引（2021年修订版）［EB/OL］.［2021-11-22］. http://www.chinatax.gov.cn/chinatax/n810219/n810744/n1671176/n2884609/c2884646/content.html.

（二）多举措抓政策落实

按照"互联网+税务"工作要求，丰富网站、微信、微博等税收咨询服务渠道，提升咨询服务水平，多角度、多渠道让政策红利直达企业。例如，在全国12366纳税服务热线开通"一带一路"专席；建立和完善国际税收知识库，整理并发布国际税收政策答疑手册；各级税务机关提供出口退（免）税业务提醒服务，定期提醒出口企业退（免）税申报、审核、退库进度及申报退（免）税期限等情况；实行"非接触式"出口退（免）税业务申请等办税事项，精简优化办税手续。

三、优化"走出去"企业服务为"一带一路"搭桥补链

（一）优化国际税收服务

在国家税务总局国际税务司成立境外税务处，专门从事"走出去"纳税人的税收服务和管理工作；简化、优化、规范化《中国税收居民身份证明》开具流程，为"走出去"企业享受税收协定待遇提供便利；制定税收协定相互协商程序，为纳税人解决在解释和适用税收协定时出现的分歧或争议，有效维护国家税收权益和纳税人的合法利益；制定特别纳税调整相互协商程序，根据企业申请或者税收协定缔约对方税务主管当局请求启动相互协商程序，避免或者消除由特别纳税调整事项引起的国际重复征税；规范中国预约定价安排并发布《中国预约定价安排年度报告》，简要介绍中国预约定价安排执行程序及相关工作开展情况，既有效避免和消除国际重复征税，又助力跨境投资和贸易有序开展，为我国对内构建和谐稳定的征纳关系、对外寻求互利共赢的国际合作作出了积极的贡献。

（二）编制税收指引与指南

一是编制《国别（地区）投资税收指南》（以下简称《指南》）。《指南》由国家税务总局委托各地税务机关在开展境外税收管理服务课题时搜集整理，并在国家税务总局网站发布。《指南》主要介绍境外投资目的地国家（地区）的概况及投资主要关注事项、主体税种、税收征管制度、特别纳税调整政策、双边税收协定（协议或安排）、可能存在的税收风险等方面内容。通过阅读《指南》，"走出去"企业能够快速熟悉境外投资目的地基本的税收信息，有利于企业防控税收风险，增强企业"走出去"的信心和底气。截至2021年11月，国家税务总局官网已公开发布104个国家（地区）税收指南，其中79份涉及"一带一路"国家（地区）。

二是编制《"走出去"税收指引》。国家税务总局国际税务司对"走出去"纳税人相关的税收政策及110个税收协定（安排、协议）进行归纳整理，总结共性涉税问题，编制了《"走出去"税收指引》（2021年修订版）。该《"走出去"税收指引》共分为四章，从税收政策、税收协定、管理规定及服务举措四个方面，按照适用主体、政策（协定）规定、适用条件、政策根据详细列举了"走出去"纳税人涉及的99个事项。

三是在国家税务总局网站上开辟了税收服务"一带一路"专题。专题涵盖税收协定、工作动态、政策法规、相关案例、媒体资讯、国际税讯、国别（地区）投资税收指南、"走出去"税收指引、"一带一路"税收征管合作机制等内容，帮助企业全面了解"一带一路"沿线国家（地区）的税收信息。

四、深化国际合作拓展"一带一路"合作机制朋友圈

（一）加强税收征管协调对接

积极利用"一带一路"税收征管合作机制这一制度性安排，聚同化异、求同存异。"一带一路"税收征管合作机制是非营利性的官方合作机制，于2019年5月在第一届"一带一路"税收征管合作论坛召开期间建立，由理事会、秘书处、"一带一路"税收征管合作论坛、"一带一路"税收征管能力促进联盟以及专家咨询委员会构成。第一届"一带一路"税收征管合作论坛发布了《乌镇声明》以及《乌镇行动计划（2019—2021）》。2020年，"一带一路"税收征管合作机制未因疫情而中断，组织召开13场线上会议，助力抗疫情、促发展。此外，合作机制理事会全体成员协商一致并共同发布《"一带一路"税收征管合作机制信息化线上高级别会议联合声明》，达成三方面15项重要成果，为"一带一路"沿线国家（地区）税收信息化发展提供指引。目前，随着合作机制的发展与国际影响力的持续扩大，共建"一带一路"收获了越来越多的税收智慧，为推动构建人类命运共同体贡献坚实的税收力量。

此外，我国与"一带一路"合作国家和地区建立双边税收合作法律机制，与多个国家签署税务合作备忘录，与多个国际组织确立合作关系，与金砖国家建立税务局长会晤机制，在政策和法律上为"一带一路"建设"开绿灯"。

（二）积极为"一带一路"发声

近年来，"一带一路"倡议已进入国际议程，取得了国际制度化的可喜成果，这与我国部门坚持深度参与国际税收改革，不断提升国际规则制定权和国际话语权并积极为"一带一路"合作国家和地区发声密不可分。例如，我

国积极加入税基侵蚀和利润转移（BEPS）行动计划，主动将"一带一路"合作国家和地区的诉求融入国际税收新规则，提出了"修改数字经济税收规则"等1000多项立场声明和意见建议，为重塑国际规则提供了多领域的系统性制度安排，"一带一路"倡议的国际塑造力取得了积极进展，有利于推动新型国际关系和人类命运共同体的构建。中共中央办公厅、国务院办公厅印发的《关于进一步深化税收征管改革的意见》明确指出，我国将深度参与数字经济等领域的国际税收规则和标准制定，持续推动全球税收治理体系建设。

（三）搭建互学互鉴实用平台

创立"一带一路"税务学院、创办《"一带一路"税收（英文）》期刊、上线"一带一路"税收征管合作机制官方网站（www.britacom.org）等，深化线上交流合作，打造共商、共建、共享的常态化工作交流机制和平台。通过各类平台，展示各国（地区）税收工作成果、分享税收工作经验和加强国际税收合作，以便世界各国（地区）税务部门可共同探讨税收政策的效应与影响，为完善税收政策、优化税收制度提供借鉴，推动"一带一路"税收合作向纵深发展。

此外，截至2021年9月，我国共举办了26期国际税收征管业务培训，为71个国家和地区超过1200名财税官员进行培训[①]，切实促进"一带一路"相关国家（地区）税收征管能力的共同提升。

[学习小结] 通过本节学习，读者可以了解税收服务"一带一路"建设工作情况，熟悉我国对外缔结税收协定的概况、与"一带一路"沿线国家（地区）签订税收协定的意义、落实落细税费优惠政策的举措、优化"走起去"企业服务的方法、深化国际合作拓展的措施等，了解税务部门为"一带一路"建设推出和落实的一系列既重实效又有创新的举措。

[思考练习]

1. 我国与"一带一路"沿线国家（地区）签订税收协定有何意义？

答：随着"一带一路"建设向更大范围、更宽领域、更高层次推进，参

---

① 国家税务总局. 王军在第二届"一带一路"税收征管合作论坛开幕式上的致辞［EB/OL］. ［2021－09－10］. http://www.chinatax.gov.cn/chinatax/n810219/n810744/n1671176/n2884609/c2884646/content.html/n1671176/index.html.

与国家的数量越来越多,跨境投资的规模越来越大,经贸往来的频次越来越高,税收的重要性日益凸显,税收制度越来越成为"一带一路"沿线国家(地区)营商环境的重要体现,税收便利越来越成为投资便利的重要保障,税收协定也越来越成为经贸合作的重要组成部分。税收协定的签署对于"一带一路"建设而言格外重要,由于"一带一路"建设涉及的国家和地区范围广,资金投入大、不确定风险高,盈亏平衡点和投资架构对税收政策非常敏感,加之各国税制差异。因此,国际税收政策支持和国际税收协调非常重要。随着我国对外投资的增长,投资活动范围不断扩大,各类涉税分歧和争议也不断增加,各级税务机关充分利用税收协定项下的双边协商机制,积极帮助纳税人解决涉税争议,有效为"走出去"纳税人和"一带一路"重大项目降低税收成本。

2. 我国为"走出去"企业提供哪些国际税收服务?

答:在国家税务总局国际税务司成立境外税务处,专门从事"走出去"纳税人的税收服务和管理工作;简化、优化、规范化《中国税收居民身份证明》开具流程,为"走出去"企业享受税收协定待遇提供便利;制定税收协定相互协商程序,为纳税人解决在解释和适用税收协定时出现的分歧或争议,有效维护国家税收权益和纳税人的合法利益;制定特别纳税调整相互协商程序,根据企业申请或者税收协定缔约对方税务主管当局请求启动相互协商程序,避免或者消除由特别纳税调整事项引起的国际重复征税;规范中国预约定价安排并发布《中国预约定价安排年度报告》,简要介绍中国预约定价安排执行程序及相关工作开展情况,既有效避免和消除国际重复征税,又助力跨境投资和贸易有序开展,为我国对内构建和谐稳定的征纳关系、对外寻求互利共赢的国际合作作出了积极的贡献。

3. 国家税务总局编制的涉及"走出去"企业的指南和指引具体是指?

答:具体是指《中国居民赴某国家(地区)投资税收指南》和《"走出去"税收指引》。

4. 什么是"一带一路"税收征管合作机制?

答:"一带一路"税收征管合作机制是非营利性的官方合作机制,于2019年5月在第一届"一带一路"税收征管合作论坛召开期间建立,由理事会、秘书处、"一带一路"税收征管合作论坛、"一带一路"税收征管能力促进联盟以及专家咨询委员会构成。

第二章 "一带一路"税收征管合作机制建设

第一节 "一带一路"税收征管合作机制背景及框架结构

[学习导读] 本节主要介绍"一带一路"税收征管合作机制建立的背景、必要性和框架结构,使读者了解"一带一路"税收征管合作机制的总体概况。

一、"一带一路"税收征管合作机制背景

(一) 当前"一带一路"沿线国家(地区)经贸合作和社会联系现状

"一带一路"沿线国家(地区)横跨亚洲、欧洲和非洲地区,有发达国家也有欠发达国家,人口众多,各类资源富集,在资源禀赋和经济产业结构方面与中国存在较大的合作空间,这些国家无论是在古丝绸之路时代还是在现代经济社会中,与中国的合作都较为密切。我国是世界上经济发展、贸易增长较为迅速的国家,巨大的市场和制造业大国的优势为"一带一路"沿线国家(地区)提供了更多合作可能性,而"一带一路"沿线众多的发展中国家和发达国家各有所长。长期以来,我国成为东南亚的马来西亚、泰国、新加坡、越南、印度尼西亚以及地处亚欧大陆的俄罗斯等国家的主要出口目的国,随着"一带一路"合作机制的不断完善,在整个合作过程中中外双方是互利共赢、相互成就的,中国与"一带一路"沿线国家(地区)的合作潜力和市场前景广阔。

"一带一路"合作倡议,为沿线国家(地区)经贸发展和文化交流构建了新格局,搭建了新平台。对内,"一带一路"沿线包括东北地区、西北地区和西南地区的众多城市,如珲春、延吉、长春、西安、兰州、乌鲁木齐等城市,通过集聚各方资源,优化营商环境,强化合作,不仅激发了东北、西北、西南地区各类生产要素的生产价值,促进东北、西北和西南的经贸崛起,同时通过加强对外经贸合作平衡了我国对外贸易区域发展格局不平衡的局面;对外,通过助力"一带一路"沿线国家(地区)建设,不仅巩固了中国与东盟、西亚等国家(地区)的传统经贸合作机制,同时通过广泛的人文交流输出我国传统文化有助于提升我国在国际上文化软实力,夯实友谊基础。

2020年一场突如其来的新冠肺炎疫情席卷全球,中国人民众志成城、万众一心,在较短的时间内遏制住了病毒的蔓延,及时展开企业复工复产和帮扶援助,成为2020年全球唯一一个经济实现正增长的主要经济体。在此期间,我国在自身经济社会恢复发展的同时,与其他国家守望相助、共克时艰,即使在全球因新冠肺炎疫情导致众多国家经济停滞的背景下,仍加强合作,推动共建"一带一路",一批重大项目、重大投资项目平稳推进,新进展新希望不断产生,"健康丝绸之路""数字丝绸之路"建设成效显著。

(二)开展"一带一路"税收征管合作的必要性和现实基础

1. "一带一路"税收征管合作的必要性

随着"一带一路"倡议下各国之间合作的加深,我国与沿线国家(地区)之间的经济贸易和人文交流往来愈加畅通,越来越多的行业加入跨国投资、贸易的队伍中,往来交流的加深必将导致各类生产要素资源的多向流动,国与国之间由于法律体系和规章制度的不同,必然会在交往过程中产生纠纷。加强"一带一路"沿线国家(地区)在税收领域的合作是防范和化解经贸纠纷、优化生产要素配置的重要手段和路径。因此,开展"一带一路"税收征管合作具有重要意义。

(1)开展税收征管合作是区域经济一体化的重要环节。当今世界,区域经济一体化越来越成为国家之间合作的主流方式,伴随着经济一体化,货物流、资金流和信息流自由流动加剧,为国家之间在税收征管领域的合作提供了重要战略机遇。欧盟和北美自由贸易区是当今世界较早实现区域经济贸易一体化的区域,各项政策措施走在世界前列,各参与国在达成贸易和投资协定后,都较为重视多边税收合作,致力于推动区域税收合作体系的协调畅通。区域经济一体化进程的推进离不开各成员国间密切的税收合作。妥善设计争端解决机制、提高争端解决效率,提高税收确定性,有利于优化经营环境,增强投资者信心,能够进一步推动区域经济一体化进程。

(2) 加强税收征管合作符合"一带一路"沿线国家(地区)的整体利益。通过强化区域经济各参与国之间税收征管合作,能最大限度发挥税收在维护区域经济稳定性和提高对经济发展趋势预见性等方面的重要作用,有效避免国家间的税收争议,符合"一带一路"沿线国家(地区)整体利益。一是有利于降低跨国企业的经营合规成本。通过加强各国之间在税收方面的合作,有效解决跨国企业因各国法律体系不同,耗费大量经济、时间成本去了解并适应沿线国家差异巨大的税制体制而导致经营成本提高的问题。沿线各国加强税收征管合作交流,还可以有效避免投资企业的"母国"与"东道国"因税制差异在同一经济行为中同时行使地域管辖权和居民管辖权导致的双重征税问题,降低企业在跨境投资经营中面临的税收风险。二是有利于促进资源要素的充分流动。如果跨境投资的投资者、对外贸易的生产者、购买境外商品和服务等活动的消费者因为"一带一路"沿线国家(地区)复杂的税收制度而信心不足,势必打击跨国企业对涉外经济贸易合作往来的积极性,建立和执行透明化、法治化的税收体系,能够有效消除资本顾虑,消除资金、技术、劳动力等各类生产要素跨境自由流动的壁垒,最大限度挖掘生产要素的生产价值,盘活区域内经济贸易。三是有利于打击偷税漏税行为。目前"一带一路"沿线国家(地区)对于利用避税港中介公司,进行信托财产转移、改变企业组织形式和转移个人住所和公司居所等方式套取税收优惠,实现税收从高税区向低税区倒置等偷税漏税行为仍存在着较多的管理空白,"避税天堂"仍然具有生存空间,不仅不利于公平营商环境的建设,而且影响了国家正常的税收收入。因此,各国及时交换税收信息,有利于各国税务机关掌握涉外企业的生产经营能力,有利于各国司法机关及时弥补相关法律制度漏洞,有利于各国财政减少正常税收的流失。

2. "一带一路"税收征管合作的现实基础

(1) "一带一路"沿线国家(地区)政治经济实力不断上升。第二次世界大战后,西方发达国家经济、文化、军事实力发展迅猛,几乎在全球各个领域均具有绝对话语权,主导了相关国际规则的制定,国际税收秩序也不例外。目前，随着新兴经济体和发展中国家政治经济实力不断上升，秉承和平发展与互利共赢的原则，我国提出共建"一带一路"沿线国家（地区）多边税收共治理念以及"一带一路"税收征管合作机制，有利于重构国际税收新秩序，维护国际税收规则的公平性和有效性，能有效完善现行国际税收体系的不足，"一带一路"沿线国家（地区）纷纷大力支持并广泛参与，为"一带一路"税收征管合作奠定了国际合作的政治基础。

（2）"一带一路"沿线国家（地区）税制体系改革成效明显。当前，全球发达国家和发展中国家的税制体系呈现出不同的局面，基本可以分为三类：一是以直接税为主体税种的发达国家；二是一定数量的以间接税为主体税种的发展中国家；三是采用直接税和间接税并重"双主体"模式的发展水平较高的发展中国家。近年来，随着"一带一路"沿线国家（地区）经贸往来增多，各个国家更加注重自身税制体系改革以适应国际贸易交往，不仅整体简化设计了企业所得税和个人所得税等直接税税种，还完善优化了各类间接税的纳税环节，同时持续稳定地降低关税税率，诸多举措都取得了较好的实践效果，为推动"一带一路"国家（地区）深化税收征管合作打下坚实的制度基础。一是沿线国家（地区）直接税税率呈下降趋势。为优化营商环境，吸引高层次人才参与"一带一路"沿线国家（地区）建设，很多国家基于本国国情重新优化了个人所得税税率，采用适当下调个别征税项目税率等方式降低直接税税率。当诸多国家都从顶层设计层面进行直接税税率改革，减税降率成为更多发展中国家税制改革的共同方向时，意味着国际税收征管合作具有了制度层面的理论架构和实施层面的可行性。二是沿线国家（地区）的间接税设计不断优化。虽然发达国家实行的是以直接税为主的税制体系，但以增值税为代表的间接税也逐步趋于成熟，地处"一带一路"沿线的马来西亚、印度、印度尼西亚、越南、阿联酋和埃塞俄比亚等国家也纷纷效仿发达国家，优化间接税的税制体系设计。此举有助于适应新型数字经济模式下解决各国在跨境电商、跨境服务等方面存在的税收争端，实现国际税收征管合作的良性发展。三是沿线国家（地区）的关税稳步下降。20世纪80年代，日本和"亚洲四小龙"大力实施"出口导向型工业化"发展战略并取得了较大的成功，世界贸易组织（WTO）的成立加速了全球区域经济一体化进程，为全球自由贸易体系搭建了广阔交流的平台。特别是欧盟在经济全球化与区域经济一体化方面的成功探索经验为全球在税收征管合作方面开了先河。"一带一路"沿线大部分发展中国家参考发达国家先行者探索出的成功经验时也逐步意识到,加高关税,限制进口,为外部经济力量设置贸易壁垒,尽管在一定程度上可以保护本国幼稚产业,刺激对本国产品的消费的目的,但闭关锁国只会加大不同发展水平国家之间的差距,贫富悬殊愈加扩大。积极同其他国家开展经贸往来,相互之间资源禀赋互补,充分发挥比较优势才是促进本国经济健康有序发展的应有之道。基于此,印度、孟加拉国、沙特阿拉伯、以色列、哈萨克斯坦、爱沙尼亚等国家主动求变,立足自身实际逐步下调关税,力争减少或消除关税障碍,促进生产要素自由流动,享受全球化浪潮带来的红利。"一带一路"沿线国家(地区)减少关税种类,下调税率,让国内外经贸交往通道更加顺畅,加快了有关国家间贸易自由化和经济一体化进程,为税收征管合作的有效实施创造了现实条件。

(3) 国际税收征管协作有序有力开展。国际税收征管协作的一个重要环节就是税收情报交换。中国国家税务总局于 2006 年 6 月发布了旨在明确税收征管情报交换各方权利义务和工作细则以规范各方行为的《国际税收情报交换工作规程》。此后,我国仍通过多种方式和渠道与"一带一路"沿线国家(地区)就税收情报交换进行谈判和磋商。税收情报网络的建立有助于提升涉外企业在投资国信息透明度,为各国涉外税务部门及时、准确、全面掌握涉外企业整个生产经营链条和纳税遵从度提供了稳定持久的信息渠道,从而提高优质涉外企业在投资国经济发展进程中的参与度和经营质效,激发更多沿线发展中国家经济发展内生动力。完备的税收情报合作机制将破除"一带一路"沿线各国(地区)在产品国际市场价格和其他国际贸易方面的信息壁垒,各方可通过各渠道获取的信息加强在税收政策、税收征管方面的合作,以便及时作出风险预警和违法惩戒。

(4) 关税协调与贸易自由化协作进展乐观。自由贸易区通常涉及两个以上国家或地区,自贸协定签署各方通常会在关税方面达成一定协议,相互取消大部分货物的关税和非关税壁垒以及部分服务部门的市场准入限制,降低外部资本进入本国的条件,营造开放的投资环境,优势互补,互通有无,从而促进商品、服务、资本、技术、人员等生产要素的自由流动。近 20 年以来,我国一直致力于推动建立自由贸易区。截至 2021 年 7 月,我国已与沿线

13个国家签署7个自贸协定①,尽管不同自贸协定涵盖国家或地区不同,但愿景都是立足周边,辐射"一带一路",面向全球。已签署自贸协定的内容与时俱进,会随着世界经济格局的动向及时调整和升级,有助于破除沿线国家(地区)之间的关税及非关税壁垒,有效降低市场主体开展国际经济合作的成本,开启各国经贸交流、投资合作的新篇章。

二、"一带一路"税收征管合作机制框架结构②

"一带一路"税收征管合作机制(The Belt and Road Initiative Tax Administration Cooperation Mechanism)是我国税务部门顺应全球化浪潮,响应"一带一路"倡议,通过搭建税收合作平台开展多边国际税收合作的重大实践。我国始终秉持"道同"的治税理念,恪守"共商、共建、共享"的指导原则,与所有参与国一道共同为构建税收征管新秩序贡献力量。

"一带一路"税收征管合作机制属于官方非营利性机制,是对当今国际通行税收规则的延续和补充,提供了分享各自税收管理经验和实践、合理解决税务争端的平台。机制的不断完善落实极大地推动了"一带一路"合作双方税收营商环境的优化,纳税服务质效的提升,税收能力建设的强化。通过常态化交往,增进了相互间的理解互信,承担起了构建增长友好型税收环境,提升发展中国家国际税收利益协调话语权、推动实现全球税收治理体系变革的重大使命,是"一带一路"核心理念在税收领域的具体化,在"一带一路"国家(地区)税收领域内提供了一种基于全球化视角的各参与国(地区)共同遵循的税收规则和指引。

"一带一路"税收征管合作机制的治理架构包括作为决策机构的理事会,以及负责日常运营、作为联络办公室而非法律实体的秘书处。机制的成功主要取决于两大支柱,即"一带一路"税收征管合作论坛(以下简称合作论坛)和"一带一路"税收征管能力促进联盟(以下简称促进联盟)。此外,专家咨询委员会将为机制愿景和目标的实现提供建议和帮助。详见"一带一路"税收征管合作机制框架构(图2-1)。

---

① 商务部. 中国已与沿线13国签署7个自贸协定[EB/OL]. [2021-07-22]. 新浪财经, https://finance.sina.com.cn/china/gncj/2021-07-22/doc-ikqcfnca8368587.shtml?cref=cj.
② 佚名. "一带一路"税收征管合作机制简介[J]. 国际税收, 2019(4): 8-11.

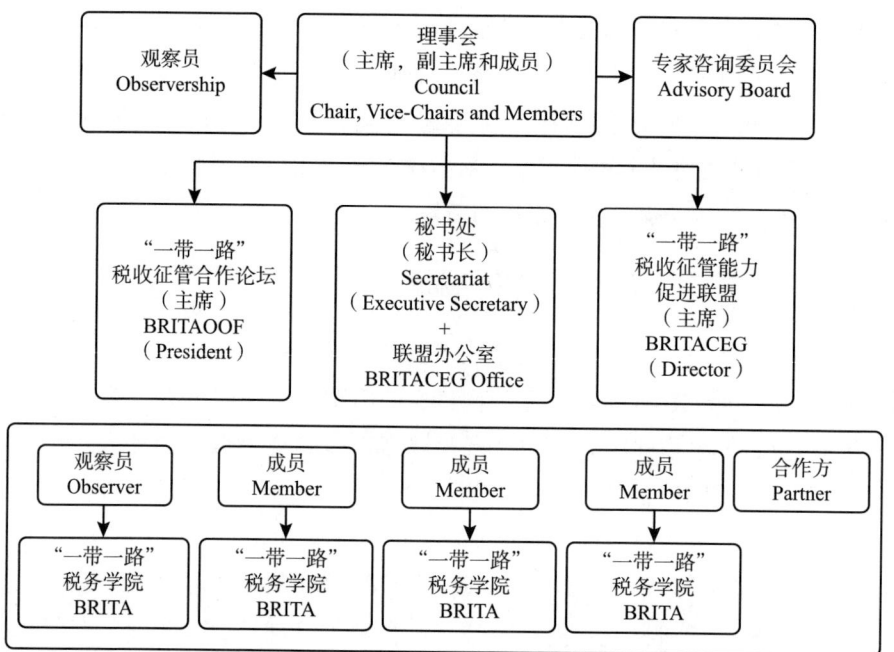

图2-1 "一带一路"税收征管合作机制框架构

(一) 理事会

理事会是机制的决策机构,负责选举和任命主席、副主席、秘书长、副秘书长、联盟主席,邀请国际知名税务专家加入专家咨询委员会,批准和通过机制战略方向、工作计划、年度报告和规章制度,协调和监督论坛和联盟运行;审议并批准机制备忘录的修订或终止。

理事会至少每年举行一次会议,与合作论坛同期同地举行。理事会决议须经三分之二及以上的理事投票通过,备忘录的修订和终止则须理事会全体理事同意方可生效。通常理事会设1名主席和4名副主席。理事会主席由合作论坛主席担任;副主席由理事会选举产生,任期两年,可连选连任。为体现机制的广泛代表性,每个成员税务主管当局仅可指定一名官员担任理事会成员。现任理事会主席是中国国家税务总局局长王军;副主席3位,分别是哈萨克斯坦财政部国家收入委员会主席玛拉特·苏尔丹卡季耶夫、塞拉利昂国家税务局局长图玛·阿达玛·贾布、阿联酋联邦税务局局长哈立德·阿里·阿勒·布斯塔尼。

(二) 秘书处

秘书处负责理事会的日常工作,协调合作论坛和促进联盟的运行。秘长为秘书处的最高长官,由理事会任命,任期三年,可连任。秘书处在秘书长的领导下,负责执行理事会决议,协助理事会主席、副主席及理事会成员履行职责;准备机制年度工作报告、预决算报告和财务报表,提交理事会审议和通过;协助理事会开展资金筹措和管理等工作,审核资金来源并代表理事会接受或者拒绝资金;负责起草或修改机制的有关规章制度,并报理事会批准;负责理事会成员、观察员资格的加入和退出申请。

理事会成员和观察员派一名代表在秘书处工作。秘书处工作人员在我国境内工作,亦可在我国境外远程网络办公。我国税务机关除派代表在秘书处工作以外,还向秘书处提供日常工作人员。

(三) 合作论坛

合作论坛是理事会授权的非营利性官方活动,原则上每12个月举办一届。合作论坛旨在为愿意参与"一带一路"税收征管合作的税务主管当局、国际组织、科研机构、跨国企业等提供沟通平台,就税收征管和能力建设加强合作。

合作论坛主席由承办方税务主管当局的理事会成员担任,负责合作论坛的筹备、组织,在合作论坛召开期间主持合作论坛全体会议,并代表合作论坛对外发布信息。合作论坛的承办设立过渡期,2019年由我国国家税务总局承办,2020年合作论坛承办方由理事会在2019年合作论坛召开期间商定。从2021年开始,合作论坛由理事会成员按照其所在国(地区)英文字母顺序轮流承办。2021年以后,新加入的理事会成员将被纳入承办合作论坛的字母顺序列表。合作论坛召开期间可举行机制框架下的工商业税收对话,为参与共建"一带一路"的企业提供平台,供其沟通税收问题、提出建议并表达关切。

(四) 促进联盟

促进联盟是由理事会成员或观察员依托本国(地区)已有的税务培训机构或专业技术自愿加入,致力于开展培训、研究和技术援助活动的机构,旨在帮助成员和观察员在税收征管领域加强能力建设,并促进参与机制的税务主管当局间的税收征管合作。

促进联盟成员是自愿选择加入促进联盟的理事会成员或观察员。促进联盟成员应指定一家或多家培训机构,或提供专家资源,实施经理事会批准的培训、研究和技术援助项目。支持"一带一路"税收征管合作的成员税务主管当局、国际组织、学术机构、跨国企业等可成为促进联盟的合作方,就促进联盟培训、研究和技术援助计划提出建议,并提供知识和专家资源。

促进联盟主席由理事会从自愿加入联盟的机制成员中任命,任期三年,可连任。促进联盟主席负责协调和组织联盟工作计划和项目的实施。

4个税务学院将分别设立在哈萨克斯坦、中国内地、中国澳门以及沙特阿拉伯,分别面向俄语区、英语和汉语区、葡语区和阿语区税务官员提供培训。

(五) 专家咨询委员会

理事会设专家咨询委员会,由国际组织、学术机构、跨国企业及相关领域有所建树的知名人士组成。专家咨询委员会自愿就机制的运行为理事会提供无约束力的战略建议或意见,反映国际发展趋势并贡献其丰富经验。专家咨询委员会成员应由理事会主席任命,任期三年,可连任。

[学习小结] 本节通过介绍"一带一路"税收征管合作的时代背景、机制框架等内容,提高读者对"一带一路"税收征管合作机制的充分认识,了解国家的大政方针与主体思想,为学好相关税收业务奠定一个良好的基础。

[思考练习]

1. "一带一路"税收征管合作的必要性是什么?

答:开展税收征管合作是区域经济一体化的重要环节,加强税收征管合作符合沿线各国(地区)的整体利益,有利于降低跨国企业的经营合规成本、促进资源要素的充分流动、打击偷税漏税行为。

2. "一带一路"税收征管合作理事会是如何设置的?

答:通常理事会设1名主席和4名副主席。理事会主席由论坛主席担任;副主席由理事会选举产生,任期两年,可连选连任。

第二节 "一带一路"税收征管合作论坛举办情况

[学习导读] 本节主要介绍"一带一路"税收征管合作机制中的重要组成部分合作论坛的有关情况,使读者了解"一带一路"税收征管合作论坛(以下简称合作论坛)的重要作用。

一、首届合作论坛基本情况

2019年4月18日,第一届合作论坛在我国浙江省乌镇顺利召开,大会的主题是"共建一带一路：加强税收合作，改善营商环境"。此次论坛规格高、规模大、参会者多，是中国税务部门迄今为止筹办的最隆重的多边活动，也是首次由我国税务部门主导发起并主办的高级别国际税收会议，旨在为愿意参与"一带一路"税收征管合作的税务主管当局、国际组织、学术机构、跨国企业等提供沟通平台，就税收征管和能力建设加强合作。成员来自于意大利、瑞士、法国、德国、比利时、加拿大、俄罗斯、英国、日本、哈萨克斯坦、阿联酋、科威特、尼日利亚、印度尼西亚等85个国家（地区）税务主管当局负责人或其授权代表，以及16个国际组织、多家学术机构和跨国企业代表出席论坛，并取得了建设性成果。[①]

二、首届合作论坛建设性成果

（一）构建了"一带一路"税收征管合作机制[②]

2018年5月14日至16日，在由哈萨克斯坦国家收入委员会、中国国家税务总局、OECD税收政策与管理中心、OECD税收征管论坛于阿斯塔纳举办的"一带一路"税收合作会议上，来自49个国家（地区）的税务主管当局、4个国际和区域组织以及5个学术机构的252位代表初步形成了构建"一带一路"税收合作长效机制的框架性构想。

2018年9月26日至28日，中国国家税务总局和哈萨克斯坦财政部国家收入委员会在中国扬州共同主持召开的"一带一路"税收征管机制工作组会议，来自22个国家（地区）税务主管当局以及OECD和荷兰国际财政文献局（IBFD）共35位代表均表示愿意参加机制并共同起草了《"一带一路"税收征管合作机制谅解备忘录》。

在本次论坛开幕式上，34个国家和地区税务部门共同签署了《"一带一路"税收征管合作机制谅解备忘录》，宣告"一带一路"税收征管合作机制的诞生，是中国作为一个负责任的发展中大国在构建公平、合理、有序的国际税收新秩序中所作出的重要贡献。

（二）建立了"一带一路"税收征管能力促进联盟

该联盟由19个国家和地区共同组建，通过在税收专业知识培训、税务技

---

① 孙博洋. 多国携手共建"一带一路"税收征管合作机制［EB/OL］.［2019-04-18］. http://finance.people.com.cn/n1/2019/0418/c1004-31037711.html.

② 廖体忠. 精谨描绘"一带一路"税收征管合作"工笔画"［EB/OL］.［2019-05-24］. https://www.sohu.com/a/316125512_611489.

术和法律援助、税收前沿问题研究和知识产品开发等方面开展合作，提升税收征管能力，有效降低不同国家和地区因税收征管能力差异较大而导致的各类贸易争端，推动各国求同存异，持续改善本国营商环境和税收治理效能。

（三）深化了"一带一路"税收征管合作共识

合作论坛对"依法治税、提高税收确定性、提升争端解决效率、通过税收征管数字化简化纳税遵从程序、加强税收征管能力建设"五个议题进行了高效务实的探讨，在此基础上联合发布了《乌镇声明》。《乌镇声明》的各项内容充分考虑了各国的基本国情，在综合分析各国经济发展水平和深入研究各国现行的税制差异之后正式发布，强调了"一带一路"税收征管合作对加强"一带一路"国际合作的重要作用。各参与方将通过加强税收征管合作，努力实现各方聚同化异、求同存异，推动构建增长友好型税收环境，有助于促进贸易自由化和投资便捷化，实现"一带一路"沿线国家（地区）的共同发展进步。

（四）制定了"一带一路"税收征管合作行动计划

各参与方围绕《乌镇声明》，寻求符合"一带一路"沿线国家（地区）实际的税收合作路径与方式，通过对具体政策措施进行细化，明确各项任务的时间表、路线图、形成《乌镇行动计划（2019—2021）》。沿线各国将共同推动税收征管合作建设，实现税收征管数字化管理，共同加强税收法治建设，从而实现国际税收争端的快速解决以及纳税服务水平的提升，为跨国企业提供优质的国际税收营商环境，确保合作机制参与方阶段性目标顺利实现。

三、第二届"一带一路"税收征管合作论坛举办情况

2021年9月7日至9日，第二届"一带一路"税收征管合作论坛顺利举办，来自哈萨克斯坦、俄罗斯、中国、阿联酋、新加坡、塞拉利昂等61个国家（地区）的税务局长、代表以及12个国际组织负责人通过线上方式出席论坛。各方围绕"数字时代的税收信息化能力建设"主题，就税收征管信息化、纳税服务信息化、新技术在税务领域的前景展望等议题进行交流，在税收信息化发展、合作机制发展与未来行动三大方面达成23项共识，发布了《第二届"一带一路"税收征管合作论坛联合声明》《努尔苏丹行动计划（2022—2024）》《"一带一路"税收征管合作机制年度报告》和《乌镇行动计划（2019—2021）》工作组终期报告，并确定2022年在阿尔及利亚举办第三届论坛。

[学习小结] 本节通过介绍"一带一路"税收征管合作论坛举办情况，使读者对"一带一路"税收征管合作的发展状况，以及合作共识有一个深刻的认识与了解，及时掌握好相关税收业务学习的第一手资料。

[思考练习]

1. 深化"一带一路"税收征管合作的共识是指什么？

答：深化"一带一路"税收征管合作的共识是加强税收征管合作，努力实现各方聚同化异、求同存异，推动构建增长友好型税收环境，实现"一带一路"沿线国家（地区）的共同发展进步。

2. 首届"一带一路"税收征管合作的行动计划是什么？

答：根据《乌镇行动计划（2019—2021）》，世界各国将共同推动税收征管合作建设，实现税收征管数字化管理，共同加强税收法治建设，从而实现国际税收争端的快速解决以及纳税服务水平的提升，为跨国企业提供优质的国际税收营商环境，确保合作机制参与方阶段性目标顺利实现。

3. 第二届"一带一路"税收征管合作论坛的主题是什么？

答：第二届"一带一路"税收征管合作论坛的主题是"数字时代的税收信息化能力建设"。

第三节 "一带一路"税收征管能力促进联盟基本情况

[学习导读] 本节主要介绍"一带一路"税收征管机制又一重要组成部分促进联盟的构成和在深化税收征管方面的作用，使读者全面了解促进联盟的工作内容。

一、促进联盟的基本组成情况

提高广大发展中国家的税收征管能力是能否实现"一带一路"税收征管合作机制目标的关键。为满足"一带一路"沿线国家（地区）税务部门现实的税务征管需求，深化"一带一路"沿线国家（地区）的税务事务合作与交流，促进世界各国经济包容性发展，在首届合作论坛上成立了促进联盟并签署了相关正式的有效文件，旨在借助税收培训、税务指导、税收问题研究等方式，使"一带一路"税收征管合作机制成员、观察员税收管理能力有所提升，并进一步促进参与机制的税务局间的税收征管协作。详见促进联盟成员（表2-1）、促进联盟合作方（表2-2）。

表2-1　　　　　"一带一路"税收征管能力促进联盟成员

序号	国家/地区	机构名称
1	阿富汗	阿富汗财政部
2	孟加拉国	孟加拉国国税局
3	柬埔寨	柬埔寨税务局
4	喀麦隆	喀麦隆税务局
5	中国	国家税务总局
6	吉布提	吉布提预算部
7	加蓬	加蓬税务局
8	格鲁吉亚	格鲁吉亚税务局
9	哈萨克斯坦	哈萨克斯坦财政部国家收入委员会
10	科威特	科威特财政部
11	中国澳门特别行政区	澳门财政局
12	蒙古	蒙古税务局
13	尼日利亚	尼日利亚联邦税务局
14	卢旺达	卢旺达税务局
15	沙特阿拉伯	沙特阿拉伯税务局
16	塞内加尔	塞内加尔财产和税务局
17	索马里	索马里财政部
18	乌克兰	乌克兰国家财政局
19	乌拉圭	乌拉圭税务局

资料来源：国家税务总局官网，http://130.9.1.168/n268564/n855002/n2989298/c2999269/part/2999285.pdf。

表2-2　　　　　　　　　　促进联盟合作方

序号	国家/地区	机构名称
1	安哥拉	安哥拉税务局
2	亚美尼亚	亚美尼亚国家收入委员会
3	塞浦路斯	塞浦路斯税务局
4	印度尼西亚	印度尼西亚财政部税务总局
5	伊朗	伊朗国家税务局
6	新加坡	新加坡国内收入局
7	南苏丹	财政经济计划部
8	塔吉克斯坦	塔吉克斯坦国家税务委员会
9	国际组织	非洲税收管理论坛
10	国际组织	中国国际商会
11	国际组织	美洲税收管理组织
12	学术机构	荷兰国际财政文献局
13	学术机构	莱顿国际税法中心
14	学术机构	维也纳经济大学奥地利和国际税法学院全球税收政策中心

资料来源：国家税务总局官网，http://130.9.1.168/n268564/n855002/n2989298/c2999269/part/2999285.pdf。

（一）成员

促进联盟的理事会创始成员，是指在第一届论坛举办时，以创始成员的身份正式参会并积极主动签署备忘录的国家（地区）税务主管当局和国际组织。具体来说，促进联盟的理事会成员不仅包括理事会创始成员，还包括该国（地区）按照指定程序完成签约后的税务主管当局。促进联盟理事会成员享有参加、召开理事会会议论坛，以及会议过程中的发言权、投票权，为联盟建设建言献策，但也有遵守执行理事会决议的义务。

（二）观察员

促进联盟的观察员，是指在第一届论坛举办时，以观察员身份正式参会并积极主动签署备忘录的国家（地区）税务主管当局和国际组织，同时也包括论坛结束后，按照相关促进联盟规定程序成为观察员的国家（地区）税务主管当局等组织机构。促进联盟观察员享有的有关权力有列席理事会会议、参加论坛活动，权利与义务并存，也应为联盟建设、机制运转提出意见建议。

无论促进联盟成员还是观察员均可在履行规定程序后选择主动退出联盟，但促进联盟成员或观察员未能按规定履行自己应尽的义务的，理事会有权终止其会员及观察员资格。

二、促进联盟在深化税收征管方面的作用

由于"一带一路"沿线大部分为发展中国家，且"一带一路"税收征管合作机制中的参与国（地区）经济也处于不同的发展水平，税收管理的能力有限，成本相对较高。因此，"一带一路"税收征管合作机制的目标就是借助联盟来提高各参与国（地区）的税收管理能力，优化各参与国（地区）的税收征管环境。

（一）奠定和培养良好人才基础

为了给"一带一路"沿线国家（地区）培养更多的优秀税收人才，促进联盟在中国北京、扬州两地分别设立了用于日常培训事务的税务学院，并计划在成员国及地区继续开设更多用以培训税务人才的税务学院。当前，中国国家税务总局税务干部学院就日常运行管理出台了《税务学院章程》《税务学院办学制度及项目管理办法》，主要针对税收争端、纳税服务、税收征管、增值税这四个方面进行改革，第一批选拔出37个可全英文授课的教师，培训内容上在结合"一带一路"成员国实际运营环境的前提下，探讨相关税收政策、税收制度和税收合作途径，并严格遵循世界范围内国际税收体系中的税收技术标准、原则，紧紧跟随国际经济税收领域的最新研究成果以及创新实践案例，为开展后续培训工作以及提升成员国税收管理能力奠定一定的人才基础。

（二）提供相互交流借鉴的重要平台

2019年5月，促进联盟在中国国家税务总局税务干部学院开设第一期培训班，约有30名来自哈萨克斯坦、中国香港等13个国家（地区）的财税官员参加了此次主题为"全球化背景下的税收争端及其解决措施"培训。培训中，各学员就税务部门征管方式如何转变、如何防范、解决跨境税务争端、对待BEPS有关争议解决态度进行讨论交流。2019年9月，联盟专门开设了专题培训班，有20余名来自刚果（金）、缅甸等11个国家（地区）的财税官员参加了"全球化背景下的税收争端解决措施"专题培训①。参会学员就预约定价安排(APA)、BEPS 行动计划等项目的开展情况运用经验交流、案例分析以及角色模拟等丰富生动的形式进行交流、分享、借鉴,旨在为有效预防并及时解决国际税收争端提供有意义的参考。

截至 2021 年 9 月,促进联盟利用双边以及多边合作网络统筹多方资源,共举办 26 期国际税收征管业务培训,为 71 个国家(地区)超过 1200 名财税官员进行培训,切实提高了税务征管能力②。

(三) 加强与 OECD 的合作

中国国家税务总局税务干部学院"一带一路"的参训学员受邀参与了 OECD 开设的税收协定公约专题项目培训班、数字经济增值税指南专题培训班以及境外税收管理培训班等培训。为各成员国接受培训的人员将来在税收征管合作这个平台上进一步开展深入合作,共同提高各参与国(地区)税务部门税收征管能力打下坚实基础。

综上所述,促进联盟坚持以共商、共建、共享的原则为参训国家(地区)提供了分享理论探索和实践经验的平台,打开不同国家、不同文化、不同制度间的沟通渠道。同时,各参与国(地区)相互学习交流,持续提升自身税收征管能力的同时,不断加速交流成果的转化、政策对接和征管协作的加强,以及税务部门征管能力的持续改善。

[学习小结] 本节重点介绍了促进联盟的组成以及互相交流的方式、地点和主要内容,使读者进一步了解和掌握实施联盟的重要意义和作用,为及时掌握好相关税收业务学习奠定了良好的基础。

[思考练习]

1. 促进联盟创始成员是指什么?

答:促进联盟的理事会创始成员,是指在第一届论坛举办时,以创始成员的身份正式参会并积极主动签署备忘录的国家(地区)税务主管当局和国

---

① 国家税务总局."一带一路"税收征管能力促进联盟专题培训班举办 [EB/OL]. [2019-09-09]. http://www.gov.cn/xinwen/2019-09/09/content_5428584.htm.

② 国家税务总局. 王军在第二届"一带一路"税收征管合作论坛开幕式上的致辞 [EB/OL]. [2021-09-10]. http://www.chinatax.gov.cn/chinatax/n810219/n810744/n1671176/n2884609/c2884646/content.html/n1671176/index.html.

际组织。具体来说，促进联盟的理事会成员不仅包括理事会创始成员，还包括该国（地区）按照指定程序完成签约后的税务主管当局。促进联盟理事会成员享有参加、召开理事会会议论坛，以及会议过程中的发言权、投票权，为促进联盟建设建言献策，但也有遵守执行理事会决议的义务。

2. 建立促进联盟的原则是什么？

答：促进联盟坚持以共商、共建、共享为原则。

第四节 "一带一路"税收征管合作机制的建设成果及进展

[学习导读] 本节主要介绍"一带一路"税收征管合作机制构建以来取得的成就，使读者进一步理解构建"一带一路"税收征管合作机制的必要性和重要性。

一、"一带一路"税收征管合作机制的特点

（一）多个国家和地区参与，代表性广

当前，随着世界国际经济形势日益复杂，不同国家（地区）的发展既有着普遍矛盾也有自身特殊矛盾，"一带一路"税收征管合作机制主要针对当前税收征管领域面临的一些普遍性问题，积极探索与"一带一路"会员国（地区）税收实际境况相匹配的合作路径与方式，因此吸引了全球诸多国家的广泛参与。

（二）求同存异，具有包容性

"一带一路"的建设涉及"一带一路"沿线多个国家（地区），不同国家（地区）实际发展情况有所差异，基于应对纷繁复杂的地缘政治经济形势，"一带一路"税收征管合作机制坚持以合作共赢为发展原则，以尊重沿线国家（地区）主权和领土完整及税收政策选择为前提，开放合作，通过税收协调寻求不同国家（地区）合作的"最大公约数"和国家税收权益、投资者利益的契合点，共生共荣，助力"一带一路"建设的协调发展。

（三）实事求是，务实性强

自"一带一路"税收征管合作机制成立以来，我国积极发布并认真贯彻落实相关政策，如坚决落实《乌镇声明》的行动计划，在共同遵循的国际税

收原则的指引下，消除跨境纳税人的税收壁垒，实现生产要素跨时间、空间达到更加优化的配置状态，切实解决各参与方在防范税基侵蚀和利润转移、税收利益分配及税收征管互助等方面的问题，寻求国家间的资源、税收利益和发展成果的共同保障，促进跨境贸易和合法投资经营。

二、"一带一路"税收征管合作机制参与国家（地区）情况

"一带一路"税收征管合作机制向所有支持税收征管合作联盟的国家（地区）税务局和相关国际组织开放，并根据实际需要将这些机构定为理事会成员或观察员管理组织日常事务。在各成员国税务征管事务交流沟通不断密切，税务征管合作规模也不断扩大的情况下，联盟在最初的34个理事会成员、22个观察员的基础上先后将巴基斯坦、埃塞俄比亚两个国家的税务局纳为理事会成员，同时增加了德国、缅甸等多国的税务部门及国际商会（ICC）作为联盟的重要观察员。截至2020年6月，联盟理事会成员共有36个，观察员共有28个。详见"一带一路"税收征管合作机制成员（表2-3）和"一带一路"税收征管合作机制观察员（表2-4）。

表2-3　　　　　"一带一路"税收征管合作机制成员

序号	地区/国家	机构名称
1	阿富汗	阿富汗财政部
2	阿尔及利亚	阿尔及利亚税务局
3	安哥拉	安哥拉税务局
4	孟加拉国	孟加拉国国税局
5	柬埔寨	柬埔寨税务局
6	喀麦隆	喀麦隆税务局
7	中国	国家税务总局
8	刚果（金）	海关和税务总署
9	吉布提	吉布提预算部
10	加蓬	加蓬税务局
11	冈比亚	冈比亚税务局
12	格鲁吉亚	格鲁吉亚税务局
13	中国香港特别行政区	香港税务局
14	印度尼西亚	印度尼西亚财政部税务总局

续表

序号	地区/国家	机构名称
15	哈萨克斯坦	哈萨克斯坦财政部国家收入委员会
16	科威特	科威特财政部
17	中国澳门特别行政区	澳门财政局
18	蒙古	蒙古税务局
19	尼泊尔	尼泊尔税务局
20	尼日利亚	尼日利亚联邦税务局
21	巴布亚新几内亚	巴布亚新几内亚税务局
22	卢旺达	卢旺达税务局
23	萨摩亚	海关与税收部
24	塞内加尔	塞内加尔财产和税务局
25	塞尔维亚	塞尔维亚税务局
26	塞拉利昂	塞拉利昂国家税务局
27	斯洛伐克	斯洛伐克税务海关局
28	索马里	索马里财政部
29	南苏丹	财政经济计划部
30	苏丹	苏丹税务局
31	苏里南	苏里南财政部
32	塔吉克斯坦	塔吉克斯坦收入委员会
33	阿联酋	阿联酋联邦税务局
34	乌拉圭	乌拉圭税务局
35	巴基斯坦	巴基斯坦联邦税务委员会
36	埃塞俄比亚	埃塞俄比亚税务和海关总局

资料来源：国家税务总局官网，http://www.chinatax.gov.cn/chinatax/n810219/n810724/c5150752/content.html。

表 2-4　　　　　"一带一路"税收征管合作机制观察员

序号	地区/国家	机构名称
1	亚美尼亚	亚美尼亚国家收入委员会
2	科特迪瓦	科特迪瓦税务总局
3	塞浦路斯	塞浦路斯税务部门
4	希腊	希腊独立公共收入管理局

续表

序号	地区/国家	机构名称
5	匈牙利	匈牙利国家税务和海关局
6	伊朗	伊朗国家税务局
7	意大利	意大利税务局
8	摩洛哥	摩洛哥税务局
9	新西兰	新西兰税务局
10	秘鲁	秘鲁国家税务局
11	卡塔尔	卡塔尔税务局
12	韩国	国家税务局
13	沙特阿拉伯	沙特税务总局
14	新加坡	新加坡国内收入局
15	东帝汶	东帝汶税务总局
16	乌克兰	乌克兰国家财政局
17	德国	德国税务局
18	厄瓜多尔	厄瓜多尔税务局
19	缅甸	缅甸税务局
20	西班牙	西班牙税务局
21	列支敦士登	列支敦士登税务局
22	国际组织	亚洲—大洋洲税务师协会
23	国际组织	美洲税收管理组织
24	国际组织	国际税收与投资中心
25	国际组织	经济合作与发展组织工商咨询委员会
26	国际组织	西非税收管理论坛
27	国际组织	国际商会（ICC）
28	学术机构	荷兰国际财政文献局

资料来源：国家税务总局官网，http：//www.chinatax.gov.cn/chinatax/n810219/n810724/c5150752/content.html。

三、税收征管合作机制背景下税收征管治理现状

2019年，第一届"一带一路"税收征管合作论坛在浙江乌镇的顺利召开拉开了"一带一路"税收征管合作机制建立并进行合作的大幕。合作机制时

间表、路线图、各项措施得到有效落实,从倡议到行动,从愿景到现实,各参与方主动作为,积极落实,走出了一条深化交流、合作共赢、携手共进之路,合作成果丰硕,进展显著,尤其是在"一带一路"税务学院建设、税务争端解决、税收征管能力提升、税务信息化发展等方面表现较为突出。

(一) 税收信息化合作进程加快

"一带一路"沿线国家(地区)多是发展中国家,科技水平相对较低,缺乏完备智能的纳税和信息集成系统,难以满足国际经贸合作中跨国企业涉税信息查询需求,尤其是在"数字革命"颠覆了传统商业模式,且数字经济的快速增长为税收管理带来巨大冲击的背景下,有计划地用信息技术装备税务机关,加强税收征管信息系统的现代化建设,通过数字平台、电子申报、以数治税等方式迅速采取有力措施破解数字经济税收管理难题成为相关国家(地区)的迫切需求。

2019年11月,"一带一路"税收征管合作机制多边磋商在中国北京举行,这是第一届"一带一路"税收征管合作论坛举办以来,合作机制主要参与方的首次正式会晤。合作机制理事会副主席塞拉利昂国家税务局局长图玛·阿达玛·贾布以及各工作组组长、专家咨询委员会部分代表参加磋商,聚焦"税收信息化"主题,围绕第一届"一带一路"税收征管合作论坛通过的乌镇行动计划、促进联盟建设以及筹备第二届"一带一路"税收征管合作论坛等议题达成多项共识,承诺将在合作机制框架下,以共同的努力应对挑战、以更大的诚意合作互信,为促进贸易投资自由化、便利化构建增长友好型的税收环境。[①]

2020年10月,以"信息化条件下的增值税服务与管理"为主题的"一带一路"税收征管合作机制信息化专题第二次业务研讨会及其后续会议顺利召开,来自合作机制理事会成员、观察员、专家咨询委员会及业界代表参加了研讨会。来自匈牙利税务部门、西班牙税务部门、普华永道会计师事务所的代表分别就线上收银机和电子发票、在线申报系统、英国税收数字化等议题进行了介绍,韩国税务部门代表分享了其在电子发票系统相关领域的经验,安永会计师事务所及非洲税收管理论坛(ATAF)的代表分别就信息化背景下税收管理对间接税的影响及数字经济和跨境交易中的增值税服务与管理等问

---

① 中华人民共和国中央人民政府. "一带一路"税收征管合作机制多边磋商在京举行[EB/OL]. [2019-11-11]. http://www.gov.cn/xinwen/2019-11/11/content_5450798.html.

题进行了主旨演讲,中国国家税务总局的代表分享了中国在信息化条件下的增值税服务与管理经验,其他参会人针对两次会议的主旨演讲内容进行了提问与交流。

(二)税收情报交换加强

目前,随着我国与"一带一路"沿线国家(地区)经济交往的深入,如何及时和准确掌握海外投资人的涉税信息,有效防范税源流失和税基侵蚀,是跨境税收征管工作面临的重大挑战。在各类国际税收合作协定中,各国通常以本国税法为前提,在国际协定规定的权利义务架构范围内,通过专项、自动、自发等情报交换方式共享本国系统搜集到的有关税收情报,对打击国际逃避税、强化本国税收征管意义重大。因此,我国与"一带一路"沿线国家(地区)签订双边税收协定时,一般都规定了双方信息交换的方式、范围和具体内容、信息提供国的权利义务以及例外情况、信息使用国对于所获取涉税信息的保密义务等内容。

税收征管合作机制建立以来,我国结合《多边税收征管互助公约》和《金融账户涉税信息自动交换标准》加大了与"一带一路"沿线国家(地区)情报交换的力度,及时修订老旧条款,通过交流、沟通、培训,极大地提升了沿线国家(地区)对多边公约及协议包容性和灵活性的认知,且交换渠道日趋多样化,方式也从专项交换向自动和自发交换方向转变。不少"一带一路"沿线国家(地区)为规范对非居民企业涉税账户信息的管理专门出台了针对该事项的尽职调查文件。

四、"一带一路"参与国税收营商环境的改善情况

(一)"一带一路"参与国营商环境存在的问题

营商环境是企业的生存发展环境,它直接影响资源的有效配置。好的营商制度环境,可以有效满足相关区域内的各类市场主体对于政府服务效能的迫切需求,使企业家将更多时间精力投入到生产活动中而不是依靠政治、司法等领域的非生产性活动谋取利益,迸发国际投资对于区域经济发展的新活力。世界银行发布的《2020年营商环境报告》显示,"一带一路"沿线国家(地区)的经济发达程度、投资环境、市场规模、政府治理水平参差不齐,总体上企业生产经营便利化和国际化程度表现不差,营商环境的平均得分高于世界平均水平,但稍低于OECD高收入国家的平均得分,部分国家税务信息系统信息化智能化程度不高,现行办税流程尚未简化,纳税申报方式复杂,所需资料较多等问题仍然比较突出，在满足"一带一路"区域内跨境纳税人对于高效的税制安排与服务的需要方面还有较大提升空间。

我国营商环境便利化指标的各数值普遍较高，但缴纳税款指标还有上升空间。据统计，在我国办理纳税业务平均需要的时间，与先进国家相比还有不小差距。这表明近年来我国持续推动办税缴费便利化已初见成效，但与营商环境优良的国家相比，仍有一定的差距。老挝、阿富汗、伊拉克等国营商环境评价较差，也门、东帝汶、叙利亚、阿富汗、伊拉克、孟加拉、缅甸、老挝、马尔代夫和柬埔寨的营商环境得分在"一带一路"沿线国家（地区）中居最后十位。综合来看，"一带一路"沿线国家（地区）税收营商环境存在的主要问题可归纳为如下三个方面。

1. 税收法治问题

由于"一带一路"沿线国家（地区）众多，国情国力的不同带来的税收理念与目标差异化在所难免。即使一些国家（地区）彼此整体税制结构保持一致，但在政策实际实施过程中也会存在不同时间、不同地区、不同级别税务机关执行相同或相似的税收政策时不一致的细节差异。一些国家经济政治体制不够完善，法治化程度普遍相对落后，税收体系中对外资的税收政策透明度不高，不但缺乏有效的预先裁定、预约定价等保障税收确定性的机制，导致税务执法人员享有非常大的自由裁量权，在执行税法以及生效的税收协定时过于随意，增加了税收政策适用的不确定性，而且缺乏必要的法律救济机制，或者救济流程冗长、效率低下，难以满足纳税人正常经营需要。

2. 税收政策问题

"一带一路"沿线国家（地区）目前正在实施的各项税收政策存在税种繁多、规则变化较快、政策执行不一致、不透明等问题。例如，在工程类企业缴纳企业所得税过程中，有些国家按照企业收入乘特定税率预缴企业所得税，而并非按照具体的企业所得税计算方式得出的金额预缴，导致很多企业多预缴了税收面临退税问题，但是很多地方退税过程复杂，挫伤了企业对该国家（地区）的经营信心等。部分国家（地区）还存在企业实际发生的成本费用因无法取得正规缴税凭证而无法在税前列支的情况，还有国家（地区）因尚未执行增值税留抵退税政策或政策不规范等原因给企业增加了额外负担。

3. 税收征管问题

某些国家（地区）税收政策缺乏执行细则，甚至出现单方违反国际税收协定、拒绝执行已签署并生效的税收协定中部分条款等行为。由于部分国家收紧了对税收居民身份认定的管理权限,导致很多企业难以获得税收居民身份证明,从而无法享受特定税收优惠政策。有的国家境外所得税抵免政策并不能从根本上解决重复征税问题,而且抵免过程复杂,即使是专业的税务人员在操作上也存在一定困难。部分业务虽然规定了税收优惠政策和免税条款,但停留于纸质阶段,落实存在难度,而且法定税率经常在实际操作中难以达到,导致实际执行中税率与法定税率偏差较大。

(二)"一带一路"税收征管合作机制对营商环境的影响

"一带一路"税收征管合作机制的建立是基于"开放、平等、包容、可持续"的理念,也是共商、共建、共享原则的重要体现。该合作平台坚持遵循现行普遍接受的国际税收规则,进一步补充完善了现代多边税收合作机制内容,旨在构建新型国际税收治理新体系,打破传统的国际税收关系和经贸往来模式,对改善"一带一路"沿线国家(地区)税收营商环境大有裨益,为实现区域内不同经济体协调发展、缩小贫富差距、促进经济全球化包容性增长作出积极贡献。世界银行发布的《2020年营商环境报告》显示,"一带一路"沿线45个国家共计实施了148项有利于改善营商环境的改革,其中,缴纳税款指标改善最大,有20个国家在该领域实行了改革[①],带动了整体营商环境的改善。中国、沙特阿拉伯、约旦、巴林、塔吉克斯坦、巴基斯坦、科威特和印度等国家成功进入2020年全球营商环境改善最显著的十个国家之列。中国税务部门由于通过降低中小微企业企业所得税税率、进行增值税税制改革、降低部分行业增值税税率等更大规模减税降费政策和在纳税申报等方面大力推行电子化等举措方面作出了较大努力,使得纳税排名提升9位至第105位,改善较为明显。

(三)"一带一路"沿线国家(地区)税收营商环境优化后的经济体现

一方面,大规模减税降费的实施、纳税服务的提升和税收法定原则的落实已成为中国税收营商环境改善的契机和重要助力,税收营商环境的改善实现了生产、分配、流通、消费四个环节的有机统一,国内外市场的各类生产要素均可为本国企业所用,避免企业由于国家(地区)间各类限制而无法实现全球化经营,"一带一路"沿线国家(地区)以及全球对中国的投资继续稳定增长。近3年来,"一带一路"沿线国家(地区)在华投资情况持续向

---

① 曾慧,赖挺挺."一带一路"沿线国家营商环境的比较与启示:基于《2020年营商环境报告》[J].统计学报,2020(1):55-62.

好，总量稳定增长，结构不断优化。各类优质跨国企业纷纷看好中国未来经济发展前景，2018年在华投资"一带一路"沿线国家（地区）企业各类指标数据喜人，营业收入和固定资产投资分别增长8.1%和11.3%；新产业新业态新商业模式企业研发投入大幅增长，增幅达24.4%；年纳税额500万元人民币以上的达1205户。① 至2019年沿线国家（地区）对我国的投资累计已超过480亿美元。2020年，我国承接"一带一路"沿线国家（地区）离岸外包执行额1360.6亿元，同比增长8.9%。②

另一方面，"一带一路"沿线国家（地区）税收营商环境的优化极大地增强了中国企业"走出去"的信心。商务部于2020年12月发布的《中国对外投资合作发展报告2020》显示，2019年，中国境内投资者在"一带一路"沿线国家（地区）设立境外企业近1.1万家，涉及国民经济18个行业大类，当年实现直接投资186.9亿美元，同比增长4.5%，占同期中国对外直接投资流量的13.7%。截至2019年末，我国对"一带一路"沿线国家（地区）的直接投资存量为1794.7亿美元，占我国对外直接投资存量的8.2%。2019年，我国企业在"一带一路"沿线的62个国家（地区）新签对外承包工程项目合同6944份，新签合同额1548.9亿美元，同比增长23.1%，占同期中国对外承包工程新签合同额的59.5%；完成营业额979.8亿美元，同比增长9.7%，占同期总额的56.7%。我国在"一带一路"沿线国家（地区）建设的境外经贸合作区累计投资350亿美元，缴纳东道国税费超过30亿美元。③

从中国对"一带一路"沿线国家（地区）的投资流向看，中国对"一带一路"沿线国家（地区）的投资主要流向东南亚的新加坡、印度尼西亚、越南、泰国、老挝、柬埔寨、马来西亚以及亚洲的其他国家，如阿联酋、伊拉克、哈萨克斯坦等。

从投资存量看，截至2019年末，位列前十的国家分别是：新加坡、印度尼西亚、俄罗斯、老挝、马来西亚、阿联酋、哈萨克斯坦、泰国、越南、柬埔寨。其中，我国对新加坡的投资无论是流量还是存量均位列"一带一路"

---

① 孙博洋. 多国携手共建"一带一路"税收征管合作机制[EB/OL]. [2019-04-18]. http://finance.people.com.cn/n1/2019/0418/c1004-31037711.html.

② 商务部. "一带一路"外包合作持续加温[EB/OL]. [2021-02-04]. http://www.mofcom.gov.cn/article/i/jyjl/e/202102/20210203036964.shtml.

③ 商务部. 中国对外投资合作发展报告[EB/OL]. [2021-02-03]. http://www.gov.cn/xinwen/2021-02/03/content_5584540.htm.

沿线国家（地区）首位，分别达到48.3亿美元和526.4亿美元，分别占我国对"一带一路"沿线国家（地区）的25.8%和29.3%。

从投资行业看，我国对"一带一路"沿线国家（地区）的投资领域更加多元化，行业分布广泛，第一、二、三产业均有涉及，例如，第一产业的农林牧渔业，第二产业的制造业、建筑业、采矿业、电力、热力、燃气及水的生产和供应业，第三产业的批发和零售业、金融业、租赁和商务服务业等。从投资金额看，流向制造业的投资67.9亿美元，同比增长15.5%，占比36.3%；批发和零售业25.1亿美元，占比13.4%；建筑业22.4亿美元，占比12%；金融业15.9亿美元，占比8.5%；科学研究和技术服务业13.5亿美元，占比7.2%；电力、热力、燃气及水的生产和供应业13.4亿美元，占比7.2%。

企业并购方面，2019年，我国企业在"一带一路"沿线国家（地区）共进行了91起并购项目，涉及并购金额29.4亿美元，并购项目数量较2018年共增加12起。从区域分布看，东南亚是中国"一带一路"跨境并购的集中地，其次是南亚。

总之，我国"走出去"企业倾向投资于总税负水平较低、税收征管水平和法治化程度较高、税制较为合理、廉洁、稳定的国家和地区。

五、"一带一路"税收征管合作机制在抗击疫情中发挥作用

（一）搭建"以税抗疫"专项交流研讨平台，及时分享全面对应对新冠肺炎疫情的各项税收政策和征管服务措施经验

2020年6月，来自哈萨克斯坦、阿联酋、塞拉利昂、阿尔及利亚、格鲁吉亚、意大利、韩国、中国、阿富汗、中国香港、新加坡等36个国家（地区）的税务部门负责人、7位国际组织负责人参加了"一带一路"税收征管合作机制视频会议，这是国际税务领域在新冠肺炎疫情背景下召开的最高规格会议，是处于全球变革转型窗口期的一次重要会议，意义重大。会议以"同心抗疫 共克时艰"为主题，参与各方分享交流了"支持企业业务保持连续性、帮扶纳税人渡过难关、确保企业获得足够现金流、向公民释放财税红利、促进更高生产能力、给纳税人更多时限来完成纳税义务"[①]等方面取得的

---

① 《瞭望》新闻周刊. "一带一路"税收征管合作机制中国经验 [EB/OL]. [2020-06-09]. http://www.ctax.org.cn/mtbd/202006/t20200609_1105470.shtml.

经验,有力促进了"一带一路"税务部门共享信息、互借经验。例如,迪拜政府实施了价值15亿迪拉姆的经济支持计划;哈萨克斯坦针对中小型企业制定了针对财产税和农业用地土地税的帮扶措施,期望通过减轻中小微企业负担帮助企业渡过难关。我国在新冠肺炎疫情期间推出的针对企业复工复产的各项举措精准有力,受到了各方广泛关注,例如,税收优惠政策落实、"非接触式"办税、数据服务大局和疫情防控等。

2020年7月至8月,我国以"疫情防控背景下的纳税服务连续性"为主题的"一带一路"税收征管合作机制专题第一次业务研讨会及后续会议召开。来自21个国家(地区)、7个国际组织的代表及5名专家咨询委员会成员等参会。来自乌拉圭、新加坡、世界银行的参会代表聚焦本国新冠肺炎疫情背景下确保纳税服务连续性相关经验及本组织相关研究成果就如何满足纳税人多元化需求,保障优质便捷的纳税服务不中断等问题进行主旨演讲;来自OECD的参会代表基于税收征管论坛的最新研究成果对纳税服务连续性问题进行总结梳理。各参与方共同探讨利用信息化手段提升特殊时期纳税遵从度以及持续提供"非接触式"纳税服务等当前全球税务部门关注的热点话题。

(二)各方以及国际组织和专家咨询委员会成员积极开展新冠肺炎疫情对各国的影响以及应对政策的效应分析

一方面,促进联盟2020年开展了系列线上专题研讨、课程培训等,举办5期线上培训,31个国家(地区)352名学员参加学习[①],较好地提升了发展中国家税收征管能力。另一方面,《"一带一路"税收(英文)》期刊正式出版,"一带一路"税收征管合作机制官方网站(www.britacom.org)亦正式上线,这为各方以及国际组织和专家咨询委员会成员充分发挥专业优势,进一步开展合作交流提供了共商、共建、共享的常态化工作交流机制和平台。税收征管合作机制秘书处主动收集整理"一带一路"国家(地区)应对疫情的各项税收举措,定期向相关方发送抗疫特刊,目前已发布合作机制动态3期,特刊12期。[②]

(三)进一步深入探索科技支撑

当前,新冠肺炎疫情没能阻挡"一带一路"沿线国家(地区)积极推进

---

① 国家税务总局."一带一路"税收征管合作机制会议达成15项最新成果[EB/OL].[2020-12-16]. http://www.ctax.org.cn/csyw/202012/t20201216l112045.shtml.

② 王文竹.一场跨越时差的相聚:"一带一路"税收征管合作机制线上会议侧记[EB/OL].[2020-06-05]. http://www.chinatax.gov.cn/chinatax/n810219/n810780/c5150896/content.html.

税收合作的步伐，反而催生了新技术在税收领域的应用。一方面，不断加强税收信息化顶层设计和宏观规划，借助信息化技术组织高级别会议，积极开展"云双边会谈""云主题展览"等各类云上活动，打造交流展示与务实合作的智能化、多样化平台。另一方面，针对疫情之下数字经济蓬勃兴起对税收工作提出的新要求，紧扣第二届"一带一路"税收征管合作论坛的信息化主题，聚焦主要税种征管信息化建设、纳税服务优化、大数据治理等议题，组织开展了系列业务研讨，共同推进税收治理体系和治理能力现代化。2020年12月，以"新挑战新机遇新发展——全球疫情背景下的税收信息化发展规划"为主题的"一带一路"税收征管合作机制高级别线上会议召开，来自47个国家（地区）的税务局局长等相关负责人、9个国际组织高级官员及专家咨询委员会成员共计200余位代表参会。合作机制理事会成员共同发布《"一带一路"税收征管合作机制信息化线上高级别会议联合声明》，达成三方面15项重要成果，为"一带一路"国家（地区）税收信息化发展提供指引。①

[学习小结] 本节以"一带一路"税收征管合作机制构建以来取得的成就为背景，分析当前税收征管合作机制的特点、现状、困难以及在抗击新冠肺炎疫情中发挥的作用，使读者更加了解我国"一带一路"建设取得的成绩来之不易。同时，也提醒税务干部在税收业务学习中，要时刻遵循客观实际的要求，从提高知识层次的角度去看待问题，更好地服务于"走出去"企业和"一带一路"建设的大潮。

[思考练习]

1. "一带一路"税收征管合作机制的特点是什么？

答：主要有三个特点：一是多个国家和地区参与，代表性广。"一带一路"税收征管合作机制探索了新的合作路径与方式，吸引了全球诸多国家的广泛参与。二是求同存异，具有包容性。"一带一路"税收征管合作机制在尊重"一带一路"国家的领土、主权及税收政策选择的基础上，通过税收协调实现国家税收权益和投资者利益的最佳结合。三是实事求是，务实性强。在共同遵循的国际税收原则的指引下，制定时间表，切实解决各参与方防范税

---

① 杜涛. 世界税收十件大事公布：RECP、应对数字经济税收挑战蓝图文件入选 [EB/OL]. [2021-01-07]. http://www.ctax.org.cn/mtbd/202101/t20210107_1112866.shtml.

基侵蚀、利润转移、税收利益分配及税收征管互助等方面的问题。

2. 2020年12月,"一带一路"税收征管合作机制高级别线上会议的主题是什么?

答:2020年12月,"一带一路"税收征管合作机制高级别线上会议的主题是"新挑战新机遇新发展——全球疫情背景下的税收信息化发展规划"。

第三章　我国服务"一带一路"建设的税收政策

第一节　出口退（免）税政策

[**学习导读**] 本节主要介绍出口退（免）税的概念、基本要素、增值税与消费税出口退（免）税政策与计算等相关规定，以及外贸综合服务企业、跨境电商、境外投资、对外援助、对外承包及自贸区等特殊业务税收政策，使读者能够重点掌握出口退（免）税原理与实务操作之间的逻辑关系，探索解决政策中遇到的难点、痛点及热点问题，为加强出口退（免）税学习和管理奠定良好的基础。

一、出口退（免）税的概述

（一）出口退（免）税的概念

出口退（免）税，是指在国际贸易业务中，对我国报关出口的货物（含跨境电子商务）劳务退还或免征在国内各生产环节和流转环节按税法规定缴纳的增值税或消费税。同时，自营业税改征增值税后，境内单位和个人提供的相关跨境应税服务，适用增值税零税率，享受出口退（免）税政策。

（二）出口退（免）税的原则与目的

出口货物劳务和服务退（免）税，是指对出口货物、劳务以及提供增值税零税率服务免征其国内生产、流通环节的间接税（增值税、消费税），并退还其在国内生产、流通环节已缴纳的间接税的一种税收制度。实施出口退（免）税制度的主要目的在于出口货物、劳务及服务以不含国内间接税价格进入国际市场,避免对跨国流动货物劳务及服务重复征收国内税。

根据国际社会通行的惯例和我国现阶段的国情,并参考国际上的通行做法,我国制定并实施了出口退(免)税制度以及管理办法,对出口货物劳务及服务实行零税率,其原则是"征多少、退多少、不征不退"彻底的零税率制度。但是,现实中出口退(免)税在我国并非完全是彻底的零税率制度,如国家抑制高能耗、高污染产品及明确规定不鼓励出口的货物采取视同内销全额征税。

二、出口退(免)税的基本要素

出口退(免)税的基本要素,主要包括:出口退(免)税的税种与税率、适用增值税和消费税出口退(免)税政策的企业主体及货物劳务及服务的范围、退(免)税的方法、计税根据、相关凭证和资料、申报地点、管理机关、预算级次等。

(一)出口退(免)税的税种与税率

1. 出口退(免)税的税种

我国出口货物劳务及服务退(免)税仅限于流转税中的增值税和消费税。其中,零税率应税服务和境外旅客购物离境退税等特殊业务只适用于增值税。

2. 增值税出口退税率

(1)基本退税率。根据《财政部 税务总局 海关总署关于深化增值税改革有关政策的公告》(财政部 税务总局 海关总署公告2019年第39号)规定,自2019年4月1日起,原适用16%税率且出口退税率为16%的出口货物劳务,出口退税率调整为13%;原适用10%税率且出口退税率为10%的出口货物、跨境应税行为,出口退税率调整为9%。除上述调整外,其他退税率保持不变。调整后增值税出口退税率为:0、6%、9%、10%、13%五档。2020年3月,为应对新冠肺炎疫情的影响,稳定外贸出口增长,《财政部 税务总局关于提高部分产品出口退税率的公告》(财政部 税务总局公告2020年第15号)规定,自2020年3月20日起,将瓷制卫生器具等1084项产品的出口退税率提高至13%,将植物生长调节剂等380项产品出口退税率提高至9%。除"两高一资"产品(高污染、高耗能、资源型产品,下同)外,所有出口产品不再有征退税率之差。由此,出口退税率由5档(0、6%、9%、10%、13%)减并为4档,分别是0、6%、9%、13%。

（2）特殊退税率。除上述财政部和国家税务总局根据国务院决定而明确的增值税出口退税率以外，特殊情况下出口退税率还有另行的其他特殊规定，即按应征税率执行。主要包括以下情况：

一是外贸企业购进按简易办法征税的出口货物、从增值税小规模纳税人购进的出口货物，其退税率分别为简易办法实际执行的征收率3%、增值税小规模纳税人征收率3%。但应注意增值税小规模纳税人征收率的时限变化，例如，根据《财政部 税务总局关于延续实施应对疫情部分税费优惠政策的公告》（财政部 税务总局公告2021年第7号）第一条规定，《财政部 税务总局关于支持个体工商户复工复业增值税政策的公告》（财政部 税务总局公告2020年第13号）规定的税收优惠政策，执行期限延长至2021年12月31日。其中，自2021年4月1日至2021年12月31日，湖北省增值税小规模纳税人适用3%征收率的应税销售收入，减按1%征收率征收增值税；适用3%预征率的预缴增值税项目，减按1%预征率预缴增值税。因此，从上述规定中可知，出口企业从增值税小规模纳税人购进出口产品也会出现1%的征收率。对此，出口企业购进出口产品取得增值税专用发票的，退税率按照增值税专用发票上的税率和出口货物退税率孰低原则确定。例如，某外贸企业2021年5月从增值税小规模生产企业购进一批毛制女式上衣出口，其退税率文库中查询的出口退税率为13%，但该企业取得的增值税专用发票的征收率为1%。那么，按照执行退税率孰低原则，该企业应按1%的退税率进行计算与申报。

二是出口企业或其他单位委托加工修理修配货物，其加工修理修配费用的退税率，为出口货物的退税率。需要注意的是，申报出口退税的增值税专用发票所列加工费应包含原材料成本金额，并统一按出口货物的退税率退税。

三是试点境外旅客购物离境退税率（增值税），根据《财政部 税务总局 海关总署关于深化增值税改革有关政策的公告》（财政部 税务总局 海关总署公告2019年第39号）第四条规定："适用13%税率的境外旅客购物离境退税物品，退税率为11%；适用9%税率的境外旅客购物离境退税物品，退税率为8%。"

3. 消费税出口退税率

计算出口货物应退消费税税款的税率或单位税额，根据现行《消费税税目税率表》执行。企业应将不同税率的货物分开核算和申报，凡划分不清适用税率的，一律从低适用税率计算。需要注意的是，取消增值税出口退税政策的货物,也应相应取消出口退(免)消费税政策。

4. 出口退税率执行时限

出口退税率有调整的,执行时间一般以货物(包括加工修理修配的货物,启运港退税货物)出口报关单上注明的出口日期为准。如果属于非报关出口销售的货物劳务、跨境应税行为,以出口发票或普通发票的开具时间为准。保税区外出口企业经保税区仓储出口的货物,以货物离境时海关出具的最后一批出境货物备案清单上注明的出口日期为准。

(二)增值税出口退(免)税的范围

根据《中华人民共和国增值税暂行条例》(以下简称《增值税暂行条例》)第二条第一款第(四)项规定:"纳税人出口货物,税率为零;但是,国务院另有规定的除外。"第(五)项规定:"境内单位和个人跨境销售国务院规定范围内的服务、无形资产,税率为零。"同时,第二款规定:"税率的调整,由国务院决定。"

1. 出口退(免)税的企业范围

根据《财政部 国家税务总局关于出口货物劳务增值税和消费税政策的通知》(财税〔2012〕39号)第一条第(一)项规定:"本通知所称出口企业,是指依法办理工商登记、税务登记、对外贸易经营者备案登记,自营或委托出口货物的单位或个体工商户,以及依法办理工商登记、税务登记但未办理对外贸易经营者备案登记,委托出口货物的生产企业。"此外,根据《财政部 国家税务总局关于全面推开营业税改征增值税试点的通知》(财税〔2016〕36号)规定,出口退(免)税包括向境外销售零税率应税服务及无形资产的中华人民共和国境内的单位和个人;以及根据《国家税务总局关于调整完善外贸综合服务企业办理出口货物退(免)税有关事项的公告》(国家税务总局公告2017年第35号)规定为生产企业代办出口退税的外贸综合服务企业。

[政策解析] 按经营类型划分为生产型企业、外贸型企业、外贸综合服务企业(以下简称生产企业、外贸企业、外综服企业)三类。

(1)生产企业,是指具有生产能力(包括加工修理修配能力)的单位或个体工商户。

(2)外贸企业,是指不具有生产能力的出口企业或其他单位。

(3)外综服企业,是指具备对外贸易经营者身份,接受国内外客户委托，依法签订综合服务合同（协议），依托综合服务信息平台，代为办理包括报关、报检、物流、退税、结算等在内的综合服务业务的企业。外综服企业是代理服务企业，应具备较强的进出口专业服务、互联网技术应用和大数据分析处理能力，建立较为完善的内部风险防控体系。外综服企业代国内生产企业办理出口退（免）税事项同时符合规定条件的，可由外综服企业向其所在地主管税务机关集中代为办理出口退（免）税事项（以下简称代办退税）。主要适用于外综服企业为生产企业代办退税业务。

那么，在此范围之外的应视为非出口企业，单指不具有进出口经营权委托出口货物的商贸企业或个人。出口企业与非出口企业的不同点在于：前者是自营或委托出口的货物实行退（免）税；后者是委托出口的货物按免税办理，如未办理进出口经营权的商贸企业和个人委托出口的货物。

从上述政策看，对于出口企业而言适用退（免）税的出口模式，主要分为自营出口退税、代理（委托）出口退税、外综服代办退税三类。

自营出口，是指出口企业自行生产或经营的出口或转口货物劳务的销售业务。包括：以一般贸易形式直接对国外销售，进口原材料加工复出口，出售出国展品、样品，批准供应外轮和远洋货轮、外国驻华使馆商品，提供跨境应税服务和无形资产，以及其他取得外汇收入的货物劳务销售。出口退（免）税的申报主体是自营出口企业本身。

代理（委托）出口，是指一家企业（委托方）委托有进出口资质的另一家企业（受托方，即代理方）从事出口业务。委托方主要分为两种情形：一是委托方有进出口经营权，但由于某些原因无法顺利办理进出口业务的，如缺乏专业的业务或财务人员等情形；二是委托方没有进出口经营权，需要委托代理方报关出口，并取得代理方向主管税务机关申报开具的《代理出口货物证明》和出口货物报关单向所属地税务机关申报退（免）税。退（免）税申报主体是委托方而不是受托方。

外综服代办退税，是指外综服企业代国内生产企业办理出口退（免）税事项同时符合下列条件的，可由外综服企业向其所在地主管税务机关集中代为办理出口退（免）税事项。一是符合商务部等部门规定的外综服企业定义并向主管税务机关备案；二是企业内部已建立较为完善的代办退税内部风险管控制度并已向主管税务机关备案。对于外综服企业而言，既可以采取自营出口、代理出口方式，也可以为生产企业代办退税。

2. 出口退（免）税货物劳务及服务的范围

出口企业及其他单位根据从事出口货物劳务及服务的行业不同，具体可分为出口企业出口货物、出口企业视同出口货物、对外提供修理修配劳务和提供增值税零税率应税服务及无形资产等［明确规定不予退（免）税或出口不符合出口退（免）税条件的货物除外］。

（1）出口企业出口货物。根据《财政部 国家税务总局关于出口货物劳务增值税和消费税政策的通知》（财税〔2012〕39号）第一条第（一）项规定，出口货物是指向海关报关后实际离境并销售给境外单位或个人的货物。

［政策解析］一般情况下享受出口退（免）税的货物应同时具备以下四个条件：①必须是属于增值税和消费税征税范围内的货物。②必须是报关离境的货物。凡报关不离境的货物，无论以外币还是人民币结算，无论财务上如何处理，均不能视为出口货物予以退（免）税（出口企业视同出口货物及对外提供修理修配、跨境应税服务等国家规定的其他情形除外）。③必须是在财务上作销售处理的货物。生产企业出口货物劳务（进料加工复出口货物除外）增值税退（免）税的计税根据，为出口货物劳务的实际离岸价（FOB）。实际离岸价应以出口发票上的离岸价为准，但如果出口发票不能反映实际离岸价，主管税务机关有权予以核定。外贸企业出口货物劳务参照执行。实行退（免）税办法的跨境应税服务和无形资产，如果主管税务机关认定出口价格偏高的，有权按照核定的出口价格计算退（免）税，核定的出口价格低于外贸企业购进价格的，低于部分对应的进项税额不予退税，转入成本。④必须是出口收汇的货物。根据《国家税务总局关于出口企业申报出口货物退（免）税提供收汇资料有关问题的公告》（国家税务总局公告2013年第30号，以下简称国家税务总局2013年第30号公告）第一条、第五条和《财政部 国家税务总局关于明确国有农用地出租等增值税政策的公告》（财政部 税务总局公告2020年第2号）第四条规定，出口企业申报退（免）税的货物，须在退（免）税申报期限内进行收汇，如不能收汇或未在规定期限内收汇的，在办理收汇或者办理不能收汇手续后，即可申报办理退（免）税。"不能收汇手续"是指根据国家税务总局2013年30号公告第五条规定，出口货物由于该公告附件3所列原因，不能收汇或不能在出口货物

退（免）税申报期的截止之日内收汇的，如按会计制度规定须冲减出口销售收入的，在冲减销售收入后，应在退（免）税申报期截止之日内，向主管税务机关报送《出口货物不能收汇申报表》，提供附件 3 所列原因对应的有关证明材料，经主管税务机关审核确认后，可视同收汇处理。

国家税务总局 2013 年 30 号公告附件 3 列出 9 种出口货物不能收汇的原因及证明材料（表 3 – 1），出口企业出口货物因下列原因导致不能收汇的，应提供相应的证明材料，报主管税务机关。

表 3 – 1　　　　　　　　出口货物不能收汇的原因及证明材料

序号	内容
1	因国外商品市场行情变动的，提供有关商会出具的证明或有关交易所行情报价资料。原因代码：01
2	因出口商品质量原因的，提供进口商的有关函件和进口国商检机构的证明；由于客观原因无法提供进口国商检机构证明的，提供进口商的检验报告、相关证明材料和出口单位书面保证函。原因代码：02
3	因动物及鲜活产品变质、腐烂、非正常死亡或损耗的，提供进口商的有关函件和进口国商检机构的证明；由于客观原因确实无法提供商检证明的，提供进口商有关函件、相关证明材料和出口单位书面保证函。原因代码：03
4	因自然灾害、战争等不可抗力因素的，提供报刊等新闻媒体的报道材料或中国驻进口国使领馆商务处出具的证明。原因代码：04
5	因进口商破产、关闭、解散的，提供报刊等新闻媒体的报道材料或中国驻进口国使领馆商务处出具的证明。原因代码：05
6	因进口国货币汇率变动的，提供报刊等新闻媒体刊登或外汇局公布的汇率资料。原因代码：06
7	因溢短装的，提供提单或其他正式货运单证等商业单证。原因代码：07
8	因出口合同约定全部收汇最终日期在申报退（免）税截止期限以后的，提供出口合同。原因代码：08
9	因其他原因的，提供主管税务机关认可的有效凭证。原因代码：09

（2）出口企业视同出口货物。在出口退（免）税中，有一些虽然不完全具备上述出口货物退（免）税的四个条件，但由于这些货物销售方式、消费环节、结算办法的特殊性，国家允许其退（免）增值税或消费税。根据《财政部　国家税务总局关于出口货物劳务增值税和消费税政策的通知》（财税〔2012〕39 号）、《财政部　海关总署　国家税务总局关于横琴　平潭开发有

关增值税和消费税政策的通知》（财税〔2014〕51号）及其他相关规定，可以统一归并到视同出口货物范围，主要包括：

①出口企业经海关报关进入国家批准的出口加工区、保税物流园区、保税港区、综合保税区、珠澳跨境工业区（珠海园区）、保税物流中心（B型），以及横琴、平潭综合试验区等特殊区域并销售给特殊区域内单位或境外单位、个人的货物。

②出口企业或其他单位销售给特殊区域内生产企业生产耗用且不向海关报关，输入七类特殊区域的水（包括蒸汽）、电力、燃气（海关特殊监管区域增值税一般纳税人试点企业及平潭等自贸区内企业除外，下同）。

③出口企业将出口货物运入保税区报关出口至境外单位和个人，或者将出口货物运入保税区内仓储企业并报关出口至境外单位和个人，以及保税区内出口企业经保税区出口的货物。

④出口企业对外援助、对外承包、境外投资的出口货物。

⑤出口至进口保税仓库与出口监管仓库的货物。

⑥进入七类特殊区域内生产企业生产耗用的列名原材料。

⑦融资租赁的出口货物。

⑧试行启运港及从经停港报关出口、由符合条件的运输企业途中加装的集装箱货物。

⑨进入自贸区的出口货物（进入保税区的除外）。

⑩免税品经营企业销售的货物（国家规定不允许经营和限制出口的货物、卷烟和超出免税品经营企业《企业法人营业执照》规定经营范围的货物除外）。

⑪出口企业或其他单位销售给用于国际金融组织或外国政府贷款国际招标建设项目的中标机电产品（以下简称中标机电产品）。

⑫生产企业向海上石油天然气开采企业销售的自产的海洋工程结构物。

[政策解析] 根据《财政部 国家税务总局关于明确金融 房地产开发 教育辅助服务等增值税政策的通知》（财税〔2016〕140号）第十七条的规定，自2017年1月1日起，生产企业销售自产的海洋工程结构物，或者融资租赁企业及其设立的项目子公司、金融租赁公司及其设立的项目子公司购买并以融资租赁方式出租的国内生产企业生产的海洋工程结构物，应按规定缴纳增值税，不再适用《财政部 国家税务总局关于出口货物劳务增值税和消费税政策的通知》（财税〔2012〕39号）或者

《财政部 海关总署国家税务总局关于在全国开展融资租赁货物出口退税政策试点的通知》(财税〔2014〕62号)规定的增值税出口退税政策,但购买方或者承租方为按实物征收增值税的中外合作油(气)田开采企业的除外。另外,在2017年1月1日前签订的海洋工程结构物销售合同或者融资租赁合同,在合同到期前,可继续按现行相关出口退税政策执行。

⑬出口企业或其他单位销售给国际运输企业用于国际运输工具上的货物。

[**政策解析**] 上述政策只适用于外轮供应公司、远洋运输供应公司销售给外轮、远洋国轮的货物,国内航空供应公司生产销售给国内和国外航空公司国际航班的航空食品。

⑭对境外带料加工装配业务所使用的出境设备、原材料和散件。
⑮出口进项税额未计算抵扣的已使用过的设备。
⑯外国驻华使(领)馆(包括特定国际组织驻华代表机构)及其人员在华购买的物品和劳务。
⑰边境小额贸易的出口货物。
⑱研发机构(外资与内资)或中心采购的国产设备。
⑲试点地区境外旅客购物离境退税。
⑳对外补偿贸易及易货贸易的出口货物。
㉑委托代理出口的货物(不包括非出口企业代理出口的货物)。
㉒出口样品、展品。
㉓软件出口。
㉔出口货物的新造集装箱。
㉕出口含金成分产品。
㉖国家另行规定的其他出口货物。
注:上述特殊业务中,对外援助、对外承包、境外投资的出口货物,融资租赁企业以融资租赁方式租赁给境外承租人等与"走出去"企业最为相关。

(3) 对外提供修理修配劳务。根据《财政部 国家税务总局关于出口货物劳务增值税和消费税政策的通知》(财税〔2012〕39号)第一条第(三)项规定,对外提供加工修理修配劳务是指对进境复出口货物或从事国际运输的运输工具进行的加工修理修配,如出口企业修理修配国际航空公司飞机等。

(4) 零税率跨境应税服务。根据《财政部 国家税务总局关于全面推开营业税改征增值税试点的通知》(财税〔2016〕36号)附件4《跨境应税行为适用增值税零税率和免税政策的规定》规定,中华人民共和国境内的单位和个人销售国际运输服务、航天运输服务,向境外单位提供的完全在境外消费的研发设计、无形资产等服务,以及财政部和国家税务总局规定的其他服务,适用增值税零税率。

(5) 跨境电子商务出口企业的出口货物。主要指《财政部 国家税务总局关于跨境电子商务零售出口税收政策的通知》(财税〔2013〕96号)规定,自建跨境电子商务销售平台的电子商务出口企业和利用第三方跨境电子商务平台开展电子商务出口的企业,以海关监管方式代码为"9610""1210""9710""9810"出口的货物。

①代码"9610",即出口就是境内企业直邮到境外消费者手中。②代码"1210",即境内企业把生产的货物存放在海关特殊监管区域或保税监管场所的仓库中,即可申请出口退税,之后按照订单由仓库发往境外消费者。③代码"9710",即简称"跨境电商B2B直接出口",境内企业通过跨境电商平台与境外企业达成交易后,通过跨境物流将货物直接出口至境外企业。"9610"和"9710"模式都是指境内企业直接发货至境外购买人手中,区别就是"9610"是企业至个人的B2C模式,而"9710"则是企业至企业的B2B模式,所以一般"9710"的货量和货值更高。④代码"9810",即简称"跨境电商B2B出口海外仓",是指境内企业先将货物通过跨境物流出口至海外仓,通过跨境电商平台实现交易后从海外仓送达境外购买者。"9810"模式的仓库建在境外,而"1210"模式的仓库建在境内海关特殊监管区域或保税监管场所。但应当注意对于"9810"模式是否享受出口退税存在争议,尚未有明确的文件规定。

(6) 外贸综合服务企业代办出口退税的货物。根据《国家税务总局关于调整完善外贸综合服务企业办理出口货物退(免)税有关事项的公告》(国家税务总局公告2017年第35号)规定,外综服企业代国内生产企业办理出口退(免)税事项同时符合相关条件的,可由外综服企业向其所在地主管税务机关集中代办退税。

(7) 跨境贸易人民币结算的出口货物劳务及服务。

(三) 消费税出口退（免）税的范围

根据《中华人民共和国消费税暂行条例》（以下简称《消费税暂行条例》）第十一条规定："对纳税人出口应税消费品，免征消费税；国务院另有规定的除外。出口应税消费品的免税办法，由国务院财政、税务主管部门规定。"同时，《财政部　国家税务总局关于出口货物劳务增值税和消费税政策的通知》（财税〔2012〕39号）第八条第一项规定，出口企业出口或视同出口适用增值税退（免）税的货物，免征消费税，如果属于购进出口的货物，退还前一环节对其已征的消费税（含跨境电子商务及外贸综合服务代理退税出口的货物）。

[政策解析] 上述政策中，要注意生产企业外购或委托加工收回含有消费税的出口货物，应与增值税视同自产以及列名企业收购非自产的出口货物的条件相一致，才符合退税政策。因此，出口退（免）税政策在处理增值税与消费税退（免）税的关系方面是紧密相连的，无论是出口企业或者其他单位发生的出口货物劳务，属于增值税出口退（免）税范畴的同样适用于消费税。但不包括营改增零税率应税服务、境外旅客购物离境、研发机构或中心采购国产设备退税以及国家其他规定的情况。如果是生产企业自产的含有消费税的产品出口不在退（免）税范围之列，按照免税政策执行。

(四) 现行出口退（免）税办法

1. 增值税出口退（免）税办法

目前，我国增值税出口退（免）税方法，主要分为免抵退税、免退税。其中免抵退税方法主要适用于具有生产能力的出口企业或其他单位，而免退税方法主要适用于不具备生产能力的出口企业或其他单位。

（1）免抵退税办法。免抵退税办法，是指生产企业出口自产货物和视同自产货物及对外提供加工修理修配劳务、列名生产企业出口非自产货物以及外贸企业直接将服务或自行研发的无形资产出口，免征增值税，相应的进项税额抵减应纳增值税额（不包括适用增值税即征即退、先征后退政策的应纳增值税额），未抵减完的部分予以退还。

[政策解析] 上述免抵退税的界定是根据《财政部　国家税务总局关于出口货物劳务增值税和消费税政策的通知》（财税〔2012〕39号）第

二条第（一）项、《财政部　国家税务总局关于全面推开营业税改征增值税试点的通知》（财税〔2016〕36 号）附件 4《跨境应税行为适用增值税零税率和免税政策的规定》第四条、《国家税务总局关于调整完善外贸综合服务企业办理出口退（免）税有关事项的公告》（国家税务总局公告 2017 年第 35 号）第一条规定，进行了组合整理而形成的。主要适用于有进出口自主经营权和委托代理出口的生产企业、生产型集团公司，以及外贸企业直接将服务或自行研发的无形资产出口视同生产企业统一实行免抵退税办法。免抵退税具体可表述为：

"免"税，是指对生产企业出口的自产货物，免征本企业生产销售环节增值税。出口环节按零税率计征销项税额，实际出口额与当期外汇汇率的乘积确定外销收入。

"抵"税，是指生产企业出口自产货物所耗用的原材料、零部件、燃料、动力等所含应予以退还的进项税额，抵顶内销货物的应纳税额。用于免抵退税项目的进项税额可以与内销货物的销项税额进行抵扣。

"退"税，是指生产企业出口的自产货物在当月内应抵顶的进项税额大于应纳税额时，对未抵顶完的部分予以退税。

如果出口货物劳务的退税率与征税率存在差异时，当期单证收齐且信息齐全的免抵退税出口销售额（FOB）与征退税率之差的乘积作为进项税额转出，即免抵退税不得免征和抵扣税额。

（2）免退税办法。免退税办法，是指不具备生产能力的出口企业或其他单位出口货物劳务，以及外贸企业外购服务或者无形资产出口，免征增值税，相应的进项税额予以退还。外综服企业代办退税参照上述办法执行。

[政策解析] 免退税办法主要适用于有进出口自主经营权和委托代理出口的外贸企业，但也有例外，如《财政部　国家税务总局关于出口货物劳务增值税和消费税政策的通知》（财税〔2012〕39 号）第四条所规定的生产企业"出口进项税额未计算抵扣的已使用过的设备"以及"作为购买方的特殊区域内生产企业购进水（包括蒸汽）、电力、燃气"均实行免退税办法。

2. 消费税出口退（免）税办法

出口企业和其他单位出口或视同出口适用增值税退（免）税的应税消费

品，免征消费税，如果属于购进出口的货物，退还前一环节对其已征的消费税。同时，还包括外综服企业代办国内生产企业外购或委托加工收回含有消费税并符合视同自产的出口货物，但不包括生产企业自产的含有消费税的出口货物，其应按免税执行。

（五）出口退（免）税凭证资料及其管理

出口退（免）税凭证，是指企业在办理出口货物劳务及服务退（免）税时，按规定必须提供的各种有效凭证。主要包括：增值税专用发票、海关进口专用缴款书、出口货物报关单（出口退税专用联）、出口收汇资料、税收缴款书（出口货物劳务专用）、出口货物完税分割单、出口发票及税务机关要求报送的其他凭证资料及相应电子信息等（另行规定的除外）。

（六）出口退（免）税的计税根据

出口退（免）税的计税根据是具体计算应退（免）税款的根据和标准。具体包括根据实际情况分别确定的出口离岸价（FOB）、货物购进金额、组成计税价格、数量等。分为增值税退（免）税计税根据和消费税退（免）税计税根据两大类。

1. 增值税退（免）税计税依据

出口货物劳务的增值税退（免）税的计税根据，按出口货物劳务的出口发票（外销发票）、其他普通发票或购进出口货物劳务的增值税专用发票、海关进口增值税专用缴款书确定。同时，有些特殊情况以普通发票作为申报退（免）税的计税根据。例如，生产企业为销售机电产品和向海上石油天然气开采企业销售的自产的海洋工程结构物可以使用普通发票注明的金额作为增值税退（免）税的计税根据。主要分为以下18种情况：

（1）一般贸易出口货物劳务的计税依据。

①生产企业出口货物劳务（进料加工复出口货物除外）增值税退（免）税的计税根据，为出口货物劳务（单证收齐且信息齐全）的实际离岸价（FOB）。实际离岸价应以出口发票上的离岸价为准，但如果出口发票不能反映实际离岸价，主管税务机关有权予以核定。主要指生产企业一般贸易出口货物劳务的计税根据，按实际离岸价（FOB）为准。

生产企业一般贸易出口货物劳务增值税免抵退税的计算，首先应确定当期应纳税额，才能之与比较出当期免抵退税额中免抵税额与退税额应为多少，并依下列公式计算：

第一步：当期应纳税额的计算。

当期应纳税额＝当期销项税额－（当期进项税额－当期不得免征和抵扣税额）－（上期期末留抵税额－上期免抵退税已退税额）

当期免抵退不得免征和抵扣税额＝出口货物离岸价（信息齐全）×外汇人民币折合率×（出口货物适用税率－出口货物退税率）

[政策解析] 根据《财政部　税务总局关于提高部分产品出口退税率的公告》（财政部　税务总局公告2020年第15号）规定，自2020年3月20日起，将瓷制卫生器具等1804项产品出口退税率提高至13%；将植物生产调节剂等380项产品出口退税率提高至9%。此次调整后，我国现行的出口退税率由5档变为4档，分别是13%、9%、6%、0；除"两高一资"产品外，所有出口产品不再有征退税率之差，也就是说在出口货物没有征退税税率之差时，当期免抵退不得免征和抵扣税额只会为0。因此，对上述当期免抵退不得免征和抵扣税额，在2020年3月20日之后计算免抵退税时，基本上已不参与应纳税额的计算。

第二步：当期免抵退税额的计算。

当期免抵退税额＝出口货物离岸价（信息齐全）×外汇人民币折合率×出口货物退税率

[政策解析] 一般情形下，自2015年申报出口退（免）税实行无纸化以来，纸质资料只留存在出口企业备查。

[案例分析] 某生产企业2020年4月出口的货物按照会计核算规定计入当期外销收入，但由于新冠肺炎疫情影响未在规定的出口退（免）税申报期内进行申报，至6月底时该企业收齐4月出口货物的相关单证和信息，即可以在7月的增值税纳税申报期内申报并计算免抵退税。

因此，计算当期免抵退税额和当期免抵退税不得免征和抵扣税额的前提条件，应在上述范围内要信息齐全，如果政策要求需提供单证的，还包括纸质资料，并且要在出口退（免）税申报期内收汇的出口货物[《财政部　税务总局关于明确国有农用地出租等增值税政策的公告》（财政部　税务总局公告2020年第2号）第四条规定的除外]。

第三步：当期应退税额和免抵税额的计算。

当期期末留抵税额≤当期免抵退税额，则：

当期应退税额＝当期期末留抵税额

当期免抵税额＝当期免抵退税额－当期应退税额

当期期末留抵税额＞当期免抵退税额，则：

当期应退税额＝当期免抵退税额

当期免抵税额＝0，结转下期留抵进项税额＝当期期末留抵税额－当期免抵退税已退税额

当期期末留抵税额为当期增值税纳税申报表中"期末留抵税额"。

当期有应纳税额时，当期免抵税额＝当期免抵退税额

从以上公式可以看出，对于生产企业一般贸易免抵退税的计算可以归纳为三步：第一步计算当期应纳税额；第二步计算当期免抵退税额；第三步确定当期应退税额和免抵税额。为了便于说明因出口货物征、退税率之差计算的税额转入成本及出口退税的情况，特选定在2020年《财政部 税务总局关于提高部分产品出口退税率的公告》（财政部 税务总局公告2020年第15号，此文件中除"两高一资"产品外，征退税率全部实现一致）出台之前的一个案例来进行分析。

[**案例分析**] 某生产企业为增值税一般纳税人（非出口收汇重点监管企业），取得了进出口经营权与出口退（免）税备案资格，符合出口退（免）税的各类条件。该企业2019年8月发生进项税额130000元，销项税额70000元，结转上期期末留抵税额87000元，上期免抵退税已退税额为0。当月报关出口FOB价折合人民币为600000元，当月出口货物报关单信息齐全。同时，还报关出口一笔FOB价折合人民币价格为1000000元的货物，出口货物报关单未收齐信息。以上两笔出口货物在当期按照会计核算规定计入当期外销收入，并通过银行办理了收汇手续。已知出口货物征税率为13%，退税率为9%。请计算当期免抵退税不得免征和抵扣税额、免抵及退税额。

第一步：计算当期应纳税额。首先，在计算当期应纳税额之前，应确定当期免抵退不得免征和抵扣税额。

当月免抵退税不得免征和抵扣税额＝当期出口货物离岸价×外汇人民币折合率×（出口货物适用税率－出口货物退税率）＝600000×（13%－

9%）=24000（元）

当期应纳税额=当期销项税额-（当期进项税额-当期免抵退不得免征和抵扣税额）-（上期期末留抵税额-上期免抵退税已退税额）=70000-（130000-24000）-（87000-0）=-123000（元），期末留抵税额为123000元。

生产企业出口货物劳务（进料加工复出口货物除外）增值税退（免）税的计税根据，为出口货物劳务的实际离岸价（FOB）。出口退税率低于适用税率的，相应计算出的差额部分的税款计入出口货物劳务成本。即当征、退税率之差与退（免）税计税根据的乘积所产生的差额，应转入主营业务成本。

第二步：计算当期免抵退税额。

当期免抵退税额=600000×9%=54000（元）

该企业共两笔出口货物，一笔为600000元，信息齐全，在当期参与计算并申报退（免）税，符合政策规定；另一笔为1000000元，因出口货物报关单信息不齐，在当期不能申报免抵退税，应在规定的退（免）税申报期之内取得信息后，再参与计算并申报。

第三步：确定当期应退税额和免抵税额。

已知应纳税额=-123000元，即当期期末留抵税额为123000元，由于当期期末留抵税额为123000元>当期免抵退税额54000元，则当期应退税额=当期免抵退税额=54000元。

结转下期留抵税额=123000-54000=69000（元）

需要注意的是，如果当期期末留抵税额小于免抵退税额情况时，当期应退税额=当期期末留抵税额，当期免抵税额=当期免抵退税额-当期应退税额；如果当期有应纳税额时，当期免抵税额=当期免抵退税额，当期应退税额为0。

假设，上例中计算出的应纳税额=-54000元，免抵退税为123000元。当期期末留抵税额54000元<当期免抵退税额123000元，则当期应退税额=当期期末留抵税额=54000元，免抵税额=免抵退税额-应退税额=123000-54000=69000（元）。

笔者分析认为，如果当期期末留抵税额小于当期免抵退税额时，当期应退税额=当期期末留抵税额，当期免抵税额=当期免抵退税额-当期应退税额；如果当期有应纳税额时，当期免抵税额＝当期免抵退税额，当期应退税额为0。可以看出，对于出口退税而言，应当掌握在当期期末留抵税额与免抵退税额之间谁小退谁的原则。

②外贸企业出口货物（委托加工修理修配货物除外）增值税退（免）税的计税根据，为购进出口货物增值税专用发票注明的金额或海关进口增值税专用缴款书注明的完税价格，主要是指外贸企业一般贸易增值税退（免）税的计税根据。其中，从国外购进货物又出口的，可以凭海关进口增值税专用缴款书注明的完税价格来申报退（免）税。

增值税应退税额＝增值税退（免）税计税根据×出口货物退税率

出口退税率低于适用税率的，相应计算出的差额部分的税款计入出口货物劳务成本。

[**案例分析**] 某外贸公司为增值税一般纳税人（非出口收汇重点监管企业），取得了进出口经营权与出口退（免）税备案资格。2020年1月外购一笔出口货物并在当月全部出口，取得进货增值税专用发票计税金额为100000元，税额13000元，出口额美元FOB价换算人民币为120000元，并计入当期外销收入。以上单证全部收齐且信息齐全，在2月的增值税纳税申报期内申报了免退税。3月底，该企业收到了出口货物的货款，在银行办理了收汇手续。已知产品的出口退税率为13%，征税率为10%，其应退税额计算为：

本月应退增值税税额＝100000×10%＝10000（元）

结转成本税额＝100000×(13%－10%)＝3000（元）

③外贸企业出口委托加工修理修配货物增值税退（免）税的计税依据，为加工修理修配费用增值税专用发票注明的金额。外贸企业应将加工修理修配使用的原材料（进料加工海关保税进口料件除外）作价销售给受托加工修理修配的生产企业，受托加工修理修配的生产企业应将原材料成本并入加工修理修配费用开具发票。需要注意的是，申报退税的增值税专用发票的加工费应包含原材料成本金额，统一按出口货物的退税率退税。

出口委托加工修理修配货物的增值税应退税额＝委托加工修理修配的增值税退（免）税计税根据×出口货物退税率

出口退税率低于适用税率的，相应计算出的差额部分的税款计入出口货物劳务成本。

[案例分析] A 外贸公司为增值税一般纳税人（出口收汇非重点监管企业），取得了进出口经营权与出口退（免）税备案资格。2020 年 1 月将国内购入服装面料作价销售给国内 B 公司委托加工服装，开给 B 公司增值税专用发票上的计税金额为 100000 元，税额 13000 元。3 月收回服装并在当月出口，取得 B 公司将购进面料的成本及加工费合并开具的增值税专用发票，其计税金额为 150000 元（其中加工费为 50000 元），税额 19500 元。该公司在 4 月收齐出口货物报关单信息，在 5 月的增值税纳税申报期进行了免退税的申报。假设，服装出口退税率为 13%，征税率为 13%，则 A 外贸公司的出口退税额为：

增值税应退税额 =（100000 + 50000）× 13% = 19500（元）

增值税结转成本税额 =（100000 + 50000）×（13% - 13%）= 0（元）

④外贸企业从增值税小规模纳税人购进持有税务机关代开或自开的增值税专用发票的出口货物退税根据为增值税专用发票上注明的销售金额。增值税小规模纳税人出口的货物，一律免征增值税。

（2）进料加工复出口货物劳务的计税依据。

①生产企业进料加工复出口货物增值税退（免）税的计税依据，按出口货物（单证收齐且信息齐全）人民币离岸价（FOB）扣除出口货物耗用的保税进口料件金额的余额为增值税退（免）税的计税依据。保税进口料件，是指海关以进料加工贸易方式监管的出口企业从境外或海关监管特殊区域等进口的料件。

根据《国家税务总局关于〈出口货物劳务增值税和消费税管理办法〉有关问题的公告》（国家税务总局公告 2013 年第 12 号）规定，自 2013 年 7 月 1 日起，进料加工使用原"实耗法"或"购进法"计算免、抵、退税的生产企业，统一采用"实耗法"计算办理相关免、抵、退税申报。

生产企业出口货物劳务增值税进料加工免抵退税，依下列公式计算：

第一步：当期应纳税额的计算。

当期应纳税额 = 当期销项税额 -（当期进项税额 - 当期免抵退税不得免征和抵扣税额）-（上期期末留抵税额 - 上期免抵退税已退税额）

当期免抵退税不得免征和抵扣税额 =［出口货物离岸价(信息齐全) × 外汇

人民币折合率 – 出口货物耗用的保税进口料件金额×外汇人民币折合率]×（出口货物适用税率 – 出口货物退税率）

出口退税率低于适用税率差额部分的税款计入出口货物劳务的成本。

出口货物耗用的保税进口料件金额 = 进料加工复出口货物离岸价（信息齐全）×进料加工计划分配率

进料加工计划分配率 = 计划进口总值÷计划出口总值×100%

第二步：当期免抵退税额的计算。

当期免抵退税额 = [出口货物离岸价（信息齐全）×外汇人民币折合率 – 出口货物耗用的保税进口料件金额×外汇人民币折合率]×出口货物退税率

第三步：当期应退税额和免抵税额的计算。

当期期末留抵税额≤当期免抵退税额，则：

当期应退税额 = 当期期末留抵税额

当期免抵税额 = 当期免抵退税额 – 当期应退税额

当期期末留抵税额>当期免抵退税额，则：

当期应退税额 = 当期免抵退税额

当期免抵税额 = 0，结转下期留抵进项税额 = 当期期末留抵税额 – 当期应退税额

当期期末留抵税额为当期增值税纳税申报表中"期末留抵税额"。

当期有应纳税额时，当期免抵税额 = 当期免抵退税额。

从以上公式可以看出，对于生产企业进料加工免抵退税的计算可以分为四步：第一步确定进料加工计划分配率；第二步计算当期应纳税额；第三步计算当期免抵退税额；第四步确定当期应退税额和免抵税额。

②外贸企业进料加工复出口货物，应以国内委托加工收回的增值税专用发票的加工费为计税依据，取消原进料加工海关保税进口料件以作价销售方式再收回出口的计税方式，即开展进料加工业务的出口企业（含生产企业）若发生未经海关批准将海关保税进口料件作价销售给其他企业加工的，应按规定征收增值税、消费税。

外贸企业进料加工复出口的免退税计算比照一般贸易出口委托加工修理修配货物来计算，其计算公式为：

出口委托加工修理修配货物的增值税应退税额 = 委托加工修理修配的增值税退（免）税计税根据×出口货物退税率

[**案例分析**] A 外贸公司为增值税一般纳税人（出口收汇非重点监管企业），取得了进出口经营权与出口退（免）税备案资格。2020 年 1 月从国外购入保税进口服装面料的作价为 100000 元，进口后委托给国内 B 公司进行委托加工服装，2 月服装加工后转给 A 外贸公司，开具增值税专用发票上注明的加工费金额为 5000 元，税额 800 元。该公司在 3 月收齐出口货物报关单信息后进行了免退税的申报。假设，服装出口退税率为 13%，征税率为 13%，则 A 外贸公司的出口退税额为：

增值税应退税额 = 5000 × 13% = 650（元）

增值税结转成本税额 = 5000 × (13% − 13%) = 0（元）

（3）购进国内免税料件加工生产的出口货物劳务的计税依据。生产企业从国内购进无进项税额且不计提进项税额的免税原材料，经加工生产后出口货物的计税根据，按出口货物（单证收齐且信息齐全）的离岸价（FOB）扣除出口货物所含的国内购进免税原材料的金额后的余额确定。从国内购进无进项税额且不计提进项税额的免税原材料，是指从国内单位或个人购进无进项税额或有进项税额但不计提按免税处理的原材料。

生产企业国内购进免税原料加工生产的出口货物劳务增值税免抵退税，依下列公式计算：

第一步：当期应纳税额的计算。

当期应纳税额 = 当期销项税额 −（当期进项税额 − 当期免抵退税不得免征和抵扣税额）−（上期期末留抵税额 − 上期免抵退税已退税额）

当期免抵退税不得免征和抵扣税额 =［出口货物离岸价(信息齐全) × 外汇人民币折合率 − 国内购进的无进项税额且不计提进项税额的免税原材料］×（出口货物适用税率 − 出口货物退税率）

退税率低于适用税率的，相应计算出的差额部分的税款计入出口货物劳务成本。

第二步：当期免抵退税额的计算。

当期免抵退税额 =［出口货物离岸价(信息齐全) × 外汇人民币折合率 − 国内购进的无进项税额且不计提进项税额的免税原材料］× 出口货物退税率

第三步：当期应退税额和免抵税额的计算。

计算过程与上述进料加工贸易相同（略）。

[**案例分析**] 某生产企业为增值税一般纳税人，取得了进出口经营权与出口退（免）税备案资格，属于出口企业分类管理二类，采用无纸化申报出口退税。2019年7月，该企业购进一批免税原材料成本价为500000元，当月发生一笔出口业务折合离岸价格（FOB）为人民币600000元，并在当期收到出口货物报关单信息，符合免抵退税申报条件。按照政策规定，该企业在8月的增值税纳税申报期内申报了免抵退税。已知该企业当月无其他进货，发生销项税额85000元，结转上月留抵税额为87000元，出口货物退税率为10%，征税率为13%，计算当期免抵退税额和当期不得免征和抵扣税额。

第一步：计算当期应纳税额。

当期免抵退税不得免征和抵扣税额=（出口货物离岸价×外汇人民币折合率－国内购进的无进项税额且不计提进项税额的免税原材料）×（出口货物适用税率－出口货物退税率）=（600000－500000）×（13%－10%）=3000（元）

当期应纳税额=当期销项税额－（当期进项税额－当期免抵退税不得免征和抵扣税额）－上期结转留抵进项税额=85000－（0－3000）－87000=1000（元）

第二步：计算当期免抵退税额。

当期免抵退税额=（出口货物离岸价×外汇人民币折合率－国内购进的无进项税额且不计提进项税额的免税原材料）×出口货物退税率=（600000－500000）×10%=10000（元）

第三步：确定当期应退税额和免抵税额。

当期有应纳税额1000元，则当期免抵退税额=免抵税额=10000元，无退税额。

(4) 外综服企业代办退税的计税根据。外综服企业向其主管税务机关申报代办退税，应退税额按代办退税增值税专用发票上注明的"金额"和出口货物适用的出口退税率计算。

应退税额=代办退税增值税专用发票上注明的"金额"×出口货物适用的出口退税率，代办退税增值税专用发票不得作为外综服企业的增值税扣税凭证。

根据《国家税务总局关于调整完善外贸综合服务企业办理出口货物退

（免）税有关事项的公告》（国家税务总局公告 2017 年第 35 号）第六条规定，生产企业代办退税的出口货物，应先按出口货物离岸价和增值税适用税率计算销项税额并按规定申报缴纳增值税，同时向外综服企业开具备注栏内注明"代办退税专用"的增值税专用发票，作为外综服企业代办退税的凭证。代办退税增值税专用发票上的"金额"栏次须按照换算成人民币金额的出口货物离岸价填写。

外综服企业向其主管税务机关申报代办退税，应退税额按代办退税增值税专用发票上注明的"金额"和出口货物适用的出口退税率计算。

应退税额＝代办退税增值税专用发票上注明的"金额"×出口货物适用的出口退税率

当出口货物征、退税率不一致时，生产企业应将征、退税额差额计入成本。

[政策解析] 外综服企业除了为生产企业代办退税以外，自己本身还有自营与委托出口两种业务方式办理出口退（免）税，如同外贸企业办理免退税一样处理。一是以自营出口的货物，参照外贸企业外购出口货物或委托加工收回出口办理免退税。二是委托代理出口的货物，参照外贸企业出口货物委托有进出口经营权的出口企业办理报关手续，由受托单位向主管税务机关申请出具《代理出口货物证明》，并转交给委托方（即外综服企业，凭此表及相关单证及信息申报免退税）。三是代办退税的货物，由外综服企业为国内符合退（免）税条件的生产企业代办退税业务。四是出口货物离岸价以人民币以外的货币结算的，其人民币折合率可以选择销售额发生的当天或者当月 1 日的人民币汇率中间价。五是代办退税增值税专用发票不得作为外综服企业的增值税扣税凭证。

[案例分析] A 公司向主管税务机关办理了外综服企业备案，完成了增值税一般纳税人登记，主要从事自营出口、代理出口及外贸综合服务业务。B 公司为增值税一般纳税人的生产企业，主要生产经营各类皮箱及皮包。已知 A、B 两家公司已办理了出口退（免）税备案和委托代理退税备案，符合委托代办退税的条件。2019 年 11 月，B 公司与美国客户签订出口销售合同，并与 A 公司签订代办退税委托合同。2020 年 12 月，B 公司委托 A 公司代办报关出口箱包（假设适用征税率 13%，退税率

13%)一批至美国,折合 FOB 价人民币 30 万元,并开具"代办退税"字样的增值税专用发票转至 A 公司用于申报代办退税,则代办退税额为:

代办退税应退税额=代办退税增值税专用发票上注明的"金额"×出口货物适用的出口退税率=30×13%=3.9(万元)

需要注意的是,外贸企业和外综服企业登录到本省的增值税发票选择确认平台,通过"发票勾选"模块的"退税勾选"和"代办退税勾选"功能勾选用于退税和代办退税的发票,要注意区别与外贸企业申报免退税的不同。

(5)营改增零税率应税服务的计税依据。增值税零税率应税服务的退(免)税计税根据,按照下列规定确定:

①实行免抵退税办法的退(免)税计税依据。

一是以铁路运输方式载运旅客的,为按照铁路合作组织清算规则清算后的实际运输收入。

二是以铁路运输方式载运货物的,为按照铁路运输进款清算办法,对"发站"或"到站(局)"名称包含"境"字的货票上注明的运输费用以及直接相关的国际联运杂费清算后的实际运输收入。

三是以航空运输方式载运货物或旅客的,如果国际运输或港澳台运输各航段由多个承运人承运的,为中国航空结算有限责任公司清算后的实际收入;如果国际运输或港澳台运输各航段由一个承运人承运的,为提供航空运输服务取得的收入。

四是其他实行免抵退税办法的增值税零税率应税服务,为提供增值税零税率应税服务取得的收入。

其免抵退税计算依下列公式:

当期零税率应税服务免抵退税额=当期零税率应税服务免抵退税计税根据×外汇人民币折合率×零税率应税服务增值税退税率

当期期末留抵税额≤当期零税率应税服务免抵退税额,则:

当期应退税额=当期期末留抵税额

当期零税率应税服务免抵税额=当期零税率应税服务免抵退税额-当期应退税额

当期期末留抵税额>当期零税率应税服务免抵退税额,则:

当期应退税额=当期零税率应税服务免抵退税额

当期免抵税额=0,下期结转留抵进项税额=当期期末留抵税额-当期应

退税额

"当期期末留抵税额"为当期增值税纳税申报表的"期末留抵税额"。

[案例分析] 上海某国际运输开发有限公司主要从事水路运输,具有《国际船舶运输经营许可证》,符合应税服务零税率实行免抵退税办法的规定。2020年8月,该公司取得国际运输收入4000000元(换算为人民币),国内运输收入8000000元,以上均在当月计入销售收入。购进一艘小型货船(固定资产)7000000元,进项税额910000元,零税率应税服务国际运输的退税率为9%,其当期的免抵退税额为:

当期国际运输收入免抵退税额=当期零税率应税服务免抵退税计税价格×外汇人民币折合率×零税率应税服务退税率=4000000×9%=360000(元)

当期应纳税额=销项税额-(进项税额-当期免抵退税不予抵扣税额)=8000000×9%-(910000-0)=-190000(元)

当期免抵退税不予抵扣税额=当期零税率应税服务免抵退税计税价格×外汇人民币折合率×(零税率应税服务适用税率-零税率应税服务退税率)=4000000×(9%-9%)=0(元)

由于期末留抵税额小于免抵退税额,应退税额=期末留抵税额=190000(元),当期免抵税额=360000-190000=170000(元)。

该公司可根据以上计算的数额在9月的增值税申报期内,生成免抵退税申报电子数据,向主管税务机关申报免抵退税。

②实行免退税办法的退(免)税计税根据。

实行免退税办法的退(免)税计税根据为购进应税服务的增值税专用发票或解缴税款的税收缴款凭证上注明的金额。

上述实行增值税退(免)税办法的增值税零税率应税服务不得开具增值税专用发票。实行退(免)税办法的研发服务和设计服务,如果主管税务机关认定出口价格偏高的,有权按照核定的出口价格计算退(免)税,核定的出口价格低于外贸企业购进价格的,低于部分对应的进项税额不予退税,转入成本。

零税率应税服务增值税免退税,依下列公式计算:

零税率应税服务应退税额=零税率应税服务免退税计税根据×零税率应

税服务增值税退税率

上述适用提供增值税零税率应税服务，且登记为增值税一般纳税人，实行增值税一般计税方法的境内单位和个人。

[案例分析] A 外贸公司为增值税一般纳税人，取得了进出口经营权与出口退（免）税备案资格。2020 年 1 月购入一批软件为境外 B 公司研发设计的某系统提供应税服务。已知国内购进软件作价 100000 元，开具增值税专用发票上税额为 6000 元。该公司在 2 月收到境外 B 公司支付的款项 100000 元。假设，出口退税率为 6%，征税率为 6%，则 A 外贸公司的出口退税额为：

零税率应税服务应退税额 = 零税率应税服务免退税计税根据 × 零税率应税服务增值税退税率 = 100000 × 6% = 6000（元）

增值税结转成本税额 = 100000 ×（6% − 6%）= 0（元）

（6）出口进项税额未计算抵扣的已使用过的设备增值税退（免）税的计税依据计算公式为：

出口已使用设备增值税退（免）税计税依据 = 增值税专用发票上的金额或海关进口增值税专用缴款书注明的完税价格 × 已使用过的设备固定资产净值 ÷ 已使用过的设备原值

上述已使用过的设备，是指出口企业根据财务会计制度已经计提折旧的固定资产。需要注意的是，从国外购进的设备以海关进口增值税专用缴款书注明的完税价格为计算依据。

出口已使用过的设备增值税应退税额的计算公式为：

增值税应退税额 = 增值税专用发票上的金额或海关进口增值税专用缴款书注明的完税价格 × 已使用过的设备固定资产净值 ÷ 已使用过的设备原值 × 适用退税率

[政策解析] 根据《财政部　国家税务总局关于出口货物劳务增值税和消费税政策的通知》（财税〔2012〕39 号）规定，分为三种情形处理：一是生产企业出口生产自产货物的外购设备和原材料（农产品除外）享受免抵退税政策。需注意，出口视同自产的设备范围包括使用过或未使用过已抵扣进项税额的设备。二是出口企业和其他单位出口的在 2008 年

12月31日以前购进的设备、2009年1月1日以后购进但按照有关规定不得抵扣进项税额的设备、非增值税纳税人购进的设备，以及营业税改征增值税试点地区的出口企业和其他单位出口在本企业试点以前购进的设备，如果属于未计算抵扣进项税额的已使用过的设备，均实行增值税免退税办法。需注意，出口企业包括生产和外贸两类企业，特别是生产企业购进属于未计算抵扣进项税额的已使用过的设备按免退税政策，并非免抵退税政策，它区别于生产企业购进已抵扣进项税额的出口设备。三是如果出口企业购进时未取得增值税专用发票、海关进口增值税专用缴款书但其他相关单证齐全的已使用过的设备享受免税政策。需注意，属于未取得相关抵扣凭证的出口设备，与取得相关扣税凭证未抵扣进项税额出口设备享受免退税的情形不同。

（7）免税品经营企业销售的货物增值税退（免）税的计税根据，为购进货物的增值税专用发票注明的金额或海关进口增值税专用缴款书注明的完税价格。

（8）中标机电产品增值税退（免）税的计税根据，生产企业为销售机电产品的增值税普通发票注明的金额，外贸企业为购进货物的增值税专用发票注明的金额或海关进口增值税专用缴款书注明的完税价格。需要注意的是，生产企业为销售机电产品可以使用增值税普通发票注明的金额作为退（免）税计税根据。

（9）生产企业向海上石油天然气开采企业销售自产的海洋工程结构物增值税退（免）税的计税依据，为销售海洋工程结构物的普通发票注明的金额（注：按政策规定不在企业范围内的除外）。

（10）输入特殊区域的水电气增值税退（免）税的计税根据，为作为购买方的特殊区域内生产企业购进水（包括蒸汽）、电力、燃气的增值税专用发票注明的金额（综合保税区增值税一般纳税人试点的除外）。

需要注意的是，符合条件的海关特殊监管区域内生产企业用于生产所购买的水（包括蒸汽）、电力、燃气，凭境内企业开具的增值税专用发票注明的金额计算退（免）税。

（11）融资租赁企业、金融租赁公司及其设立的项目子公司（以下统称"融资租赁出租方"）将融资租赁出口货物租赁给境外承租方、将融资租赁海洋工程结构物租赁给海上石油天然气开采企业，以融资租赁出租方取得购进租赁货物的增值税专用发票上注明的金额为计税根据（注：按政策规定不在企业范围内的除外，只适用于中外合作企业）。

增值税应退税额的计算公式为：

增值税应退税额＝购进融资租赁货物的增值税专用发票注明的金额或海关（进口增值税）专用缴款书注明的完税价格×融资租赁货物适用的增值税退税率

融资租赁出口货物适用的增值税退税率，按照统一的出口货物适用退税率执行。从增值税一般纳税人购进的按简易办法征税的融资租赁货物和从增值税小规模纳税人购进的融资租赁货物，其适用的增值税退税率，按照购进货物适用的征收率和退税率孰低的原则确定。

[**案例分析**] 符合融资租赁条件的上海保税港区的A公司，从国内生产C企业购进一批2000万元（不含税价）的钢铁制桥梁租赁给中外合作油（气）田开采企业B公司，并签订了为期15年的租赁合同。已知钢铁制桥梁的商品代码为73081000，其退税率文库中的适用退税率为13%，因此，A公司租赁给B公司的钢铁制桥梁应当凭国内生产C企业开具的增值税专用发票计税金额，按照13%的退税率向税务机关申报办理出口退税，其增值税应退税额＝2000×13%＝260（万元）。需注意，《财政部　海关总署　国家税务总局关于在全国开展融资租赁货物出口退税政策试点的通知》（财税〔2014〕62号）规定的增值税出口退税政策，只属于购买方或者承租方为按实物征收增值税的中外合作油（气）田开采企业。

（12）境外旅客购物离境退税，以离境的退税物品的增值税普通发票金额（含增值税）为依据。

（13）研发机构采购国产设备增值税退税，为增值税发票（包括增值税专用发票、增值税普通发票，下同）上注明的税额。企业未全额支付所购设备货款的，按照已付款比例和增值税专用发票上注明的税额确定应退税款；未付款部分的相应税款，待企业实际支付货款后再予退税。

（14）外国驻华使（领）馆及其馆员个人购买货物和服务，除车辆和房租外，每人每年申报退税销售金额（含税价格）超过18万元人民币的部分，不适用增值税退税政策。使（领）馆及其馆员购买货物和服务，增值税退税额为发票上注明的税额，发票上未注明税额的，为按照不含税销售额和增值税征收率计算的税额。购买电力、燃气、汽油、柴油，发票上未注明税额的，增值税退税额为按照不含税销售额和相关产品增值税适用税率计算的税额。

（15）跨境电子商务出口货物退（免）税的计税依据。

生产企业为出口货物劳务的实际离岸价（FOB）。实际离岸价应以出口发票上的离岸价为准，但如果出口发票不能反映实际离岸价，主管税务机关有权予以核定。外贸企业实行免退税办法的退（免）税计税根据为购进货物的增值税专用发票注明的金额或解缴税款的"中华人民共和国税收缴款凭证"上注明的金额。

（16）符合交通运输工具或机器设备按"先退税后核销"办理退（免）税的企业，其增值税退（免）税应以交通运输工具或机器设备自会计上做销售后的收入作为计税根据。

（17）境外带料加工以购入出境设备、原材料和散件的增值税专用发票上注明的金额与货物适用退税率计算退（免）税。对境外带料加工装配业务增值税的计算公式为：

增值税应退税额＝增值税专用发票所列明的金额（进口设备为海关代征增值税专用缴款书列明的完税价格）×适用退税率

其中，境外带料加工装配业务中使用的二手设备增值税应退税额的计算公式为：

增值税应退税额＝增值税专用发票列明的金额×设备折余价值÷设备原值×适用退税率

设备折余价值＝设备原值－已提折旧

设备原值和已提折旧按企业会计核算数据计算。

二手设备如果是1994年1月1日以前购进的，应退税额按以下公式计算：

应退税额＝购货发票列明的金额÷（1＋扣除率）×设备折余价值÷设备原值×适用退税率

上述公式中的扣除率为购货时的货物征税税率。

如果企业以实物投资出境的自用旧设备，须按照《中华人民共和国企业所得税法实施条例》规定的向主管税务机关备案的折旧年限计算提取折旧，并计算设备折余价值。

(18) 对外提供加工修理修配劳务退（免）税计税依据。

生产企业比照免抵退税计算有关规定确定，外贸企业比照免退税计算有关规定确定。

2. 消费税退税的计税依据

出口货物的消费税应退税额的计税依据，按购进出口货物的消费税专用缴款书和海关进口消费税专用缴款书确定。

（1）属于从价定率计征消费税的，为已征且未在内销应税消费品应纳税额中抵扣的购进出口货物金额。

（2）属于从量定额计征消费税的，为已征且未在内销应税消费品应纳税额中抵扣的购进出口货物数量。

（3）属于复合计征消费税的，按从价定率和从量定额的计税根据分别确定。

出口货物（含电子商务出口货物）属于消费税应税消费品的，向出口企业或其他单位退还前一环节已征的消费税，按以下公式计算：

消费税应退税额 = 从价定率计征消费税的退税计税依据 × 比例税率 + 从量定额计征消费税的退税计税依据 × 定额税率

[**案例分析**] 某日用化妆品公司购进高档化妆品1000箱，取得的增值税专用发票注明的计税金额为1000000元，进项税额为170000元，货款已由银行存款支付。当月该批货物已全部出口，出口总价折算人民币1300000元，申请退税的单证齐全。假设该化妆品的消费税税率为15%，增值税退税率为13%，请计算应退增值税和消费税？

应退增值税额 = 1000000 × 13% = 130000（元）

应退消费税额 = 1000000 × 15% = 150000（元）

（七）出口退（免）税的申报地点

出口企业或其他单位按规定申报退（免）税的申报地点，分为以下四种情况：

（1）出口企业或其他单位自营（委托）出口的货物劳务及服务，应向其所在地主管出口退税的税务机关申报办理。

（2）出口企业或其他单位异地设立分公司的，总机构有进出口自主经营权，分支机构是非独立核算的企业，一律汇总到总机构所在地办理退（免）税；经过相关部门批准设立的独立核算的分支机构，且有进出口自主经营权，可以在分支机构所在地申报办理退（免）税。

（3）增值税零税率应税服务属于汇总缴纳增值税的，出口退（免）税申报为经财政部和国家税务总局批准的汇总缴纳增值税的总机构。

（4）国家规定其他特殊情况的申报退（免）税地点。

三、生产企业出口货物劳务退（免）税政策

（一）生产企业增值税免抵退税基本规定

根据《财政部　国家税务总局关于出口货物劳务增值税和消费税政策的通知》（财税〔2012〕39号）第二条第（一）项规定，生产企业出口自产货物和视同自产货物以及对外提供加工修理修配劳务、列名生产企业出口非自产货物，免征增值税，相应的进项税额抵减应纳增值税额（不包括适用增值税即征即退、先征后退政策的应纳增值税额），未抵减完的部分予以退还。同时，根据《财政部　国家税务总局关于全面推开营业税改征增值税试点的通知》（财税〔2016〕36号）附件4《跨境应税行为适用增值税零税率和免税政策的规定》第四条规定，外贸企业直接将服务或自行研发的无形资产出口也适用于免抵退税。在上述范围内，生产企业享受免抵退税可以分解为五个方面：一是出口自产货物；二是出口视同自产货物；三是对外提供加工修理修配劳务；四是列名生产企业出口非自产货物；五是外贸企业直接将服务或自行研发的无形资产出口。

[政策解析] 上述"相应的进项税额抵减应纳增值税额"中不包括适用增值税即征即退、先征后退政策的应纳增值税额，主要是指纳税人既有增值税即征即退、先征后退项目，同时也有出口等其他增值税应税项目的，增值税即征即退和先征后退项目不参与出口项目的免抵退税计算。纳税人应分开核算增值税即征即退、先征后退项目和出口等其他增值税应税项目，分别申请享受增值税即征即退、先征后退和免抵退税政策。

1. 出口自产货物

出口自产货物，是指生产企业自行加工生产并对外出口销售的货物，如企业购进坯布染色出口的印染布等。

2. 视同自产货物

视同自产货物是指生产企业出口货物并非完全是自行生产加工的，而是

通过收购或委托加工收回或以其他形式配套再出口的货物。但必须符合以下条件才能视为视同自产货物（如表3-2所示）。

表3-2　　　　　　　　　视同自产货物的具体范围

类别	具体范围
第一类	持续经营以来从未发生骗取出口退税、虚开增值税专用发票或农产品收购发票、接受虚开增值税专用发票（善意取得虚开增值税专用发票除外）行为且同时符合下列条件的生产企业出口的外购货物，可视同自产货物适用增值税退（免）税政策： 1. 已取得增值税一般纳税人资格； 2. 已持续经营2年及2年以上； 3. 纳税信用等级A级； 4. 上一年度销售额5亿元以上； 5. 外购出口的货物与本企业自产货物同类型或具有相关性
第二类	持续经营以来从未发生骗取出口退税、虚开增值税专用发票或农产品收购发票、接受虚开增值税专用发票（善意取得虚开增值税专用发票除外）行为，但不能同时符合上述第一类条件的生产企业，出口的外购货物符合下列条件之一的，可视同自产货物申报适用增值税退（免）税政策： 1. 同时符合下列条件的外购货物： （1）与本企业生产的货物名称、性能相同； （2）使用本企业注册商标或境外单位或个人提供给本企业使用的商标； （3）出口给进口本企业自产货物的境外单位或个人。 2. 与本企业所生产的货物属于配套出口，且出口给进口本企业自产货物的境外单位或个人的外购货物，符合下列条件之一的： （1）用于维修本企业出口的自产货物的工具、零部件、配件； （2）不经过本企业加工或组装，出口后能直接与本企业自产货物组合成成套产品的货物。 3. 经集团公司总部所在地的地级以上税务局认定的集团公司，其控股（按照《公司法》第二百一十七条规定的口径执行）的生产企业之间收购的自产货物以及集团公司与其控股的生产企业之间收购的自产货物。 4. 同时符合下列条件的委托加工货物： （1）与本企业生产的货物名称、性能相同，或者是用本企业生产的货物再委托深加工的货物； （2）出口给进口本企业自产货物的境外单位或个人； （3）委托方与受托方必须签订委托加工协议，且主要原材料必须由委托方提供，受托方不垫付资金，只收取加工费，开具加工费（含代垫的辅助材料）的增值税专用发票。 5. 用于本企业中标项目下的机电产品。 6. 用于对外承包工程项目下的货物。 7. 用于境外投资的货物。 8. 用于对外援助的货物。 9. 生产自产货物的外购设备和原材料（农产品除外）

从表3-2可以看出，上述符合条件的生产企业出口视同自产货物享受退（免）税分为两类情况：一类是对于已持续经营2年及2年以上，纳税信用等级为A级并且上一年度销售额在5亿元以上的增值税一般纳税人企业，在享

受退（免）税标准上也适当放宽，只要外购出口货物与本企业自产货物同类型或具有相关性均在范围之内。另一类是不具备第一类企业标准的企业如果发生出口视同自产的货物，其享受退（免）税政策要求如表3-2所示的9种情况。

[案例分析] 某纺织公司为增值税一般纳税人，主要经营坯布出口，未发生过增值税税收违法违规行为。2020年度公司销售额为3亿元（属于第二类内的情况），本月出口货物给进口本企业自产产品的外商，共有以下四笔业务。

（1）用自产坯布委托加工成印花布收回出口，出口离岸价为120万美元。

（2）外购坯布再委托加工成印花布收回出口，出口离岸价为220万美元。

（3）外购棉纱委托给国内同一行业企业加工成坯布（与本企业生产的货物名称与性能相同）收回再出口，出口离岸价为150万美元。

（4）由于生产能力不足，外购坯布（与本企业生产的货物名称与性能相同，且使用本厂商标）出口离岸价为160万美元。

上述委托加工均与受托方签订委托加工协议，受托方不垫付资金，只收取加工费，开具加工费（含代垫的辅助材料）的增值税专用发票，现分析以上四笔业务是否适用出口货物免抵退税政策：

第一笔业务，属于用本企业生产的产品再委托深加工收回的产品，符合视同自产货物第二类第四条的条件，属于视同自产货物范围。

第二笔业务，虽然属于委托加工收回的产品，但与本企业自产的产品名称、性能不同。因为，该企业只生产坯布不生产印花布，其委托加工收回的货物与本企业生产的货物名称、性能不相同。同时，也不符合出口给进口本企业自产货物的境外单位或个人这个视同自产货物的条件。所以，不属于视同自产货物的范围。

第三笔业务，属于委托加工收回且与本企业自产的产品名称、性能相同，符合视同自产产品的条件，属于视同自产货物范围。

第四笔业务，属于外购的与本企业生产的产品名称、性能相同，且使用本厂商标的产品，符合视同自产产品的条件，属于视同自产货物范围。

除以上政策外，对于视同自产货物的理解，还有以下三个特殊情况应特殊对待：

①根据《国家税务总局关于生产企业正式投产前委托加工收回同类产品出口退税问题的通知》（国税函〔2008〕8号）规定，如果生产企业在正式投产前，委托加工的产品与正式投产后自产产品属于同类产品，收回后出口，并且是首次出口的，不受视同自产货物范围内第二类第4种情形有关"出口给进口本企业自产货物的境外单位或个人"的限制。主管税务机关在严格审核的前提下，准予视同自产货物办理出口退（免）税。

[**案例分析**] 某生产企业刚成立正在投产过程中，就接到了一笔国外客户的订单，并且要求出口的时限很紧，如果该企业等到设备可投产，那么这笔订单也就过期了。因此，该企业将外购的原材料委托给国内一家同行企业进行生产（合同手续齐全），收回后以自己的货物商标和名义出口给了国外客户，并且该企业向主管税务机关保证并举证，证明投资购建的设备就用于生产此次出口的同类产品，经过主管税务机关的审核与确认，证实了业务符合规定。

根据以上条件分析，此笔委托加工收回的首次出口货物，不存在"出口给进口本企业自产货物的境外单位或个人"之说，因而不受此款限制。但应当注意的是，正式投产后企业应严格按照视同自产货物的评定标准执行。

②根据《国家税务总局关于部分税务行政审批事项取消后有关管理问题的公告》（国家税务总局公告2015年第56号）规定，需要认定为可按收购视同自产货物申报免抵退税的集团公司，集团公司总部必须将书面认定申请及成员企业的证明材料报送主管税务机关，并由集团公司总部所在地的地级以上（含本级）税务机关备案。需要注意的是，此处的备案是指集团成员备案，而不是出口退（免）税资料的备案。收购的货物范围限于集团公司总部控股的生产企业之间收购的自产货物以及集团公司总部与其控股的生产企业之间收购的自产货物，控股口径按照现行《中华人民共和国公司法》第二百一十六条规定执行。

按收购视同自产货物申报免抵退税的集团公司备案后，主管税务机关按照集团公司总部和成员企业所在地情况，传递《集团公司成员企业备案表》

（如表3-3所示）。

表3-3　　　　　　　　　集团公司成员企业备案表

企业海关代码：

纳税人名称：（公章）

纳税人识别号：

我公司及下表所列属我公司控股的生产企业符合《财政部　国家税务总局关于出口货物劳务增值税和消费税政策的通知》（财税〔2012〕39号）规定的条件，现报备为按收购视同自产货物申报免抵退税的集团公司。

序号	企业海关代码	纳税人名称	纳税人识别号	所在地	法定代表人	在集团公司中的地位（总部或控股企业）	集团公司总部持股比例	备注

集团公司总部	集团公司总部主管税务机关
兹声明以上备案内容无讹并愿承担一切法律责任。 经办人： 财务负责人： 法定代表人： 　　　　　　　　　年　月　日	主管税务机关经办人（签名）： 　　　　　　　　　年　月　日

填表说明：集团公司总部应填列在第1行，并在"在集团公司中的地位"栏填写"总部"；以下填列其他控股企业，并在"在集团公司中的地位"栏填写"控股企业"。

需要注意的是：

一是在同一地市的，集团公司总部所在地主管税务机关应将《集团公司成员企业备案表》传递至地市税务局报备,并同时抄送集团公司总部、成员企业所在地税务局。

二是在同一省(自治区、直辖市、计划单列市,以下统称省)但不在同一地市的,集团公司总部所在地主管税务机关,应将《集团公司成员企业备案表》逐级传递至省税务局报备,省税务局应清分至集团公司总部、成员企业所在地税务局。

三是不在同一省的,集团公司总部所在地主管税务机关,应将《集团公司成员企业备案表》逐级传递至国家税务总局,由国家税务总局逐级清分至集团公司总部、成员企业所在地税务局。

集团公司需要按收购视同自产货物申报免抵退税的,集团公司总部需提供以下资料,向主管税务机关备案:

①《集团公司成员企业备案表》及电子申报数据;

②集团公司总部及其控股的生产企业的营业执照副本复印件;

③集团公司总部及其控股生产企业的章程复印件;

④主管税务机关要求报送的其他资料。

对集团公司总部提供上述备案资料齐全、《集团公司成员企业备案表》填写内容符合要求的,主管税务机关应当场予以备案。对不符合上述要求的,主管税务机关应一次性告知企业,待其补正后备案。

3. 对外提供加工修理修配劳务

对外提供加工修理修配劳务,是指对进境复出口货物或从事国际运输的运输工具进行的加工修理修配,如修理修配飞机、轮船等。

4. 列名生产企业出口非自产货物

列名生产企业出口非自产货物,是指国家列名的74家生产企业(见表3-4)出口不是自产货物但按视同自产货物对待,对其外购的出口货物也不参照视同自产货物的范围进行界定,而享受免抵退税政策的情形。

表3-4　　　　　　　　　　列名生产企业的具体范围

地区	序号	企业名称
北京市	1	北京天坛股份有限公司
	2	SMC(中国)有限公司

续表

地区	序号	企业名称
天津市	3	天津三星光电子有限公司
	4	飞马（天津）缝纫机有限公司
	5	摩托罗拉（中国）电子有限公司
	6	天津三星通信技术有限公司
	7	天津三星电子有限公司
	8	天津三星电机有限公司
	9	天津三星高新电机有限公司
河北省	10	长城汽车股份有限公司
	11	邯郸圣棉纺织有限公司
山西省	12	山西榆次远大线材制品有限公司
	13	山西新和机械设备有限公司
内蒙古自治区	14	包头中纺山羊王实业有限公司
大连市	15	东芝大连有限公司
	16	大连天制制衣有限公司
	17	大连通世泰建材有限公司
吉林省	18	吉林省大京延吉纺织有限公司
黑龙江省	19	哈尔滨马利酵母有限公司
	20	绥芬河市友谊木业（集团）有限公司
上海市	21	上海索广映像有限公司
	22	上海索广电子有限公司
	23	上海通用汽车有限公司
江苏省	24	吴江市英诺时装有限公司
	25	苏州三星电子电脑有限公司
	26	禧玛诺（连云港）实业有限公司
浙江省	27	绍兴振德医用敷料有限公司
	28	浙江中大食品有限公司
	29	嘉兴恒美服饰有限公司
宁波市	30	慈溪宏一电子有限公司
	31	宁波天虹文具有限公司
	32	怡人工艺品（宁波）有限公司

续表

地区	序号	企业名称
安徽省	33	博西华家用电器有限公司
	34	奇瑞汽车有限公司
	35	安徽应流集团霍山铸造有限公司
福建省	36	泉州寰球鞋服有限公司
	37	福建省莆田协丰模具有限公司
	38	东南（福建）汽车工业有限公司
厦门市	39	厦门汇科电子有限公司
	40	林德（中国）叉车有限公司
	41	戴尔（厦门）有限公司
江西省	42	赣州虔东稀土集团股份有限公司
	43	江西省万载县鑫隆出口烟花制造三厂
山东省	44	小松山推工程机械有限公司
	45	三星电子（山东）数码打印机有限公司
	46	山东松下电子信息有限公司
青岛市	47	山东英吉多运动健康产业有限公司
	48	青岛金王应用化学股份有限公司
	49	青岛扶桑精致加工有限公司
	50	中国重汽集团青岛重工有限公司
河南省	51	郑州宇通集团有限公司
湖北省	52	湖北雅比家用纺织品有限公司
	53	东风汽车有限公司
	54	湖北安琪酵母股份有限公司
湖南省	55	湖南科力远新能源股份有限公司
广东省	56	珠海格力电器股份有限公司
	57	广州市虎头电池集团有限公司
深圳市	58	深圳桑菲消费通信有限公司
	59	杜邦中国集团有限公司
	60	深圳英兰电子有限公司
广西壮族自治区	61	柳州富达机械有限公司
	62	柳州欧维姆机械股份有限公司

续表

地区	序号	企业名称
海南省	63	三星（海南）光通信技术有限公司
重庆市	64	重庆宗申发动机制造有限公司
四川省	65	川油宏华石油设备有限公司
四川省	66	四川长虹网络科技有限责任公司
贵州省	67	贵州瓮福（集团）有限公司
陕西省	68	陕西汉江药业集团股份有限公司
陕西省	69	宝鸡石油钢管有限责任公司
青海省	70	青海新力土畜有限责任公司
青海省	71	西部矿业股份有限公司
新疆维吾尔自治区	72	新疆天山毛纺织股份有限公司
新疆维吾尔自治区	73	新疆美克股份有限公司
新疆维吾尔自治区	74	新疆特变电工股份有限公司

资料来源：《财政部　国家税务总局关于出口货物劳务增值税和消费税政策的通知》（财税〔2012〕39号）。

（二）生产企业增值税免抵退税其他规定

1. 进料加工复出口货物

生产企业（含联网监管企业）进料加工复出口货物实行免抵退税办法，境外保税购进原材料的计算扣除按实耗法进行核算。

2. 先退税后核销出口货物

符合条件的生产企业已签订出口合同的交通运输工具和机器设备，在其退税凭证尚未收集齐全的情况下，可凭出口合同、销售明细账等，向主管税务机关申报免抵退税。在申请时应同时满足以下条件：

（1）已取得增值税一般纳税人资格。

（2）已持续经营2年及2年以上。

（3）生产的交通运输工具和机器设备生产周期在1年及1年以上。

（4）上一年度净资产大于同期出口货物增值税、消费税退税额之和的3倍。

（5）持续经营以来从未发生逃税、骗取出口退税、虚开增值税专用发票或农产品收购发票、接受虚开增值税专用发票（善意取得虚开增值税专用发票除外）行为。

生产企业应自交通工具或机器设备报关出口之日起3个月内，在增值税纳税申报期，按规定收齐有关单证，申报免抵退税，办理已退（免）税的核销。

3. 集成电路设计等出口货物

属于增值税一般纳税人的集成电路设计、软件设计、动漫设计企业及其他高新技术企业出口适用增值税退（免）税政策的货物，实行免抵退税办法。

4. 免抵税额应缴税费规定

根据《财政部 国家税务总局关于生产企业出口货物实行免抵退税办法后有关城市维护建设税、教育费附加政策的通知》（财税〔2005〕25号）规定，自2005年1月1日起，经税务机关正式审核批准的当期免抵的增值税税额应纳入城市维护建设税和教育费附加的计征范围，分别按规定的税（费）率征收城市维护建设税和教育费附加。同时，根据《中华人民共和国城市维护建设税法》（2020年8月11日第十三届全国人民代表大会常务委员会第二十一次会议通过，同日中华人民共和国主席令第五十一号公布）第一条规定，在中华人民共和国境内缴纳增值税、消费税的单位和个人，为城市维护建设税的纳税人，应当依照该法规定缴纳城市维护建设税。因此，对于出口企业或其他单位无论是外资或内资企业均应按主管税务机关审批的免抵税额计算城市维护建设税和教育费附加。应注意两点：一是城市维护建设税和教育费附加的计税根据必须是经主管税务机关正式审核审批的免抵税额，未经正式审批的不应作为计税的根据；二是城市维护建设税和教育费附加的计税根据是免抵税额，不含退税额和增量留抵退税。

（三）生产企业消费税退税规定

生产企业出口属于购进含已征消费税的货物，免征消费税，并退还前一环节对其已征的消费税。该政策主要是指生产企业委托加工及收购出口的含消费税的货物。应注意三点：一是生产企业收购视同自产含消费税的出口货物，应符合视同自产条件才能享受消费税退税政策；二是列名生产企业收购视同自产含消费税的出口货物按照规定能够享受消费税退税政策；三是生产企业自产的消费税货物出口，享受免税政策。

另外，有关"销货退回的消费税退税审批"和"出口应税消费品办理免税后发生退关或国外退货补缴消费税审批"取消后，两项业务的处理有进一步规定。根据《国家税务总局关于取消销货退回消费税退税等两项消费税审批事项后有关管理问题的公告》（国家税务总局公告 2015 年第 91 号），规定如下：

一是纳税人销售的应税消费品，因质量等原因发生退货的，其已缴纳的消费税税款可予以退还。纳税人办理退税手续时，应将开具的红字增值税发票、退税证明等资料报主管税务机关备案。主管税务机关核对无误后办理退税。

二是纳税人直接出口的应税消费品办理免税后，发生退关或者国外退货，复进口时已予以免税的，可暂不办理补税，待其转为国内销售的当月申报缴纳消费税。

四、外贸企业出口货物劳务退（免）税政策

（一）外贸企业增值税免退税基本规定

不具有生产能力的外贸企业或其他单位出口货物劳务，免征增值税，相应的进项税额予以退还。根据购进出口货物劳务增值税专用发票注明的金额或海关进口增值税专用缴款书注明的完税价格与退税率计算退税额。

1. 委托加工收回出口的货物

根据《财政部　国家税务总局关于出口货物劳务增值税和消费税政策的通知》（财税〔2012〕39 号）第四条第（五）项规定，外贸企业以委托加工修理修配收回货物方式出口的，应将加工修理修配使用的原材料（进料加工海关保税进口料件除外）作价销售给受托加工修理修配的生产企业，受托加工修理修配的生产企业应将原材料成本并入加工修理修配费用开具增值税专用发票，外贸企业以此发票注明的金额申报退税。

2. 外购出口的货物

根据《财政部　国家税务总局关于出口货物劳务增值税和消费税政策的通知》（财税〔2012〕39 号）第四条第（四）项规定，外贸企业购进出口货物（委托加工修理修配货物除外）以增值税专用发票注明的金额或海关进口增值税专用缴款书注明的完税价格为计税根据申报退（免）税。外贸企业从增值税小规模纳税人收购的出口货物，一律凭增值税专用发票（必须是增值税防伪税控开票系统或防伪税控代开票系统开具的增值税专用发票）及有关凭证办理退税。增值税小规模纳税人向出口企业销售这些产品，可自行开具增值税专用发票或到税务机关代开增值税专用发票。

(二) 外综服企业增值税免退税规定

根据《国家税务总局关于调整完善外贸综合服务企业办理出口货物退(免)税有关事项的公告》(国家税务总局公告2017年第35号)规定,外综服企业向其所在地主管税务机关集中为生产企业代办退税,应同时符合两个条件:一是符合商务部等部门规定的外综服企业定义并向主管税务机关备案;二是企业内部已建立较为完善的代办退税内部风险管控制度并已向主管税务机关备案。生产企业出口货物应同时符合:一是生产企业委托外综服企业代办退税的出口货物必须是自产或视同自产的货物;二是生产企业必须为增值税一般纳税人并且已办理出口退(免)税备案手续,同时已与境外单位或个人签订出口合同;三是生产企业已与外综服企业签订服务合同(协议),约定由外综服企业提供包括报关报检、物流、代办退税、结算等在内的综合服务,并明确相关法律责任;四是生产企业在办理委托代办退税备案时,应向其所在地主管税务机关提供代办退税的开户银行和账号(以下简称代办退税账户)。

[政策解析] 自2013年7月24日国务院常务会议制定的外贸"国六条"首次提出外综服企业的概念以来,国务院以及商务、海关、税务、外汇管理等相关部委陆续出台了一系列支持其发展的政策措施。其中《国家税务总局关于外贸综合服务企业出口货物退(免)税有关问题的公告》(国家税务总局公告2014年第13号,以下简称13号公告)是首个关于综合服务业务出口退(免)税管理方面的文件,明确了外贸综合服务的退税条件及办理方式等具体操作方面的规定。但执行以来,问题也逐渐显现,主要体现在退税法律责任主体定位不合理、出口骗税风险防控不到位、政策规定过于笼统等方面。为此,2017年10月,商务部、海关总署、税务总局、质检总局、外汇局等联合下发《关于促进外贸综合服务企业健康发展有关工作的通知》(商贸函〔2017〕759号),提出了明确意见。国家税务总局及时发布《关于调整完善外贸综合服务企业办理出口货物退(免)税有关事项的公告》(国家税务总局公告2017年第35号),废止了13号公告,实行外综服企业集中为生产企业代办退税,自2017年11月1日起执行。新公告主要变化有五个方面:一是明晰法律责任。以"谁出口、谁退税、谁主责"为原则,规定由生产企业提供代办退税账户,作为退税主体,承担主体责任。外综服企业属于代办服务,需要承担规定的连带责任,对共同参与骗税的追究其连带法律责任。二

是扩大代办范围。对生产企业代理范围由原规定的中小型生产企业扩大到生产企业,由自产货物扩大到自产货物和视同自产货物,使生产企业代办退税的受益面进一步拓宽。三是创新退税模式。吸收并创新应用了先征税后退税管理模式,以代办退税专用发票为纽带,打破了征税与退税的地域界限,理顺了责任主从关系,顺应外贸综合服务新业态发展,强化了征、退税衔接关系。四是退税独立申报。将代办退税与自营出口和代理出口申报进行了分离,单独报送《外贸综合服务企业代办退税申报表》,并且在"业务类型"一栏中不再填写"WMZHFW"字样,改为填写生产企业的自产货物或者视同自产货物。五是突破属地管理。一般情况下生产企业应向其所在地主管税务机关申报增值税退(免)税,遵循的是税收属地原则,而新公告突破了税收属地管理的模式,由代办的外综服企业所在地主管税务机关受理审核并办理退税。

(三)外贸企业增值税免退税其他规定

外贸企业以进料加工方式进口原材料,经国内企业委托加工方式收回出口的货物,凭增值税专用发票上注明的加工费金额为计税根据申报退税。如果外贸企业将保税的进口料件作价销售给受托加工单位,收回再出口的,对其在国内作价销售的保税进口原材料,由海关按一般贸易征收代征增值税和消费税,这样原进料加工方式就演变为一般贸易方式,如果再收购之后出口的应按一般贸易出口申报退税。

(四)外贸企业消费税退税规定

外贸企业出口属于购进含已征消费税的货物,免征消费税,并退还前一环节对其已征的消费税。

五、增值税零税率应税服务退(免)税政策

(一)增值税零税率应税服务退(免)税规定

根据《财政部 国家税务总局关于全面推开营业税改征增值税试点的通知》(财税〔2016〕36号)附件4《跨境应税行为适用增值税零税率和免税政策的规定》规定,自2016年5月1日起,中华人民共和国境内(以下称境内)的单位和个人销售的下列服务和无形资产,适用增值税零税率。增值税零税率应税服务退(免)税办法包括:免抵退税办法和免退税办法,具体办法按《财政部 国家税务总局关于出口货物劳务增值税和消费税政策的通知》

（财税〔2012〕39号）有关出口货物劳务退（免）税的规定执行。即境内的单位和个人提供适用增值税零税率的服务或者无形资产，如果属于适用简易计税方法的，实行免征增值税办法；如果属于适用增值税一般计税方法的，生产企业实行免抵退税办法，外贸企业外购服务或者无形资产出口实行免退税办法，外贸企业直接将服务或自行研发的无形资产出口，视同生产企业连同其出口货物统一实行免抵退税办法。上述对应的零税率应税服务不得开具增值税专用发票。具体范围如下：

1. 国际运输服务

国际运输服务的范围，包括：

（1）在境内载运旅客或者货物出境。

（2）在境外载运旅客或者货物入境。

（3）在境外载运旅客或者货物。

根据《财政部　国家税务总局关于全面推开营业税改征增值税试点的通知》（财税〔2016〕36号）附件4《跨境应税行为适用增值税零税率和免税政策的规定》第八条规定，境内单位和个人发生的与香港、澳门、台湾有关的应税行为，除该文件另有规定外，参照国际运输服务规定执行。其起点或终点在境外的运单、提单或客票所对应的各航段或路段的运输服务，属于国际运输服务。主要包括：在境内载运旅客或者货物出境、在境外载运旅客或者货物入境和在境外载运旅客或者货物等三种情况。上述国际运输服务还应符合以下条件：

以水路运输方式的，应当取得《国际船舶运输经营许可证》；以航空运输方式的，应提供经营范围包括"国际航空客货邮运输业务"的《公共航空运输企业经营许可证》或经营范围包括"公务飞行"的《通用航空经营许可证》；以公路运输方式的，应提供经营范围包括"国际运输"的《道路运输经营许可证》和《国际汽车运输行车许可证》；以铁路运输方式的，应提供经营范围包括"许可经营项目：铁路客货运输"的《企业法人营业执照》或其他具有提供铁路客货运输服务资质的证明材料。

2. 航天运输服务

航天运输服务参照国际运输服务，适用增值税零税率。提供航天运输服务的，应提供经营范围包括"商业卫星发射服务"的《企业法人营业执照》或其他具有提供商业卫星发射服务资质的证明材料。

3. 向境外单位提供的完全在境外消费的服务

向境外单位提供的完全在境外消费的服务，包括：

（1）研发服务。研发服务，是指就新技术、新产品、新工艺或者新材料及其系统进行研究与试验开发的业务活动。

（2）合同能源管理服务。

（3）设计服务。设计服务，是指把计划、规划、设想通过视觉、文字等形式传递出来的业务活动。包括工业设计、造型设计、服装设计、环境设计、平面设计、包装设计、动漫设计、展示设计、网站设计、机械设计、工程设计、广告设计、创意策划、文印晒图等。向境外单位提供的设计服务，不包括对境内不动产提供的设计服务。

（4）广播影视节目（作品）的制作和发行服务。

（5）软件服务。

（6）电路设计及测试服务。

（7）信息系统服务。

（8）业务流程管理服务。

（9）离岸服务外包业务。离岸服务外包业务，包括信息技术外包服务（ITO）、技术性业务流程外包服务（BPO）、技术性知识流程外包服务（KPO），其所涉及的具体业务活动，按照《销售服务、无形资产、不动产注释》相对应的业务活动执行。

（10）转让技术。

上述完全在境外消费，是指服务的实际接受方在境外，且与境内的货物和不动产无关；无形资产完全在境外使用，且与境内的货物和不动产无关；财政部和国家税务总局规定的其他情形。

4. 财政部和国家税务总局规定的其他服务

（二）其他注意事项

1. 从境内载运旅客或货物至国内海关特殊监管区域及场所、从国内海关特殊监管区域及场所载运旅客或货物至国内其他地区或者国内海关特殊监管区域及场所，以及向国内海关特殊监管区域及场所内单位提供的研发服务、设计服务，不属于增值税零税率应税服务适用范围。

2. 纳税人提供应税服务同时适用免税和零税率规定的，优先适用零税率。

3. 根据《财政部　国家税务总局关于全面推开营业税改征增值税试点的通知》（财税〔2016〕36号）附件4《跨境应税行为适用增值税零税率和免税政策的规定》第三条规定，境内的单位或个人提供程租服务，如果租赁的交通工具用于国际运输服务和港澳台运输服务，由出租方按规定申请适用增值税零税率。

境内的单位和个人向境内单位或个人提供期租、湿租服务，如果承租方利用租赁的交通工具向其他单位或个人提供国际运输服务和港澳台运输服务，由承租方适用增值税零税率。境内的单位或个人向境外单位或个人提供期租、湿租服务，由出租方适用增值税零税率。

境内单位和个人以无运输工具承运方式提供的国际运输服务，由境内实际承运人适用增值税零税率；无运输工具承运业务的经营者适用增值税免税政策。

[政策解析] 期租、程租、湿租业务均为交通运输业业务，属于增值税应税范围。期租、程租是远洋运输的术语，湿租是航空运输的术语。

期租业务，是指远洋运输企业将配备有操作人员的船舶承租给他人使用一定期限，承租期内听候承租方调遣，不论是否经营，均按天向承租方收取租赁费，发生的固定费用（如人员工资、维修费用等）均由船东负担的业务。

程租业务，是指远洋运输企业为租船人完成某一特定航次的运输任务并收取租赁费的业务。

湿租业务，是指航空运输企业将配备有机组人员的飞机承租给他人使用一定期限，承租期内听候承租方调遣，不论是否经营，均按一定标准向承租方收取租赁费，发生的固定费用（如人员工资、维修费用等）均由承租方负担的业务。

[案例分析] A公司是一家从事国际运输的企业，主要经营国际运输、程租和期租等业务。2020年5月，A公司自营国际运输业务取得收入200万元，采用期租方式租赁给境内B公司一艘货船用于国际运输，采用程租方式出租给境内C公司一艘货船用于国际运输，以上三家企业均取得相关资质。A公司自营国际运输其退税主体为本企业，适用零税率；A公司以期租方式租赁给B公司用于国际运输的货船，B公司为承租方，适用零税率；A公司以程租方式出租给C公司用于国际运输的货船，A公司为出租方，适用零税率。

4. 营改增应税服务退（免）税所计算的免抵税额，无论是外资企业还是内资企业,均应按主管税务机关正式审核批准的免抵税额计算城市维护建设税和教育费附加。

5. 增值税零税率应税服务提供者骗取国家出口退税款的,税务机关应按《国家税务总局关于停止为骗取出口退税企业办理出口退税有关问题的通知》(国税发〔2008〕32号)和《财政部 国家税务总局关于防范税收风险若干增值税政策的通知》(财税〔2013〕112号)的规定处理。增值税零税率应税服务提供者在停止退税期间发生的增值税零税率应税服务,不得申报退(免)税,应按规定缴纳增值税。

六、跨境电子商务出口货物退(免)税政策

电子商务出口是外贸发展的新方式,也是扩大海外营销渠道,提升品牌竞争力,实现我国外贸转型升级的有效途径。为落实2013年《国务院办公厅转发商务部等部门关于实施支持跨境电子商务零售出口有关政策意见的通知》的要求,自2014年1月1日起,对符合条件的跨境电子商务零售出口(以下简称电子商务出口)企业也可享受增值税、消费税退(免)税政策。

(一)电子商务出口企业界定

根据《财政部 国家税务总局关于跨境电子商务零售出口税收政策的通知》(财税〔2013〕96号)规定,享受电子商务出口退(免)税的企业是指自建跨境电子商务销售平台的电子商务出口企业和利用第三方跨境电子商务平台开展电子商务出口的企业。如果是为电子商务出口企业提供交易服务的跨境电子商务第三方平台,不适用上述规定的退(免)税政策,可按现行有关规定执行。

(二)电子商务出口退(免)税的条件

电子商务出口企业出口货物必须同时符合以下条件,才可享受增值税、消费税退(免)税政策(财政部、国家税务总局明确不予出口退(免)税或免税的货物除外)。

(1)电子商务出口企业属于增值税一般纳税人并已向主管税务机关办理出口退(免)税备案。

(2)出口货物取得海关出口货物报关单(出口退税专用),且与海关出口货物报关单电子信息一致。

(3)出口货物在退(免)税申报期截止之日内收汇。

(4)电子商务出口企业属于外贸企业的,购进出口货物取得相应的增值

税专用发票、消费税专用缴款书（分割单）或海关进口增值税、消费税专用缴款书，且上述凭证有关内容与出口货物报关单（出口退税专用）有关内容相匹配。

七、融资租赁货物出口退税政策

根据《财政部　海关总署　国家税务总局关于在全国开展融资租赁货物出口退税政策试点的通知》（财税〔2014〕62号）和《国家税务总局关于发布〈融资租赁货物出口退税管理办法〉的公告》（国家税务总局公告2014年第56号）规定，自2014年10月1日起，将现行在天津东疆保税港区试点的融资租赁货物出口退税政策扩大到全国统一实施。即融资租赁出租方将融资租赁出口货物租赁给境外承租方、将融资租赁海洋工程结构物租赁给海上石油天然气开采企业，向融资租赁出租方退还其购进租赁货物所含增值税。融资租赁出口货物、融资租赁海洋工程结构物属于消费税应税消费品的，向融资租赁出租方退还前一环节已征的消费税。上述融资租赁货物是融资租赁出口货物和融资租赁海洋工程结构物两种经营方式的简称，不包括在海关监管年限内进口的减免税货物，以及从区外进入天津东疆保税港区的原进口货物。

（一）出口退（免）税政策及适用范围

1. 融资租赁的出口货物

对融资租赁企业、金融租赁公司及其设立的项目子公司（以下统称融资租赁出租方），以融资租赁方式租赁给境外承租人且租赁期限在5年（含）以上，并向海关报关后实际离境的货物，试行增值税、消费税出口退税政策。

融资租赁出口货物的范围，包括飞机、飞机发动机、铁道机车、铁道客车车厢、船舶及其他货物，具体应符合《中华人民共和国增值税暂行条例实施细则》第二十一条"固定资产"的相关规定。

［政策解析］根据《财政部　海关总署　国家税务总局关于融资租赁货物出口退税政策有关问题的通知》（财税〔2016〕87号）规定，"融资租赁企业、金融租赁公司及其设立的项目子公司"，包括融资租赁企业、金融租赁公司，以及上述企业、公司设立的项目子公司。其中：融资租赁企业，是指经商务部批准设立的外商投资融资租赁公司、经商务部和国家税务总局共同批准开展融资业务试点的内资融资租赁企业、经商务部授权的省级商务主管部门和国家经济技术开发区批准的融资租赁公司；

金融租赁公司,是指中国银行业监督管理委员会批准设立的金融租赁公司。

上述融资租赁,是指具有融资性质和所有权转移特点的有形动产租赁活动。即出租人根据承租人所要求的规格、型号、性能等条件购入有形动产租赁给承租人,合同期内有形动产所有权属于出租人,承租人只拥有使用权,合同期满付清租金后,承租人有权按照残值购入有形动产,以拥有其所有权。不论出租人是否将有形动产残值销售给承租人,均属于融资租赁。

2. 融资租赁海洋工程结构物

对融资租赁出租方购买的,并以融资租赁方式租赁给境内列名海上石油天然气开采企业且租赁期限在5年(含)以上的国内生产企业生产的海洋工程结构物,视同出口,试行增值税、消费税出口退税政策。

海洋工程结构物范围、退税率以及海上石油天然气开采企业的具体范围,应按照《财政部 国家税务总局关于出口货物劳务增值税和消费税政策的通知》(财税〔2012〕39号)有关规定执行。但是,根据《财政部 国家税务总局关于明确金融 房地产开发 教育辅助服务等增值税政策的通知》(财税〔2016〕140号)第十七条规定,自2017年1月1日起,生产企业销售自产的海洋工程结构物,或者融资租赁企业及其设立的项目子公司、金融租赁公司及其设立的项目子公司购买并以融资租赁方式出租的国内生产企业生产的海洋工程结构物,应按规定缴纳增值税,不再适用《财政部 国家税务总局关于出口货物劳务增值税和消费税政策的通知》(财税〔2012〕39号)或者《财政部 国家税务总局关于在全国开展融资租赁货物出口退税政策试点的通知》(财税〔2014〕62号)规定的增值税出口退税政策,但购买方或者承租方为按实物征收增值税的中外合作油(气)田开采企业的除外。另外,在2017年1月1日前签订的海洋工程结构物销售合同或者融资租赁合同,在合同到期前,可继续按现行相关出口退税政策执行。因此,该项规定具有特殊性,执行中应当注意风险。

(二)相关政策事项

1. 上述融资租赁出口货物和融资租赁海洋工程结构物不包括在海关监管年限内的进口减免税货物。

2. 融资租赁出口货物的,以退税证明联上注明的出口日期为准;融资租赁海洋工程结构物的,以融资租赁出租方收取首笔租金时开具的发票日期为准。

3. 用于融资租赁货物退税的增值税专用发票或海关进口增值税专用缴款书，不得用于抵扣内销货物应纳税额。

4. 对上述融资租赁出口货物再复进口时，主管税务机关应按规定追缴融资租赁出租方的已退税款，并对融资租赁出口货物出具货物已补税或未退税证明，海关不征收进口关税和进口环节税。

5. 对融资租赁海洋工程结构物发生退租的，主管税务机关应按规定追缴融资租赁出租方的已退税款。

八、对外援助出口货物退（免）税政策

目前，我国对外援助出口的形式主要有两种：一是对一般物资援助项下出口货物；二是对利用中国政府的援外优惠贷款和合资合作项目基金方式下的出口货物。

（一）援外出口货物概念

1. 一般物资援助

一般物资援助，是指中国对外经济技术援助项下，由中国政府向受援国政府提供民用生产或生活等物资，承办企业代政府执行物资采购和运送任务，企业在执行援外任务后与政府办理结算。结算方式包括实报实销结算制和承包结算制。

2. 利用中国政府的援外优惠贷款和援外合资合作项目援外方式下出口货物

利用中国政府的援外优惠贷款和援外合资合作项目基金援外方式下出口的货物，是指援外企业利用中国政府的援外优惠贷款和合资合作项目基金到受援国兴办合资企业或合资合作项目，因项目投资带动国内设备物资出口的货物，以及利用中国政府的援外优惠贷款向受援国提供我国生产的成套设备和机电产品出口的。上述援外企业必须是经对外贸易经济合作部批准的具有使用上述援外优惠贷款与援外合资合作项目基金的企业。

援外优惠贷款，是指中国政府指定的金融机构对外提供的具有政府援助性质、含有赠与成分的中、长期低息贷款。优惠利率与中国人民银行公布的基准利率之间的利息差额由中国政府对指定的金融机构进行贴息。中国进出口银行是中国政府指定的对外提供优惠贷款的金融机构。

援外合资合作项目，是指在中国政府与受援国政府原则协议的范围内，对方政府给予政策和资金支持，中国企业同受援国企业以合资经营、独资经营、租赁经营、合作经营等方式实施的项目。

援外合资合作项目基金是由商务部负责管理的，提供给援外企业用于援外合资合作项目的具有偿还性质的援外政府基金。

（二）政策规定

出口企业或其他单位对外援助的出口货物享受退（免）税政策，属于外贸企业适用免退税办法，属于生产企业适用免抵退税办法。但应注意生产企业对外援助属于外购（非自产）的出口货物，还应符合《财政部 国家税务总局关于出口货物劳务增值税和消费税政策的通知》（财税〔2012〕39号）附件4《跨境应税行为适用增值税零税率和免税政策的规定》明确的相关条件，才可享受出口退税。因此，对于对外援助的出口货物无论是自产还是非自产，出口企业或其他单位只要具备相关资格及符合退税条件即可享受退（免）税政策（出口退税率为零或涉税违规除外）。

另外，根据《国家税务总局关于出口货物劳务增值税和消费税有关问题的公告》（国家税务总局公告2013年第65号）第六条规定，出口企业或其他单位申报对外援助出口货物退（免）税时，不需要提供商务部批准使用援外优惠贷款的批文（"援外任务书"）复印件和商务部批准使用援外合资合作项目基金的批文（"援外任务书"）复印件。

九、对外承包工程出口货物退（免）税政策

对外承包工程又称国际承包，它是指我国对外承包公司承揽的外国政府、国际组织或私人为主的建设项目，以及物资采购和其他承包业务。

出口企业或其他单位运出境外用于对外承包工程项目的设备、原材料、施工机械等货物，在货物报关出口后，可向当地主管退税机关申请退（免）税。需要注意的是，对外承包工程项目的出口货物，应提供对外承包工程合同；属于分包的，由承接分包的出口企业或其他单位申请退（免）税，申请退（免）税时须提供分包合同（协议）。属于外贸企业适用免退税办法，属于生产企业适用免抵退税办法。但应注意生产企业对外承包工程属于外购（非自产）的出口货物，还应符合《财政部 国家税务总局关于出口货物劳务增值税和消费税政策的通知》（财税〔2012〕39号）附件4《跨境应税行为适用增值税零税率和免税政策的规定》明确的相关条件，才可享受出口退税。因此，对于对外承包工程项目下的出口货物无论是自产还是非自产，出口企业或其他单位只要具备相关资格及符合退税条件即可享受退（免）税政策（出口退税率为零或涉税违规除外）。

十、境外投资出口货物退（免）税政策

境外投资，是指国内企业以现金、实物、无形资产或者通过购买股票、债券等有价证券的方式对外进行的投资。鉴于此类企业在国内购买运往境外作为国外投资的货物，其货物的最终消费在国外，而且还为国家节省了外汇，为了支持利用国内货物参与国外投资，国家规定对这类货物视同出口货物予以退税。

出口企业或其他单位在国内采购并运往境外作为在国外及我国港澳台地区投资货物享受出口退（免）税。属于外贸企业适用免退税办法，属于生产企业适用免抵退税办法。但应注意生产企业境外投资属于外购（非自产）的出口货物，还应符合《财政部 国家税务总局关于出口货物劳务增值税和消费税政策的通知》（财税〔2012〕39号）附件4《跨境应税行为适用增值税零税率和免税政策的规定》明确的相关条件，才可享受出口退税。因此，对于境外投资的出口货物无论是自产还是非自产，出口企业或其他单位只要具备相关资格及符合退税条件即可享受退（免）税政策（出口退税率为零或涉税违规除外）。

十一、境外带料加工装配退（免）税政策

境外带料加工装配，是指我国企业以现有技术、设备投资为主，在境外以加工装配的形式，带动和扩大国内设备、技术、零部件、原材料出口的国际经贸合作方式。

对境外带料加工装配业务所使用（含实物性投资）的出境设备、原材料和散件，实行出口退（免）税政策，退税率按国家统一规定的退税率执行（出口退税率为零或涉税违规除外）。如果生产企业以境外带料加工装配业务方式出口的货物为自产的实行免抵退税；如果是外购并且未进行进项税额抵扣的实行单项退税政策，即按购入出境设备、原材料和散件的增值税专用发票上注明的金额与货物适用退税率计算退（免）税。如果生产企业以境外带料加工装配业务方式出口的非自产二手设备，一律凭增值税专用发票及有关凭证办理退税。

十二、出口已使用过设备退（免）税政策

出口企业或其他单位出口的在2008年12月31日以前购进的设备、2009

年1月1日以后购进但按照有关规定不得抵扣进项税额的设备、非增值税纳税人购进的设备,以及营业税改征增值税的出口企业或其他单位出口在本企业试点以前购进的设备,如果属于未计算抵扣进项税额的已使用过的设备,均实行增值税免退税办法(出口退税率为零或涉税违规除外)。

十三、补偿贸易出口货物退(免)税政策

补偿贸易,是指一方提供技术、设备,对方不付现汇,待工程建成投产后,以其产品或双方事先商定的其他商品偿还进口价款的一种贸易方式。补偿贸易按照出口企业性质可分为生产企业直接承担的补偿贸易和外贸企业承担的补偿贸易两种。

我国现行政策规定,对外补偿贸易项目生产的出口货物,在生产环节应照章征收增值税、消费税,货物补偿报关出口后予以办理退税。但补偿贸易出口货物应就生产企业直接承担的补偿贸易和外贸企业直接承担的补偿贸易分不同情况进行处理(出口退税率为零或涉税违规除外)。

(一)生产企业直接承担的补偿贸易

生产企业直接承担的补偿贸易,虽然要由外贸企业进行出口结汇,但由于补偿盈亏和有关设备与成品进出口所发生的费用都由工厂负担。而外贸企业只收取一定比例的手续费,工贸之间是属代理出口关系,应比照代理出口办法退税。因此,生产企业必须凭外贸企业提供的《代理出口货物证明》、出口专用发票、出口货物报关单(出口退税联)等有关单证申报退(免)税。

(二)外贸企业承担的补偿贸易

外贸企业承担的补偿贸易,是指外贸企业与外商签订补偿贸易合同,在引进技术、设备、材料后,将其作价卖给工厂,然后以收购货物的方式,再对外商进行补偿。由于外贸企业采取了收购货物出口补偿,所以对这种补偿贸易的退税管理,可以比照外贸企业自营出口货物退税的办法办理。补偿贸易与自营出口业务的区别是该项目出口货物成本是在加工补偿出口销售中体现,所以,出口退税要以加工补偿出口销售账为计算根据。

十四、易货贸易出口货物退(免)税政策

易货贸易,是指在换货的基础上,把等值的出口货物和进口货物直接结合起来的贸易方式。传统的易货贸易,一般是买卖双方各以等值的货物进行交换,不涉及货币的支付,也没有第三者介入,易货双方签订一份包括相互

交换抵偿货物的合同，把有关事项加以确定。

（一）易货贸易特点

易货贸易的实际做法比较灵活，例如，在交货时间上，可以进口与出口同时成交，也可以有先有后；在支付办法上，可用现汇支付，也可以通过账户记账，从账户上相互冲抵；在成交对象上，进口对象可以是一个人，而出口对象则是由进口人指定的另一个人；等等。

（二）易货的主要形式

易货在国际贸易实践中主要表现为下列两种形式：

1. 直接易货

直接易货又称为一般易货。从严格的法律意义上来讲，易货就是指以货换货。这种直接易货形式，往往要求进口和出口同时成交，一笔交易一般只签订一个包括双方交付相互抵偿货物的合同，而且不涉及第三方。它是最普遍也是目前应用最广泛的易货形式。对于需要通过运输运送货物的交易方来说，由于这种易货形式一般要求进出口同时进行，因此，应用中存在困难。于是在实际业务中，就产生了一些变通的做法，最常见的即为通过对开信用证的方式进行易货贸易。在采用对开信用证进行易货时，交易双方先签订换货合同，双方商定彼此承诺在一定时间购买对方一定数量的货物，各自出口的商品按约定的货币计价，总金额一致或基本一致，货款通过开立对开信用证的方式进行结算，即双方都以对方为受益人，开立金额相等或基本相等的信用证。

2. 综合易货

综合易货多用于两国之间根据记账或支付（清算）协定而进行的交易。由两国政府根据签订的支付协定，在双方银行互设账户，双方政府各自提出在一定时期（通常为一年）提供给对方的商品种类、进出口金额基本相等，经双方协商同意后签订易货协定书，然后根据协定书的有关规定，由各自的对外贸易专业公司签订具体的进出口合同，分别交货。商品出口后，由双方银行凭装运单证进行结汇并在对方国家在本行开立的账户进行记账，然后由银行按约定的期限结算。需要注意的是，一定时期终了时，双方账户如果出现余额，只要不超过约定的幅度，即通常所说的"摆动额"，原则上顺差方不得要求对方用自己外汇支付，而只能以货物抵冲，即通过调整交货速度，或由逆差方增交货物予以平衡。

(三) 易货贸易退 (免) 税规定

易货贸易出口销售在核算上基本与自营出口销售相同。只在外汇结算上，易货贸易一般是相互记账，收不到外汇。对易货贸易的出口退 (免) 税，主要比照自营出口退税的方法办理，生产企业实行免抵退税办法，外贸企业实行免退税办法 (出口退税率为零或涉税违规除外)。

十五、委托代理出口货物退 (免) 税政策

委托代理出口，是指出口企业受委托单位的委托，代办出口货物销售的一种出口业务。代理出口业务的特点是：受托单位对出口货物不作进货和自营出口销售的账务处理，不负担出口货物的盈亏。在代理出口业务中受托方收取一定比例的手续费，委托企业属自营出口销售。

根据现行政策，委托出口企业代理出口的货物，一律在委托方退税 (出口退税率为零或涉税违规除外)，但不包括非出口企业代理出口的货物。

(1) 不具有或具有进出口自主经营权的生产企业委托出口企业代理出口的货物，除另有规定外，增值税一律实行免抵退税。

(2) 具有进出口自主经营权的外贸企业或外综服企业委托出口企业代理出口的货物增值税实行免退税。

十六、出口退税账户托管贷款政策

出口退税账户托管贷款，是指商业银行为解决出口企业退税未能及时到账而出现短期资金困难，在对企业出口退税账户进行托管的前提下，向出口企业提供的以退税应收款作为还款保证的短期流动资金贷款，又称为出口退税专项贷款。

(一) 出口退税账户托管贷款额度调整的背景

出口退税专项贷款政策的首次实行是 2001 年，当时出口企业退税款 100% 由国家负担退付，由于受出口退税计划不足因素的制约，我国出口应退税款积压现象较为普遍，出口企业正常经营面临很大困难。因此，《中国人民银行　对外贸易经济合作部　国家税务总局关于办理出口退税账户托管贷款业务的通知》(银发〔2001〕276 号，以下简称银发〔2001〕276 号文件) 规定："出口退税账户托管贷款期限最长不超过 1 年，贷款比例原则上最高不得超过企业应得退税款的 70%"。2009 年出台的《中国人民银行　中国银行业监督管理委员会　商务部　国家税务总局关于调整出口退税账户托管贷款额

度的通知》(银发〔2009〕190号)规定:"将出口企业退税账户托管贷款额度从现行的原则上不超过应得退税额的70%提高到90%"。同时,废止了银发〔2001〕276号文件中"贷款比例原则上最高不得超过企业应得退税款的70%"的规定。它是在当前世界金融危机涉及全球经济的背景下,针对出口企业退税周期较长的实际,为支持出口企业扩大出口创汇,帮助出口企业克服困难,加快出口退(免)税进度而出台的,具有非常重要的意义。这不仅是调整我国出口退税政策的一个关键举措,也是缓解出口企业资金紧张状况的有效途径。

(二) 出口退税专项贷款有关规定

1. 出口退税账户托管贷款对象为信誉良好,没有非法逃套汇和偷骗税行为,近年内有稳定的出口业绩,财务健全的各类出口企业。

2. 出口退税账户托管贷款是商业性贷款,由商业银行自主审查、自主决定。商业银行应当与借款人约定:自银行发放贷款之日起至该笔贷款全部清偿完毕之日止,借款人同意由贷款人监控该账户,未经贷款人同意,借款人不得擅自转移该账户内的款项。出口退税专用账户的退税款是出口企业偿还贷款的保证,商业银行应要求企业在退税款到位后归还该项贷款的本息,必要时商业银行可根据贷款风险程度要求出口企业提供其他担保。

3. 各级税务部门要在不得提供任何形式担保的前提下,认真配合商业银行做好该项贷款工作。要确保贷款企业出口退税专用账户的唯一性,保证退税款退入该专户,不得转移;在出口退税账户托管贷款全部偿还之前,未经贷款银行同意,不得为出口企业办理出口退税专用账户转移手续(国家有关法律特殊规定的除外),主管税务机关应为商业银行查询出口退税企业资信提供方便。

4. 各商务局主管部门要及时向商业银行通报出口退税政策变动情况和出口企业的经营情况,向商业银行提供信誉良好的企业名单。

十七、跨境贸易人民币结算退(免)税政策

根据《中国人民银行办公厅 财政部办公厅 商务部办公厅 海关总署办公厅 国家税务总局办公厅 中国银行业监督管理委员会办公厅关于出口货物贸易人民币结算企业重点监管名单的函》(银办函〔2012〕381号)规定,在中国境内具有进出口经营资格的企业均可按照《跨境贸易人民币结算试点管理办法》(中国人民银行 财政部 商务部 海关总署 国家税务总局中国银行业监督管理委员会公告 2019 年第 10 号）开展出口货物贸易人民币结算。

（一）出口货物贸易人民币结算重点监管

1. 对重点监管企业开展出口货物贸易人民币结算业务加强管理，各省（自治区、直辖市）和计划单列市人民政府采取适当方式告知重点监管企业已纳入出口货物贸易人民币结算重点监管。

2. 重点监管企业的范围，主要包括以下几类：

（1）近二年内骗取出口退税、偷税、虚开或接受虚开增值税专用发票的。

（2）近二年因涉嫌偷税、涉嫌骗取出口退税、涉嫌虚开或涉嫌接受虚开增值税专用发票被税务机关及公安等部门立案查处的。

（3）近二年有走私等严重违反海关监管的行为。

（4）近二年有比较严重违反金融管理规定的行为。

（5）近二年有比较严重违反国家对外贸易法律法规的行为。

（6）近二年有其他比较严重的违法行为。

3. 中国人民银行将需要重点监管的出口货物贸易人民币结算企业名单录入人民币跨境收付信息管理系统。银行业金融机构在为这些企业办理各项跨境人民币业务过程中，应借助人民币跨境收付信息管理系统加强审核，切实防范风险；业务办理完毕后，应妥善保存相关文件资料备查。列入重点监管名单的企业开展跨境贸易人民币结算业务所获得的人民币资金不允许存放境外。

4. 人民银行及其分支机构依托人民币跨境收付信息管理系统，对重点监管企业开展跨境人民币业务的情况进行非现场检查，每年对银行业金融机构为重点监管企业提供跨境人民币结算服务的情况进行现场检查。

（二）跨境贸易人民币结算企业的评审

对试点企业评审应具备以下条件：

（1）财务会计制度健全，且未发生欠税的；

（2）办理出口货物退（免）税认定 2 年以上，且日常申报出口货物退（免）税正常、规范，能按税务机关要求保管出口退税档案资料；

（3）近二年未发现企业从事"四自三不见"等不规范业务；

（4）近二年未发生偷税、逃避追缴欠税、抗税、骗取出口退税等涉税违法行为；

（5）近二年未发现虚开发票（含农产品收购发票）和使用虚开的增值税专用发票申报出口退税等问题；

(6) 评审期间未涉及有关税务违法案件检查。

(三) 跨境贸易人民币结算出口货物退（免）税规定

1. 办理跨境贸易人民币结算方式出口货物退（免）税时，应单独向主管税务机关申报，如与其他出口货物一并申报，应在申报表中对跨境贸易人民币结算出口货物报关单进行标注（KJ）。

2. 主管税务机关受理跨境贸易人民币结算方式出口货物退（免）税后，不再审核出口收汇核销单及进行相关信息的对比，出口退税审核系统中产生的有关出口收汇核销单疑点可以人工跳过。

[学习小结] 通过本节的学习，使读者较好地掌握出口退（免）税政策管理的重点内容，熟悉出口退（免）税特殊业务的规定，以提高读者对出口退（免）税业务的认识和风险防范意识。

[思考练习]

1. 外综服企业代办退税的条件是什么？

答：根据《商务部 海关总署 税务总局 质检总局 外汇局关于促进外贸综合服务企业健康发展有关工作的通知》（商贸函〔2017〕759号）规定，外综服企业是指具备对外贸易经营者身份，接受国内外客户委托，依法签订综合服务合同（协议），依托综合服务信息平台，代为办理包括报关报检、物流、退税、结算、信保等在内的综合服务业务和协助办理融资业务的企业。外综服企业是代理服务企业，应具备较强的进出口专业服务、互联网技术应用和大数据分析处理能力，建立较为完善的内部风险防控体系。

外综服企业代国内生产企业办理出口退（免）税事项同时符合下列条件的，可由外综服企业向其所在地主管税务机关集中为生产企业代办退税：

一是符合商务部等部门规定的外综服企业定义并向主管税务机关备案。

二是企业内部已建立较为完善的代办退税内部风险管控制度并已向主管税务机关备案。

2. 跨境电商出口退（免）税的条件是什么？

答：主要包括：①跨境电商属于增值税一般纳税人并办理出口退（免）税备案；②出口货物取得海关出口货物报关单且与海关报关单电子信息一致；③出口货物在退（免）税申报期截止之日内收汇；④购进出口货物取得增值税专用发票、消费税专用缴款书（分割单）或海关进口增值税、消费税专用缴款书,且上述凭证有关内容与出口货物报关单(出口退税专用)有关内容匹配。但是,财政部、国家税务总局明确不予出口退(免)税的货物除外。

3. 对增值税零税率应税服务退(免)税政策是如何规定的?

答:根据《财政部 国家税务总局关于全面推开营业税改征增值税试点的通知》(财税〔2016〕36号)附件4《跨境应税行为适用增值税零税率和免税政策的规定》规定,自2016年5月1日起,中华人民共和国境内(以下称境内)的单位和个人销售的下列服务和无形资产,适用增值税零税率。即境内的单位和个人提供适用增值税零税率的服务或者无形资产,如果属于适用简易计税方法的,实行免征增值税办法;如果属于适用增值税一般计税方法的,生产企业实行免抵退税办法,外贸企业外购服务或者无形资产出口实行免退税办法。外贸企业直接将服务或自行研发的无形资产出口,视同生产企业连同其出口货物统一实行免抵退税办法。

第二节　出口免税政策

[学习导读] 本节主要介绍出口货物劳务适用增值税和消费税免税、跨境应税服务免税的范围,并根据不同情形划分为六类范围:一是出口货物劳务增值税免税;二是营改增应税服务免税;三是离岛旅客购物免税;四是出口蔬菜免税;五是出口企业因增值税违法行为适用出口免税;六是出口货物劳务消费税免税。重点分析跨境应税服务免税的政策规定与税收管理等问题,使读者从原理到政策再到实务,全面掌握跨境服务增值税政策与管理。

一、出口货物劳务增值税免税范围

(一) 出口货物劳务免税范围

出口货物劳务免税范围包括:

(1) 增值税小规模纳税人出口的货物。

(2) 避孕药品和用具,古旧图书。

(3) 软件产品。其具体范围是指海关税则号前四位为"9803"的货物。

(4) 含黄金、铂金成分货物,钻石及其饰品。

(5) 国家计划内出口的卷烟。

(6) 购进时未取得增值税专用发票、海关进口增值税专用缴款书,但其他相关单证齐全的已使用过的设备。

（7）非出口企业委托出口的货物。非出口企业，是指无出口经营资格的流通企业以及其他个人。

（8）非列名生产企业购进的非视同自产货物。非列名生产企业，是指《财政部　国家税务总局关于出口货物劳务增值税和消费税政策的通知》（财税〔2012〕39号）附件5中列名的74家企业之外的生产企业。非视同自产货物，是指不符合《财政部　国家税务总局关于出口货物劳务增值税和消费税政策的通知》（财税〔2012〕39号）附件4规定的视同自产货物范围的货物。

（9）农业生产者自产农产品。农产品的具体范围按照《农业产品征税范围注释》（财税〔1995〕52号）的规定执行。

（10）油画、花生果仁、黑大豆等财政部和国家税务总局规定的出口免税的货物。

（11）外贸企业取得增值税普通发票、农产品收购发票、政府非税收入票据的货物。

（12）来料加工复出口的货物。

（13）特殊区域内的企业出口的特殊区域内的货物。特殊区域专指《财政部　国家税务总局关于出口货物劳务增值税和消费税政策的通知》（财税〔2012〕39号）第一条第（二）项明确的七类特殊区域。另外，根据《财政部　海关总署　国家税务总局关于横琴　平潭开发有关增值税和消费税政策的通知》（财税〔2014〕51号）和《国家税务总局关于发布〈横琴、平潭开发有关增值税和消费税退税管理办法（试行）〉的公告》（国家税务总局公告2014年第70号）规定，横琴、平潭各自的区内企业之间销售其在本区内的货物，免征增值税和消费税。

（14）边境地区出口企业以一般贸易或边境小额贸易方式从所在省（自治区）的边境口岸出口到接壤毗邻国家，并采取以人民币现金作为结算方式的出口货物。

（15）实行简易办法征税的生产企业出口货物劳务。

（16）出口但未计外销售收入的样品、展品，如出口企业无偿赠送给国外客户的样品。

（17）国家批准的免税品经营企业销售给免税店的进口免税货物免征增值税。

（18）主管税务机关已受理出口企业或其他单位的退（免）税申报，但在申报期限之后审核发现按规定不予退（免）税的出口货物，若符合免税条件享受免税政策。

（19）出口企业或其他单位未按规定进行单证备案（因出口货物的成交方式特性，企业没有相关备案单证的情况除外）的出口货物，不得申报退（免）税，适用免税政策。已申报退（免）税的，应用负数申报冲减原申报。

（20）其他免税情形的出口货物。

（二）跨境电子商务零售出口货物免税适用范围

1. 对电子商务出口企业出口货物，不符合《财政部 国家税务总局关于跨境电子商务零售出口税收政策的通知》（财税〔2013〕96号）第一条规定退（免）税条件的，但同时符合下列条件的，适用增值税免税政策：

（1）电子商务出口企业已办理税务登记。

（2）出口货物取得海关签发的出口货物报关单（已取消纸质单证）。

（3）购进出口货物取得合法有效的进货凭证。

2. 《财政部 税务总局 商务部 海关总署关于跨境电子商务综合试验区零售出口货物税收政策的通知》（财税〔2018〕103号）规定，自2018年10月1日起，对跨境电子商务综合试验区（以下简称综试区）电子商务出口企业出口未取得有效进货凭证的货物，同时符合下列条件的，试行增值税、消费税免税政策：

（1）电子商务出口企业在综试区注册，并在注册地跨境电子商务线上综合服务平台登记出口日期、货物名称、计量单位、数量、单价、金额。

（2）出口货物通过综试区所在地海关办理电子商务出口申报手续。

（3）出口货物不属于财政部和国家税务总局根据国务院决定明确取消出口退（免）税的货物。

[政策解析] 上述综试区，是指经国务院批准的跨境电子商务综合试验区；电子商务出口企业，是指自建跨境电子商务销售平台或利用第三方跨境电子商务平台开展电子商务出口的企业。同时，根据《国家税务总局关于跨境电子商务综合试验区零售出口企业所得税核定征收有关问题的公告》（国家税务总局公告2019年第36号）的规定，综试区内的跨境电子商务企业，同时符合相关条件的，试行核定征收企业所得税办法。综试区内核定征收的跨境电子商务企业应准确核算收入总额，并采用应税所得率方式核定征收企业所得税。应税所得率统一按照4%确定。

(三) 视同出口货物劳务适用免税范围

视同出口货物劳务适用免税范围包括：

（1）国家批准设立的免税店销售的免税货物，包括进口免税货物和已实现退（免）税的国内货物。

（2）特殊区域内的企业为境外的单位或个人提供加工修理修配劳务。

（3）同一特殊区域、不同特殊区域内的企业（不包括特殊企业内增值税一般纳税人试点企业）之间销售特殊区域内的货物。

（4）输入特殊区域的水、电、气，区内生产企业若用于出租、出让厂房的，区内生产企业不得申报退税，进项税额须转入成本。本项目进项税额的处理类似免税货物处理，但不同于免税，因其没有销售行为。

(四) 不能收汇或逾期收汇出口货物免税范围

根据《国家税务总局关于出口企业申报出口货物退（免）税提供收汇资料有关问题的公告》（国家税务总局公告2013年第30号）的规定，出口企业申报退（免）税的出口货物，须在退（免）税申报期截止之日内收汇（跨境贸易人民币结算的为收取人民币，下同），并按该公告的规定提供收汇资料；未在退（免）税申报期截止之日内收汇的出口货物，除该公告第五条所列不能收汇或不能在出口货物退（免）税申报期的截止日内收汇的出口货物外，适用增值税免税政策。但以下三种情况除外：

一是《国家税务总局关于出口企业申报出口货物退（免）税提供收汇资料有关问题的公告》（国家税务总局公告2013年第30号）附件3《出口货物不能收汇的原因及证明材料》所列九类不能收汇但在申报期内向主管税务机关申报《出口货物不能收汇申报表》，按视同收汇处理申报办理出口退税。

二是按照《财政部　税务总局关于明确国有农用地出租等增值税政策的公告》（财政部　税务总局公告2020年第2号）第四条规定，未在规定期限内收汇或者办理不能收汇手续的，在收汇或者办理不能收汇手续后，即可申报办理退（免）税。例如，因动物及鲜活产品变质，出口企业无法在规定的退（免）税申报期内全额收汇，只收回部分国外客户验收合格产品的货款，其无法收回的另一部分货款在经主管税务机关同意认可后（即在申报期内办理《出口货物不能收汇申报表》）按视同收汇对待。另外，根据《财政部　税务总局关于明确国有农用地出租等增值税政策的公告》（财政部　税务总局公告2020年第2号）的规定，未在规定期限内收汇的，在收汇后，可申报出口退（免）税，但此条规定未明确具体的操作办法。因此，建议纳税人可以按《国家税务总局关于出口企业申报出口货物退（免）税提供收汇资料有关问题的公告》（国家税务总局公告2013年第30号）规定先在申报期内向主管税务机关办理不能收汇的手续，即《出口货物不能收汇申报表》，按视同收汇处理，这样更加符合规定。

三是出口不需提供收汇资料的货物，可申报退税。具体范围包括对外援助、对外承包、境外投资、免税品经营企业销售货物、中标机电产品、海洋工程结构物、销售给国际运输企业用于国际运输工具上的货物、输入特殊区域的水电气、对外提供加工修理修配劳务（对进境复出口货物或从事国际运输的运输工具进行的加工修理修配）以及易货贸易出口货物、委托出口货物等。

二、营改增跨境应税服务免税范围

根据《国家税务总局关于发布〈营业税改征增值税跨境应税行为增值税免税管理办法（试行）〉的公告》[国家税务总局公告2016年第29号，2018年6月15日起施行的《国家税务总局关于修改部分税收规范性文件的公告》（国家税务总局公告2018年第31号）对本文进行了修改]的规定，主要包括以下范围。

（一）提供下列跨境应税服务

跨境应税服务范围包括：

（1）工程项目在境外的建筑服务。工程总承包方和工程分包方为施工地点在境外的工程项目提供的建筑服务，均属于工程项目在境外的建筑服务。

（2）工程项目在境外的工程监理服务。

（3）工程、矿产资源在境外的工程勘察勘探服务。

（4）会议展览地点在境外的会议展览服务。为客户参加在境外举办的会议、展览而提供的组织安排服务，属于会议展览地点在境外的会议展览服务。

（5）存储地点在境外的仓储服务。

（6）标的物在境外使用的有形动产租赁服务。

（7）在境外提供的广播影视节目（作品）的播映服务。在境外提供的广播影视节目（作品）播映服务，是指在境外的影院、剧院、录像厅及其他场所播映广播影视节目（作品）。

通过境内的电台、电视台、卫星通信、互联网、有线电视等无线或者有线装置向境外播映广播影视节目（作品），不属于在境外提供的广播影视节目

(作品)播映服务。

(8) 在境外提供的文化体育服务、教育医疗服务、旅游服务。

在境外提供的文化体育服务和教育医疗服务,是指纳税人在境外现场提供的文化体育服务和教育医疗服务。

为参加在境外举办的科技活动、文化活动、文化演出、文化比赛、体育比赛、体育表演、体育活动而提供的组织安排服务,属于在境外提供的文化体育服务。

通过境内的电台、电视台、卫星通信、互联网、有线电视等媒体向境外单位或个人提供的文化体育服务或教育医疗服务,不属于在境外提供的文化体育服务、教育医疗服务。

(9) 为出口货物提供的邮政服务、收派服务、保险服务。

①为出口货物提供的邮政服务,是指寄递函件、包裹等邮件出境;向境外发行邮票;出口邮册等邮品。

②为出口货物提供的收派服务,是指为出境的函件、包裹提供的收件、分拣、派送服务。

纳税人为出口货物提供收派服务,免税销售额为其向寄件人收取的全部价款和价外费用。

③为出口货物提供的保险服务,包括出口货物保险和出口信用保险。

(二) 向境外单位提供的完全在境外消费的下列服务和无形资产

向境外单位提供的完全在境外消费的服务和无形资产范围包括:

(1) 电信服务。纳税人向境外单位或者个人提供的电信服务,通过境外电信单位结算费用的,服务接受方为境外电信单位,属于完全在境外消费的电信服务。

(2) 知识产权服务。服务实际接受方为境内单位或者个人的知识产权服务,不属于完全在境外消费的知识产权服务。

(3) 物流辅助服务(仓储服务、收派服务除外)。境外单位从事国际运输和港澳台运输业务经停我国机场、码头、车站、领空、内河、海域时,纳税人向其提供的航空地面服务、港口码头服务、货运客运站场服务、打捞救助服务、装卸搬运服务,属于完全在境外消费的物流辅助服务。

(4) 鉴证咨询服务。下列情形不属于完全在境外消费的鉴证咨询服务:

①服务的实际接受方为境内单位或者个人。

②对境内的货物或不动产进行的认证服务、鉴证服务和咨询服务。

（5）专业技术服务。下列情形不属于完全在境外消费的专业技术服务：

①服务的实际接受方为境内单位或者个人。

②对境内的天气情况、地震情况、海洋情况、环境和生态情况进行的气象服务、地震服务、海洋服务、环境和生态监测服务。

③为境内的地形地貌、地质构造、水文、矿藏等进行的测绘服务。

④为境内的城、乡、镇提供的城市规划服务。

（6）商务辅助服务。

①纳税人向境外单位提供的代理报关服务和货物运输代理服务，属于完全在境外消费的代理报关服务和货物运输代理服务。

②纳税人向境外单位提供的外派海员服务，属于完全在境外消费的人力资源服务。外派海员服务，是指境内单位派出属于本单位员工的海员，为境外单位在境外提供的船舶驾驶和船舶管理等服务。

③纳税人以对外劳务合作方式，向境外单位提供的完全在境外发生的人力资源服务，属于完全在境外消费的人力资源服务。对外劳务合作，是指境内单位与境外单位签订劳务合作合同，按照合同约定组织和协助中国公民赴境外工作的活动。

④下列情形不属于完全在境外消费的商务辅助服务：一是服务的实际接受方为境内单位或者个人。二是对境内不动产的投资与资产管理服务、物业管理服务、房地产中介服务。三是拍卖境内货物或不动产过程中提供的经纪代理服务。四是为境内货物或不动产的物权纠纷提供的法律代理服务。五是为境内货物或不动产提供的安全保护服务。

（7）广告投放地在境外的广告服务。广告投放地在境外的广告服务，是指为在境外发布的广告提供的广告服务。

（8）无形资产（技术除外），下列情形不属于向境外单位销售的完全在境外消费的无形资产：

①无形资产未完全在境外使用。

②所转让的自然资源使用权与境内自然资源相关。

③所转让的基础设施资产经营权、公共事业特许权与境内货物或不动产相关。

④向境外单位转让在境内销售货物、应税劳务、服务、无形资产或不动产的配额、经营权、经销权、分销权、代理权。

（三）为境外单位之间的货币资金融通及其他金融业务提供的直接收费金融服务，且该服务与境内的货物、无形资产和不动产无关

为境外单位之间、境外单位和个人之间的外币、人民币资金往来提供的资金清算、资金结算、金融支付、账户管理服务，属于为境外单位之间的货币资金融通及其他金融业务提供的直接收费金融服务。

（四）属于以下情形的国际运输服务

按照国家有关规定应取得相关资质的国际运输服务项目，纳税人取得相关资质的，适用增值税零税率政策，未取得的，适用增值税免税政策。

境内单位和个人以无运输工具承运方式提供的国际运输服务，由境内实际承运人适用增值税零税率；无运输工具承运业务的经营者适用增值税免税政策。

（1）以无运输工具承运方式提供的国际运输服务。

（2）以水路运输方式提供国际运输服务但未取得《国际船舶运输经营许可证》的。

（3）以公路运输方式提供国际运输服务但未取得《道路运输经营许可证》或者《国际汽车运输行车许可证》，或者《道路运输经营许可证》的经营范围未包括"国际运输"的。

（4）以航空运输方式提供国际运输服务但未取得《公共航空运输企业经营许可证》，或者其经营范围未包括"国际航空客货邮运输业务"的。

（5）以航空运输方式提供国际运输服务但未持有《通用航空经营许可证》，或者其经营范围未包括"公务飞行"的。

（五）符合零税率政策但适用简易计税方法或声明放弃适用零税率选择免税的应税行为

符合零税率政策但适用简易计税方法或声明放弃适用零税率选择免税的应税行为范围包括：

（1）国际运输服务。

（2）航天运输服务。

（3）向境外单位提供的完全在境外消费的下列服务：

①研发服务。

②合同能源管理服务。

③设计服务。

④广播影视节目（作品）的制作和发行服务。

⑤软件服务。

⑥电路设计及测试服务。
⑦信息系统服务。
⑧业务流程管理服务。
⑨离岸服务外包业务。
(4) 向境外单位转让完全在境外消费的技术。

[**政策解析**] 对于上述放弃适用零税率选择免税的情形,还应注意《国家税务总局关于支持个体工商户复工复业等税收征收管理事项的公告》(国家税务总局公告2020年第5号)第六条规定,已放弃适用出口退(免)税政策未满36个月的纳税人,在出口货物劳务的增值税税率或出口退税率发生变化后,可以向主管税务机关声明,对其自发生变化之日起的全部出口货物劳务,恢复适用出口退(免)税政策。出口货物劳务的增值税税率或出口退税率在该公告施行之日前发生变化的,已放弃适用出口退(免)税政策的纳税人,无论是否已恢复退(免)税,均可以向主管税务机关声明,对其自2019年4月1日起的全部出口货物劳务,恢复适用出口退(免)税政策。

符合上述规定的纳税人,可在增值税税率或出口退税率发生变化之日起的任意增值税纳税申报期内,按照现行规定申报出口退(免)税,同时一并提交《恢复适用出口退(免)税政策声明》。

(六) 财政部和国家税务总局规定的其他服务

1. 纳税人向国内海关特殊监管区域内的单位或者个人销售服务、无形资产,不属于跨境应税行为,应照章征收增值税。

2. 纳税人发生上述(一)至(五)所列跨境应税行为,除(一)中"9. 为出口货物提供的邮政服务、收派服务、保险服务"和"(五)符合零税率政策但适用简易计税方法或声明放弃适用零税率选择免税的下列应税行为"以外,其他项所列内容必须签订跨境销售服务或无形资产书面合同。否则,不予免征增值税。

(1) 纳税人向外国航空运输企业提供空中飞行管理服务,以中国民用航空局下发的航班计划或者中国民用航空局清算中心临时来华飞行记录,为跨境销售服务书面合同。

(2) 纳税人向外国航空运输企业提供物流辅助服务(除空中飞行管理服

务外），与经中国民用航空局批准设立的外国航空运输企业常驻代表机构签订的书面合同，属于与服务接受方签订跨境销售服务书面合同。外国航空运输企业临时来华飞行，未签订跨境服务书面合同的，以中国民用航空局清算中心临时来华飞行记录为跨境销售服务书面合同。

（3）施工地点在境外的工程项目，工程分包方应提供工程项目在境外的证明、与发包方签订的建筑合同原件及复印件等资料，作为跨境销售服务书面合同。

3. 纳税人向境外单位销售服务或无形资产，免征增值税的，该项销售服务或无形资产的全部收入应从境外取得，否则，不予免征增值税。下列情形视同从境外取得收入：

（1）纳税人向外国航空运输企业提供物流辅助服务，从中国民用航空局清算中心、中国航空结算有限责任公司或者经中国民用航空局批准设立的外国航空运输企业常驻代表机构取得的收入。

（2）纳税人与境外关联单位发生跨境应税行为，从境内第三方结算公司取得的收入。上述所称第三方结算公司，是指承担跨国企业集团内部成员单位资金集中运营管理职能的资金结算公司，包括财务公司、资金池、资金结算中心等。

（3）纳税人向外国船舶运输企业提供物流辅助服务，通过外国船舶运输企业指定的境内代理公司结算取得的收入。

（4）国家税务总局规定的其他情形。根据《国家税务总局关于取消增值税扣税凭证认证确认期限等增值税征管问题的公告》（国家税务总局公告2019年第45号）第四条规定，境内单位和个人作为工程分包方，为施工地点在境外的工程项目提供建筑服务，从境内工程总承包方取得的分包款收入，属于《国家税务总局关于发布〈营业税改征增值税跨境应税行为增值税免税管理办法（试行）〉的公告》（国家税务总局公告2016年第29号）第六条规定的"视同从境外取得收入"。

三、海南离岛旅客购物免税范围

离岛旅客免税购物政策（以下简称离岛免税政策）是世界各国较为普遍采用的一项特殊优惠政策。自2011年4月在海南离岛旅客免税购物首次尝试以来共有七次较大的调整。第一次，扩大免税购物范围，放宽享受政策人群的适用年龄，同时上调了单次免税购物金额限制。第二次，再次扩大免税购物范围，并放宽部分商品的单次购物数量限制。第三次，取消对非岛内居民购物次数的限制，并提高免税购物的金额限额。第四次，将乘海南铁路离岛旅客纳入离岛免税政策适用对象。第五次，出台《财政部　海关总署　税务总局关于进一步调整海南离岛旅客免税购物政策的公告》[财政部　海关总署　税务总局公告 2018 年第 158 号，该文件已被《财政部　海关总署　税务总局关于海南离岛旅客免税购物政策的公告》（财政部　海关总署　税务总局公告 2020 年第 33 号）全文废止]，将离岛旅客（含岛内居民旅客）年度免税购物限额从原政策的 1.6 万元提高至 3 万元，并且不受购买次数的限制。同时，补充视力训练仪、助听器、矫形器械、家用呼吸机等商品列入免税购物范围，取消岛内居民旅客免税购物的条件限制，对岛内外居民旅客实行相同的免税购物政策。第六次，将乘轮船离岛旅客纳入离岛免税政策适用对象。第七次，《财政部　海关总署　税务总局关于海南离岛旅客免税购物政策的公告》（财政部　海关总署　税务总局公告 2020 年第 33 号，以下简称 2020 年 33 号公告）规定，自 2020 年 7 月 1 日起离岛旅客每年每人免税购物额度为 10 万元，不限次，同时扩大免税商品种类，增加电子消费产品等 7 类消费者青睐商品；仅限定化妆品、手机和酒类商品的单次购买数量；旅客购买商品超出免税限额、限量的部分，照章征收进境物品进口税；具有免税品经销资格的经营主体可按规定参与海南离岛免税经营。

（一）离岛免税政策

离岛免税政策，是指对乘飞机、火车、轮船离岛（不包括离境）旅客实行限值、限量、限品种免进口税购物，在实施离岛免税政策的免税商店（以下简称离岛免税店）内或经批准的网上销售窗口付款，在机场、火车站、港口码头指定区域提货离岛的税收优惠政策。离岛免税政策免税税种为关税、进口环节增值税和消费税。

（二）免税政策适用对象及条件

1. 适用对象

必须为年满 16 周岁，已购买离岛机票、火车票、船票，并持有效身份证件（国内旅客持居民身份证、港澳台旅客持旅行证件、国外旅客持护照），离开海南本岛但不离境的国内外旅客，包括海南省居民。

2. 享受政策的条件

必须同时符合以下要求：一是已经购买离岛机票和持有效的身份证件，国内旅客持居民身份证（港澳台旅客持有效旅行证件），国外旅客持护照。二是在指定的离岛免税店内付款购买免税商品，商品品种和免税购物金额、数量在国家规定的范围内，并按规定取得购物凭证。三是在机场隔离区凭身份证件及购物凭证，在指定的提货点提取所购免税商品，并由旅客本人乘机随身携运离岛。四是免税商店必须具有实施离岛免税政策资格并实行特许经营的免税商店，目前包括：海口美兰机场免税店、海口日月广场免税店、琼海博鳌免税店、三亚海棠湾免税店。五是免税商品，主要为2020年第33号公告附件所列45类商品，如首饰、工艺品、手表、香水等，其中国家规定不符合民航安全要求、禁止进口以及20种不予减免税的商品除外。六是限额要求。离岛旅客每年每人免税购物额度为10万元人民币，不限次数购买。免税商品种类及每次购买数量限制，按照2020年第33号公告附件执行。超出免税限额、限量的部分，照章征收进境物品进口税。旅客购物后乘飞机、火车、轮船离岛记为1次免税购物。七是离岛方式。离岛旅客在国家规定的额度和数量范围内，在离岛免税店内或经批准的网上销售窗口购买免税商品，离岛免税店根据旅客离岛时间运送货物，旅客凭购物凭证在机场、火车站、港口码头指定区域提货，并一次性随身携带离岛。

需要注意的是，离岛旅客可在任意离岛免税店购买免税品，采用线上方式购买的，购物人、支付人应当为同一人。

（三）违规处理

对违反2020年第33号公告规定倒卖、代购、走私免税商品的个人，依法依规纳入信用记录，三年内不得购买离岛免税商品；对于构成走私行为或者违反海关监管规定行为的，由海关依照有关规定予以处理，构成犯罪的，依法追究刑事责任。主要包括：

一是以牟利为目的为他人购买免税品或将所购免税品在国内市场再次销售的，即已经购买的离岛免税商品属于消费者个人使用的最终商品，不得进入国内市场再次销售。二是购买或者提取免税品时，提供虚假身份证件或旅行证件、使用不符合规定身份证件或旅行证件，或者提供虚假离岛信息的。三是其他违反海关规定的。例如，对协助违反离岛免税政策、扰乱市场秩序的旅行社、运输企业等，给予行业性综合整治。

四、增值税违法行为适用出口免税的范围

（一）增值税违法行为

根据《财政部　国家税务总局关于防范税收风险若干增值税政策的通知》

（财税〔2013〕112号）规定，增值税纳税人发生虚开增值税专用发票或者其他增值税扣税凭证，骗取国家出口退税款行为（以下简称增值税违法行为），被税务机关行政处罚或审判机关刑事处罚的，其销售的货物、提供的应税劳务和营改增应税服务（以下统称货物劳务及服务）执行以下政策：自2014年1月1日起，出口企业或其他单位发生2次增值税违法行为的，自税务机关行政处罚决定或审判机关判决或裁定生效之日的次日起，其出口的所有适用出口退（免）税政策的货物劳务及服务，一律改为适用增值税免税政策。纳税人如果已被停止出口退税权的，适用增值税免税政策的起始时间为停止出口退税权期满后的次日。

[**政策解析**] 一是虚开增值税专用发票或其他增值税扣税凭证，是指有为他人虚开、为自己虚开、让他人为自己虚开、介绍他人虚开增值税专用发票或其他增值税扣税凭证行为之一的，但纳税人善意取得虚开增值税专用发票或其他增值税扣税凭证的除外。二是自2014年1月1日起，出口企业购进货物的供货纳税人有属于办理税务登记2年内被税务机关认定为非正常户或被认定为增值税一般纳税人2年内注销税务登记，且符合下列情形之一的，自主管税务机关书面通知之日起，在24个月内出口的适用增值税退（免）税政策的货物劳务及服务，改为适用增值税免税政策。

（1）外贸企业使用上述供货纳税人开具的增值税专用发票申报出口退税，在连续12个月内达到200万元以上（含本数，下同）的，或使用上述供货纳税人开具的增值税专用发票，连续12个月内申报退税额占该期间全部申报退税额30%以上的。

（2）生产企业在连续12个月内申报出口退税额达到200万元以上，且从上述供货纳税人取得的增值税专用发票税额达到200万元以上或占该期间全部进项税额30%以上的。

（3）外贸企业连续12个月内使用3户以上上述供货纳税人开具的增值税专用发票申报退税，且占该期间全部供货纳税人户数20%以上的。

（4）生产企业连续12个月内有3户以上上述供货纳税人，且占该期间全部供货纳税人户数20%以上的。

（5）在2014年1月1日前已出口的上述供货纳税人的货物，出口企业可联系供货纳税人，由供货纳税人举证其销售的货物真实、纳税正常的证明材料，经供货纳税人的主管税务机关盖章认可，并在2014年7月底前按国家税务总局的函调管理办法回函后，税务机关可按规定办理退（免）税，在此之前，没有提供举证材料或举证材料没有被供货纳税人主管税务机关盖章认可并回函的，实行增值税免税政策。

需要注意的是，"连续12个月内"，是指外贸企业自使用上述供货纳税人开具的增值税专用发票申报退税的当月开始计算，生产企业自上述供货纳税人取得的增值税专用发票认证当月开始计算。

（二）核算价格不合理

出口企业或其他单位出口的适用增值税退（免）税政策的货物劳务及服务，如果货物劳务及服务的国内收购价格或出口价格明显偏高且无正当理由的，该出口货物劳务及服务适用增值税免税政策。主管税务机关按照下列方法确定货物劳务及服务价格是否偏高：

（1）按照该企业最近时期购进或出口同类货物劳务及服务的平均价格确定。

（2）按照其他企业最近时期购进或出口同类货物劳务及服务的平均价格确定。

（3）按照组成计税价格确定。组成计税价格的公式为：

组成计税价格 = 成本 × (1 + 成本利润率)

成本利润率由国家税务总局统一确定并公布。

（三）法定代表人异常

出口企业或其他单位存在下列情况之一的，其出口适用增值税退（免）税政策的货物劳务及服务，一律适用增值税免税政策：

（1）法定代表人不知道本人是法定代表人的。

（2）法定代表人为无民事行为能力人或限制民事行为能力人的。

五、市场采购贸易方式出口免税范围

根据《国家税务总局关于发布〈市场采购贸易方式出口货物免税管理办法（试行）〉的公告》（国家税务总局公告2015年第89号）规定，经国家批准的专业市场集聚区内的市场经营户自营或者以委托方式委托区内从事市场采购贸易经营的单位，按照海关总署规定的市场采购贸易监管办法办理通关手续，并纳入涵盖市场采购贸易各方经营主体和贸易全流程的市场采购贸易综合管理系统管理的货物，实行免征增值税政策（国家规定不适用市场采购贸易方式出口的商品除外）。随后，海关总署根据《国务院关于促进外贸回稳向好的若干意见》发布《关于市场采购贸易方式扩大试点的公告》（海关总署公告2016年第63号）明确，为加快推进外贸新业态试点工作，促进外贸创新发展，市场采购贸易试点范围已扩大至江苏常熟服装城、广州花都皮革皮具市场、山东临沂商城工程物资市场、武汉汉口北国际商品交易中心、河北白沟箱包市场。同时，根据《国家税务总局关于发布〈市场采购贸易方式出口货物免税管理办法（试行）〉的公告》（国家税务总局公告2015年第89号）规定，《国家税务总局关于浙江省义乌市市场采购贸易方式出口货物免税管理试行办法的批复》（税总函〔2013〕547号）自2015年12月17日起全文废止。

（一）市场采购贸易方式出口货物的界定

市场采购贸易方式出口货物，是指经国家批准的专业市场集聚区内的市场经营户自营或委托从事市场采购贸易经营的单位，按照海关总署规定的市场采购贸易监管办法办理通关手续，并纳入涵盖市场采购贸易各方经营主体和贸易全流程的市场采购贸易综合管理系统管理的货物（国家规定不适用市场采购贸易方式出口的商品除外）。

经国家批准的专业市场集聚区内的市场经营户自营或委托市场采购贸易经营的单位以市场采购贸易方式出口的货物免征增值税。

（二）市场采购贸易方式适用海关监管方式代码

根据《海关总署关于市场采购贸易监管办法及其监管方式有关事宜的公告》（海关总署公告2014年第54号）规定，海关监管方式"市场采购"（代码：1039）适用范围扩大到试点市场内采购的出口商品。自"市场采购"（1039）监管方式正式实施之日起6个月后，实施地区不再使用"旅游购物"（0139）监管方式。根据《海关总署关于修订市场采购贸易监管办法及其监管方式有关事宜的公告》（海关总署公告2019年第22号）规定，自2019年12月27日起，《海关总署关于市场采购贸易监管办法及其监管方式有关事宜的公告》（海关总署公告2014年第54号）全文废止，明确"市场采购"海关监管方式代码为"1039"，采购海关是指市场集聚区所在地的主管海关，市场集聚区是指经国家商务主管部门认定的各类从事专业经营的商品城、专业市场和专业街。

市场采购贸易方式单票报关单的货值最高限额为15万美元。以下出口商品不适用市场采购贸易方式：

（1）国家禁止或限制出口的商品；

（2）未经市场采购商品认定体系确认的商品；

（3）贸易管制主管部门确定的其他不适用市场采购贸易方式的商品。

六、出口货物劳务消费税免税范围

出口企业出口或视同出口适用增值税免税政策的货物（营改增零税率应税服务及国家列明不适用于出口货物退消费税的除外），免征消费税，但不退还其以前环节已征的消费税，且不允许在内销应税消费品应纳消费税款中抵扣。

另外，根据《国家税务总局关于取消销货退回消费税退税等两项消费税审批事项后有关管理问题的公告》（国家税务总局公告2015年第91号）规定，纳税人直接出口的应税消费品办理免税后，发生退关或者国外退货，复进口时已予以免税的，可暂不办理补税，待其转为国内销售的当月申报缴纳消费税。

[学习小结] 通过本节的学习，使读者了解出口货物劳务及服务免税的税收规定，重点掌握我国企业跨境免税业务的具体税收政策，以提高对出口免税政策的认识和提升税收管理能力。

[思考练习]

1. 请解释何为"完全在境外消费"？

答：根据《财政部　国家税务总局关于全面推开营业税改征增值税试点的通知》（财税〔2016〕36号）附件4《跨境应税行为适用增值税零税率和免税政策的规定》规定，完全在境外消费，是指：

（1）服务的实际接受方在境外，且与境内的货物和不动产无关。

（2）无形资产完全在境外使用，且与境内的货物和不动产无关。

（3）财政部和国家税务总局规定的其他情形。

2. 跨境电子商务零售出口货物免税适用的条件有哪些？

答：对电子商务出口企业出口货物，不符合《财政部　国家税务总局关于跨境电子商务零售出口税收政策的通知》（财税〔2013〕96号）第一条规定退（免）税条件的，但同时符合下列条件的，适用增值税免税政策：一是电子商务出口企业已办理税务登记。二是出口货物取得海关签发的出口货物报关单（已取消纸质单证）。三是购进出口货物取得合法有效的进货凭证。

第三节 进出口环节税收政策

[学习导读] 本节主要介绍海关征税基本情况、进口环节税收征收管理、征税主要要素、出口环节税收管理等基本内容，重点是进口环节税收征收管理基本制度以及海关征税的相关内容，难点是进出口货物完税价格的确定，关税税率的确定等。

一、进出口环节税收概况

（一）海关与海关征收的税费

在我国，海关是国家进出境监督管理机关。海关依照海关法和其他有关法律、行政法规，监管进出境的运输工具、货物、行李物品、邮递物品和其他物品，征收关税和其他税费，查缉走私，并编制海关统计和办理其他海关业务。其中依法征收关税和其他税费是海关的重要职能之一。

目前，我国海关不仅对进出境货物征收进出口关税，也对部分进境物品征收进口税（习惯上称为行邮税），还对某些特殊管理的货物（如反倾销商品、反补贴商品、需要采取保障措施的商品等）征收附加关税。除此以外，根据法律、行政法规的规定，海关也在进口环节为税务机关代征进口环节增值税和消费税。此外，海关还对从境外进入我国境内港口的船舶征收船舶吨税。其征收范围主要包括：进口货物关税、反倾销税和反补贴税、进口货物增值税、进口货物消费税、船舶吨税以及进境物品进口税。

（二）海关税收的分类

由于海关征收的各税种管理有别于国内其他税种，所以可以将海关征收的各税种统称为海关税收。目前海关税收不仅包括关税，还包括进口环节增值税和进口环节消费税，以及船舶吨税。其中，进口环节增值税和消费税通常又称为海关代征税。

关税是以进出境的货物和物品为课税对象的一种国家税收。在我国，对进出境的货物和物品征收的关税有较大差异，在关税税率设置、商品归类原则和完税价格确定方法等许多方面都有不同的规定。

对货物征收的关税，可以区分为正税和附加税两类。其中，正税包括进口关税、出口关税，主要体现在《中华人民共和国进出口税则》（以下简称

《进出口税则》）中，具有相对的稳定性。附加税是指国家出于某种特定目的，在对货物征收正税之外再加征的一种关税，通常包括反倾销税、反补贴税、保障措施关税和报复性关税。

而对物品征收的关税，仅限于个人自用合理数量的进境物品。根据《中华人民共和国进出口关税条例》（以下简称《关税条例》）第五十六条规定，进境物品的关税以及进口环节海关代征税合并为进口税，由海关依法征收。因此，进境物品进口税（即行邮税）是一种包括了物品关税、进口环节增值税和消费税的，经过简化的特殊形式的海关税收。其课税对象是准许进境的合理数量范围内的旅客行李物品、个人邮递物品和其他个人自用物品。

增值税是对货物劳务及服务生产、流通环节新增价值征收的一种国家税收。目前，国内生产、流通环节的增值税由国内税务机关负责征收，但是对于进口货物的增值税，国家授权由海关在进口环节代为征收。

消费税是对特殊消费品征收的一种国家税收。通常在国内生产环节（某些商品是在销售环节和批发环节）由国内税务机关负责征收，但是对于进口消费品应缴纳的消费税，国家授权由海关在进口环节代为征收。

船舶吨税是对从境外进入我国港口的船舶征收的一种税收。《中华人民共和国船舶吨税法》（以下简称《船舶吨税法》）第六条明确规定，船舶吨税由海关负责征收。

在我国，海关征收的关税、进口环节增值税和消费税，以及船舶吨税都是直接上缴国库，归中央政府支配，属于中央税。关税、进口环节增值税和消费税属于货物和劳务税（或者说属于流转税），船舶吨税属于财产税。关税和进口环节增值税属于价外税，而进口环节消费税属于价内税。

（三）海关商品归类

商品归类是海关征税的重要环节。关税税率体现在《进出口税则》中，税则是一国通过一定的立法程序制定和公布实施的进出口货物关税税率表，由税目和税率相对应组成。关税的税目十分庞杂，由商品编码和商品名称构成。为了选择正确的关税税率，以及方便进出口货物的管理和统计，需要对进出口商品进行正确的归类，确定商品编码。

我国《进出口税则》是以国际上通用的商品分类目录——《商品名称及编码协调制度》（以下简称《协调制度》或 HS）为基础编制的。《协调制度》是《商品名称及编码协调制度国际公约》中的附件，是目前世界上用途最为广泛的一种商品分类目录，它被许多国家广泛应用于海关税则、国际贸易统计、原产地规则、国际贸易谈判、贸易管制等领域。

我国《关税条例》规定,进出口货物收发货人或其代理人应当按照《进出口税则》规定的目录条文和归类总规则、类注、章注、子目注释,以及其他归类注释,对其申报的进出口货物进行商品归类,并归入相应的税则号列;海关应当依法审核确定该货物的商品归类。

(四) 海关货物原产地管理

国际贸易中,为了确保差别关税税率和反倾销、反补贴等非关税措施的有效实施,必须按一定规则确定货物的原产地。就关税而言,不同原产地的进口货物适用的进口关税税率也可能不同,因此确定货物的原产地,是征收关税的要素之一。确定原产地不仅是一国实施差别关税的需要,它也是许多非关税措施得以实施的保证,在贸易统计、制定贸易政策等方面也起着十分重要的作用。

货物原产地,是指依照有关规定确定的捕捉、捕捞、搜集、收获、采掘、加工或者生产某一货物的国家(地区)。确定货物的原产地需要一定的标准和方法,这些标准、方法通常由一国以法律、法规或行政命令的方式制定并公布实施,具有法律效力。这些以立法形式出现的、为确定货物原产地而制定的标准、方法,就是原产地规则。根据原产地规则适用目的和范围的不同,可分为优惠原产地规则和非优惠原产地规则。

优惠原产地规则是出于实施某些国别优惠措施,通常以多边、双边协定的形式,或者由本国自主形式制定的一些特殊原产地确定规则。由于优惠原产地规则主要是通过多边或双边贸易协定的形式制定的,因此也称为协定原产地规则。具体又可分为两种情况:一种是通过多边或双边贸易协定规定互惠的,例如亚太贸易协定原产地规则、中国—巴基斯坦自由贸易协定原产地规则;另一种是由进口国单方向赋予给出口国、非互惠的,例如部分发达国家给发展中国家普惠制的原产地规则、中国给予部分最不发达国家特别优惠关税待遇的原产地规则。

非优惠原产地规则是一国根据实施其海关税则和其他非优惠贸易措施的需要而制定的原产地规则。通常由各国立法自主制定,因此也称为自主原产地规则。它适用于包括实施最惠国待遇、反倾销和反补贴、保障措施、原产地标记管理、国别数量限制、关税配额等非优惠性贸易措施,以及进行政府采购、贸易统计等活动,对进出口货物原产地的确定。非优惠原产地规则的实施必须遵守最惠国待遇原则,即必须普遍地无差别地适用于所有原产地为最惠国的货物。

我国非优惠原产地规则涉及的法律文件主要是国务院制定的《中华人民共和国进出口货物原产地条例》和海关总署发布施行的《关于非优惠原产地规则中实质性改变标准的规定》（海关总署令第122号）。这些规定适用非优惠性贸易措施以及进行政府采购、贸易统计等活动对进出口货物原产地的确定，目前在我国原产地确定方面的使用范围比较广泛。

我国非优惠原产地规则采用完全获得标准和实质性改变标准确定进出口货物的原产地。即确定货物原产地的基本原则是：完全在一个国家（地区）获得的货物，以该国（地区）为原产地；两个以上国家（地区）参与生产的货物，以最后完成实质性改变的国家（地区）为原产地。

对于实质性改变的确定标准，应以税则归类改变为基本标准；对于税则归类改变不能反映实质性改变的，则以制造或者加工工序、从价百分比等为补充标准。税则归类改变标准，是指在某一国家（地区）对非该国（地区）原产材料进行制造、加工后，所得货物在《进出口税则》中的四位数级税目归类发生了变化。制造、加工工序标准，是指在某一国家（地区）进行的赋予制造、加工后所得货物基本特征的主要工序。从价百分比标准，是指在某一国家（地区）对非该国（地区）原产材料进行制造、加工后的增值部分超过了所得货物价值的30%。用公式表示如下：

$$\frac{工厂交货价 - 非该国（地区）原产材料价值}{工厂交货价} \times 100\% \geqslant 30\%$$

实际工作中，海关总署会同商务部、原国家质量监督检验检疫总局制定了《适用制造或者加工工序及从价百分比标准的货物清单》，并规定采用制造或加工工序和从价百分比为标准判定实质性改变的货物在该清单中具体列明，并按列明的标准判定是否发生实质性改变。凡未列入《适用制造或者加工工序及从价百分比标准的货物清单》的货物，则应当适用税则归类改变标准来判定是否发生实质性改变。

优惠原产地规则是为了实施国别优惠政策而制定的法律、法规和行政裁决，主要用以决定货物是否符合给予优惠性关税待遇的条件，具有很强的排他性及歧视性。目前我国实施的优惠原产地规则主要是多边或双边自由贸易协定项下的原产地规则，以及海关总署相应发布的原产地管理办法。由于优惠原产地规则是用于认定进出口商品有无资格享受特别优惠待遇的，因此其认定标准比非优惠原产地规则更严格，享受优惠的商品种类也有严格限制，而且必须满足直接运输的要求。进口国为了防止此类优惠措施被滥用或规避，一般都要求出口国指定专门机构负责签发优惠原产地证书，并按优惠原产地规则的规定签发出口国的原产地证书。

（五）海关减免税管理

海关税收减免，是指海关按照国家政策、《中华人民共和国海关法》（以下简称《海关法》）和其他法律、行政法规的规定，部分或全部免除纳税人缴纳关税、代征税等义务的行政执法行为。它是一国税收政策的重要组成部分，国家通过对某些进出口货物给予减免关税和代征税的优惠，灵活处理一些特殊问题，体现国家的政策取向。

税收减免通常可以区分为法定减免、特定减免和临时减免三种。法定减免税，是指在《海关法》《关税条例》等法律、法规中明确列出的减税或免税。只要符合法律规定的法定减免范围的进出口货物，除特殊货物外，一般无须事先向海关提出申请，就可享受减免待遇，而且海关对法定减免税货物一般不进行后续管理。特定减免税，是指根据国务院的规定，由海关对特定地区、特定用途和特定企业所给予的减税或免税待遇。临时减免税，是指根据国务院的决定，由海关对法定减免税和特定减免税以外的货物进行的临时性减免税。特定减免税和临时减免税，也称为政策性减免税。一般而言，特定减免和临时减免在货物进口前，需要办理减免税审核手续，获得相应的减免税证明文件，在货物实际进口以后，作为海关监管货物在规定的海关监管年限内，未经批准不得出售、转让或移作他用。只有超过监管年限由海关解除监管以后，才能随意支配和使用。

（六）海关税收税率设置

根据《海关法》和《关税条例》规定，关税的纳税义务人是进口货物收货人、出口货物发货人、进（出）境物品所有人；其中进境物品的纳税义务人是指携带物品进境的入境人员、进境邮递物品的收件人以及以其他方式进口物品的收件人。

我国关税的课税对象是准许进出口的货物和物品，其中进境物品进口税的课税对象是超过海关总署规定数额但仍在合理数量以内的个人自用进境物品。进口环节增值税和消费税的课税对象是进口货物和物品。而船舶吨税的课税对象是自境外港口进入我国境内港口的船舶。

确定进出口货物和物品适用的税率是准确计算海关税收的关键要素之一。海关税收各税种的税率设置并不相同。

从当前我国关税的实际征收情况来看，关税大致分为进口关税和出口关税两类。进口关税可细分为对进口货物征收的进口关税和对进境物品征收的进口税两种。目前我国对进口货物关税设有多种税率，分别是最惠国税率、协定税率、特惠税率、普通税率、进口暂定税率、关税配额税率以及附加关税的税率。其中附加关税的税率有反倾销税税率、反补贴税税率、保障措施关税税率。对于入境旅客行李物品、个人邮递物品和其他进境物品，我国设置了进境物品进口税税率。出口关税方面，目前我国只对部分出口货物征收关税，对出境物品不征收关税。对出口货物征收的出口关税，设置了出口税率和出口暂定税率两种。

根据《关税条例》规定，最惠国税率适用原产于共同适用最惠国待遇条款的世界贸易组织成员的进口货物，原产于与我国签订含有相互给予最惠国待遇条款的双边贸易协定的国家（地区）的进口货物，以及原产于我国境内的进口货物。协定税率适用原产于与我国签订含有关税优惠条款的区域性贸易协定的国家（地区）的进口货物。特惠税率适用原产于与我国签订含有特殊关税优惠条款的贸易协定的国家（地区）的进口货物。普通税率适用原产于上述以外国家（地区）的进口货物，以及原产地不明的进口货物。

进口暂定税率是国家通过法律程序，在一定时期内对某些特定货物暂时实施的进口税率。适用最惠国税率的进口货物有暂定税率的，应当适用暂定税率。按照国家规定实行关税配额管理的进口货物，有关税配额证明，在关税配额内的，适用关税配额税率。

根据规定，对于同时适用多种税率的进口货物，一般应按"从低适用原则"选择适当的关税税率征税。即适用最惠国税率的进口货物有暂定税率的，应适用暂定税率；适用协定税率或特惠税率的进口货物有暂定税率的，应当从低适用税率。但是，对于适用普通税率的进口货物，即使该货物设有进口暂定税率，也不能适用该暂定税率。对出口货物而言，适用出口税率的出口货物有暂定税率的，应当适用暂定税率。

通常一国（地区）会根据实际情况，在一定时期内调整税率。一般情况下，进出口货物应当适用海关接受该货物申报进口或者出口之日实施的税率。对于经批准不复运出境的保税进口货物、转入国内市场销售的保税仓储进口货物、经批准转让或者移作他用的减免税进口货物、分期缴纳税款的租赁进口货物、可暂不缴纳税款的经批准不复运出境或者进境的暂时进出境货物，应按海关接受纳税义务人再次申报办理纳税及有关手续之日实施的税率征税。

在特殊情况下，进口货物到达前经海关核准先行申报的，应当按装载该货物的运输工具申报进境之日实施的税率征率。对于进口转关运输货物，应当按指运地海关接受该货物申报进口之日实施的税率征税。对于货物运抵指运地前经海关核准先行申报的进口转关运输货物，应当按照装载该货物的运输工具抵达指运地之日实施的税率。对于出口转关运输货物，应当按照启运地海关接受该货物申报出口之日实施的税率征税。因超过规定期限未申报而由海关依法变卖的进口货物，其税款应当按照装载该货物的运输工具申报进境之日实施的税率计征。对于因纳税义务人违反规定需要追征税款的进出口货物，应当适用违反规定的行为发生之日实施的税率；行为发生之日不能确定的，适用海关发现该行为之日实施的税率。

由于各种原因需要补征税款，或者退还多征的税款时，应按照上述规定确定适用的税率。

根据《增值税暂行条例》规定，进口货物的增值税税率是13%和9%。

根据《消费税暂行条例》规定，进口货物消费税的税率按照《消费税税目税率表》执行。

根据《船舶吨税法》规定，船舶吨税设置优惠税率和普通税率。其中我国国籍的应税船舶，船籍国（地区）与我国签订含有相互给予船舶税费最惠国待遇条款的条约或者协定的应税船舶，适用优惠税率。其他应税船舶，适用普通税率。船舶吨税执照期限有1年、90天和30天三种，由应税船舶负责人在每次申报纳税时自行选择申领一种期限的船舶吨税执照。船舶吨税税率按照《船舶吨税税目税率表》执行。

二、进口环节税收规定

（一）进口环节税收

关税的计税价格被称为完税价格，进口环节增值税和消费税的计税价格被称为组成计税价格。进口环节增值税组成计税价格与进口环节消费税组成计税价格相同，都是由关税完税价格、关税税额和消费税税额三部分组成。

1. 进口货物完税价格的确定

在我国进出口货物与进出境物品的征税与监管是有较大差异的。货物是贸易性商品，物品限于个人自用合理数量的商品，是非贸易性商品。进口货物完税价格的内容与进境物品不同。

根据规定，进口货物完税价格由海关以该货物的成交价格为基础审查确定,并且应当包括货物运抵我国境内输入地点起卸前的运输及其相关费用、保险费。成交价格不能确定时,完税价格由海关依法估定。

进口货物的成交价格,是指卖方向我国境内销售该货物时买方为进口该货物向卖方实付、应付的,并按照有关规定调整后的价款总额,包括直接支付的价款和间接支付的价款。

进口货物的成交价格必须符合法律规定的条件,这些条件包括:对买方处置或者使用进口货物不予限制,但是法律、行政法规规定实施的限制、对货物销售地域的限制和对货物价格无实质性影响的限制除外;进口货物的价格不能受到使该货物成交价格无法确定的条件或者因素的影响;卖方不得直接或者间接获得因买方销售、处置或者使用进口货物而产生的任何收益,或者虽然有收益但是能够按照规定做出调整;买卖双方之间没有特殊关系,或者虽然有特殊关系但是未对成交价格产生影响。

根据规定,进口货物的成交价格必须是经过调整的价格,这些调整项目包括应计入完税价格的费用和不应计入完税价格的费用。

(1) 应计入完税价格的费用

如果由买方支付但未包括在进口货物实付、应付价格中的下列费用或价值,应当将其计入进口货物的完税价格中。

①由买方负担的购货佣金以外的佣金和经纪费。

②由买方负担的在审查确定完税价格时与该货物视为一体的容器的费用。

③由买方负担的包装材料费用和包装劳务费用。

④与该货物的生产和向我国境内销售有关的,由买方以免费或者以低于成本的方式提供并可以按适当比例分摊的料件、工具、模具、消耗材料及类似货物的价款,以及在境外开发、设计等相关服务的费用。

⑤作为该货物向我国境内销售的条件,买方必须支付的、与该货物有关的特许权使用费。

⑥卖方直接或者间接从买方获得的该货物进口后转售、处置或者使用的收益。

(2) 不应计入完税价格的费用

对于下列费用,即使买方实际已经支付,只要有客观量化的数据资料,在进口货物的价款中单独列明,都不应计入进口货物的完税价格中。

①厂房、机械或者设备等货物进口后发生的建设、安装、装配、维修或者技术援助费用,但是保修费用除外。

②进口货物运抵我国境内输入地点起卸后发生的运输及其相关费用、保险费。

③进口关税、进口环节海关代征税及其他国内税。

④为在境内复制进口货物而支付的费用。

⑤境内外技术培训及境外考察费用。

⑥同时符合下列条件的利息费用：利息费用是买方为购买进口货物而融资所产生的；有书面的融资协议的；利息费用单独列明的；纳税义务人可以证明有关利率不高于在融资当时当地此类交易通常应当具有的利率水平，且没有融资安排的相同或者类似进口货物的价格与进口货物的实付、应付价格非常接近的。

以上述成交价格为基础确定进口货物完税价格的方法，被称为成交价格估价法。

我国法律规定，当成交价格估价法不能采用时，海关经了解有关情况，并与纳税人进行价格磋商以后，应依次采用以下方法估定进口货物的完税价格：相同货物成交价格估价法，类似货物成交价格估价法，倒扣价格估价法，计算价格估价法，合理方法。其中在纳税人向海关提供资料提出申请的情况下，可以颠倒倒扣价格估价法与计算价格估价法的适用次序。

2. 进境物品完税价格的确定

我国法律规定，个人携带进境的行李物品、邮寄进境的物品，应当以自用、合理数量为限，并接受海关监管。海关总署规定数额以内的个人自用进境物品，免征进口税。超过海关总署规定数额但仍在合理数量以内的个人自用进境物品，由进境物品的纳税义务人在进境物品放行前按照规定缴纳进口税。超过合理、自用数量的进境物品应当按照进口货物依法办理相关手续。国务院关税税则委员会规定按货物征税的进境物品，按照货物的规定征收关税。

根据规定，由海关按照《中华人民共和国进境物品完税价格表》（以下简称《进境物品完税价格表》），确定进境物品的完税价格。《进境物品完税价格表》由海关总署制定。

3. 进口货物增值税组成计税价格的确定

由于增值税的价外税特性，增值税的计税价格中不含增值税，这一原则同样体现在进口货物的增值税计税价格中。组成计税价格计算公式为：

组成计税价格＝关税完税价格＋关税＋消费税

该公式中进口货物增值税的组成计税价格中包含进口关税税额，如进口货物为我国消费税的应税消费品,该组成计税价格中还应包含进口环节应缴纳的消费税额。这说明虽然增值税为价外税,但其计税价格中仍然包含关税和消费税,所以,增值税的价外税特征并不是说其计税价格中不含任何税,而是不含增值税本身的税额。此外该公式中的关税是指实际征收的关税,除了包括正常征收的进口关税外,还包括反倾销税、反补贴税等应纳的附加关税税额。

4. 进口货物消费税组成计税价格的确定

进口的应税消费品,由进口人或者其代理人向报关地海关申报纳税,应纳税额的计算分为从价计征、从量计征和复合计证三种情况分别处理。其中对于从价计征、复合计征的进口应税消费税,按照组成计税价格计算纳税。

实行从价定率办法计算纳税的组成计税价格计算公式为:

组成计税价格 = (关税完税价格 + 关税) ÷ (1 - 消费税比例税率)

实行复合计税办法计算纳税的组成计税价格计算公式为:

组成计税价格 = (关税完税价格 + 关税 + 进口数量 × 消费税定额税率) ÷ (1 - 消费税比例税率)

计算从价征收的进口应税消费品的消费税关键是准确计算消费税组成计税价格。其计税价格中不包含增值税税额。

(二) 税款计算

1. 关税计算

我国进口货物关税采用从价计征、从量计征或者国家规定的其他方式征收。其中从价计征关税的计算公式为:

应纳关税税额 = 完税价格 × 关税税率

从量计征关税的计算公式为:

应纳关税税额 = 货物数量 × 单位关税税额

我国进境物品进口税(即行邮税)采用从价计征方式征收。进境物品进口税的计算公式为:

进口税税额 = 完税价格 × 进口税税率

2. 增值税计算

对于进口货物增值税采用从价计征方式征收,按照组成计税价格和规定的税率计算应纳税额。计征进口环节增值税的计算公式为:

应纳增值税税额 = (关税完税价格 + 关税 + 消费税) × 增值税税率

3. 消费税计算

对于进口的应税消费品采用从价计征、从量计征或者复合计征方式征收。

对于从价计征、复合计征的进口应税消费税,按照组成计税价格计算纳税。

(1) 实行从价计征办法计算公式为:

应纳消费税税额 =(关税完税价格 + 关税)÷(1 – 消费税比例税率)× 消费税比例税率

(2) 实行从量计征办法计算公式为:

应纳消费税税额 = 进口数量 × 消费税定额税率

(3) 实行复合计征办法计算公式为:

应纳消费税税额 = 消费税组成计税价格 × 消费税比例税率 + 进口数量 × 消费税定额税率

4. 船舶吨税计算

我国船舶吨税的应纳税额按照船舶净吨位乘以适用税率计算。其计算公式为:

应纳船舶吨税税额 = 船舶净吨位 × 适用税率

三、出口环节税收规定

(一) 出口关税

出口关税,是指一国对输出的货品所征收的关税。征收出口关税会提高出口商品的价格,阻碍商品的出口,所以许多国家出于鼓励出口的目的,不对出口商品征收出口关税。但是也有一些国家出于各种原因和目的,仍然对部分出口商品征收关税。征收出口关税的原因主要有:增加国家财政收入;限制资源类产品的过度出口;缩小商品的国内外价差;调整国内产业结构和出口产品结构;顺差过高,防止引起贸易磨擦而被迫对出口产品征收出口关税。

我国也对一部分产品征收出口关税,早期主要出于增加财政收入和限制国内重要资源外流的目的。但是加入世界贸易组织以后,我国贸易顺差持续较高,引起美国、欧盟等的不满,此外出口产品中高能耗、高污染、低附加值的产品比重高,我国出于防止贸易磨擦、调整国内产业结构和出口产品结构的目的,对一些产品征收临时出口关税。

(二) 出口货物完税价格

我国出口货物完税价格的确定原则与进口货物相同,也是由海关以该货物的成交价格为基础审查确定。当成交价格不存在,或者成交价格不能确定时,由海关采用其他方法估定其完税价格。

我国规定,出口货物的完税价格由海关以该货物的成交价格为基础审查确定,并且应当包括货物运至我国境内输出地点装载前的运输及其相关费用、保险费。

出口货物的成交价格,是指该货物出口销售时,卖方为出口该货物应当向买方直接收取和间接收取的价款总额。但是出口过程中发生的某些税收、费用,不应将其计入出口货物的完税价格中。这些费用包括出口关税,以及在货物价款中单独列明的货物运至我国境内输出地点装载后的运输及其相关费用、保险费。

确定出口货物完税价格时,如果存在出口货物的成交价格,首先应采用成交价格估价法,并按上述规定进行必要的费用调整。

但是,如果出口货物不存在成交价格,或者成交价格无法确定,此时就不能采用成交价格估价方法,而应向海关了解有关情况,并与纳税义务人进行价格磋商之后,应依次采用以下方法估定该货物的完税价格:

(1)与该货物同时或者大约同时向同一国家(地区)出口的相同货物的成交价格。

(2)与该货物同时或者大约同时向同一国家(地区)出口的类似货物的成交价格。

(3)按照下列各项总和计算的价格:境内生产相同或者类似货物的料件成本、加工费用,通常的利润和一般费用,境内发生的运输及其相关费用、保险费。

(4)以合理方法估定的价格。

(三)出口关税的计算

目前,我国出口关税采用从价计征和从量计征的方式征收。从价计征的计算公式为:

应纳关税税额 = 完税价格 × 关税税率

从量计征的计算公式为:

应纳关税税额 = 货物数量 × 单位税额

我国法律规定,出口货物的完税价格,除了应包括以货物成交价格为基础的货价之外,还应包括货物运至我国境内输出地点装载前的运输及其相关费用、保险费。但是如果价格中包含了出口关税税额,则应当予以扣除。从以上表述可见,我国出口货物的完税价格相当于贸易术语中的 FOB 价格扣除出口关税以后的价格,即出口货物完税价格 = FOB 价格 − 出口关税税额。

因为,出口关税税额 = 出口货物完税价格 × 出口关税税率

所以，出口货物完税价格 = FOB 价格 − 出口货物完税价格 × 出口关税税率

整理后得出：出口货物完税价格 = $\dfrac{\text{FOB 价格}}{1 + \text{出口关税税率}}$

上述是出口货物完税价格最常用的公式。如果是以 FOB 价格以外的术语成交的出口货物，除 EXW 术语外，通常应将其调整为 FOB 价格，用以上公式计算出口货物的完税价格，再计算应纳出口关税税额。

[学习小结] 本节主要讲述了海关征收的关税、进口环节增值税和消费税、船舶吨税的概念、分类等基本知识，税率设置和税款计算公式以及海关征税中的商品归类、进出口环节税、原产地管理和减免税管理等内容。通过学习使读者熟悉货物进出口环节涉及的税种以及海关税收管理的相关知识。

[思考练习]

1. 我国海关征收哪几种税？这些税种的课税对象是什么？

答：我国海关征收关税、船舶吨税，代征进口环节的增值税和消费税。

关税的课税对象是准许进出口的货物和进出境的物品。

船舶吨税的课税对象是自我国境外进入我国境内港口的船舶。

增值税的课税对象是在我国境内销售的货物或者加工、修理修配劳务，销售的服务、无形资产、不动产以及进口的货物。其中由海关代征的进口环节增值税课税对象是进口的货物和进境的物品。

消费税的课税对象是在中华人民共和国境内生产、委托加工和进口的应税消费品，以及国务院确定的销售的应税消费品。其中由海关代征的进口环节消费税课税对象是进口的应税消费品。

2. 我国关税税率适用的具体规定是什么？

答：目前我国对进口货物关税设有多种税率，分别是最惠国税率、协定税率、特惠税率、普通税率、进口暂定税率、关税配额税率以及附加关税的税率。其中，附加关税的税率有反倾销税税率、反补贴税税率、保障措施关税税率。对于入境旅客行李物品、个人邮递物品和其他进境物品，我国设置了进境物品进口税税率。出口关税方面，目前我国只对部分出口货物征收关税，对出境物品不征收关税。对出口货物征收的出口关税，设置了出口税率和出口暂定税率两种。

根据《关税条例》规定，最惠国税率适用原产于共同适用最惠国待遇条

款的世界贸易组织成员的进口货物，原产于与我国签订含有相互给予最惠国待遇条款的双边贸易协定的国家（地区）的进口货物，以及原产于我国境内的进口货物。协定税率适用原产于与我国签订含有关税优惠条款的区域性贸易协定的国家（地区）的进口货物。特惠税率适用原产于与我国签订含有特殊关税优惠条款的贸易协定的国家（地区）的进口货物。普通税率适用原产于上述以外国家（地区）的进口货物，以及原产地不明的进口货物。进口暂定税率，是国家通过法律程序在一定时期内对某些特定货物暂时实施的进口税率。适用最惠国税率的进口货物有暂定税率的，应当适用暂定税率。按照国家规定实行关税配额管理的进口货物，有关税配额证明，在关税配额内的，适用关税配额税率。

根据规定，对于同时适用多种税率的进口货物，一般应按"从低适用原则"选择适当的关税税率征税。即适用最惠国税率的进口货物有暂定税率的，应适用暂定税率；适用协定税率或特惠税率的进口货物有暂定税率的，应当从低适用税率。但是，对于适用普通税率的进口货物，即使该货物设有进口暂定税率，也不能适用该暂定税率。对出口货物而言，适用出口税率的出口货物有暂定税率的，应当适用暂定税率。

一般情况下，进出口货物应当适用海关接受该货物申报进口或者出口之日实施的税率。对于经批准不复运出境的保税进口货物、转入国内市场销售的保税仓储进口货物、经批准转让或者移作他用的减免税进口货物、分期缴纳税款的租赁进口货物、可暂不缴纳税款的经批准不复运出境或者进境的暂时进出境货物，应按海关接受纳税义务人再次申报办理纳税及有关手续之日实施的税率征税。

在特殊情况下，进口货物到达前经海关核准先行申报的，应当按装载该货物的运输工具申报进境之日实施的税率征税。对于进口转关运输货物，应当按指运地海关接受该货物申报进口之日实施的税率征税。对于货物运抵指运地前经海关核准先行申报的进口转关运输货物，应当按照装载该货物的运输工具抵达指运地之日实施的税率。对于出口转关运输货物，应当按照启运地海关接受该货物申报出口之日实施的税率征税。因超过规定期限未申报而由海关依法变卖的进口货物，其税款应当按照装载该货物的运输工具申报进境之日实施的税率计征。对于因纳税义务人违反规定需要追征税款的进出口货物，应当适用违反规定的行为发生之日实施的税率；行为发生之日不能确定的，适用海关发现该行为之日实施的税率。

由于各种原因需要补征税款，或者退还多征的税款时，应按照上述规定确定适用的税率。

3. 海关征收关税时，为什么要进行商品归类，确定商品编码？

答：商品归类是海关征税的重要环节。关税税率体现在《进出口税则》中，税则是一国通过一定的立法程序制定和公布实施的进出口货物关税税率表，由税目和税率相对应组成。关税的税目十分庞杂，由商品编码和商品名称构成。为了选择正确的关税税率，以及方便进出口货物的管理和统计，需要对进出口商品进行正确的归类，确定商品编码。

第四节　境外所得企业所得税政策

[学习导读] 本节主要介绍居民企业境外所得抵免、境外承包工程以及境外并购重组等相关内容，包括境外所得的确认、应纳税所得额的计算、税收抵免的计算、境外并购重组概念，以及境外并购重组适用特殊性税务处理的情形，重点介绍了税收抵免政策适用的不同计算方法。通过学习可以帮助读者更好地理解税收抵免、境外承包工程以及境外并购重组等税收政策，并通过案例分析加强理解。

一、居民企业境外所得抵免

对于居民企业在境外缴纳的所得税性质的税款，我国实行税收抵免政策，即允许企业用境外已缴税款抵免其境内外所得应纳税总额（国家另有规定的除外，如对在海南自贸港设立的旅游业、现代服务业、高新技术产业企业，其2025年前新增境外直接投资取得的所得，免征企业所得税）。年度结算后，居民企业应就其全年所得包括境外所得进行汇算清缴，计算缴纳企业所得税。但是根据《中华人民共和国企业所得税法》第二十三条规定，居民企业来源于境外的应税所得已在境外缴纳的所得税，可以从其当期应纳税额中抵免，抵免限额为该项所得依我国税法规定计算的应纳税额；超过抵免限额的部分，可以在以后五个年度内，用每年度抵免限额抵免当年应抵税额后的余额进行抵补。

（一）居民企业境外所得的确认

1. 所得来源地的判定

关于居民企业境外所得在来源地上的判断，主要有以下六种：

（1）销售货物所得，按照交易活动发生地确定；

（2）提供劳务所得，按照劳务发生地确定；

（3）转让财产所得，不动产转让所得按照不动产所在地确定，动产转让所得按照转让动产的企业或者机构、场所所在地确定，权益性投资资产转让所得按照被投资企业所在地确定；

（4）股息、红利等权益性投资所得，按照分配所得的企业所在地确定；

（5）利息所得、租金所得、特许权使用费所得，按照负担、支付所得的企业或者机构、场所所在地确定；

（6）其他所得，由国务院财政、税务主管部门确定。

2. 所得实现年度的判定

企业来源于境外的股息、红利等权益性投资收益所得，若实际收到所得的日期与境外被投资方作出利润分配决定的日期不在同一纳税年度的，应按被投资方作出利润分配日所在的纳税年度确认境外所得。

[政策解析] 企业来源于境外的利息、租金、特许权使用费、转让财产等收入，若未能在合同约定的付款日期当年收到上述所得，仍应按合同约定付款日期所属的纳税年度确认境外所得。

3. 境外所得的组成部分

（1）在计算适用境外税额直接抵免的应纳税所得额时，境外所得应为将该项境外所得直接缴纳的境外所得税额还原计算后的境外税前所得。

（2）上述直接缴纳税额还原后的所得中属于股息、红利所得的，在计算适用境外税额间接抵免的境外所得时，应再将该项境外所得间接负担的税额还原计算，即该境外股息、红利所得应为境外股息、红利税后净所得与就该项所得直接缴纳和间接负担的税额之和。

（二）居民企业境外应纳税所得额的计算

企业在境外销售货物、提供劳务、转让财产取得的所得，以及来源于境外的股息、红利等权益性投资所得、利息所得、租金所得、特许权使用费所得、接受捐赠所得和其他所得，扣除按规定计算的各项合理支出后的余额，即其境外应纳税所得额。具体规定如下：

（1）在计算境外应纳税所得额时，企业为取得境内、境外所得而在境内、境外发生的共同支出（是指与取得境外所得有关但未直接计入境外所得的成本费用支出,通常包括未直接计入境外所得的营业费用、管理费用和财务费用等支出),与取得境外应税所得有关的、合理的部分,应在境内、境外[分国(地区)别,下同]应税所得之间,按照合理比例进行分摊后扣除。

企业应对在计算总所得额时已统一归集并扣除的共同费用,按境外每一国(地区)别数额占企业全部数额的下列一种比例或几种比例的综合比例,在每一国(地区)别的境外所得中对应调整扣除,计算来自每一国(地区)的应纳税所得额。主要包括:资产比例、收入比例、员工工资支出比例、其他合理比例。

上述分摊比例确定后应报送主管税务机关备案,无合理原因不得改变。

(2)从境外收到的股息、红利、利息等境外投资性所得一般表现为毛所得,应对在计算企业总所得额时已做统一扣除的成本费用中与境外所得有关的部分,在该境外所得中对应调整扣除后,才能作为计算境外税额抵免限额的境外应纳税所得额。

对于企业在境外投资设立不具有独立纳税地位的分支机构[是指根据企业设立地法律不具有独立法人地位或者按照税收协定规定不认定为对方国家(地区)的税收居民],其取得的各项境外所得,无论是否汇回中国境内,均应计入该企业所属纳税年度的境外应纳税所得额。

(3)居民企业在境外投资设立不具有独立纳税地位的分支机构,其来源于境外的所得,以境外收入总额扣除与取得境外收入有关的各项合理支出后的余额为应纳税所得额。各项收入、支出按《中华人民共和国企业所得税法》及其实施条例的有关规定确定。

(4)由于分支机构不具有分配利润职能,因此,境外分支机构取得的各项所得,不论是否汇回境内,均应当计入所属年度的企业应纳税所得额。

(5)确定与取得境外收入有关的合理支出,应主要考虑发生支出的确认和分摊方法是否符合一般经营常规和我国税收法律规定的基本原则。企业已在计算应纳税所得总额时扣除的,但属于应由各分支机构合理分摊的总部管理费等有关成本费用,应做出合理的对应调整分摊。

(6)分国(地区)抵免法下,在汇总计算境外应纳税所得额时,企业在境外同一国家(地区)设立不具有独立纳税地位的分支机构,按照《中华人民共和国企业所得税法》及实施条例的有关规定计算的亏损,不得抵减其境内或他国(地区)的应纳税所得额,但可以用同一国家(地区)其他项目或以后年度的所得按规定弥补。

(7) 企业在同一纳税年度的境内外所得加总为正数的,其境外分支机构发生的亏损,由于上述结转弥补的限制而发生的未予弥补的部分,今后在该分支机构的结转弥补期限不受 5 年期限制。

(三) 税收抵免的计算

企业已在境外缴纳的所得税税额,未超过按我国税法规定计算的抵免限额的部分,可以从当期应纳税额中抵免;超过抵免限额的部分,可以在以后 5 个年度内,用每年度抵免限额抵免当年应抵税额后的余额进行抵补。

根据《财政部　国家税务总局关于企业境外所得税收抵免有关问题的通知》(财税〔2009〕125 号)第八条规定,企业应按照《中华人民共和国企业所得税法》及其实施条例和该通知的有关规定,抵免限额计算公式如下:

某国(地区)所得税抵免限额 = 中国境内、境外所得依照《中华人民共和国企业所得税法》及其实施条例的规定计算的应纳税总额 × 来源于某国(地区)的应纳税所得额 ÷ 中国境内、境外应纳税所得总额

税收抵免分为直接抵免和间接抵免,特殊情形下企业还可适用简易办法计算抵免。

1. 境外所得税收直接抵免

直接抵免法规定的可抵免境外所得税税额,是指企业依照中国境外税收法律以及相关规定应当缴纳并已实际缴纳的企业所得税性质的税款。主要适用于企业就来源于境外的营业利润所得在境外所缴纳的企业所得税,以及就来源于或发生于境外的股息、红利等权益性投资所得、利息、租金、特许权使用费、财产转让等所得在境外被源泉扣缴的预提所得税。其中,不包括按规定不应作为可抵免境外所得税税额的税款。

企业可以选择按国(地区)别分别计算〔即"分国(地区)不分项"〕,或者不按国(地区)别汇总计算〔即"不分国(地区)不分项"〕其来源于境外的应纳税所得额,并按照《财政部　国家税务总局关于企业境外所得税收抵免有关问题的通知》(财税〔2009〕125 号)第八条规定的税率,分别计算其可抵免境外所得税税额和抵免限额。上述方式一经选择,五年内不得改变。

企业选择采用不同于以前年度的方式(以下称新方式)计算可抵免境外所得税税额和抵免限额时,对该企业以前年度按照《财政部　国家税务总局关于企业境外所得税收抵免有关问题的通知》(财税〔2009〕125 号)规定没有抵免完的余额,可在税法规定结转的剩余年限内,按新方式计算的抵免限

额中继续结转抵免。

[政策解析] 企业抵免境外所得税税额时，应当提供境外税务机关出具的税款所属年度的有关纳税凭证，收到的某一纳税年度的境外所得已纳税凭证凡是迟于次年5月31日汇算清缴终止日的，可以对该所得境外税额抵免追溯计算。

[案例分析] 一家境内企业，2018年取得来自境外A国甲公司特许权使用费所得63万元，该笔收入在A国已缴纳所得税24万元（适用税率30%）。请问，2018年企业所得税汇算清缴时，该公司适用境外税额直接抵免的应纳税所得额为多少？

答：根据相关政策规定，企业在计算适用境外税额直接抵免的应纳税所得额时，境外所得应为将该项境外所得直接缴纳的境外所得税额还原计算后的境外税前所得。因此，企业取得的境外所得应包括在境外已按规定实际缴纳的所得税额，即境外税前应纳税所得额。该公司应申报的境外应纳税所得额为90万元，即：$63 \div (1-30\%) = 90$（万元）。

2. 境外所得税收间接抵免

居民企业从其直接或者间接控制的外国企业分得的来源于中国境外的股息、红利等权益性投资收益，外国企业在境外实际缴纳的所得税税额中属于该项所得负担的部分，可以作为该居民企业的可抵免境外所得税税额，在抵免限额内抵免。

居民企业取得的境外投资收益实际间接负担的税额，是指持有符合规定持股条件及层级的外国企业股份，由此应分得的股息、红利等权益性投资收益中，从最低一层外国企业起逐层计算的属于由上一层企业负担的税额，其计算公式如下：

本层企业所纳税额属于由一家上一层企业负担的税额=（本层企业就利润和投资收益所实际缴纳的税额+由本层企业间接负担的税额）×本层企业向一家上一层企业分配的股息（红利）÷本层企业所得税后利润额

[政策解析] 本层企业，是指实际分配股息、红利的境外被投资企业；本层企业就利润和投资收益所实际缴纳的税额，是指本层企业按所

在国税法就利润缴纳的企业所得税和在被投资方所在国就分得的股息、红利等权益性投资收益被源泉扣缴的预提所得税。

3. 境外税收抵免简易办法

（1）定率计算。居民企业从境外取得营业利润所得及符合境外税额间接抵免条件的股息所得，虽有所得来源国（地区）政府机关核发的具有纳税性质的凭证或证明，但因客观原因无法真实、准确地确认应当缴纳并已经实际缴纳的境外所得税税额的，除就该所得直接缴纳及间接负担的税额在所得来源国（地区）的实际有效税率低于《中华人民共和国企业所得税法》第四条第一款规定税率50%以上的外，可按境外应纳税所得额的12.5%作为抵免限额，企业按该国（地区）税务机关或政府机关核发具有纳税性质凭证或证明的金额，其不超过抵免限额的部分，准予抵免。超过的部分不得抵免。

[政策解析] 企业境外所得符合《财政部 国家税务总局关于企业境外所得税收抵免有关问题的通知》（财税〔2009〕125号）第十条第（一）项和第（二）项规定情形的，可以采取简易办法对境外所得已纳税额计算抵免。企业在年度汇算清缴期内，应向主管税务机关报送备案资料，备案资料的具体内容按照《国家税务总局关于发布〈企业境外所得税收抵免操作指南〉的公告》（国家税务总局公告2010年第1号）附件第30条的规定执行。

（2）白名单范围。从财政部和国家税务总局所列名单（即白名单）公布的国家取得符合条件的境外所得的居民企业从境外取得营业利润所得以及符合境外税额间接抵免条件的股息所得，凡是所得来源国（地区）的法定税率且其实际有效税率明显高于25%的，可直接按照25%计算抵免限额。

法定税率且实际有效税率明显高于我国（税率）的国家（即白名单国家），目前包括美国、阿根廷、布隆迪、喀麦隆、古巴、法国、日本、摩洛哥、巴基斯坦、赞比亚、科威特、孟加拉国、叙利亚、约旦、老挝。

另外，居民企业从境外未达到直接持股20%条件的境外子公司取得的股息所得，以及取得利息、租金、特许权使用费、转让财产等所得，向所得来源国直接缴纳的预提所得税额，应按直接抵免有关规定正常计算抵免，不适用简易办法计算抵免。

二、境外承包工程

境外工程承包业务,是指公司接受业务委托,按照合同约定对工程建设项目的设计、采购、施工、试运行等实行全过程或若干阶段的承包。按照承包范围及所承担责任的不同,境外工程承包可分为单独承包、总承包、分承包、联合承包四类。

企业以总分包或联合体方式在境外实施工程项目(包括但不限于工程建设、基础设施建设等项目),其来源于境外所得已在境外缴纳的企业所得税税额,可按《国家税务总局关于企业境外承包工程税收抵免凭证有关问题的公告》(国家税务总局公告 2017 年第 41 号)规定,以总承包企业或联合体主导方企业开具的《境外承包工程项目完税凭证分割单(总分包方式)》或《境外承包工程项目完税凭证分割单(联合体方式)》,作为境外所得完税证明或纳税凭证进行税收抵免。

企业以总分包方式在境外承包工程,除总承包企业自行施工的部分外,发生分包或再分包的,其分包部分来源于境外所得已由总承包企业在境外缴纳的企业所得税税额,总承包企业可按实际取得的收入、工作量等因素确定的合理比例进行分配,开具《境外承包工程项目完税凭证分割单(总分包方式)》,并将《境外承包工程项目完税凭证分割单(总分包方式)》复印件提供给分包企业,分包企业据此申报抵免。总承包企业按分配后的余额申报抵免。同一项目分配方法应当一致,且在项目存续期内不得改变。

企业以联合体方式中标境外工程,该联合体在境外缴纳的企业所得税税额,可由主导方企业按实际取得的收入、工作量等因素确定的合理比例进行分配,开具《境外承包工程项目完税凭证分割单(联合体方式)》,并将《境外承包工程项目完税凭证分割单(联合体方式)》复印件提供给联合体各方企业,联合体各方企业据此申报抵免。

三、境外并购重组

企业重组,是指企业在日常经营活动以外发生的法律结构或经济结构重大改变的交易,包括企业法律形式改变、债务重组、股权收购、资产收购、合并、分立等。目前,随着我国经济迅猛发展和国际国内双循环的新格局逐步形成,国内企业在海外市场的并购行为呈快速增长态势。在现有税制体系中,针对居民企业并购重组出台的《财政部 国家税务总局关于企业重组业务企业所得税处理若干问题的通知》(财税〔2009〕59号)及《国家税务总局关于发布〈企业重组业务企业所得税管理办法〉的公告》(国家税务总局公告2010年第4号)中,涉及我国境外并购的仅有跨境资产重组特殊性税务处理等少量企业所得税优惠条款。

为鼓励企业境外上市融资及跨境并购重组,居民企业向境外企业进行投资所产生的资产转让、股权转让所得,可适用特殊性税务处理。

企业发生涉及中国境内与境外之间(包括中国港澳台地区)的股权和资产收购交易适用特殊性税务处理规定,即居民企业以其拥有的资产或股权向其100%直接控股的非居民企业进行投资,其资产或股权转让收益如选择特殊性税务处理,可以在10个纳税年度内均匀计入各年度应纳税所得额,必须同时符合下列条件:

(1) 具有合理的商业目的,且不以减少、免除或者推迟缴纳税款为主要目的。

(2) 被收购、合并或分立部分的资产或股权比例符合规定的比例。

(3) 企业重组后的连续12个月内不改变重组资产原来的实质性经营活动。

(4) 重组交易对价中涉及股权支付金额符合规定比例。

(5) 企业重组中取得股权支付的原主要股东,在重组后连续12个月内,不得转让所取得的股权。

[学习小结] 通过本节的学习,使读者能够了解居民企业境外税收抵免、境外承包工程以及境外并购重组的税收政策规定,掌握境外税收抵免税额的计算以及适用特殊性税务处理的情形,为今后的税务工作与业务开展提供参考。

[思考练习]

1. C公司计划将持有的账面价值为800万元、公允价值为1000万元的境外A公司的股权,投资于境外100%控股的子公司B,请问该股权转让收益是否适用特殊性税务处理?如适用,应如何进行税务处理?

答:企业重组同时符合下列条件的,适用特殊性税务处理规定:

(1) 具有合理的商业目的,且不以减少、免除或者推迟缴纳税款为主要目的。

（2）被收购、合并或分立部分的资产或股权比例符合规定的比例。

（3）企业重组后的连续12个月内不改变重组资产原来的实质性经营活动。

（4）重组交易对价中涉及股权支付金额符合规定比例。

（5）企业重组中取得股权支付的原主要股东，在重组后连续12个月内，不得转让所取得的股权。

居民企业发生涉及中国境内与境外（包括中国港澳台地区）之间的股权和资产收购交易，还必须同时符合一个条件，即以其拥有的资产或股权向其100%直接控股的非居民企业进行投资。

如C公司符合上述规定，该项收益可选择特殊性税务处理，在10个纳税年度内均匀计入各年度应纳税所得额。

2. 某公司取得境外所得，但取得所得的所在国未与中国签订税收协定，该项境外所得能否可以享受抵免？

答：可以。企业可以抵免的境外所得税并不限于已与我国签订避免双重征税协定的国家（地区）已缴纳的所得税。因此，境外投资企业在还没有与我国政府签订避免双重征税协定的国家（地区）已缴纳的所得税，仍然可以按照有关国内法规定在计算中国应纳税额中抵免。

3. 某公司2010年在甲国投资成立了A企业，2021年将该企业的部分股权转让给了甲国B企业，取得了一笔收入并被该国扣缴了预提所得税，请问这笔税款是否可以在境内抵免？

答：该笔税款可以在境内抵免。此类来源于或发生于境外的财产转让所得，如在境外被源泉扣缴预提所得税，可适用直接抵免，按规定计算抵免限额，未超过限额的部分直接从境内当期应纳税额中抵免；超过限额的部分不含按照简易办法计算的超过抵免限额的部分，允许从次年起在连续5个纳税年度内，用每年度抵免限额抵免当年应抵税额后的余额进行抵补。

4. M公司在境外A国、B国分别设立甲、乙子公司，2018年度甲公司应纳税所得额人民币100万元，A国企业所得税税率为10%；乙公司应纳税所得额人民币200万元，B国企业所得税税率为35%。2019年4月1日，甲、乙公司决定将税后利润分配回M公司（A、B两国没有扣缴预提所得税相关规定），请问M公司如何就境外缴纳的税款进行抵免？

答：（1）如不考虑M公司经营情况，M公司可以选择按国别（地区）分别计算来源于境外的抵免限额，即：

来源于 A 国的抵免限额 = (100 + 200) × 25% × 100 ÷ (100 + 200) = 25（万元）

因此，A 国已缴纳的税款 10 万元（100 × 10%）人民币可以全部抵免。

来源于 B 国的抵免限额 = (100 + 200) × 25% × 200 ÷ (100 + 200) = 50（万元）

B 国已缴纳的税款 70 万元（200 × 35%）人民币可以抵免 50 万元人民币，剩下的 20 万元人民币可在以后年度进行抵免。

（2）M 公司也可以选择不按国别（地区）汇总计算［即"不分国（地区）不分项"］，其来源于 A 国和 B 国的抵免限额为 75 万元人民币，即：

(100 + 200) × 25% × 300 ÷ (100 + 200) = 75（万元）

A 国和 B 国已缴纳的税款 80（10 + 70）万元人民币可以抵免 75 万元人民币，剩下的 5 万元人民币可在以后年度进行抵免。但上述方式一经选择，5 年内不得改变。

5. 居民企业 A 公司中标某国基建工程，A 公司将该基建工程分包给居民企业 B 公司进行工程实施，B 公司取得 A 公司支付的工程分包款，该部分来源于境外的工程施工所得已由总承包方 A 公司在境外缴纳了企业所得税性质的税额，B 公司无法取得完税凭证，请问 B 公司怎么办理境外所得税收抵免？

答：B 公司可按《国家税务总局关于企业境外承包工程税收抵免凭证有关问题的公告》（国家税务总局公告 2017 年第 41 号）规定以总承包方即 A 公司开具的《境外承包工程项目完税凭证分割单（总分包方式）》作为境外所得完税证明或纳税凭证进行税收抵免。总承包企业、分包企业应向主管税务机关备案规定材料。

第五节　境外所得个人所得税政策

［学习导读］ 2018 年个人所得税税制改革，我国个人所得税由分类税制改为综合与分类相结合税制。居民个人取得境外所得申报及税收抵免的重要性逐渐体现。随着《财政部　税务总局关于境外所得有关个人所得税政策的公告》（财政部　税务总局公告 2020 年第 3 号）等文件的发布，进一步完善了个人境外所得来源地判定、境外所得抵免及征管等规则，对居民个人所得税汇算将产生较大影响。本节对政策条文分类进行逐项讲解，使读者能够对

境外所得个人所得税政策有全面了解。

一、所得来源地规则

居民个人从中国境内和境外取得的所得，依照《中华人民共和国个人所得税法》规定缴纳个人所得税。所称从中国境外取得的所得，是指来源于中国境外的所得。

下列所得，为来源于中国境外的所得：①任职、受雇、履约等在中国境外提供劳务取得的所得。②中国境外企业以及其他组织支付且不是由中国境内企业、事业单位以及其他组织负担的稿酬所得。③可各种特许权在中国境外使用而取得的所得。④在中国境外从事生产、经营活动而取得的与生产、经营活动相关的所得。⑤从中国境外企业以及其他组织以及非居民个人取得的利息、股息、红利所得。⑥将财产出租给承租人在中国境外使用而取得的所得。⑦转让中国境外的不动产、转让对中国境外企业以及其他组织投资形成的股票、股权以及其他权益性资产（以下统称权益性资产）或者在中国境外转让其他财产取得的所得。但转让对中国境外公司、企业以及其他组织投资形成的权益性资产，该权益性资产被转让前三年内的任一时间，其公允价值50%以上直接或间接来自位于中国境内的不动产，为来源于中国境内的所得。⑧中国境外企业以及其他组织以及非居民个人支付且不是由中国境内企业、事业单位以及其他组织负担的偶然所得。⑨财政部、国家税务总局另有规定的，按照相关规定执行。

[**政策解析**]① 所得来源地确定是划分纳税人境内、境外所得及其纳税义务的基础和核心，基于《中华人民共和国个人所得税法》实行综合与分类相结合的税制，《财政部 税务总局关于境外所得有关个人所得税政策的公告》（财政部 税务总局公告2020年第3号）对境外所得划分规则给予了明确，对于工资薪金所得、劳务报酬所得、经营所得、动产转让所得按发生地原则，对财产租赁所得、特许权使用费所得按照使用地原则进行划分，对稿酬所得、偶然所得和利息、股息、红利所得按照支付地原则进行划分，不动产转让所得和股权等权益性资产转让所得按

---

① 曹琦欢，杨昌睿，周优. 个人境外所得的税收抵免规则与案例解析［J］. 税务研究，2020（5）：136－141.

照财产所在地原则进行划分。需要注意的是,转让对中国境外企业以及其他组织投资形成的权益性资产,该权益性资产被转让前三年(连续36个公历月份)内的任一时间,被投资企业或其他组织的资产公允价值50%以上直接或间接来自位于中国境内的不动产的,取得的所得为来源于中国境内的所得。

[**案例分析**] 个人如果取得以下类别收入,就属于境外所得:一是因任职、受雇、履行合约等在中国境外提供劳务取得的所得,例如张先生被单位派遣至德国工作2年,在德国工作期间取得的工资薪金;二是中国境外企业以及其他组织支付且负担的稿酬所得,例如李先生在英国某权威期刊上发表学术论文,该期刊支付给李先生的稿酬;三是许可各种特许权在中国境外使用而取得的所得,例如赵先生持有某项专利技术,允许自己的专利权在加拿大使用而取得的特许权使用费;四是在中国境外从事生产、经营活动而取得的与生产、经营活动相关的所得,例如周女士从在美国从事的经营活动取得的经营所得;五是从中国境外企业、其他组织以及非居民个人取得的利息、股息、红利所得,例如宋先生持有马来西亚某企业股份,从该企业取得的股息、红利;六是将财产出租给承租人在中国境外使用而取得的所得,例如杨先生将其汽车出租给另一人在新加坡使用而取得的租金;七是转让位于中国境外的不动产,转让对中国境外企业以及其他组织投资形成的股票、股权以及其他权益性资产或者在中国境外转让其他财产取得的所得,例如郑先生转让其持有的荷兰企业股权取得的财产转让收入;八是中国境外企业、其他组织以及非居民个人支付且负担的偶然所得,例如韩女士在美国买彩票中奖取得的奖金;九是财政部、国家税务总局另有规定的,按照相关规定执行。①

二、境外所得应纳税额和抵免限额计算

(一) 境外所得应纳税额计算

居民个人应当依照《中华人民共和国个人所得税法》及其实施条例规定,

---

① 国家税务总局. 个人所得税综合所得年度汇算政策百问百答 [EB/OL]. [2021-04-01]. https://www.shui5.cn/article/ef/136145.html.

按照以下方法计算当期境内和境外所得应纳税额:

一是居民个人来源于中国境外的综合所得,应当与境内综合所得合并计算应纳税额。二是居民个人来源于中国境外的经营所得,应当与境内经营所得合并计算应纳税额。居民个人来源于境外的所得,按照《中华人民共和国个人所得税法》及其实施条例的有关规定计算的亏损,不得抵减其境内或他国(地区)的应纳税所得额,但可以用同一国家(地区)以后年度的所得按规定弥补。三是居民个人来源于中国境外的利息、股息、红利所得,财产租赁所得,财产转让所得和偶然所得(以下称分类所得),不与境内所得合并,应当分别单独计算应纳税额。

(二) 境外所得抵免限额计算

居民个人来源于一国(地区)的综合所得、经营所得以及分类所得项目的应纳税额为其抵免限额,按照下列公式计算:

来源于一国(地区)综合所得的抵免限额 = 中国境内和境外综合所得依照《中华人民共和国个人所得税法》及其实施条例规定计算的综合所得应纳税额 × 来源于该国(地区)的综合所得收入额 ÷ 中国境内和境外综合所得收入额合计

来源于一国(地区)经营所得的抵免限额 = 中国境内和境外经营所得依照《中华人民共和国个人所得税法》及其实施条例规定计算的经营所得应纳税额 × 来源于该国(地区)的经营所得应纳税所得额 ÷ 中国境内和境外经营所得应纳税所得额合计

来源于一国(地区)其他分类所得的抵免限额 = 该国(地区)的其他分类所得依照《中华人民共和国个人所得税法》及其实施条例规定计算的应纳税额

来源于一国(地区)所得的抵免限额 = 来源于一国(地区)综合所得抵免限额 + 来源于该国(地区)经营所得抵免限额 + 来源于该国(地区)分类所得项目抵免限额

[政策解析]① 2018 年个人所得税改革,境外所得已纳税款的税收抵免规则总体不变,继续实行"分国不分项"办法,即抵免限额计算时,

---

① 曹琦欢,杨昌睿,周优. 个人境外所得的税收抵免规则与案例解析 [J]. 税务研究, 2020 (5): 136-141.

来源于境外一个国家（地区）的抵免限额为综合所得抵免限额、经营所得抵免限额以及其他所得抵免限额之和，不再按所得项目计算分项抵免限额。鉴于综合所得、经营所得都为累进税率，在计算境内和境外所得的应纳税额时，需将居民个人来源于境内、境外的综合所得、经营所得，分别合并后计算其应纳税额。其他分类所得属于比例税率，在计算居民个人境内和境外应纳税额时，可以不合并计算，单独计算应纳税额即可。

根据境外所得应纳税额计算方法的调整，对境外所得抵免限额的计算也相应进行调整。由于境内、境外所得统一计算税额，需要采取一定的计算方法，拆分出归属境外一国（地区）的应纳税额（抵免限额），具体计算方法为：①综合所得的抵免限额为居民个人境内和境外综合所得的应纳税总额，乘以境外某国家或地区的综合所得收入额占个人境内和境外综合所得收入总额的占比；②经营所得的抵免限额为个人境内外经营所得的应纳税总额，乘以境外某国家或地区的经营所得的应纳税所得额占个人境内外经营所得的应纳税所得额的占比；③分类所得的抵免限额为来源于该国家或地区的其他所得，直接乘以20%的税率；④根据《中华人民共和国个人所得税法实施条例》第二十一条规定，居民个人来源于该国家或地区所得的抵免限额就是来源于该国家或地区各项所得抵免限额的合计。

[案例分析]① 居民王某取得2019年度在中国境内工作期间的工资薪金收入30万元，假设其可以扣除基本减除费用6万元、专项扣除6万元、专项附加扣除3.6万元，以及其他扣除0.24万元。并取得在境外A国工作期间的工资薪金收入人民币20万元，特许权使用费收入人民币20万元，股息收入人民币4万元；同时在境外B国取得利息收入人民币5万元。王某根据A国和B国税法规定，在A国缴纳个人所得税人民币8万元，同时在B国缴纳预提所得税人民币0.8万元。除此外，王某无其他所得。王某在2020年个人所得税汇算清缴时应如何缴税？（假设只考虑综合所得基本扣除，不考虑税收协定和预缴因素）

为便于下列计算，以表格形式对王某2019年度取得的境内和境外各

---

① 杨昌睿，宋哲，周优，等. 居民个人境外所得税收抵免案例解析 [J]. 中国税务，2020（5）：44-48.

项所得进行分类（见表 3-5）。

表 3-5　　王某 2019 年度取得的境内和境外各项所得分类

所得项目	国家（地区）	收入（万元）	已纳税额（万元）
工资薪金	中国	30	
工资薪金	A 国	20	
特许权使用费	A 国	20	8
股息收入	A 国	4	
利息收入	B 国	5	0.8

1. 计算王某 2019 年度综合所得应纳税所得额

综合所得应纳税所得额 = 来源于中国境内工资薪金收入额 + 来源于 A 国工资薪金收入额 + 特许权使用费收入额 - 基本减除费用 - 专项扣除 - 专项附加扣除 - 其他扣除

特许权使用费收入额 = 特许权使用费收入 × (1 - 20%)

综合所得应纳税所得额 = 30 + 20 + 20 × (1 - 20%) - 6 - 6 - 3.6 - 0.24 = 50.16（万元）

2. 计算王某 2019 年综合所得应纳税额

综合所得应纳税额 = 境内、境外综合所得应纳税所得额 × 税率 - 速算扣除数

综合所得应纳税额 = 50.16 × 30% - 5.292 = 9.756（万元）

3. 计算来源于境外股息所得应纳税额和利息所得应纳税额

利息、股息、红利所得应纳税额 = 利息、股息、红利所得应纳税所得额 × 20%

来源于 A 国股息所得应纳税额 = 4 × 20% = 0.8（万元）

来源于 B 国利息所得应纳税额 = 5 × 20% = 1（万元）

4. 计算王某 2019 年度来源于 A 国所得抵免限额

来源于 A 国的综合所得抵免限额 = 9.756 × [20 + 20 × (1 - 20%)] ÷ [30 + 20 + 20 × (1 - 20%)] = 5.321（万元）

来源于 A 国股息所得抵免限额 = 4 × 20% = 0.8（万元）

来源于 A 国的抵免限额 = 5.321 + 0.8 = 6.121（万元）

三、实际抵免境外税额计算

居民个人一个纳税年度内来源于一国（地区）的所得实际已经缴纳的所得税税额，低于《财政部 税务总局关于境外所得有关个人所得税政策的公告》（财政部 税务总局公告2020年第3号）第三条应纳税额计算相关规定计算出的来源于该国（地区）该纳税年度所得的抵免限额的，应以实际缴纳税额作为抵免限额进行抵免；超过来源于该国（地区）该纳税年度所得的抵免限额的，应在限额内进行抵免，超过部分可以在以后5个纳税年度内结转抵免。

[政策解析] 居民个人境外所得实际抵免境外税额的计算采用抵免限额和可抵免的境外所得税税额孰低原则确认。居民个人当期可抵免的境外所得税税额低于按照《中华人民共和国个人所得税法》及其实施条例计算出的境外所得抵免限额的，应以可抵免的境外所得税额作为实际抵免税额进行抵免，同时在中国补缴差额部分的税款；高于境外所得抵免限额的，应当以抵免限额作为实际抵免额进行抵免，超过抵免限额的部分可在以后连续5个纳税年度延续结转抵免。

[案例分析][①] 接前述案例，根据《中华人民共和国个人所得税法》第七条和《中华人民共和国个人所得税法实施条例》第二十一条以及《财政部 税务总局关于境外所得有关个人所得税政策的公告》（财政部 税务总局公告2020年第3号）第三条、第六条等规定，居民个人境外所得实际抵免税额计算采用抵免限额和可抵免的境外所得税税额按照孰低原则确定。如居民个人在境外一国（地区）缴纳的个人所得税税额低于按照《中华人民共和国个人所得税法》及其实施条例计算出的一国（地区）的境外所得抵免限额的，应当在中国补缴差额部分的税款；如居民个人在境外一国（地区）实际缴纳的个人所得税税额高于按照《中华人民共和国个人所得税法》及其实施条例计算出的一国（地区）的境外所得抵免限额，超过抵免限额的部分可在以后连续5个纳税年度延续结转

---

① 杨昌睿，宋哲，周优，等. 居民个人境外所得税收抵免案例解析 [J]. 中国税务，2020（5）：44-48.

抵免。

1. 计算王某境外所得抵免限额

由于王某已在境外 A 国缴纳个人所得税 8 万元，大于其当年其可以抵免的境外所得抵免限额 6.121 万元，按照孰低原则，王某在 2019 年来源于 A 国的境外所得仅可抵免 6.121 万元，尚未抵免完的 1.879 万元（8-6.121）可以在以后 5 个纳税年度申报从 A 国取得的境外所得抵免限额的余额中结转抵免。

王某 2019 年来源于 B 国的利息所得抵免限额 1 万元，即 $5 \times 20\% = 1$（万元），由于王某来源于 B 国所得可抵免限额 1 万元大于其实际缴纳个人所得税 0.8 万元，故可抵免 0.8 万元，需就其差额的部分补缴税额。

2. 王某 2019 年度应补退个人所得税计算

根据《中华人民共和国个人所得税法》第十一条、第十三条以及《财政部 税务总局关于境外所得有关个人所得税政策的公告》（财政部 税务总局公告 2020 年第 3 号）第七条规定，王某应于取得境外所得的次年 3 月 1 日至 6 月 30 日内申报纳税，故王某应于 2020 年 6 月 30 日前办理居民个人综合所得汇算清缴时一并进行境外所得抵免。

王某 2019 年度应补（退）税额 = 应纳税额合计 - 境内外所得已在境内缴纳税额 - 境外所得已纳所得税抵免额 = (9.756+0.8+1) - 0 - (6.121+0.8) = 4.635（万元）

四、不予抵免的个人境外所得税税额

可抵免的境外所得税税额，是指居民个人取得境外所得，依照该所得来源国（地区）税收法律以及相关规定应当缴纳且实际已经缴纳的所得税性质的税额。可抵免的境外所得税额不包括以下情形：一是按照境外所得税法律属于错缴或错征的境外所得税税额；二是按照我国政府签订的避免双重征税协定以及内地与香港、澳门地区签订的避免双重征税安排（以下统称税收协定）规定不应征收的境外所得税税额；三是因少缴或迟缴境外所得税而追加的利息、滞纳金或罚款；四是境外所得税纳税人或者其利害关系人从境外征税主体得到实际返还或补偿的境外所得税税款；五是按照《中华人民共和国个人所得税法》及其实施条例规定，已经免税的境外所得负担的境外所得税税款。

[**政策解析**] 境外所得税收抵免主要是为避免我国居民个人境外所得双重征税，居民个人境外所得税收抵免主要看是否已按境外相关税收法律法规在境外实际缴纳的税额，对于居民个人境外所得抵免不应该只看名称，而是要看其实质是否属于针对个人所得征收的税额。不予抵免的个人境外所得税额主要基于以下考虑：一是从维护我国税收主权和公平性原则角度出发，并借鉴企业所得税境外所得税收抵免的成熟做法；二是对于境外国家或地区税收法律法规规定不应缴纳或征缴错误的税额，为避免居民国税基受到侵蚀，对于此类应通过税收争议解决渠道向所得来源国申请退还，而不是由居民国税收抵免；三是对于税收协定规定缔约一方没有征税权的所得或适用税收协定错误而导致多缴的税额，应通过税收协定相互磋商途径解决；四是对部分境外国家或地区政府出于其特定需要从而对个人或其家庭成员以及共同经营的参与人、财产共有人等利害关系人通过先征后返或奖励补偿其所已缴纳的所得税税额，其没有实质意义上缴纳，在计算应纳税额时应给予剔除；五是对于居民个人取得我国税收法律法规已明确给予某些境外所得免税优惠政策时，在计算应纳税所得额和已缴税额时应予减除，而不是境外所得抵免。

[**案例分析**]① Jack 在中国境内无住所，2019 年在中国居住已满 183 天。Jack 同时在中国和 Y 国受雇并取得所得，按 Y 国的国内法规定构成 Y 国的居民个人，其在 Y 国取得的所得根据该国规定已缴纳个人所得税，那么 Jack 能否在中国境内申请境外所得抵免？

答：根据《中华人民共和国个人所得税法》第一条规定，Jack 在境内居住满 183 天，已构成我国的居民个人，但依照对方国内法规定，Jack 也属于 Y 国的税收居民。在构成双重税收居民的情况下，应根据税收协定居民条款加比规则判断其居民身份，即按照永久性住所、重要利益中心、习惯性居所、国籍等标准依次顺序判断。假设根据中国与 Y 国政府所签订的税收协定中居民条款判定，Jack 属于对方税收居民。根据中国与 Y 国政府签订的税收协定受雇所得条款规定以及《财政部 税务总局关于非居民个人和无住所居民个人有关个人所得税政策的公告》（财政部

---

① 杨昌睿，宋哲，周优，等. 居民个人境外所得税收抵免案例解析 [J]. 中国税务，2020（5）：44-48.

税务总局公告2019年第35号）第四条和《财政部　税务总局关于境外所得有关个人所得税政策的公告》（财政部　税务总局公告2020年第3号）第四条等规定，Jack在境外受雇取得的所得可以享受税收协定优惠待遇，其取得的境外受雇所得可不缴纳个人所得税。如果Jack已经享受了税收协定优惠待遇，其享受免税的境外受雇所得在境外缴纳的所得税不予抵免。

[案例分析][1] 假设某无住所个人马先生2019年度在中国境内居住累计满183天，连续居住年限不满6年，并同时在C国任职，取得来源于C国的所得，该所得由C国在境外支付，马先生已向境内主管税务机关备案。假设马先生在C国已缴纳个人所得税，那么这种情况下在C国缴纳的个人所得税能否在中国抵免？

答：根据《中华人民共和国个人所得税法实施条例》第四条规定，在中国境内无住所的个人，在中国境内居住累计满183天的年度连续不满六年的，经向主管税务机关备案，其来源于中国境外且由境外单位或者个人支付的所得免予缴纳个人所得税。境外所得税收抵免的出发点是避免我国居民个人在境内外双重征税，对于居民个人取得某些境外所得免税优惠政策的所得，如果按照我国税收法律法规已明确给予免税优惠的，此类境外所得实际上未在中国缴纳个人所得税，不存在双重征税问题，因此无须进行境外税收抵免。马先生取得的境外支付的所得在我国享受免税优惠，不存在双重征税的问题，故根据《财政部　税务总局关于境外所得有关个人所得税政策的公告》（财政部　税务总局公告2020年第3号）第四条规定，对已经免税的境外所得负担的境外所得税税款不予抵免。

五、税收饶让抵免

居民个人从与我国签订税收协定的国家（地区）取得的所得，按照该国（地区）税收法律享受免税或减税待遇，且该免税或减税的数额按照税收协定饶让条款规定应视同已缴纳税额在中国的应纳税额中抵免的，该免税或减税

---

[1] 杨昌睿，宋哲，周优，等. 居民个人境外所得税收抵免案例解析[J]. 中国税务，2020（5）：44–48.

数额可作为居民个人实际缴纳的境外所得税税额按规定申报税收抵免。

[**政策解析**] 税收饶让抵免通常是居民国运用税收协定对来源国所采取的税收优惠措施而减免的税收给予认可，视同居民国居民已在来源国缴纳过这些减免的税收，并允许纳税人在计算应纳税额时抵免，其实际上是税收抵免的延伸。目前世界各国国内税收法律均未单方面规定税收饶让抵免。鉴于我国与部分国家签订的税收协定中有税收饶让抵免安排，为使居民个人与居民企业在境外所得税收饶让抵免这一问题上的政策保持一致性，根据《财政部 税务总局关于境外所得有关个人所得税政策的公告》（财政部 税务总局公告2020年第3号）第五条规定，居民个人从与我国订立税收协定的境外国家取得所得，并按该国家税收法律享受免税或减税待遇，该所得已享受的免税或减税的数额按照税收协定规定应视同已缴税额在我国的应纳税额中抵免，可在其申报境外所得时视为已缴税额，从而确保居民个人切实享受境外国家提供的税收优惠。

[**案例分析**] 我国居民个人韩某持有某项专有技术，允许该专有技术在B国使用，取得特许权使用费所得人民币400万元。假设B国税法规定，特许权使用费所得个人所得税税率为10%，且没有任何扣除。但B国政府为促进高新技术发展，对其给予全部减免，且该国与我国签订的税收协定中存在相关饶让条款，协定规定特许权使用费限制税率为10%。韩某在进行个人所得税境外所得申报时应如何处理？

答：由于我国政府与部分国家签订的税收协定规定中有税收饶让条款，《财政部 税务总局关于境外所得有关个人所得税政策的公告》（财政部 税务总局公告2020年第3号）第五条明确规定，居民个人从与我国订立税收协定的境外国家取得所得，并按该国家税收法律享受免税或减税待遇的，该所得已享受的免税或减税的数额按照税收协定规定应视同已缴税额在我国的应纳税额中予以抵免。饶让抵免所缴纳的税额通常包括假设没有按照该缔约国给予减免税或其他税收优惠而本应缴纳的税额以及税收协定规定列举一国税收优惠。由于我国与B国所签订的税收协定有税收饶让条款，韩某在计算个人所得税时，其在B国享受的免税额40万元（400×10%），可在其申报境外所得时视为已缴税额，用以计算抵免，从而确保居民个人切实享受境外国家提供的税收优惠。

六、境外所得纳税年度的确定

居民个人取得境外所得的境外纳税年度与公历年度不一致的,取得境外所得的境外纳税年度最后一日所在的公历年度,为境外所得对应的我国纳税年度。

[政策解析]① 由于各国税收法律制度和会计核算的差异,各国纳税年度并不一定采用公历年度。目前国际上对境外纳税年度与本国纳税年度不一致的处理方式主要有以下三类:

第一类:按照取得境外所得所属纳税年度进行归属,并按各年度所占比例进行划分。

第二类:按照取得境外所得的境外纳税年度最后一日所在的公历年度为所对应的本国纳税年度。

第三类:境外税款所属纳税年度为所对应的本国纳税年度。

对境外纳税年度与我国规定纳税年度不一致的,参考企业所得税相关规定,本着与企业所得税保持协调一致,故采取按照取得境外所得的境外纳税年度最后一日所在的公历年度为境外所得对应的纳税年度。

[案例分析] 我国居民个人孙先生于2018年12月在E国取得所得,按E国税收法律规定,其纳税年度为每年4月6日至次年4月5日。孙先生在E国某一年度的税额如何对应我国纳税年度进行税收抵免?在个人所得税汇算清缴时如何处理?

答:根据《中华人民共和国个人所得税法》第一条规定,我国纳税年度采用公历年度,即自公历1月1日起至12月31日止。由于各国税制和征管差异较大,对此《财政部 税务总局关于境外所得有关个人所得税政策的公告》(财政部 税务总局公告2020年第3号)第九条明确规定,对居民个人取得境外所得纳税年度与我国公历年度不一致的,取得境外所得的境外纳税年度最后一日所在的公历年度,为境外所得对应的我国纳税年度。

---

① 曹琦欢,杨昌睿,周优. 个人境外所得的税收抵免规则与案例解析 [J]. 税务研究,2020(5):136-141.

孙先生在2018年4月6日至2019年4月5日从E国取得的所得,根据《财政部 税务总局关于境外所得有关个人所得税政策的公告》(财政部 税务总局公告2020年第3号)第九条规定,孙先生取得E国所得的最后一日所在年度为2019年,其对应的我国纳税年度为2019年度,故应与2019年度取得的境内所得合并计算纳税,并于2020年3月1日至6月30日申报境外所得。

七、境外所得税收抵免凭证

居民个人申报境外所得税收抵免时,除另有规定外,应当提供境外征税主体出具的税款所属年度的完税证明、税收缴款书或者纳税记录等纳税凭证,未提供符合要求的纳税凭证,不予抵免。

纳税人确实无法提供纳税凭证的,可凭境外所得纳税申报表(或者境外征税主体确认的缴税通知书)以及对应的银行缴款凭证办理境外所得抵免事宜。

[政策解析]① 目前世界各国或地区税制、纳税年度和征管方式、纳税凭证差异较大,根据《中华人民共和国个人所得税法实施条例》第二十二条"居民个人申报抵免已在境外缴纳的个人所得税税额,应当提供境外税务机关出具的税款所属年度的有关纳税凭证"的规定,《财政部 税务总局关于境外所得有关个人所得税政策的公告》(财政部 税务总局公告2020年第3号)首次明确符合要求的纳税凭证包括境外征税主体出具的完税证明、税收缴款书或者纳税记录等。境外所得税收抵免凭证的确定主要基于以下考虑:一是居民个人申报境外抵免时,应提供境外征税主体出具的税款所属年度的纳税凭证,纳税凭证应具有法律效力,可由境外征税主体出具或开具,具体包括境外征税主体出具的税款所属年度的完税证明、税收缴款书或者纳税记录等纳税凭证,如美国国内收入局出具的个人所得税缴纳记录;二是目前经济合作与发展组织(OECD)主要成员国对境外所得抵免凭证总体上遵循实质重于形式原则,从优化

---

① 曹琦欢,杨昌睿,周优. 个人境外所得的税收抵免规则与案例解析 [J]. 税务研究,2020 (5):136–141.

营商环境角度出发,在充分梳理主要国家或地区纳税凭证基础上,对抵免凭证作了适当放宽;三是对于境外征税主体确实无法提供法律意义的纳税凭证,本着实质重于形式的原则,采取凭境外所得年度纳税申报表和所对应的银行缴税凭证办理,可避免因无法获取纳税凭证从而导致无法抵免的情形;四是对境外部分国家或地区申报后有评税审核周期,可能会发生补退税,从而导致实际缴纳税额变化的,如果自取得该项境外所得的5个纳税年度内,其所取得的境外征税主体出具的纳税凭证上注明的实际缴纳税额与预抵税款有差别的,应按照在境外实际缴纳的税额重新计算抵免限额并办理补退税,造成的补税不加收滞纳金,退税的不退还利息。

[**案例分析**]假设我国居民个人钱某在美国举办的国际电竞游戏比赛中获奖,大赛组织方按照美国联邦所得税法相关规定,扣缴其个人所得税50万美元,美国大赛举办方扣缴税款后向钱某提供了扣缴其个人所得税的申报表(即美国个人所得税申报表1040表)和相关扣款凭证,但却无法提供完税证明,请问该居民个人钱某如何申报境外所得抵免?

答:根据《中华人民共和国个人所得税法实施条例》第二十二条和《财政部 税务总局关于境外所得有关个人所得税政策的公告》(财政部 税务总局公告2020年第3号)第十条规定,居民个人申报境外抵免时,应提供境外征税主体出具的税款所属年度的纳税凭证,纳税凭证应具有法律效力,可由境外征税主体出具或开具,具体包括境外征税主体出具的税款所属年度的完税证明、税收缴款书或者纳税记录等纳税凭证。纳税人确实无法提供的,可同时凭境外所得纳税申报表(或者境外征税主体确认的缴税通知书)以及对应的银行缴款凭证办理境外所得抵免事宜。由于钱某确实无法提供完税凭证,其可同时凭其雇主出具的工资单(W2表)、美国个人所得税申报表(1040表)和银行缴款凭证办理境外所得抵免事宜。当然,钱某也可根据美国国内收入局的相关规定,向美国国内收入局申请出具其本人在美国的个人所得税缴纳记录,凭美国国内收入局出具的个人所得税缴纳记录来办理境外所得抵免事宜。

八、居民个人境外所得追溯抵免

居民个人已申报境外所得、未进行税收抵免,在以后纳税年度取得纳税凭证并申报境外所得税收抵免的,可以追溯至该境外所得所属纳税年度进行抵免,但追溯年度不得超过5年。自取得该项境外所得的5个年度内,境外征税主体出具的税款所属纳税年度纳税凭证载明的实际缴纳税额发生变化的,按实际缴纳税额重新计算并办理补退税,不加收税收滞纳金,不退还利息。

[**政策解析**][①] 由于各国征管制度差异较大,长期以来部分居民个人因暂时无法及时取得纳税凭证而导致无法进行境外所得税收抵免,在借鉴国际经验的基础上,《财政部 税务总局关于境外所得有关个人所得税政策的公告》(财政部 税务总局公告2020年第3号)首次引入境外所得追溯抵免方法,对所属当年无法取得的境外纳税凭证或准确确认个人已在境外所缴纳的税额,在以后年度取得时,通过申请修改以前年度纳税申报表的方式进行境外所得抵免。境外所得追溯抵免计算方法各国大体原则基本一致,即不改变税款所属年度。在允许纳税人追溯修改申报表年限上,各个国家或地区允许追溯时间也各不同。本着权利与义务对等,在借鉴国际经验基础上,我国将追溯抵免期限确定为5年。

为解决居民个人因暂时无法取得纳税凭证而无法当年度抵免的问题,《财政部 税务总局关于境外所得有关个人所得税政策的公告》(财政部 税务总局公告2020年第3号)第十条第二款首次引入了追溯抵免政策,在理解上应关注以下四点:一是境外所得追溯抵免的前提是居民个人已申报境外所得,但尚未进行税收抵免,在以后纳税年度内才取得纳税凭证的;二是境外所得追溯期是以居民个人已申报未抵免,在以后纳税年度取得纳税凭证并申报境外所得税收抵免的当年起,追溯至该境外所得所属年度进行抵免,追溯期为5年;三是境外所得追溯抵免方式是在不改变所得归属期的前提下,通过更正个人所得税年度自行纳税申报表的方式进行追溯。

---

① 曹琦欢,杨昌睿,周优. 个人境外所得的税收抵免规则与案例解析 [J]. 税务研究,2020 (5): 136-141.

[案例分析]① 我国居民个人张先生2020年度取得中国境内工作期间的工资薪金收入人民币30万元，取得A国工作期间的工资薪金收入人民币20万元，无其他综合所得，需要合并计算境内境外的综合所得，可以扣除基本减除费用6万元、专项扣除3万元、专项附加扣除4万元，可税前扣除公益性捐赠2万元。同时张先生当年取得来源于A国的股息、红利收入人民币10万元，其已按A国税法规定缴纳个人所得税人民币1万元，张先生中国境内工资薪金没有被预扣预缴，张先生从A国取得的工资薪金收入已经在A国缴纳个人所得税人民币6万元。假设张先生受A国纳税申报规定限制，在2021年6月30日前无法结清A国税款并取得境外所得抵免凭证，导致其无法在2021年6月30日前在中国申报2019年度境外所得。2021年9月30日，张先生才完成A国所得清算，结清税款，并取得纳税凭证。

1. 计算张先生2020年度综合所得应纳税所得额总额

境内、境外综合所得应纳税所得额总额 = 30 + 20 − 6 − 3 − 4 − 2 = 35（万元）

2. 计算张先生2020年度综合所得应纳税额

境内、境外综合所得应纳税额 = 35 × 25% − 3.192 = 5.558（万元）

股息、红利所得应纳税额 = 10 × 20% = 2（万元）

3. 计算张先生2020年度境外所得可抵免限额

可以抵免的A国综合所得可抵免限额 = 5.558 × 20 ÷ (30 + 20) = 2.2232（万元）

来源于A国其他分类所得的可抵免限额 = 10 × 20% = 2（万元）

来源于A国所得的抵免限额 = 2.2232 + 2 = 4.2232（万元）

4. 计算张先生2020年度境外所得抵免限额

张先生在A国实际已缴纳个人所得税款为7万元（6 + 1），大于其当年可以抵免的境外所得抵免限额4.2232万元，按照孰低原则，张先生在2019年来源于A国的境外所得仅可抵免4.2232万元，尚未抵免完的2.7768万元（7 − 4.2232）可在以后5个纳税年度申报从A国取得的境外所得抵免限额的余额中结转抵免。由于2021年6月30日前，张先生尚

---

① 曹琦欢，杨昌睿，周优. 个人境外所得的税收抵免规则与案例解析 [J]. 税务研究, 2020 (5): 136 − 141.

未完成A国所得清算并取得工资薪金所得和股息、红利所得纳税凭证，其应按规定于2021年6月30日前向境内主管税务机关申报境外所得，并全额缴纳个人所得税税额7.558万元（5.558+2）。

5. 计算张先生取得凭证后进行境外所得追溯抵免

2021年9月30日，张先生结清A国税款7万元，并获得了A国税务机关出具的完税证明后，可向国内其主管税务机关提出追溯抵免申请，申请退还其已申报多缴纳的个人所得税4.2232万元，但不退还利息。经计算，由于张先生在A国缴纳的个人所得税额7万元大于来源于A国所得的抵免限额4.2232万元，其在A国实际缴纳的税款超出了抵免限额，只能在限额内抵免4.2232万元，尚未抵免完毕的2.7768万元，可在以后5个纳税年度内该纳税人从A国取得的所得中结转抵免。

九、境外所得外币折算

居民个人取得来源于境外的所得或者实际已经在境外缴纳的所得税税额为人民币以外货币的，应当按照《中华人民共和国个人所得税法实施条例》第三十二条规定折合计算。

《中华人民共和国个人所得税法实施条例》第三十二条规定，所得为人民币以外货币的，按照办理纳税申报或者扣缴申报的上一月最后一日人民币汇率中间价，折合成人民币计算应纳税所得额。年度终了后办理汇算清缴的，对已经按月、按季或者按次预缴税款的人民币以外货币所得，不再重新折算；对应当补缴税款的所得部分，按照上一纳税年度最后一日人民币汇率中间价，折合成人民币计算应纳税所得额。

[政策解析] 根据《中华人民共和国个人所得税法实施条例》第三十二条规定，居民个人来源于境外的所得或实际已经在境外缴纳的所得税税额为人民币以外货币，应根据申报情形不同按照相应的月末、季度或年末最后一日人民币汇率中间价换算应纳税所得额。而采取这种折算方法主要考虑在于：一是我国自汇率形成机制改革后，目前已形成世界上主要货币所组成的人民币汇率形成机制篮子，不再仅与美元挂钩，已基本覆盖国际流通量较大的主要货币；二是人民币汇率中间价是中国人民银行授权中国外汇交易中心根据银行间外汇市场交易货币对人民币汇

率的收盘价计算并公布的,具有权威性和公允性;三是如允许折算时点自由选择,将导致因外币的通货膨胀或通货紧缩所带来汇率差异,从而导致实际缴纳所得税额差异较大,故采取最后一日统一作为折算时点,相对来说比较基准和公平。

[**案例分析**] 假设所得为人民币以外货币,但该货币没有公布人民币汇率中间价,如何进行外币折算?

答:由于我国汇率形成机制改革后,实行以市场供求为基础,参考一篮子货币进行调节、有管理的浮动汇率制度。人民币汇率不再盯住单一货币美元,而是按照我国对外经济发展的实际情况,选择若干种主要货币,组成一个货币篮子。现在我国人民币汇率包括两种:一种是中国外汇交易中心根据授权公布银行间外汇市场人民币汇率中间价,截至2020年12月31日,货币篮子种类包括美元、港币、欧元、日元、英镑、澳大利亚元、新西兰元、新加坡元、瑞士法郎、加拿大元、马来西亚林吉特、俄罗斯卢布、南非兰特、韩元、阿联酋迪拉姆、沙特里亚尔、匈牙利福林、波兰兹罗提、丹麦克朗、瑞典克朗、挪威克朗、土耳其里拉、墨西哥比索和泰铢等主要货币。另一种是中国外汇交易中心公布的参考汇率,包括未在中国外汇交易中心挂牌交易货币对人民币的折算汇率情况,中国外汇交易中心分别根据每月最后一个交易日人民币对美元汇率中间价与上午9时国际外汇市场相应货币对美元汇率套算形成。故对于没有公布人民币汇率中间价的货币,可先将该外币折算成美元,最后再以对应时点的人民币汇率中间价来折算。

[**学习小结**] 通过本节的学习,使读者了解所得来源地划分规则、境外所得抵免计算方法、不予抵免的境外所得税额、境外纳税年度确定方法、抵免凭证、境外纳税年度不一致处理以及境外所得追溯抵免等知识点,便于熟练掌握纳税人申报境外所得抵免的要求,避免产生国际双重征税,减轻纳税人税收负担。

[**思考练习**]

1. 已在境外缴纳的个人所得税税额是指什么?

答:已在境外缴纳的个人所得税税额,是指居民个人来源于中国境外的所得，依照该所得来源国家（地区）的法律应当缴纳并且实际已经缴纳的所得税税额。

2. 居民个人取得境内、境外所得，如何计算应纳税额？

答：居民个人境内、境外所得的应纳税额计算规则如下：一是居民个人来源于中国境外的综合所得（包括工资薪金所得、劳务报酬所得、稿酬所得、特许权使用费所得），应当与境内综合所得合并计算应纳税额；二是居民个人来源于中国境外的经营所得，应当与境内经营所得合并计算应纳税额；三是居民个人来源于中国境外的利息、股息、红利所得，财产租赁所得，财产转让所得和偶然所得不与境内所得合并，应当分别单独计算应纳税额。

3. 居民个人在境外缴纳的税款是否都可以进行抵免？

答：可抵免的境外所得税税额，是指居民个人取得境外所得，依照该所得来源国（地区）税收法律应当缴纳且实际已经缴纳的所得税性质的税额。根据国际通行惯例，居民个人可抵免的境外所得税额原则主要为：一是依照中国境外税收法律以及相关规定而缴纳的税额；二是属于个人应缴纳的所得税性质税额，不必拘泥于名称；三是限于居民个人应当缴纳且已实际缴纳的税额。

同时，为防止我国税基受到侵蚀，在借鉴国际惯例的基础上，以下情形属于不能抵免范围：一是属于错缴或错征的境外所得税税额；二是按照我国政府签订的避免双重征税协定，内地和香港、澳门地区签订的避免双重征税安排规定不应征收的境外所得税税额；三是因少缴或迟缴境外所得税而追加的利息、滞纳金或罚款；四是境外所得税纳税人或者其利害关系人从境外征税主体得到实际返还或补偿的境外所得税税款；五是按照中国税法规定免税的境外所得负担的境外所得税税款。

4. 居民个人取得境外所得，应如何计算境外所得抵免限额？

答：我国居民个人境外所得应纳税额应按中国国内税法的相关规定计算，在计算抵免限额时采取"分国不分项"原则，具体分为以下三步。第一步：将居民个人一个年度内取得的全部境内、境外所得，按照综合所得、经营所得、其他分类所得所对应的计税方法分别计算出该类所得的应纳税额。第二步：计算来源于境外一国（地区）某类所得的抵免限额。如根据来源于A国的境外所得种类和金额，可按照以下方式计算其抵免限额。①对于综合所得，按照居民个人来源于A国的综合所得收入额占其全部境内、境外综合所得收入额中的占比计算来源于A国综合所得的抵免限额。在按照《财政部　税务总局关于境外所得有关个人所得税政策的公告》（财政部　税务总局公告

2020年第3号）第三条第二款第（一）项公式计算综合所得应纳税额时，对于纳税人取得全年一次性奖金、股权激励等依法单独计税的所得的，先按照税法规定单独计算出该笔所得的应纳税额，再与需合并计税的综合所得依法计算出的应纳税额相加，得出境内和境外综合所得应纳税额。②对于经营所得，先将居民个人来源于A国的经营所得依照《财政部 税务总局关于境外所得有关个人所得税政策的公告》（财政部 税务总局公告2020年第3号）第二条规定计算出应纳税所得额，再根据该经营所得的应纳税所得额占其全部境内、境外经营所得的占比计算来源于A国经营所得的抵免限额。③对于利息、股息、红利所得，财产租赁所得，财产转让所得和偶然所得等其他分类所得，按照来源于A国的各项其他分类所得单独计算出的应纳税额，加总后作为来源于A国的其他分类所得的抵免限额。第三步：上述来源于境外一国（地区）各项所得的抵免限额之和就是来源于一国（地区）所得的抵免限额。①

5. 居民个人取得境外所得的纳税年度与我国纳税年度不一致怎么办？

答：居民个人取得境外所得的境外纳税年度与公历年度不一致的，按照取得境外所得的境外纳税年度最后一日所在的公历年度为办理境外所得申报及税款抵免的所属年度。假设我国居民个人丙2019年至2020年从C国取得工资薪金所得，C国的纳税年度是从每年的4月6日至次年的4月5日，丙在C国2019年4月6日至2020年4月5日的所得所属年度为2020年，应与2020年度的境内所得进行合并计算抵免限额，在2021年进行境外所得申报及税款抵免。

6. 申报境外所得税收抵免时应当如何提供凭证？

答：根据《中华人民共和国个人所得税法实施条例》第二十二条规定，居民个人在申报境外所得税收抵免时，应当提供境外税务机关出具的税款所属年度的纳税凭证，未提供符合要求的纳税凭证的，不能进行抵免。符合要求的纳税凭证包括境外税务机关出具的完税证明、税收缴款书、纳税记录等。但由于世界各国（地区）税制、纳税年度和征管方式差异较大，对于当年确实无法提供上述纳税凭证的，本着实质重于形式的原则，对当年确实无法提供上述凭证的，可凭境外所得纳税申报表（或境外税务机关确认的缴税通知书）以及所对应的银行缴税凭证办理境外所得抵免事宜。

---

① 国家税务总局. 个人所得税综合所得年度汇算政策百问百答 [EB/OL]. [2021-04-01]. https://www.shui5.cn/article/ef/136145.html.

第六节 税收协定

[学习导读] 本节主要介绍国际税收协定及其重要要素的概念和要点,并根据税收协定的要素归纳总结我国与"一带一路"沿线国家(地区)签订的税收协定条款,使读者通过学习熟悉我国与"一带一路"沿线国家(地区)签订的税收协定重点内容。

一、税收协定概述

关于对所得和财产避免双重征税和防止偷税漏税的协定,是两个或两个以上主权国家(或税收管辖区),为协调相互之间的税收管辖关系和处理有关税务问题,通过谈判缔结的书面协议。国际税收协定(以下简称税收协定)主要是通过降低所得来源国税率或提高征税门槛,来限制其按照国内税收法律征税的权利,同时规定居民国对境外已纳税所得给予税收抵免。税收协定的主要作用包括降低"走出去"纳税人在东道国的税负、有效消除双重征税、提高税收确定性和通过相互协商机制妥善解决涉税争议等。[①]

(一)税收协定及其范本的产生

1899年6月,德国和奥地利签订了世界上第一个税收协定。随着经济的发展,世界各国之间的经济依赖与合作日益增强,采取措施防止国际重复征税显得越来越重要。在第二次世界大战结束后的二三十年,各国缔结税收协定达到高峰。然而,当时的税收协定无范本可循,内容不一,不利于消除双重征税给各国经济关系发展造成的障碍。为规范税收协定的内容,简化签订过程,1921年,联合国的前身——国际联盟开始组建专家小组,对国际双重征税所涉及的经济问题进行研究,催生了1928年第一个双边税收协定范本,并最终形成1943年墨西哥范本和1946年伦敦范本。

20世纪60年代后,《经济合作与发展组织关于避免所得和财产双重征税的协定范本》(以下简称《OECD范本》)和《联合国关于发达国家与发展中国家间双重征税的协定范本》(以下简称《UN范本》)诞生,这是目前国际上最重要、影响力最大的两个税收协定范本,已被许多国家作为对外缔结税

---

① 国家税务总局湖北省税务局."走出去"企业税收问题解答[EB/OL].[2020-06-29].http://hubei.chinatax.gov.cn/hbsw/zcwj/rdwd/250193.htm.

收协定的根据和蓝本。其中,《OECD 范本》强调的是居民税收管辖权原则,主要目的在于促进 OECD 成员之间双边税收协定的签订。但是,60 年代以后,有大量的发展中国家加入联合国,它们认为《OECD 范本》倾向于发达国家利益,没有全面反映发展中国家的要求,因此,《UN 范本》应运而生。《UN 范本》较为注重扩大收入来源国的税收管辖权,其目的在于促进发达国家和发展中国家之间、发展中国家之间双边税收协定的签订。

当前,《OECD 范本》自 1992 年第一个持续更新协定范本发布以来,该范本已经经过 10 次更新,目前最新版本为 2017 年版本。该版本纳入了大量 OECD/G20 税基侵蚀与利润转移项目的成果。2018 年 5 月 17 日,2017 版《UN 范本》正式发布,对人的范围、居民、常设机构、股息、技术服务费、财产收益、享受优惠的资格等内容进行修订。

(二) 税收协定的法律地位

税收协定是国家间的法律,协调的是一个国家与国家之间的税收管辖关系,体现的是协定缔约双方国家的意志。而国内法协调的是一国内部的税收关系,二者相互依存、相互渗透。

当前,判断税收协定与国内税法的地位存在两种模式。一种模式是税收协定优于国内税法。即当税收协定与国内税法规定有所不同时,大多数国家会采取"税收协定优先于国内税法"的原则。我国主张税收协定优先于国内税法,例如,《中华人民共和国企业所得税法》第五十八条明确规定:"中华人民共和国政府同外国政府订立的有关税收的协定与本法有不同规定的,依照协定的规定办理。"另一种模式是税收协定与国内税法具有同等的法律效力,当出现冲突时,按照"新法优于旧法"和"特别法优于普通法"等处理法律冲突的一般性原则来协调。我国主张"税收协定与国内税法孰优"的原则,即税收协定不能干预缔约国制定、补充和修改国内税法,更不能限制国内税法作出比税收协定更优惠的规定。如果国内税法的规定比税收协定更为优惠,一般应执行国内税法。例如,我国与泰国的税收协定规定,对特许权使用费的限制税率为 15%。而我国企业所得税法对特许权使用费减按 10% 的税率征收。对于纳税人来说,我国国内税法优于中泰税收协定,此时执行国内税法 10% 的税率,并不意味着违反了中泰税收协定的规定。[①]

---

① 梁若莲. 税收协定解读与应用 [M]. 北京:中国税务出版社,2016:3.

(三) 我国与"一带一路"沿线国家(地区)的税制差异

1. 企业所得税差异

对于"走出去"企业而言,不仅要在境外国家(地区)缴纳企业所得税,而且要根据我国税法分国家(地区)重新计算境外分支机构或子公司、项目的税前利润,并按我国税法规定计算应缴纳的所得税,与已在我国境外缴纳的所得税金额进行比较,如果按照我国税法规定计算应缴纳的所得税大于已在我国境外缴纳的所得税金额,要在我国境内补缴其差额的部分,否则无需补缴。从各个国家(地区)看,企业所得税征税范围主要包括经营收入、服务费、股息收入、利息收入、特许权使用费收入、租金收入、财产转让收入、外币汇兑收益等。有的国家不对资本收益征税,如文莱。各个国家(地区)的税率差异较大,相对较低的地区如中国香港特区为16.5%,而相对较高国家如喀麦隆为38.5%。多数国家(地区)规定企业所得税按年申报,且绝大多数国家(地区)是按照国际通行的公历年度,当然也有部分国家(地区)不采取国际公历年度,而是按照本国(地区)规定的财年。绝大多数国家(地区)纳税申报采取纳税年度内分多次预缴,年终汇算清缴,当然也有部分国家(地区)无需预缴,年度终了汇算申报后税务机关评估缴纳。

2. 个人所得税差异

个人所得税是对自然人取得的各项应税所得征收的一种税。有些国家不征收个人所得税,如阿联酋、沙特阿拉伯,但多数国家(地区)都开征个人所得税。就征收范围而言主要有受雇所得、个体工商业主或从事某特定行业的营业所得、专业服务所得、投资所得、资本收益所得和其他所得。绝大多数国家(地区)纳税人一般分为居民纳税人和非居民纳税人,居民纳税人一般就其全球所得征税,非居民纳税人仅就其来源于所在国(地区)境内的所得征税,但是有的国家(地区)规定居民纳税人仅就其境内所得缴纳个人所得税,如格鲁吉亚和中国香港特区。纳税申报方面,主要有代扣代缴,分期预缴、年终汇算清缴,自行申报缴纳。代扣代缴个人所得税主要针对工资薪金收入,绝大多数国家(地区)都采取这种方式;分期预缴、年终汇算清缴主要针对除工资薪金收入以外的其他收入所得。多数国家(地区)规定个人所得税按年申报,且绝大多数国家(地区)是按照国际通行的公历年度,当然也有部分国家(地区)不采取国际公历年度,而是按照本国(地区)规定的财年。

3. 税收征管制度差异

税收的主要职能是筹集财政收入来为公共服务和基础设施提供资金。各国政府总是寻求以负责任和有原则的方式制定税收政策。在大多数经济体的税法中，纳税人都有若干可强制执行的权利和义务。近80%的税务机关报告称，他们已经正式界定了纳税人的权利，其中约65%的权利通过立法界定。申诉机制也广泛存在，只有不到10%的税务机关报告称没有相关申诉机制，超过一半的税务机关同时提供内部和外部申诉选择。

大多数税务机关都提供通用裁定和个别裁定，并且在绝大多数情况下，凡经发布的裁定均对税务机关产生约束力。例如孟加拉国、斐济、蒙古、缅甸和乌兹别克斯坦目前尚未发布通用或个别裁定，斐济正在制定相关法律框架，塔吉克斯坦和泰国发布了不具约束力的裁定。

几乎所有的税务机关都使用累进的方式征收管理所得税，包括代扣代缴所得税和预缴所得税制度，不同制度规定的纳税次数差别很大，一些经济体采用减少小规模企业纳税人的纳税次数，来减轻其管理或遵从成本（如每两月或每季度申报一次）。中国香港、新加坡没有对雇员实行代扣代缴所得税制度。阿富汗和马尔代夫没有个人所得税，所以对雇员无须设置代扣代缴所得税制度。

（四）我国与"一带一路"沿线国家（地区）签订协议现状

根据国家税务总局官网，截至2021年3月，我国已对外正式签署107个税收协定，我国内地和香港、澳门签署2个税收安排，大陆与台湾签署1个税收协议，其中99个税收协定和2个税收安排已生效执行。2020年，我国开展线上相互协商为纳税人消除国际重复征税约20亿元人民币。①

二、税收协定适用范围

"人的范围"和"税种范围"是界定税收协定适用范围的重要规定，即说明税收协定适用哪些人、哪些税种。

（一）"人的范围"

对"人的范围"一词的解释一般在税收协定的第一条，我国对外签订的税收协定对"人的范围"的一般性表述为：协定适用于缔约国一方或同时为双方居民的人。

---

① 中国一带一路网. 国家税务总局：将继续拓展"一带一路"税收征管合作机制朋友圈 [EB/OL]. [2021-03-30]. https://www.yidaiyilu.gov.cn/xwzx/bwdt/168784.htm.

[政策解析] 第一，协定适用于"人"。"人"所定义的范围，各国签订的税收协议存在差别，在具体执行时应查阅协定第三条的解释。例如，我国与新加坡签订的税收协定中"人"一语包括个人、公司和其他团体；与泰国签订的税收协定中"人"一语包括个人、公司、其他团体以及按照缔约国任何一方现行税法视为应纳税单位的任何实体。第二，"人"必须是"居民"。换言之，只有"居民"才能享受税收协定的待遇。这是由于只有一国的居民，才会对本国负有无限纳税义务，需要就其来源于境内和境外的所得向该国纳税，当其所得来自缔约国双方时才会存在被双重征税的可能，才需要税收协定以消除双重征税。因此，"居民"本质上指的是在缔约国负有纳税义务的"人"。"居民"所定义的范围，各国签订的税收协议存在差别，在具体执行时应查阅协定第四条的解释。第三，身为"居民"的人必须属于缔约国一方或双方。即，除特殊规定外，税收协定不适用于任何第三方居民。

（二）"税种范围"

对"税种范围"一词的解释一般在税收协定的第二条，我国对外签订的税收协定对"税种范围"的第一条表述一般为：本协定适用于缔约国一方、其所属行政区或地方当局对所得和财产征收的各种税收，不论其征收方式如何。

[政策解析] "税种范围"规定的是税收协定适用于哪些税种，国际上，通常会把那些基于同一征税客体、由于国家间税收管辖权的重叠而可能存在重复征税的税种，列入协定的税种范围。各国税收协定中税种的范围通常限于直接税税种，以及部分以财产为征税对象的税种，因为只有这些税种才会存在同一征税客体被重复征税和同一负税主体的双重纳税问题。我国与"一带一路"沿线国家（地区）签订的税收协定中，税种范围多限定为所得税和财产税性质的税种。

三、居民

（一）居民的定义

对"居民"一词的解释来自税收协定的第四条，包含"缔约国一方居民"的定义、个人的双重居民身份协调规范、公司及其他团体的双重居民身份协调规范三部分内容。

我国对外签订的税收协定,对"居民"一般性条款主要表述为:在本协定中,"缔约国一方居民"一语是指按照该缔约国法律,由于住所、居所、成立地、管理机构所在地,或者其他类似的标准,在该缔约国负有纳税义务的人,并且包括该缔约国及其行政区或地方当局。但是,这一用语不包括仅因来源于该缔约国的所得或财产收益而在该缔约国负有纳税义务的人。判定一个纳税人是否具有税收居民身份非常重要,因为这是其享受税收协定待遇的前提。居民应该是在一国负有全面纳税义务的人。

(二) 自然人居民身份判定根据

由于世界各国在自然人居民身份判定标准上各不相同,同一自然人有可能同时为缔约国双方居民。例如,某纳税人既在本国拥有永久性住所,又在另一国居住停留时间过长,因此,使其足以被判定为该国的税收居民。

为了解决这种情况下个人最终居民身份的归属,税收协定普遍采取加比规则①。加比规则的使用有先后顺序,按照"永久性住所→重要利益中心→习惯性住所→国籍"的顺序来协调双重居民身份的矛盾。

[案例分析] 2019 年,新加坡公民 P 女士到中国任职(满 183 天),但是她在新加坡有一套房子,其丈夫和孩子原在新加坡居住。由于工作需要,公司派她去中国常驻,并就此签订了 3 年的合同。为工作方便,P 女士在中国也买了房子,其丈夫和孩子也一同前往中国居住。请问:P 女士是哪国的税收居民?

答:由于 P 女士在新加坡有永久性住所,是新加坡的税收居民,但是其在中国停留满 183 天,也可以判定为中国税收居民。根据加比规则,先看 P 女士的永久性住所在哪里。既然 P 女士与公司签订了在中国工作 3 年的合同且在中国也买了房子,其丈夫和孩子也一同前往中国居住,那么,可以认定其永久性住所在中国,P 女士为中国税收居民。

(三) 公司及其他团体居民身份判定根据

公司及其他团体居民身份判定根据有注册地标准、管理和控制地标准、

---

① 第一财税资讯. 案例讲解:"走出去"税收协定实务运用 [EB/OL]. [2020 - 06 - 22]. https://www.sohu.com/a/403383641_692104.

总机构所在地标准、选举权控制标准。除个人以外（即公司和其他团体），同时为缔约国双方居民的人，应认定其是实际管理机构所在国的居民。如果缔约国双方因判定实际管理机构的标准不同而不能达成一致意见的，应由缔约国双方主管当局按照税收协定第二十四条规定的程序，通过相互协商解决，但在实践中，一家公司被一个以上国家视为税收居民的事例是很少见的。①

根据《国家税务总局关于税收协定执行若干问题的公告》（国家税务总局公告2018年第11号）规定，有关合伙企业及其他类似实体（以下简称合伙企业）适用税收协定的问题，应按以下原则执行：一是依照中国法律在中国境内成立的合伙企业，其合伙人为税收协定缔约对方居民的，该合伙人在中国负有纳税义务的所得被缔约对方视为其居民的所得的部分，可以在中国享受协定待遇。二是依照外国（地区）法律成立的合伙企业，其实际管理机构不在中国境内，但在中国境内设立机构、场所的，或者在中国境内未设立机构、场所，但有来源于中国境内所得的，是中国企业所得税的非居民企业纳税人。除税收协定另有规定的以外，只有当该合伙企业是缔约对方居民的情况下，其在中国负有纳税义务的所得才能享受协定待遇。其中，税收协定另有规定的情况是指，税收协定规定，当根据缔约对方国内法，合伙企业取得的所得被视为合伙人取得的所得，则缔约对方居民合伙人应就其从合伙企业取得所得中分得的相应份额享受协定待遇。

（四）办理税收居民身份的程序

办理税收居民身份的程序有两个方面：一是为本国居民开具居民身份证明，确保其在缔约国对方有资格享受税收协定待遇；二是办理非居民的税收居民身份，据以确定是否给予其享受税收协定待遇。

在为中国税收居民开具居民身份证明方面，根据《国家税务总局关于调整〈中国税收居民身份证明〉有关事项的公告》（国家税务总局公告2019年第17号，以下简称国家税务总局2019年第17号公告）规定，申请人应向主管其所得税的县税务局（主管税务机关）申请开具《中国税收居民身份证明》。中国居民企业的境内、境外分支机构应由其中国总机构向总机构主管税务机关申请。合伙企业应当以其中国居民合伙人作为申请人，向中国居民合伙人主管税务机关申请。申请开具《中国税收居民身份证明》需提供的资料和《中国税

---

① 国家税务总局国际税务司. 中国避免双重征税协定执行指南[M]. 北京：中国税务出版社，2016：51.

收居民身份证明》具体样式参见国家税务总局2019年第17号公告。

在办理外国税收居民身份方面,根据《国家税务总局关于发布〈非居民纳税人享受协定待遇管理办法〉的公告》(国家税务总局公告2019年第35号)规定,非居民纳税人享受协定待遇,采取"自行判断、申报享受、相关资料留存备查"的方式办理。非居民纳税人自行判断符合享受协定待遇条件的,可在纳税申报时,或通过扣缴义务人在扣缴申报时,自行享受协定待遇,同时按照该办法的规定归集和留存相关资料备查,并接受税务机关后续管理;非居民纳税人自行申报的,自行判断符合享受协定待遇条件且需要享受协定待遇,应在申报时报送《非居民纳税人享受协定待遇信息报告表》,并按照《非居民纳税人享受协定待遇管理办法》第七条的规定归集和留存相关资料备查。

四、常设机构

(一)常设机构的定义

对"常设机构"一词的解释来自税收协定的第五条,主要用来确定企业是否在某国(地区)具有纳税义务。一般而言,对归属于常设机构的所得要按照常设机构营业利润征税,对不归属于常设机构的所得则按照其他条款处理。

(二)常设机构征税权的划分

我国对外签订的税收协定,对"常设机构"一般性条款主要表述为:协定中"常设机构"一语是指企业进行全部或部分营业的固定营业场所。"常设机构"一语特别包括:管理场所、分支机构、办事处、工厂、车间(作业场所)以及矿场、油井或气井、采石场或者其他开采自然资源的场所。除上述列举外,我国与部分国家还增列了部分项目,例如与泰国、印度等国家增加农场、种植园、林场等特殊规定。

[政策解析] 一般常设机构通常是指具有固定性、持续性和经营性的营业场所,但不包括从事协定所列举的专门从事准备性、辅助性活动的机构。即缔约国一方企业在缔约国另一方仅由于仓储、展览、采购及信息收集等活动的目的设立的具有准备性或辅助性的固定场所,不应被认定为常设机构。只有不具备法人资格的外国企业及其分支机构才有可能被认定为常设机构。

常设机构一般可以分为一般类型的常设机构、工程型常设机构、劳务型常设机构以及代理型常设机构。我国与部分国家(地区)签订的税收协定中关于工程型常设机构和劳务型常设机构的规定有所不同，具体如表3-6、表3-7所示。此外，我国同部分国家签订的税收协定还增加了有关保险业务构成常设机构的特殊规定。保险业务常设机构方面，我国同突尼斯、文莱、斯里兰卡、摩洛哥、印度尼西亚、尼泊尔、埃及、越南、巴基斯坦、泰国等国家（地区）增加有关保险行业构成常设机构的内容。

表3-6　　　　　　税收协定（安排）缔约国（地区）
工程型常设机构一览表

序号	内容	时限	适用国家（地区）
1	建筑工地，建筑、装配或安装工程，或者与其有关的监督管理活动，仅以该工地、工程或活动连续（　　）以上的为限	6个月	意大利、马来西亚、新西兰、泰国、斯洛伐克、波兰、保加利亚、巴基斯坦、科威特、奥地利、韩国、巴布亚新几内亚、卢森堡、越南、孟加拉国、葡萄牙、菲律宾、巴巴多斯、印度尼西亚、突尼斯、摩洛哥、特立尼达和多巴哥、文莱、沙特阿拉伯、新加坡、尼日利亚、乌干达、加蓬
		183天	斯里兰卡、尼泊尔
		9个月	委内瑞拉、阿曼、阿尔巴尼亚、赞比亚、柬埔寨、卡塔尔国
		12个月	塞浦路斯、匈牙利、罗马尼亚、克罗地亚、斯洛文尼亚、土耳其、亚美尼亚、牙买加、乌兹别克斯坦、马其顿、老挝、塞舌尔、南非、摩尔多瓦、古巴、哈萨克斯坦、伊朗、巴林、希腊、吉尔吉斯斯坦、塞尔维亚、黑山、阿塞拜疆、塔吉克斯坦、捷克、博茨瓦纳、厄瓜多尔、津巴布韦、智利、肯尼亚、马耳他
		24个月内12个月	埃及
		18个月	俄罗斯、白俄罗斯、乌克兰、苏丹、蒙古
		24个月	阿联酋
2	建筑工地，建筑、装配或安装工程构成常设机构，但仅以（　　）以上的为限	6个月	阿尔及利亚、格鲁吉亚（无装配）、刚果（布）（无装配）
3	建筑工地，建筑、装配或安装工程，或者与其有关的监督管理或咨询活动，仅以该工地、工程或活动连续（　　）以上的为限	12个月	立陶宛、拉脱维亚、爱沙尼亚

资料来源：国家税务总局国际税务司．"走出去"税收指引（2021年修订版）[EB/OL]．http://www.chinatax.gov.cn/chinatax/n810219/n810744/n1671176/n2884609/c2884646/content.html/n1671176/n2884609/c2884646/content.html．

备注：1. 速查信息仅供参考，详细情况以税收协定文本规定为准。
　　　2. 意大利（重签协定）、乌干达、肯尼亚、加蓬、刚果（布）尚未生效。

表3-7　　　　　税收协定部分缔约国（地区）劳务型
　　　　　　　　　　　常设机构一览表

序号	内容	时限	适用国家（地区）
1	企业通过雇员或者其他人员，在该国内为同一个项目或有关项目提供的劳务，包括咨询劳务，仅以在任何十二个月中连续或累计超过（　　）的为限	6个月	马来西亚、新西兰、意大利、斯洛伐克、波兰、保加利亚、科威特（没有12个月限制）、罗马尼亚、奥地利、奥地利、卢森堡、韩国、越南、葡萄牙、菲律宾、巴布亚新几内亚、孟加拉国、巴巴多斯、印度尼西亚、特立尼达和多巴哥、摩洛哥、沙特阿拉伯、文莱、塞尔维亚、黑山、津巴布韦
		183天	斯里兰卡、泰国、尼泊尔、新加坡、塔吉克斯坦、赞比亚、马耳他、罗马尼亚、厄瓜多尔（含技术和管理劳务）、乌干达、博茨瓦纳、肯尼亚、加蓬
		9个月	阿曼、阿尔巴尼亚、捷克
2	企业通过雇员或者其他人员，在该国内为同一个项目或有关项目提供的劳务，包括咨询劳务，仅以在任何二十四个月中连续或累计超过（　　）的为限	12个月	塞浦路斯、牙买加、苏丹、埃及、南非、克罗地亚、塞舌尔、古巴
3	企业通过雇员或者其他人员，在该国内为同一个项目或有关项目提供的劳务，包括咨询劳务，仅以连续或累计超过（　　）的为限	12个月	匈牙利、斯洛文尼亚、土耳其、亚美尼亚、哈萨克斯坦、吉尔吉斯斯坦、乌克兰
		18个月	蒙古、俄罗斯、白俄罗斯
		24个月	阿联酋
4	缔约国一方企业通过雇员或者其他人员，在缔约国另一方提供第十二条（特许权使用费和技术服务费）所规定的技术服务以外的劳务，但仅以该项活动在该缔约国另一方连续或累计超过（　　）的为限	183天	印度

资料来源：国家税务总局国际税务司．"走出去"税收指引（2021年修订版）[EB/OL]. http://www.chinatax.gov.cn/chinatax/n810219/n810744/n1671176/n2884609/c2884646/content.html n1671176/n2884209/c2884646/content.html.

备注：1. 速查信息仅供参考，详细情况以税收协定文本规定为准。
　　　2. 意大利（重签协定）、乌干达、肯尼亚、加蓬尚未生效。

五、营业利润

(一) 营业利润的定义

对"营业利润"一词的解释来自于税收协定的第七条,主要用来确定常设机构的应税利润,即企业从事跨国经营产生的利润如何在国家间划分征税权。

(二) 营业利润征税权的划分

我国对外签订的税收协定,对"营业利润"一般性条款(第一款)主要表述为:缔约国一方企业的利润应仅在该国征税,但该企业通过设在缔约国另一方的常设机构进行营业的除外。如果该企业通过在缔约国另一方的常设机构进行营业,其利润可以在另一国征税,但应仅以归属于该常设机构的利润为限。

[政策解析] 一是只有在构成常设机构的情况下,收入来源国才有权对营业利润征税,且仅对非居民纳税人通过其设在境内的常设机构获得的营业利润征税。二是要注意"独立原则",由于只有不具备法人资格的外国企业及其分支机构才有可能被认定为常设机构,因此常设机构应按照独立交易原则,以公开公平的市场交易价格为根据,计算归属于该常设机构的利润。

对于"归属于常设机构的利润"不仅包括该常设机构取得的来源于所在地境内的利润,还包括其在所在地境外取得的与该常设机构有实际联系的各类所得,包括股息、利息、租金和特许权使用费等所得。这里所说实际联系一般是指对股份、债权、知识产权、设备及相关活动等具有直接拥有或实际经营管理等关系①。要注意常设机构优先原则,除营业利润外,当其他所得与常设机构有实际联系时,应将有关的部分所得归属于常设机构征税,余下所得再按照其他条款处理。②

六、国际运输

(一) 国际运输的定义

对"国际运输"一词的解释来自于税收协定第八条,共两款,分别规

---

① 梁若莲. 税收协定解读与应用 [M]. 北京: 中国税务出版社, 2016: 3.
② 国家税务总局国际税务司. "走出去"税收指引(2021年修订版)[EB/OL]. [2021-11-22]. http://www.chinatax.gov.cn/chinatax/n810219/n810744/n1671176/n2884609/c2884646/content.html.

定了对国际运输所得的征税和国际合作形式下国际运输所得的征税权划分问题。

（二）国际运输征税权的划分

我国对外签订的税收协定，对于国际运输大多数采用居民国独占征税权原则，部分协定采用总机构所在国独占征税权原则、实际管理机构所在国独占征税权原则、总机构或实际管理机构所在国独占征税权原则，少部分采用来源国拥有部分征税权原则。对于以居民国独占征税权原则签订的税收协定，一般表述为：缔约国一方企业以船舶或飞机经营国际运输业务取得的利润，应仅在该缔约国征税。我国与"一带一路"沿线国家（地区）之间签订的税收协定中，都有海运和空运等涉及国际运输的条款。在我国与少数"一带一路"沿线国家（地区）签订的税收协定中，国际运输所得的范围还包括以船舶或飞机以外的其他方式经营国际运输业务所取得的收入，如与土耳其、哈萨克斯坦、吉尔吉斯斯坦、蒙古的税收协定中，国际运输方式包括陆运车辆；与乌兹别克斯坦、老挝的税收协定中包括公路车辆；与塔吉克斯坦的税收协定则包括公路或铁路车辆。

[**案例分析**] 国内 A 企业用汽车将设备运至老挝，适用税收协定中的国际运输条款。我国与少数国家（地区）的税收协定中，国际运输所得的范围还包括以船舶或飞机以外的其他方式经营国际运输业务所取得的收入，其中与老挝的税收协定中包括公路车辆。

七、关联企业

（一）关联企业的定义

关联企业也称联属企业。对"关联企业"一词的解释来自税收协定第九条，主要用来确定当关联企业之间的业务往来因关联关系而导致其账目不符合独立企业交易利润时，税务局有权对该企业的账目进行调整。

（二）关联企业征税权的划分

我国对外签订的税收协定，对"关联企业"一般性条款（第一款）主要表述为：缔约国一方企业直接或者间接参与缔约国另一方企业的管理、控制或资本，或者同一人直接或者间接参与缔约国一方企业和缔约国另一方企业的管理、控制或资本。在上述任何一种情况下，如果两个企业之间建立商业或财务关系的条件不同于独立企业之间建立商业或财务关系的条件，并且由于这些条件的存在，导致其中一个企业没有取得其本应取得的利润，则可以将这部分利润计入该企业的所得，并据以征税。一般性条款（第二款）主要用于规定：在缔约国一方对关联交易利润进行调整后，受该利润调整影响的缔约国应进行相应调整，以消除双重征税。而2016年《国家税务总局关于完善关联申报和同期资料管理有关事项的公告》（国家税务总局公告2016年第42号）出台，列举了七类关联关系和五类关联交易，使得税收协定更具操作性。另外，我国与部分"一带一路"沿线国家（地区）签订的税收协定关联企业条款增加了第三款。例如，委内瑞拉第三款表述为"第二款的规定不适用于财政欺诈"，捷克第三款表述为"第二款的规定不适用于欺诈、重大过失或故意违约的情况"，印度尼西亚第三款表述为"缔约国一方在其税法规定的期限届满后，不应改变第二款所述情况下企业的利润"。

八、利息所得

（一）利息的定义

利息一般是指从各种债权取得的所得，不论其有无抵押担保或者是否有权分享债务人的利润，特别是从公债、债券或者信用债券取得的所得，包括其溢价和奖金。对于与利息相关的其他所得是否属于利息的范畴，应根据其性质区别对待：①属债券取得的所得，如发行债券的溢价和奖金构成利息，但债券持有者出售债券发生的盈亏不属于利息范畴；②与贷款业务相关并附属于债权的所得可认定为利息，对独立发生于债权方以外的，如单独收取的担保费等，原则上不应认定为利息。

由于延期支付的罚款，不应视为利息条款所规定的利息。但是，我国与如下国家签订的税收协定有特殊规定。一是在与日本、美国、法国、马来西亚、加拿大、奥地利、韩国、意大利、澳大利亚、英国、挪威、新西兰、意大利等国家签署的协定中表述："利息"是指从各种债权取得的所得，不论其有无抵押担保或者是否有权分享债务人的利润，特别是从公债、债券或者信用债券取得的所得，包括其溢价和奖金。二是在与比利时签署的协定中增加了"按本条规定不包括由于延期支付而产生的罚款和被支付利息的公司是其居民的缔约国一方的法律规定的被视为股息的利息"内容。三是与泰国的协定中扩大了利息界定的范围，增加"以及按照所得发生的缔约国税收法律视为与贷款取得的相类似的所得"。

(二) 利息来源地的界定

我国与大部分国家（地区）签订的税收协定适用一般规定：如果支付利息的人为缔约国一方政府、地方当局或该缔约国居民，应认为该利息发生在该缔约国。然而，当支付利息的人不论是否为缔约国一方居民，在缔约国一方设有常设机构或者固定基地，支付该利息的债务与该常设机构或者固定基地有联系，并由其负担这种利息，上述利息应认为发生于该常设机构或固定基地所在缔约国。我国与部分国家（地区）签署的税收协定议定书有特殊规定，如德国、墨西哥等。

(三) 利息征税权的划分

我国与所有国家（地区）签署的税收协定都适用一般规定："发生于缔约国一方而支付给缔约国另一方的利息，可以在该缔约国另一方征税。"同时，税收协定第二款规定："然而，这些利息也可以在该利息发生的缔约国，按照该缔约国的法律征税。"该条款阐明了分享征税权的一般原则，根据该原则可以确定居住国并非拥有独占权。

(四) 利息来源国的限制性税率

一般而言，来源国基于税收协定对利息所得实行限制性税率。该条款保留了利息发生国对利息征税的权利，但是通过确立征税上限又对该权利的实施做了限制。在我国对外谈签的税收协定中，都在明确来源国征税权的同时，对来源国规定了限制税率，大部分国家有如下一般规定："如果收款人是该利息受益人，则所征税款不应超过利息总额的10%。缔约国双方主管税务局应协商确定实施限定税率的方式。"当然也有部分情况下，来源国放弃利息所得征税权，即我国居民取得的利息所得享受协定免税待遇。

需要注意的是，对所支付的利息同常设机构有实际联系的不适用利息条款，而应按营业利润处理。在适用利息条款时，同样存在受益所有人的问题。来源国没有义务仅因利息所得是由与其缔约的另一方国家的某个居民所直接接受而放弃对该利息所得的征税权。

我国与部分国家（地区）签订的税收协定中对利息来源国的限制税率存在差异，部分协定税率如表3-8所示。①

---

① 国家税务总局国际税务司. "走出去"税收指引（2021年修订版）[EB/OL]. [2021-11-22]. http://www.chinatax.gov.cn/chinatax/n810219/n810744/n1671176/n2884609/c2884646/content.html.

表 3-8　　　　　　　　部分税收协定（安排）利息条款税率

序号	国家（地区）名称	税种	协定税率（％）	适用条件
1	阿曼	个人所得税	10	
		企业所得税	0	（1）政府、行政区、地方当局； （2）阿曼中央银行、国家总储备基金、阿曼发展银行； （3）完全为政府所有的其他金融机构
2	埃及	个人所得税	0	由税收协定缔约对方符合条件的政府或机构间接提供资金
			10	其他
		企业所得税	0	（1）政府、行政区、地方当局； （2）中央银行； （3）完全为政府所有的金融机构； （4）由税收协定缔约对方符合条件的政府或机构间接提供资金
3	中国澳门	个人所得税	0	由税收协定缔约对方符合条件的政府或机构间接提供资金
			7	其他
		企业所得税	0	（1）政府、行政区、地方当局； （2）完全为政府所有的金融机构； （3）由税收协定缔约对方符合条件的政府或机构间接提供资金； （4）澳门金融管理局、退休基金会、社会保障基金
			7	其他
4	巴林	个人所得税	0	由税收协定缔约对方符合条件的政府或机构间接提供资金
			10	其他
		企业所得税	0	（1）政府、行政区、地方当局； （2）中央银行； （3）完全为政府所有的金融机构； （4）由税收协定缔约对方符合条件的政府或机构间接提供资金
5	巴西	个人所得税	15	
		企业所得税	0	（1）政府、行政区、地方当局； （2）中央银行； （3）完全为政府所有的金融机构

续表

序号	国家（地区）名称	税种	协定税率（%）	适用条件
6	冰岛	个人所得税	10	
		企业所得税	0	（1）冰岛政府； （2）冰岛中央银行、工业贷款基金、工业开发基金； （3）双方认同的其他机构
7	波黑	个人所得税	10	
8	波兰	个人所得税	0	由税收协定缔约对方符合条件的政府或机构间接提供资金
			10	其他
		企业所得税	0	（1）政府、行政区、地方当局； （2）中央银行； （3）完全为政府所有的金融机构； （4）由税收协定缔约对方符合条件的政府或机构间接提供资金
9	丹麦	个人所得税	0	（1）由税收协定缔约对方符合条件的政府或机构提供资金； （2）由税收协定缔约对方符合条件的政府或机构提供担保； （3）由税收协定缔约对方符合条件的政府或机构提供保险
			10	其他
		企业所得税	0	（1）政府、行政区、地方当局； （2）中央银行； （3）政府的任何机构； （4）由税收协定缔约对方符合条件的政府或机构提供资金； （5）由税收协定缔约对方符合条件的政府或机构提供担保； （6）由税收协定缔约对方符合条件的政府或机构提供保险
10	德国	个人所得税	0	（1）缔约国另一方或其全资拥有的任何金融机构担保或保险的贷款； （2）双方同意的、由德意志联邦共和国拥有的其他公共信贷机构； （3）利息的支付与赊销商业设备或科学设备有关
			10	其他

续表

序号	国家（地区）名称	税种	协定税率（%）	适用条件
10	德国	企业所得税	0	（1）政府； （2）缔约国另一方或其全资拥有的任何金融机构担保或保险的贷款； （3）德意志联邦银行、重建贷款银行、德国投资与开发公司； （4）双方同意的、由德意志联邦共和国拥有的其他公共信贷机构； （5）利息的支付与赊销商业设备或科学设备有关
11	法国	个人所得税	0	因对外贸易公共援助框架内由法国政府直接或间接提供资金或资助，或由法国对外贸易保险公司担保或保险，而提供的贷款
			10	其他
		企业所得税	0	（1）法国政府或其地方当局； （2）法兰西银行、法国国家投资银行、储蓄信托局； （3）因对外贸易公共援助框架内由法国政府直接或间接提供资金或资助，或由法国对外贸易保险公司担保或保险，而提供的贷款； （4）双方认同的其他金融机构
12	芬兰	个人所得税	0	（1）由税收协定缔约对方符合条件的政府或机构提供担保； （2）由税收协定缔约对方符合条件的政府或机构提供保险
			10	其他
		企业所得税	0	（1）政府、行政区、地方当局； （2）中央银行； （3）完全为政府所有的机构； （4）由税收协定缔约对方符合条件的政府或机构提供担保； （5）由税收协定缔约对方符合条件的政府或机构提供保险
13	古巴	个人所得税	0	由税收协定缔约对方符合条件的政府或机构间接提供资金
			7.5	

续表

序号	国家（地区）名称	税种	协定税率（%）	适用条件
13	古巴	企业所得税	0	（1）政府、行政区、地方当局； （2）中央银行； （3）完全为政府所有的金融机构； （4）由税收协定缔约对方符合条件的政府或机构间接提供资金
			7.5	其他
14	韩国	个人所得税	0	（1）由税收协定缔约对方符合条件的政府或机构间接提供资金； （2）由税收协定缔约对方符合条件的政府或机构提供担保
			10	其他
		企业所得税	0	（1）政府、行政区、地方当局； （2）中央银行或行使政府功能的金融机构； （3）由税收协定缔约对方符合条件的政府或机构间接提供资金； （4）由税收协定缔约对方符合条件的政府或机构提供担保
15	荷兰	个人所得税	0	（1）由税收协定缔约对方符合条件的政府或机构提供担保； （2）由税收协定缔约对方符合条件的政府或机构提供保险
			10	其他
		企业所得税	0	（1）政府或其地方当局； （2）中央银行； （3）荷兰发展中国家金融公司、荷兰发展中国家投资银行； （4）由税收协定缔约对方符合条件的政府或机构提供担保； （5）由税收协定缔约对方符合条件的政府或机构提供保险； （6）双方认同的机构
16	黑山	个人所得税	10	
		企业所得税	0	（1）政府、行政区、地方当局； （2）完全为政府所有的银行

续表

序号	国家（地区）名称	税种	协定税率（%）	适用条件
17	捷克	个人所得税	0	（1）由税收协定缔约对方符合条件的政府或机构提供资金； （2）由税收协定缔约对方符合条件的政府或机构提供担保； （3）由税收协定缔约对方符合条件的政府或机构提供保险
			7.5	其他
		企业所得税	0	（1）政府、行政区、地方当局； （2）中央银行； （3）捷克出口银行、出口担保和保险公司； （4）由税收协定缔约对方符合条件的政府或机构提供资金； （5）由税收协定缔约对方符合条件的政府或机构提供担保； （6）由税收协定缔约对方符合条件的政府或机构提供保险； （7）双方认同的机构
			7.5	其他
18	老挝	个人所得税	10	
		企业所得税	0	（1）政府、行政区、地方当局； （2）老挝银行、老挝对外贸易银行； （3）完全为政府所有的金融机构
19	美国	个人所得税	0	由税收协定缔约对方符合条件的政府或机构间接提供资金
			10	其他
		企业所得税	0	（1）政府、行政区、地方当局； （2）中央银行； （3）完全为政府所有的金融机构； （4）由税收协定缔约对方符合条件的政府或机构间接提供资金
20	蒙古	个人所得税	0	由税收协定缔约对方符合条件的政府或机构间接提供资金
			10	其他

续表

序号	国家（地区）名称	税种	协定税率（%）	适用条件
20	蒙古	企业所得税	0	（1）政府、行政区、地方当局； （2）中央银行； （3）完全为政府所有的金融机构； （4）由税收协定缔约对方符合条件的政府或机构间接提供资金
21	南非	个人所得税	0	由税收协定缔约对方符合条件的政府或机构间接提供资金
			10	其他
		企业所得税	0	（1）政府、行政区、地方当局； （2）中央银行； （3）完全为政府所有的金融机构； （4）由税收协定缔约对方符合条件的政府或机构间接提供资金
22	挪威	个人所得税	0	（1）由税收协定缔约对方符合条件的政府或机构间接提供资金； （2）由税收协定缔约对方符合条件的政府或机构提供担保
			10	其他
		企业所得税	0	（1）政府、行政区、地方当局； （2）中央银行； （3）完全为政府所有的金融机构； （4）由税收协定缔约对方符合条件的政府或机构间接提供资金； （5）由税收协定缔约对方符合条件的政府或机构提供担保
23	日本	个人所得税	0	由税收协定缔约对方符合条件的政府或机构间接提供资金
			10	其他
		企业所得税	0	（1）政府、行政区、地方当局； （2）中央银行； （3）完全为政府所有的金融机构； （4）日本银行、日本输出入银行、日本金融公司、日本政策金融公库、日本国际协力机构； （5）由税收协定缔约对方符合条件的政府或机构间接提供资金

续表

序号	国家（地区）名称	税种	协定税率（%）	适用条件
24	瑞典	个人所得税	0	因直接或间接贷款或担保贷款的瑞典出口信贷担保局、国家债务局、瑞典国际基金会（瑞典基金会）或瑞典国际发展合作署
			10	其他
		企业所得税	0	(1) 瑞典政府； (2) 瑞典银行； (3) 因直接或间接贷款或担保贷款的瑞典出口信贷担保局、国家债务局、瑞典国际基金会（瑞典基金会）或瑞典国际发展合作署； (4) 双方认同的机构
25	瑞士	个人所得税	0	(1) 由税收协定缔约对方符合条件的政府或机构间接提供资金； (2) 由税收协定缔约对方符合条件的政府或机构提供担保； (3) 由税收协定缔约对方符合条件的政府或机构提供保险
			10	其他
		企业所得税	0	(1) 政府、行政区、地方当局； (2) 中央银行； (3) 政府全资拥有的任何实体； (4) 由税收协定缔约对方符合条件的政府或机构间接提供资金； (5) 由税收协定缔约对方符合条件的政府或机构提供担保； (6) 由税收协定缔约对方符合条件的政府或机构提供保险
26	苏丹	个人所得税	0	由税收协定缔约对方符合条件的政府或机构间接提供资金
			10	其他
		企业所得税	0	(1) 政府、行政区、地方当局； (2) 中央银行； (3) 完全为政府所有的金融机构； (4) 由税收协定缔约对方符合条件的政府或机构间接提供资金

续表

序号	国家（地区）名称	税种	协定税率（%）	适用条件
27	中国台湾	个人所得税	0	公司服务部门或其完全所有的金融机构为促进出口所担保或保险的贷款
			7	其他
		企业所得税	0	（1）公共服务部门完全所有的金融机构； （2）公司服务部门或其完全所有的金融机构为促进出口所提供、担保或保险的贷款
			7	其他
28	泰国	企业所得税	0	（1）泰王国政府、地方当局； （2）泰国银行； （3）完全为政府所有的金融机构
29	文莱	个人所得税	10	
		企业所得税	0	（1）政府、行政区、地方当局； （2）文莱货币管理委员会、文莱投资局、雇员信托基金会； （3）完全为政府所有的金融机构
30	希腊	个人所得税	10	
		企业所得税	0	（1）政府、行政区、地方当局； （2）中央银行； （3）完全为政府所有的金融机构
31	中国香港	个人所得税	7	
		企业所得税	0	香港金融管理局
			7	其他
32	伊朗	个人所得税	10	
		企业所得税	0	（1）政府、行政区、地方当局； （2）中央银行； （3）完全为政府所有的银行； （4）其他政府机构
33	印度	个人所得税	0	由税收协定缔约对方符合条件的政府或机构间接提供资金
			0	（1）由税收协定缔约对方符合条件的政府或机构提供担保； （2）由税收协定缔约对方符合条件的政府或机构提供保险

续表

序号	国家（地区）名称	税种	协定税率（%）	适用条件
33	印度	个人所得税	10	其他
		企业所得税	0	（1）政府、行政区、地方当局； （2）中央银行； （3）完全为政府所有的金融机构； （4）由税收协定缔约对方符合条件的政府或机构提供担保； （5）由税收协定缔约对方符合条件的政府或机构提供保险
34	英国	个人所得税	0	（1）由税收协定缔约对方符合条件的政府或机构间接提供资金； （2）由税收协定缔约对方符合条件的政府或机构提供担保； （3）由税收协定缔约对方符合条件的政府或机构提供保险
			10	其他
		企业所得税	0	（1）政府、行政区、地方当局； （2）中央银行； （3）政府全资拥有的实体； （4）由税收协定缔约对方符合条件的政府或机构间接提供资金； （5）由税收协定缔约对方符合条件的政府或机构提供担保； （6）由税收协定缔约对方符合条件的政府或机构提供保险
35	越南	企业所得税	0	（1）政府、行政区、地方当局； （2）越南国有银行； （3）完全为政府所有的金融机构
		个人所得税	10	
36	智利	个人所得税	10	
		企业所得税	4	银行、保险公司和其他金融机构；赊销机械或设备产生的利息；主要通过与非关联方进行积极、经常性的贷款或融资业务取得总收入的企业
			5	因经常并主要在被认可的证券交易所交易的债券或证券而产生的利息

续表

序号	国家（地区）名称	税种	协定税率（%）	适用条件
37	阿联酋	个人所得税	0	由税收协定缔约对方符合条件的政府或机构间接提供资金
			7	其他
		企业所得税	0	（1）政府、行政区、地方当局； （2）政府全部拥有的中央银行、当局、公司、基金会、发展基金会或任何其他金融机构； （3）由税收协定缔约对方符合条件的政府或机构间接提供资金； （4）缔约对方政府直接或间接拥有至少20%股份的缔约对方居民公司
			7	其他
38	爱尔兰	个人所得税	0	由税收协定缔约对方符合条件的政府或机构间接提供资金
			10	其他
		企业所得税	0	（1）政府、行政区、地方当局； （2）中央银行； （3）完全为政府所有的金融机构； （4）由税收协定缔约对方符合条件的政府或机构间接提供资金
39	奥地利	个人所得税	10	
		企业所得税	0	奥地利共和国政府、奥地利国家银行、奥地利控制银行公司
			7	银行或金融机构
40	比利时	个人所得税	0	（1）由税收协定缔约对方符合条件的政府或机构提供担保； （2）由税收协定缔约对方符合条件的政府或机构提供保险
			10	其他
		企业所得税	0	（1）政府、行政区、地方当局； （2）中央银行； （3）完全为政府所有的金融机构； （4）由税收协定缔约对方符合条件的政府或机构提供担保； （5）由税收协定缔约对方符合条件的政府或机构提供保险

续表

序号	国家（地区）名称	税种	协定税率（%）	适用条件
41	俄罗斯	个人所得税	0	
		企业所得税	0	
42	菲律宾	个人所得税	0	由税收协定缔约对方符合条件的政府或机构间接提供资金
			10	其他
		企业所得税	0	（1）政府、行政区、地方当局； （2）中央银行； （3）完全为政府所有的金融机构； （4）由税收协定缔约对方符合条件的政府或机构间接提供资金
43	加拿大	个人所得税	0	因直接或间接贷款或担保贷款的加拿大出口开发公司
			10	其他
		企业所得税	0	（1）加拿大政府； （2）加拿大银行； （3）因直接或间接贷款或担保贷款的加拿大出口开发公司； （4）加拿大政府拥有且双方认可的金融机构
44	卡塔尔	个人所得税	0	由税收协定缔约对方符合条件的政府或机构间接提供资金
			10	其他
		企业所得税	0	（1）政府、行政区、地方当局； （2）中央银行； （3）完全为政府所有的金融机构； （4）由税收协定缔约对方符合条件的政府或机构间接提供资金
45	科威特	个人所得税	0	由税收协定缔约对方符合条件的政府或机构间接提供资金
			5	其他

续表

序号	国家（地区）名称	税种	协定税率（%）	适用条件
45	科威特	企业所得税	0	(1) 政府、其行政区或地方当局； (2) 政府全部拥有的中央银行、当局、公司、基金会、发展基金会或任何其他金融机构； (3) 由税收协定缔约对方符合条件的政府或机构间接提供资金； (4) 缔约对方政府直接或间接拥有至少20%股份的缔约国对方居民公司； (5) 双方认可的任何其他实体
			5	其他
46	立陶宛	个人所得税	0	由税收协定缔约对方符合条件的政府或机构提供担保
			10	其他
		企业所得税	0	(1) 政府、行政区、地方当局； (2) 中央银行； (3) 完全为政府所有的金融机构； (4) 由税收协定缔约对方符合条件的政府或机构提供担保
47	卢森堡	个人所得税	0	(1) 由税收协定缔约对方符合条件的政府或机构间接提供资金； (2) 由税收协定缔约对方符合条件的政府或机构提供担保； (3) 由税收协定缔约对方符合条件的政府或机构提供保险
			10	其他
		企业所得税	0	(1) 政府、行政区、地方当局； (2) 国家信贷投资公司； (3) 由税收协定缔约对方符合条件的政府或机构间接提供资金； (4) 由税收协定缔约对方符合条件的政府或机构提供担保； (5) 由税收协定缔约对方符合条件的政府或机构提供保险
48	马耳他	个人所得税	10	
		企业所得税	0	(1) 政府、行政区、地方当局； (2) 由政府、其地方当局完全拥有或控制的机构

序号	国家（地区）名称	税种	协定税率（%）	适用条件
49	马其顿	个人所得税	0	由税收协定缔约对方符合条件的政府或机构间接提供资金
			10	其他
		企业所得税	0	（1）政府、行政区、地方当局； （2）中央银行； （3）完全为政府所有的金融机构； （4）由税收协定缔约对方符合条件的政府或机构间接提供资金
50	孟加拉国	个人所得税	0	由税收协定缔约对方符合条件的政府或机构间接提供资金
			10	其他
		企业所得税	0	（1）政府、行政区、地方当局； （2）中央银行； （3）完全为政府所有的金融机构； （4）由税收协定缔约对方符合条件的政府或机构间接提供资金
51	摩洛哥	个人所得税	10	
		企业所得税	0	（1）摩洛哥政府； （2）摩洛哥中央银行； （3）完全或主要由摩洛哥政府所拥有的机构，并且由摩洛哥政府担保
52	墨西哥	个人所得税	0	（1）由税收协定缔约对方符合条件的政府或机构提供担保； （2）由税收协定缔约对方符合条件的政府或机构提供保险
			10	其他
		企业所得税	0	（1）政府、行政区、地方当局； （2）中央银行； （3）墨西哥银行、国家外贸银行、国家财务银行、国家公共建设和服务银行； （4）由税收协定缔约对方符合条件的政府或机构提供担保； （5）由税收协定缔约对方符合条件的政府或机构提供保险； （6）墨西哥政府完全拥有的任何机构

续表

序号	国家（地区）名称	税种	协定税率（%）	适用条件
53	尼泊尔	个人所得税	0	由税收协定缔约对方符合条件的政府或机构间接提供资金
			10	其他
		企业所得税	0	（1）政府、行政区、地方当局； （2）中央银行； （3）完全为政府所有的金融机构； （4）由税收协定缔约对方符合条件的政府或机构间接提供资金
54	葡萄牙	个人所得税	10	
		企业所得税	0	（1）政府、行政区、地方当局； （2）储蓄银行、国家海外银行、葡萄牙投资、贸易和旅游协会； （3）由葡萄牙政府、其行政区或地方当局完全拥有的任何其他机构
55	塞舌尔	个人所得税	0	由税收协定缔约对方符合条件的政府或机构间接提供资金
			10	其他
		企业所得税	0	（1）政府、行政区、地方当局； （2）中央银行； （3）完全为政府所有的金融机构； （4）由税收协定缔约对方符合条件的政府或机构间接提供资金
56	突尼斯	个人所得税	0	由税收协定缔约对方符合条件的政府或机构间接提供资金
			10	其他
		企业所得税	0	（1）政府、行政区、地方当局； （2）中央银行； （3）完全为政府所有的金融机构； （4）由税收协定缔约对方符合条件的政府或机构间接提供资金
57	土耳其	个人所得税	10	
		企业所得税	0	土耳其政府、土耳其中央银行、土耳其进出口银行、土耳其发展银行

续表

序号	国家（地区）名称	税种	协定税率（%）	适用条件
58	乌干达	个人所得税	0	（1）由税收协定缔约对方符合条件的政府或机构间接提供资金； （2）由税收协定缔约对方符合条件的政府或机构提供担保； （3）由税收协定缔约对方符合条件的政府或机构提供保险
			10	其他
		企业所得税	0	（1）政府、行政区、地方当局； （2）中央银行； （3）政府拥有的金融机构（乌干达发展银行、全国社会保障基金）； （4）由税收协定缔约对方符合条件的政府或机构间接提供资金； （5）由税收协定缔约对方符合条件的政府或机构提供担保； （6）由税收协定缔约对方符合条件的政府或机构提供保险
59	乌克兰	个人所得税	10	
		企业所得税	0	（1）政府、行政区、地方当局； （2）中央银行； （3）完全为政府所有的金融机构
60	西班牙	个人所得税	10	
		个人所得税	0	（1）由税收协定缔约对方符合条件的政府或机构提供担保； （2）由税收协定缔约对方符合条件的政府或机构提供保险； （3）与赊销商业或科学设备有关
		企业所得税	0	（1）政府、行政区、地方当局； （2）中央银行； （3）政府直接或间接全资拥有的实体； （4）由税收协定缔约对方符合条件的政府或机构提供担保； （5）由税收协定缔约对方符合条件的政府或机构提供保险； （6）与赊销商业或科学设备有关

续表

序号	国家（地区）名称	税种	协定税率（%）	适用条件
61	新加坡	个人所得税	10	
		企业所得税	0	（1）新加坡共和国政府、新加坡金融管理局、新加坡政府投资有限公司、法定机构； （2）由新加坡政府拥有的任何机构
			7	银行和金融机构
62	新西兰	个人所得税	0	（1）由税收协定缔约对方符合条件的政府或机构提供资金； （2）由税收协定缔约对方符合条件的政府或机构提供担保； （3）由税收协定缔约对方符合条件的政府或机构提供保险
			10	其他
		企业所得税	0	（1）政府、行政区、地方当局； （2）中央银行； （3）新西兰出口信用局、新西兰养老基金、新西兰养老基金监管人、地震委员会、意外伤害赔偿局； （4）全部或主要由新西兰政府拥有的任何其他机构； （5）履行政府职能的任何其他法定机构
63	匈牙利	个人所得税	0	由税收协定缔约对方符合条件的政府或机构间接提供资金
			10	其他
		企业所得税	0	（1）政府、行政区、地方当局； （2）中央银行； （3）完全为政府所有的金融机构； （4）由税收协定缔约对方符合条件的政府或机构间接提供资金
64	叙利亚	个人所得税	0	（1）由税收协定缔约对方符合条件的政府或机构提供担保； （2）由税收协定缔约对方符合条件的政府或机构提供保险
			10	

续表

序号	国家（地区）名称	税种	协定税率（%）	适用条件
64	叙利亚	企业所得税	0	（1）政府、行政区、地方当局； （2）中央银行； （3）完全为政府所有的金融机构； （4）由税收协定缔约对方符合条件的政府或机构提供担保； （5）由税收协定缔约对方符合条件的政府或机构提供保险
65	牙买加	个人所得税	0	（1）由税收协定缔约对方符合条件的政府或机构提供资金； （2）由税收协定缔约对方符合条件的政府或机构提供担保； （3）由税收协定缔约对方符合条件的政府或机构提供保险
			7.5	其他
		企业所得税	0	（1）政府、行政区、地方当局； （2）中央银行； （3）政府全资拥有的金融机构； （4）由税收协定缔约对方符合条件的政府或机构提供资金； （5）由税收协定缔约对方符合条件的政府或机构提供担保； （6）由税收协定缔约对方符合条件的政府或机构提供保险
			7.5	其他
66	以色列	个人所得税	10	
		企业所得税	7	银行和金融机构
67	意大利	个人所得税	0	（1）由税收协定缔约对方符合条件的政府或机构提供担保； （2）由税收协定缔约对方符合条件的政府或机构提供保险
			10	其他
		企业所得税	0	（1）政府、行政区、地方当局； （2）中央银行； （3）完全为政府所有的金融机构； （4）由税收协定缔约对方符合条件的政府或机构间接提供资金

续表

序号	国家（地区）名称	税种	协定税率（%）	适用条件
67	意大利	企业所得税	8	向金融机构支付的三年期及以上的用于投资项目的贷款利息
		企业所得税	0	（1）政府、行政区、地方当局；（2）中央银行；（3）任何公共机构或政府全资拥有的任何机构；（4）由税收协定缔约对方符合条件的政府或机构提供担保；（5）由税收协定缔约对方符合条件的政府或机构提供保险
68	赞比亚	个人所得税	0	（1）由税收协定缔约对方符合条件的政府或机构提供担保；（2）由税收协定缔约对方符合条件的政府或机构提供保险
			10	
		企业所得税	0	（1）政府、行政区、地方当局；（2）中央银行；（3）完全为政府所有的金融机构；（4）由税收协定缔约对方符合条件的政府或机构提供担保；（5）由税收协定缔约对方符合条件的政府或机构提供保险
69	阿塞拜疆	个人所得税	0	由税收协定缔约对方符合条件的政府或机构提供担保
			10	其他
		企业所得税	0	（1）政府、行政区、地方当局；（2）中央银行；（3）完全为政府所有的金融机构；（4）由税收协定缔约对方符合条件的政府或机构提供担保；（5）阿塞拜疆共和国国家银行、阿塞拜疆共和国国家石油基金会
70	爱沙尼亚	个人所得税	0	由税收协定缔约对方符合条件的政府或机构提供担保
			10	其他

续表

序号	国家(地区)名称	税种	协定税率(%)	适用条件
70	爱沙尼亚	企业所得税	0	(1) 政府、行政区、地方当局; (2) 中央银行; (3) 完全为政府所有的金融机构; (4) 由税收协定缔约对方符合条件的政府或机构提供担保
71	澳大利亚	个人所得税	10	
72	巴巴多斯	个人所得税	10	
72	巴巴多斯	企业所得税	0	(1) 政府; (2) 巴巴多斯中央银行; (3) 政府完全拥有的任何其他类似机构
73	巴基斯坦	个人所得税	10	
73	巴基斯坦	企业所得税	0	(1) 政府、行政区、地方当局; (2) 巴基斯坦国家银行; (3) 双方认可的金融机构或代理机构
74	白俄罗斯	个人所得税	10	
74	白俄罗斯	企业所得税	0	(1) 政府、行政区、地方当局; (2) 中央银行; (3) 完全为政府所有的金融机构
75	保加利亚	个人所得税	0	由税收协定缔约对方符合条件的政府或机构间接提供资金
75	保加利亚	个人所得税	10	其他
75	保加利亚	企业所得税	0	(1) 政府、行政区、地方当局; (2) 中央银行; (3) 完全为政府所有的金融机构; (4) 由税收协定缔约对方符合条件的政府或机构间接提供资金
76	博茨瓦纳	个人所得税	0	(1) 由税收协定缔约对方符合条件的政府或机构提供担保; (2) 由税收协定缔约对方符合条件的政府或机构提供保险
76	博茨瓦纳	个人所得税	7.5	其他

续表

序号	国家（地区）名称	税种	协定税率（%）	适用条件
76	博茨瓦纳	企业所得税	0	（1）政府、行政区、地方当局； （2）中央银行； （3）政府全资拥有的金融机构； （4）由税收协定缔约对方符合条件的政府或机构提供担保； （5）由税收协定缔约对方符合条件的政府或机构提供保险
			7.5	其他
77	厄瓜多尔	个人所得税	0	由税收协定缔约对方符合条件的政府或机构担保或保险、与出口或投融资项目相关的贷款
			10	
		企业所得税	0	（1）政府、行政区、地方当局； （2）中央银行； （3）政府全资拥有的机构； （4）金融机构； （5）由税收协定缔约对方符合条件的政府或机构担保或保险、与出口或投融资项目相关的贷款
78	格鲁吉亚	个人所得税	10	
		企业所得税	0	（1）政府、行政区、地方当局； （2）中央银行； （3）完全为政府所有的金融机构
79	津巴布韦	个人所得税	0	由税收协定缔约对方符合条件的政府或机构间接提供资金
			7.5	其他
		企业所得税	0	（1）政府、行政区、地方当局； （2）中央银行； （3）完全为政府所有的金融机构； （4）由税收协定缔约对方符合条件的政府或机构间接提供资金
			7.5	其他

续表

序号	国家（地区）名称	税种	协定税率（%）	适用条件
80	克罗地亚	个人所得税	0	由税收协定缔约对方符合条件的政府或机构间接提供资金
			10	其他
		企业所得税	0	(1) 政府、行政区、地方当局； (2) 中央银行； (3) 完全为政府所有的金融机构； (4) 由税收协定缔约对方符合条件的政府或机构间接提供资金
81	拉脱维亚	个人所得税	0	(1) 由税收协定缔约对方符合条件的政府或机构提供担保； (2) 由税收协定缔约对方符合条件的政府或机构提供担保（此小点新增，尚未生效）
			10	其他
		企业所得税	0	(1) 政府、行政区、地方当局； (2) 中央银行； (3) 完全为政府所有的金融机构； (4) 由税收协定缔约对方符合条件的政府或机构提供担保； (5) 由税收协定缔约对方符合条件的政府或机构提供担保（此小点新增，尚未生效）
82	罗马尼亚	个人所得税	0	赊销任何设备、商品或服务而导致的负债支付利息
			3	其他
		企业所得税	0	(1) 政府、行政区、地方当局； (2) 政府全部或主要拥有的任何实体； (3) 赊销任何设备、商品或服务而导致的负债支付利息； (4) 金融机构批准的任何形式的贷款
		企业所得税	3	其他
83	马来西亚	个人所得税	10	
		企业所得税	0	(1) 马来西亚政府、州政府、地方当局； (2) 中央银行（马来西亚挪格拉银行）； (3) 由马来西亚政府、州政府或地方当局拥有其全部资本的机构

续表

序号	国家（地区）名称	税种	协定税率（%）	适用条件
84	毛里求斯	个人所得税	0	由税收协定缔约对方符合条件的政府或机构间接提供资金
			10	其他
		企业所得税	0	（1）政府、行政区、地方当局； （2）中央银行； （3）完全为政府所有的金融机构； （4）由税收协定缔约对方符合条件的政府或机构间接提供资金
85	摩尔多瓦	个人所得税	0	由税收协定缔约对方符合条件的政府或机构间接提供资金
			10	其他
		企业所得税	0	（1）政府、行政区、地方当局； （2）中央银行； （3）完全为政府所有的金融机构； （4）由税收协定缔约对方符合条件的政府或机构间接提供资金
86	尼日利亚	个人所得税	7.5	
		企业所得税	0	（1）政府、行政区、地方当局； （2）中央银行； （3）完全为政府所有的金融机构
			7.5	其他
87	塞尔维亚	个人所得税	10	
		企业所得税	0	（1）政府、行政区、地方当局； （2）完全为政府所有的银行
88	塞浦路斯	个人所得税	10	
89	斯里兰卡	个人所得税	0	由税收协定缔约对方符合条件的政府或机构间接提供资金
			10	其他
		企业所得税	0	（1）政府、行政区、地方当局； （2）中央银行； （3）完全为政府所有的金融机构； （4）由税收协定缔约对方符合条件的政府或机构间接提供资金

续表

序号	国家（地区）名称	税种	协定税率（%）	适用条件
90	斯洛伐克	个人所得税	0	由税收协定缔约对方符合条件的政府或机构间接提供资金
			10	其他
		企业所得税	0	（1）政府、行政区、地方当局； （2）中央银行； （3）完全为政府所有的金融机构； （4）由税收协定缔约对方符合条件的政府或机构间接提供资金
91	委内瑞拉	个人所得税	10	
		企业所得税	0	（1）政府、行政区、地方当局； （2）委内瑞拉中央银行； （3）由委内瑞拉政府完全拥有的任何其他类似机构
			5	银行
92	亚美尼亚	个人所得税	10	
		企业所得税	0	（1）政府、行政区、地方当局； （2）中央银行； （3）完全为政府所有的金融机构
93	阿尔巴尼亚	个人所得税	10	
		企业所得税	0	（1）政府、行政区、地方当局； （2）中央银行； （3）完全为政府所有的金融机构
94	阿尔及利亚	个人所得税	0	由税收协定缔约对方符合条件的政府或机构间接提供资金
			7	其他
		企业所得税	0	（1）政府、行政区、地方当局； （2）中央银行； （3）完全为政府所有的金融机构； （4）由税收协定缔约对方符合条件的政府或机构间接提供资金
			7	其他

续表

序号	国家（地区）名称	税种	协定税率（%）	适用条件
95	埃塞俄比亚	个人所得税	0	（1）由税收协定缔约对方符合条件的政府或机构提供担保； （2）由税收协定缔约对方符合条件的政府或机构提供保险
			7	其他
		企业所得税	0	（1）政府、行政区、地方当局； （2）中央银行； （3）由税收协定缔约对方符合条件的政府或机构提供担保； （4）由税收协定缔约对方符合条件的政府或机构提供保险
			7	其他
96	哈萨克斯坦	个人所得税	0	由税收协定缔约对方符合条件的政府或机构间接提供资金
			10	
		企业所得税	0	（1）政府、行政区、地方当局； （2）中央银行； （3）完全为政府所有的金融机构； （4）由税收协定缔约对方符合条件的政府或机构间接提供资金
97	沙特阿拉伯	个人所得税	0	由税收协定缔约对方符合条件的政府或机构间接提供资金
			10	其他
		企业所得税	0	（1）政府、行政区、地方当局； （2）中央银行； （3）完全为政府所有的金融机构； （4）由税收协定缔约对方符合条件的政府或机构间接提供资金
98	斯洛文尼亚	个人所得税	10	

续表

序号	国家(地区)名称	税种	协定税率(%)	适用条件
99	塔吉克斯坦	个人所得税	0	(1) 由税收协定缔约对方符合条件的政府或机构提供担保； (2) 由税收协定缔约对方符合条件的政府或机构提供保险
			8	其他
		企业所得税	0	(1) 政府、行政区、地方当局； (2) 中央银行； (3) 完全为政府所有的金融机构（塔吉克斯坦国家银行、塔吉克斯坦共和国国家储蓄银行、阿马纳银行）； (4) 由税收协定缔约对方符合条件的政府或机构提供担保； (5) 由税收协定缔约对方符合条件的政府或机构提供保险
			8	其他
100	土库曼斯坦	个人所得税	0	(1) 由税收协定缔约对方符合条件的政府或机构提供担保； (2) 由税收协定缔约对方符合条件的政府或机构提供保险
			10	
		企业所得税	0	(1) 政府、行政区、地方当局； (2) 中央银行； (3) 完全为政府所有的金融机构； (4) 由税收协定缔约对方符合条件的政府或机构提供担保； (5) 由税收协定缔约对方符合条件的政府或机构提供保险； (6) 土库曼斯坦政府完全拥有的任何机构
101	印度尼西亚	个人所得税	10	
		企业所得税	0	(1) 政府、行政区、地方当局； (2) 中央银行； (3) 完全为政府所有并控制的金融机构

续表

序号	国家（地区）名称	税种	协定税率（%）	适用条件
102	吉尔吉斯斯坦	个人所得税	10	
		企业所得税	0	（1）政府、行政区、地方当局； （2）中央银行； （3）完全为政府所有的金融机构
103	乌兹别克斯坦	个人所得税	10	
		企业所得税	0	（1）政府、行政区、地方当局； （2）中央银行； （3）履行政府职责、完全为其政府所有的金融机构
104	巴布亚新几内亚	个人所得税	10	
		企业所得税	0	（1）政府、行政区、地方当局； （2）中央银行； （3）完全为政府所有并行使政府职能的金融机构
105	特立尼达和多巴哥	个人所得税	10	
		企业所得税	0	（1）特立尼达和多巴哥政府； （2）特立尼达和多巴哥中央银行、农业发展银行、出口保险公司、国家住房管理局、国家保险管理委员会、住房抵押银行、存款保险公司、小企业发展公司、发展融资有限公司、特立尼达和多巴哥抵押金融公司； （3）政府完全拥有的其他类似机构
106	肯尼亚	个人所得税	10	
		个人所得税	0	（1）由税收协定缔约对方符合条件的政府或机构提供担保； （2）由税收协定缔约对方符合条件的政府或机构提供保险
		企业所得税	0	（1）政府、行政区、地方当局； （2）中央银行； （3）完全为政府所有的金融机构； （4）由税收协定缔约对方符合条件的政府或机构提供担保； （5）由税收协定缔约对方符合条件的政府或机构提供保险

续表

序号	国家（地区）名称	税种	协定税率（%）	适用条件
107	加蓬	个人所得税	10	（1）由税收协定缔约对方符合条件的政府或机构提供担保； （2）由税收协定缔约对方符合条件的政府或机构提供保险
		企业所得税	0	（1）政府、行政区、地方当局； （2）中央银行； （3）完全为政府所有的金融机构； （4）由税收协定缔约对方符合条件的政府或机构提供担保； （5）由税收协定缔约对方符合条件的政府或机构提供保险
108	刚果（布）	个人所得税	10	
		企业所得税	0	（1）政府、行政区、地方当局； （2）中央银行； （3）完全为政府所有的金融机构； （4）由税收协定缔约对方符合条件的政府或机构提供担保； （5）由税收协定缔约对方符合条件的政府或机构提供保险
109	柬埔寨	企业所得税	0	（1）政府、行政区、地方当局； （2）中央银行； （3）主要为政府所有的金融机构和法定主体
110	阿根廷	个人所得税	12	
		企业所得税	0	（1）政府、行政区、地方当局； （2）中央银行； （3）政府拥有或控制的金融机构； （4）基于商业债权支付的利息； （5）基于银行企业提供的至少三年期限的任何性质的优惠贷款（不包括不记名票据）而支付的利息

资料来源：国家税务总局国际税务司."走出去"税收指引（2021年修订版）[EB/OL]. http://www.chinatax.gov.cn/chinatax/n810219/n810744/n1671176/n2884609/c2884646/content.html/n1671176/n2884609/c2884646/content.html.

备注：1. 速查信息仅供参考，详细情况以税收协定文本规定为准。
2. 西班牙（重签协定）、新西兰（重签协定）、意大利（重签协定）、乌干达、博茨瓦纳、肯尼亚、加蓬、刚果（布）、阿根廷、中国台湾尚未生效。
3. 本表中企业所得税协定税率仅列出小于10%栏次。

（五）利息来源国免税

我国与大部分国家（地区）签署的税收协定中的利息条款存在免税规定，即发生在缔约国对方而为我国政府、地方政府及其中央银行或者完全为我国政府所有的金融机构取得的利息；或者为我国居民所取得的利息，其债权是由我国政府、地方政府及其中央银行或者完全为我国政府所有的金融机构间接提供资金的，应在该缔约国对方免税。通常，这些金融机构在具体协定中采取列名方式。

我国与新加坡、马耳他、葡萄牙、墨西哥、土库曼斯坦、特立尼达和多巴哥、摩洛哥、巴巴多斯、冰岛、泰国、委内瑞拉等国家签署的协定中对政府全部或主要拥有的任何机构或其他类似机构贷款利息均免予征税。当然也存在无免税规定的，诸如我国与澳大利亚、塞浦路斯、西班牙、斯洛文尼亚、以色列 5 个国家签订的税收协定对利息无免税规定。具体见我国与部分国家（地区）协定（安排）列名免税银行或金融机构一览（如表 3-9 所示）。①

表 3-9 我国与部分国家（地区）协定（安排）列名免税银行或金融机构一览

国家（地区）	缔约对方国家（地区）免税银行或金融机构	我国免税银行或金融机构
阿曼	阿曼中央银行、国家总储备基金、阿曼发展银行	中国人民银行、国家发展银行、中国进出口银行、中国农业开发银行
阿塞拜疆	阿塞拜疆共和国国家银行、阿塞拜疆共和国国家石油基金会	中国国家发展银行、中国进出口银行、中国农业发展银行、社会保险基金理事会、中国银行、中国建设银行、中国工商银行和中国农业银行
奥地利	奥地利国家银行、奥地利控制银行公司	中国人民银行、直接或间接提供贷款的中国银行或中国国际信托投资公司
巴巴多斯	巴巴多斯中央银行	中国人民银行、国家开发银行、中国进出口银行、中国农业开发银行
巴基斯坦	巴基斯坦国家银行	中国人民银行、中国银行、中国进出口银行、中国农业发展银行、国家开发银行、工商银行、丝路基金①

---

① 国家税务总局国际税务司．"走出去"税收指引（2021 年修订版）[EB/OL]．[2021-11-22]．http://www.chinatax.gov.cn/chinatax/n810219/n810744/n1671176/n2884609/c2884646/content.html．

续表

国家（地区）	缔约对方国家（地区）免税银行或金融机构	我国免税银行或金融机构
冰岛	冰岛中央银行、工业贷款基金、工业开发基金	中国人民银行、国家开发银行、中国进出口银行、中国农业开发银行
德国	德意志联邦银行、重建贷款银行、德国投资与开发公司	中国人民银行、国家开发银行股份有限公司、中国农业发展银行、中国进出口银行、全国社会保障基金理事会、中国投资有限责任公司
法国[②]	法国政府或其地方当局、法兰西银行、法国国家投资银行、储蓄信托局、因对外贸易公共援助框架内由法国政府直接或间接提供资金或资助，或由法国对外贸易保险公司担保或保险，而提供的贷款而支付、退休储备基金	中国政府或其地方当局、中国人民银行、国家开发银行股份有限公司、中国农业发展银行、中国进出口银行、全国社会保障基金理事会、因直接或间接担保或保险的贷款而支付给中国出口信用保险公司的利息、中国投资有限责任公司
芬兰	芬兰工业合作基金（FINNFUND）、芬维拉公司（Finnvera）、芬兰出口信用公共有限公司	国家开发银行、中国农业发展银行、中国进出口银行、全国社会保障基金理事会、中国出口信用保险公司、中国投资有限责任公司
加拿大	加拿大银行、因直接或间接贷款或担保贷款的加拿大出口开发公司、加拿大养老金计划投资理事会（CPPIB）	中国人民银行、因直接或间接贷款或担保贷款的中国银行或者中国国际信托投资公司（CITIC）、全国社会保障基金理事会、中国进出口银行、中国出口信用保险公司
韩国	韩国银行、韩国产业银行、韩国进出口银行、韩国投资公司、韩国出口保险公司、韩国金融监督院、韩国金融公司、韩国贸易保险公司	中国人民银行、国家开发银行、中国进出口银行、中国农业发展银行、中国出口信用保险公司、全国社会保障基金理事会、中国投资有限责任公司、执行银行业、保险和证券监管职能的组织
荷兰	荷兰发展中国家金融公司、荷兰发展中国家投资银行、缔约国双方主管当局随时可能同意的任何其他机构	国家开发银行股份有限公司、中国农业发展银行、中国进出口银行、全国社会保障基金理事会、中国出口信用保险公司、中国投资有限责任公司、缔约国双方主管当局随时可能同意的任何其他机构
老挝	老挝银行、老挝对外贸易银行	中国人民银行、中国国家开发银行、中国进出口银行、中国农业发展银行
卢森堡	国家信贷投资公司	国家银行
马来西亚	马来西亚挪格拉银行（中央银行）、马来西亚进出口银行、全国信托基金、退休基金、马来西亚农业银行、马来西亚中小企业银行、马来西亚开发银行、马来西亚国库控股公司[③]	中国人民银行、中国银行总行、中国国际信托投资公司、国家开发银行股份有限公司、中国农业发展银行、中国进出口银行、全国社会保障基金理事会、中国出口信用保险公司、中国投资有限责任公司、丝路基金有限责任公司

续表

国家（地区）	缔约对方国家（地区）免税银行或金融机构	我国免税银行或金融机构
摩洛哥	摩洛哥中央银行	中国人民银行、中国国家开发银行、中国进出口银行、中国农业发展银行
墨西哥	墨西哥银行、国家外贸银行、国家财务银行、国家公共建设和服务银行	中国人民银行、国家开发银行、中国进出口银行、中国农业发展银行、中国出口信用保险公司
葡萄牙	储蓄总行、国家海外银行、葡萄牙投资、贸易和旅游协会、葡萄牙中央银行④	中国人民银行、国家发展银行、中国进出口银行、中国农业发展银行、全国社会保障基金理事会、中国投资有限责任公司、中国出口信用保险公司、国家开发银行
日本	日本输出入银行、日本金融公司（日本政策金融公库）、日本国际协力机构	
瑞典⑤	瑞典银行、因直接或间接贷款或担保贷款的瑞典出口信贷担保局、国家债务局、瑞典国际基金会（"瑞典基金会"）或瑞典国际发展合作署	中国人民银行、因直接或间接贷款或担保贷款的中国银行、中国国际信托投资公司、国家开发银行、中国进出口银行或中国农业发展银行
塔吉克斯坦	塔吉克斯坦国家银行、塔吉克斯坦共和国国家储蓄银行（阿玛纳银行）	中国人民银行、国家开发银行、中国农业发展银行、中国进出口银行、中国出口信用保险公司
泰国	泰国银行、泰国进出口银行、政府储蓄银行、政府住房银行	中国人民银行以及在中央银行一般授权的范围内进行活动的中国银行、国家开发银行、中国进出口银行、中国农业发展银行
特立尼达和多巴哥	特立尼达和多巴哥中央银行、农业发展银行、出口保险公司、国家住房管理局、国家保险管理委员会、住房抵押银行、存款保险公司、小企业发展公司、发展融资有限公司、特立尼达和多巴哥抵押金融公司	中国人民银行、国家开发银行、中国进出口银行、中国农业发展银行
土耳其	土耳其中央银行、土耳其进出口银行或土耳其发展银行	中国人民银行、中国银行或中国国际信托投资公司实业银行
委内瑞拉	委内瑞拉中央银行	中国人民银行、中国开发银行、中国进出口银行、中国农业银行

续表

国家（地区）	缔约对方国家（地区）免税银行或金融机构	我国免税银行或金融机构
文莱	文莱货币管理委员会、文莱投资局、雇员信托基金会	中国人民银行、中国国家发展银行、中国进出口银行、中国农业发展银行、社会保障基金理事会
中国香港	香港金融管理局	国家开发银行、中国进出口银行、中国农业发展银行、全国社会保障基金理事会、中国出口信用保险公司⑥
土库曼斯坦	土库曼斯坦中央银行	中国人民银行、国家开发银行、中国农业发展银行、中国进出口银行、全国社会保障基金理事会、中国出口信用保险公司
新加坡	新加坡金融管理局、新加坡政府投资有限公司、法定机构、新加坡星展银行总行（2007年9月18日前签订的任何贷款合同而从缔约国一方取得的利息至2011年1月1日前免税）⑦	中国人民银行、国家开发银行、中国农业发展银行、中国进出口银行、全国社会保障基金理事会、中国出口信用保险公司、中国国际信托投资公司（2007年9月18日前签订的任何贷款合同而从缔约国一方取得的利息至2011年1月1日前免税）、中国银行总行（2007年9月18日前签订的任何贷款合同而从缔约国一方取得的利息至2011年1月1日前免税）
越南	越南国有银行	中国国家银行
捷克	捷克出口银行（CEB）、出口担保和保险公司（EGAP）	中国国家开发银行、中国农业发展银行、中国进出口银行、中国出口信用保险公司
丹麦⑧	发展中国家工业化基金（IFU）、丹麦出口信用基金（EKF）、丹麦成长基金	国家开发银行、中国农业发展银行、中国进出口银行、全国社会保障基金理事会、中国出口信用保险公司、中国投资有限责任公司
印度⑨	印度储备银行、印度进出口银行、国家住房银行、印度基础设施金融有限公司、印度出口信用担保有限公司、国家农业和农村发展银行	中国人民银行、国家开发银行、中国农业发展银行、中国进出口银行、全国社会保障基金理事会、中国出口信用保险公司、中国投资有限责任公司
乌干达	乌干达发展银行、全国社会保障基金	国家开发银行、中国农业发展银行、中国进出口银行、全国社会保障基金理事会、中国出口信用保险公司
新西兰	新西兰出口信用局、新西兰养老基金、新西兰养老基金监管人、地震委员会、意外伤害赔偿局	国家开发银行、中国农业发展银行、中国进出口银行、中国出口信用保险公司、中国投资有限责任公司、丝路基金有限责任公司、全国社会保障基金理事会

续表

国家（地区）	缔约对方国家（地区）免税银行或金融机构	我国免税银行或金融机构
厄瓜多尔	厄瓜多尔共和国中央银行	中国人民银行、国家开发银行、中国农业发展银行、中国进出口银行、全国社会保障基金理事会、中国出口信用保险公司、中国投资有限责任公司
印度尼西亚⑩	印度尼西亚投资局、印度尼西亚进出口银行、印度尼西亚卫生社会保障局、印度尼西亚人力资源社会保障局	国家开发银行股份有限公司、中国农业发展银行、中国进出口银行、全国社会保障基金理事会、中国投资有限责任公司
肯尼亚		国家开发银行、中国农业发展银行、中国进出口银行、全国社会保障基金理事会、中国出口信用保险公司、中国投资有限责任公司
中国澳门	澳门金融管理局、退休基金会和社会保障基金	国家开发银行、中国进出口银行、中国农业发展银行、全国社会保障基金理事会和中国出口信用保险公司
刚果（布）		国家开发银行、中国农业发展银行、中国进出口银行、全国社会保障基金理事会、中国出口信用保险公司、中国投资有限责任公司及其直接或间接全资拥有的任何机构、丝路基金有限责任公司、中非发展基金有限公司、中非产能合作基金有限责任公司
柬埔寨	农村发展银行、柬埔寨再保险公司、柬埔寨人寿保险公司、绿色贸易公司	国家开发银行、中国农业发展银行、中国进出口银行、全国社会保障基金理事会、中国出口信用保险公司、中国投资有限责任公司、中国银行、中国工商银行、中国建设银行、中国农业银行
阿根廷	阿根廷国民银行、阿根廷投资和国际贸易银行	国家开发银行、中国农业发展银行、中国进出口银行、全国社会保障基金理事会、中国出口信用保险公司、中国投资有限责任公司、中国银行、中国工商银行、中国建设银行、中国农业银行、丝路基金有限责任公司
意大利	意大利存贷款银行（CDP）、意大利外贸保险服务公司（Sace）、意大利对外投资促进公司（Simest）	国家开发银行、中国农业发展银行、中国进出口银行、全国社会保障基金理事会、中国出口信用保险公司、中国投资有限责任公司、中投国际有限责任公司、中投海外直接投资有限责任公司、丝路基金有限责任公司

续表

国家（地区）	缔约对方国家（地区）免税银行或金融机构	我国免税银行或金融机构
西班牙	官方信贷协会、有序银行重组基金、保险赔偿财团	国家开发银行、中国农业发展银行、中国进出口银行、全国社会保障基金理事会、中国出口信用保险公司、中国投资有限责任公司及其直接或间接全资拥有的其他机构、丝路基金有限责任公司
加蓬	中非国家银行、加蓬战略投资基金、信托局	国家开发银行、中国农业发展银行、中国进出口银行、全国社会保障基金理事会、中国出口信用保险公司、中国投资有限责任公司、中非发展基金、中国银行、中国工商银行、中国建设银行、中国农业银行

资料来源：国家税务总局局国际税务司．"走出去"税收指引（2021 年修订版）[EB/OL]. http://www.chinatax.gov.cn/chinatax/n810219/n810744/n1671176/n2884609/c2884646/content.html/n1671176/n2884609/c2884646/content.html.

备注：1. 速查信息仅供参考，详细情况以税收协定文本规定为准。

2. 西班牙（重签协定）、新西兰（重签协定）、意大利（重签协定）、乌干达、博茨瓦纳、肯尼亚、加蓬、刚果（布）、阿根廷、中国台湾尚未生效。

①中巴协定第三议定书：关于第二议定书第一条，"国家银行"包括中国工商银行和丝路基金，但仅限于其为 2014 年 11 月 8 日在北京签订的《中华人民共和国政府和巴基斯坦伊斯兰共和国政府关于中巴经济走廊能源项目合作的协议》提及的能源项目在巴基斯坦提供贷款取得利息的目的。

②根据《中法议定书》第五条规定（法方增列 1 个，中方增列 1 个）。

③根据双方换函，增列上述机构（马方七个，中方七个）。

④根据《中华人民共和国主管当局和葡萄牙共和国主管当局关于一九九八年四月二十一日在北京签署的〈中华人民共和国政府和葡萄牙共和国政府关于对所得避免双重征税和防止偷漏税的协定〉第十一条（利息）第三款第一项第六目和第二项第五目所适用机构的协议》增列机构（葡萄牙 1 个，中国 4 个）。

⑤《关于修订 1986 年 5 月 16 日在斯德哥尔摩签订的中华人民共和国政府和瑞典王国政府关于对所得避免双重征税和防止偷漏税的协定的附加议定书》，作了修订。

⑥根据《国家税务总局关于印发内地和香港税收安排第二议定书及税务主管当局代表换函的通知》（国税发〔2008〕70 号）。

⑦根据国家税务总局关于《中华人民共和国政府和新加坡共和国政府关于对所得避免双重征税和防止偷漏税的协定》第二议定书生效执行的通知（国税发〔2009〕158 号）。

国家税务总局关于执行《中华人民共和国政府和新加坡共和国政府关于对所得避免双重征税和防止偷漏税的协定》第二议定书有关问题的通知（国税函〔2010〕9 号）。

⑧根据《中华人民共和国政府和丹麦王国政府关于对所得避免双重征税和防止偷漏税的协定议定书》第二条。

⑨根据《关于修订 1994 年 7 月 18 日在新德里签署的〈中华人民共和国政府和印度共和国政府关于对所得避免双重征税和防止偷漏税的协定〉及议定书的议定书》第十二条。

⑩根据《中华人民共和国政府和印度尼西亚共和国政府关于对所得避免双重征税和防止偷漏税的协定》谅解备忘录。

九、股息所得

（一）股息的定义

股息即为公司所作的利润分配，不仅包括每年股东会议所决定的利润分配,也包括其他货币或具有货币价值的收益分配,如红股、红利、清算收入以及变相利润分配等。在判定某项所得是否为股息时,主要考虑是否以股权或类似股权的权益参与为基础而派发的所得。有些跨国公司采用资本弱化的方法进行避税,即人为提高贷款比例,相应降低股本比重,从而增加利息的税前扣除,侵蚀股息的计税基础。在这种情况下,来源国有权按照国内法则防止资本弱化的规定,将利息视作股息处理。

我国签订的税收协定均列有股息条款,通常在第十条第三款对股息进行定义,一般表述为:"股息"一语是指从股份或者非债权关系分享利润的权利取得的所得,以及按照分配利润的公司是其居民的缔约国法律,视同股份所得同样征税的其他公司权利取得的所得。

我国签订的税收协定中明确了居民国和来源国对股息都有征税权,来源国即指分配股息的公司所在国。一般而言,来源国基于税收协定对股息所得实行限制性税率(具体税率与持股比例相关,一般低于来源国国内税法规定的税率)。

(二) 股息限制性税率 (优惠税率)

在股息、利息和特许权使用费的限制性税率条款中,都引入了"受益所有人"的概念,取得上述所得的人在具有该所得受益所有人身份的情况下,才能在来源国享受协定规定的优惠税率,否则将按来源国的国内税法进行征税。"受益所有人"是指对所得和所得据以产生的权利或财产具有所有权和支配权的人,一般从事实质性的经营活动,可以是个人、公司或其他任何团体。在判定"受益所有人"身份时,应按照实质重于形式的原则,结合具体的实际情况,在综合考虑各种相关因素的基础上,进行分析判断。取得股息的人在具有该所得受益所有人身份的情况下,才能在来源国享受协定规定的优惠税率,否则将按来源国的国内税法进行征税。需要注意的是,对所支付的股息同常设机构有实际联系的不适用股息条款,而应按营业利润处理。

股息条款一般表述为:如果该项股息的受益所有人是缔约国另一方居民,则所征税款不应超过股息总额的规定百分比例。我国与其他国家(地区)所签订税收协定的股息限制性税率存在差异,部分协定税率如表3-10所示。①

---

① 国家税务总局国际税务司. "走出去"税收指引(2021年修订版)[EB/OL]. [2021-11-22]. http://www.chinatax.gov.cn/chinatax/n810219/n810744/n1671176/n2884609/c2884646/content.html.

表 3-10　　　　　　　　部分税收协定（安排）股息条款税率

序号	国家（地区）	税种	协定税率（%）	适用条件
1	埃及	个人所得税	8	
		企业所得税	8	
2	中国澳门	个人所得税	10	
		企业所得税	5	持股25%以上，合伙企业除外
3	巴林	个人所得税	10	
4	巴西	个人所得税	15	
5	冰岛	个人所得税	10	
		企业所得税	5	持股25%以上，合伙企业除外
6	波黑	个人所得税	10	
7	波兰	个人所得税	10	
8	丹麦	个人所得税	10	
		企业所得税	5	持股25%以上，合伙企业除外
9	德国	个人所得税	10	
		企业所得税	5	持股25%以上，合伙企业除外
10	法国	个人所得税	10	
		企业所得税	5	持股25%以上，合伙企业除外
		企业所得税	0	出于宏观经济目的而成立并全资拥有的主权财富基金
11	芬兰	个人所得税	10	
		企业所得税	5	持股25%以上，合伙企业除外
12	古巴	个人所得税	10	
		企业所得税	5	持股25%以上，合伙企业除外
13	韩国	个人所得税	10	
		企业所得税	5	持股25%以上，合伙企业除外
14	荷兰	个人所得税	10	
		企业所得税	5	持股25%以上，合伙企业除外
15	黑山	个人所得税	5	
		企业所得税	5	
16	捷克	个人所得税	10	
		企业所得税	5	持股25%以上，合伙企业除外

续表

序号	国家（地区）	税种	协定税率（%）	适用条件
17	老挝	个人所得税	5	
		企业所得税	5	
18	美国	个人所得税	10	
19	蒙古	个人所得税	5	
		企业所得税	5	
20	南非	个人所得税	5	
		企业所得税	5	
21	挪威	个人所得税	15	
22	日本	个人所得税	10	
23	瑞典	个人所得税	10	
		企业所得税	5	持股25%以上，合伙企业除外
24	瑞士	个人所得税	10	
		企业所得税	0	（1）政府、政府机构； （2）缔约对方政府全资拥有的机构或基金； （3）中央银行
			5	持股25%以上，合伙企业除外
25	苏丹	个人所得税	5	
		企业所得税	5	
26	中国台湾	个人所得税	10	
		企业所得税	5	持股25%以上，公司
27	泰国	个人所得税	20	备注：不享受协定
28	文莱	个人所得税	5	
		企业所得税	5	
29	希腊	个人所得税	10	
		企业所得税	5	持股25%以上，合伙企业除外
30	中国香港	个人所得税	10	
		企业所得税	5	持股25%以上，合伙企业除外
31	伊朗	个人所得税	10	
32	印度	个人所得税	10	

续表

序号	国家（地区）	税种	协定税率（%）	适用条件
33	英国	个人所得税	10	
		企业所得税	0	（1）政府、政府机构； （2）税收协定缔约对方政府直接或间接全部拥有资本的其他实体
			5	持股25%以上
34	越南	个人所得税	10	
35	智利	个人所得税	10	
36	阿联酋	个人所得税	7	
		企业所得税	0	（1）政府、政府机构； （2）税收协定缔约对方政府直接或间接全部拥有资本的其他实体； （3）税收协定缔约对方政府直接或间接拥有至少20%股份的缔约对方居民公司； （4）双方认可的其他机构
			7	其他
37	爱尔兰	个人所得税	10	
		企业所得税	5	持股25%以上
38	奥地利	个人所得税	10	
		企业所得税	7	持股25%以上
39	比利时	个人所得税	10	
		企业所得税	5	支付股息前至少连续12个月内曾经直接拥有支付股息的公司至少25%资本，合伙企业除外
40	俄罗斯	个人所得税	10	
		企业所得税	5	直接持股比例达到25%且持股金额至少达8万欧元或等值的其他货币，合伙企业除外
41	菲律宾	个人所得税	15	
42	加拿大	个人所得税	15	
43	卡塔尔	个人所得税	10	

续表

序号	国家（地区）	税种	协定税率（%）	适用条件
44	科威特	个人所得税	5	
		企业所得税	0	（1）政府、政府机构； （2）税收协定缔约对方政府直接或间接拥有至少20%股份的缔约对方居民公司； （3）税收协定缔约对方政府直接或间接全部拥有资本的其他实体
			5	其他
45	立陶宛	个人所得税	10	
		企业所得税	5	持股25%以上，合伙企业除外
46	卢森堡	个人所得税	10	
		企业所得税	5	持股25%以上，合伙企业除外
47	马耳他	个人所得税	10	
		企业所得税	5	持股25%以上，合伙企业除外
48	马其顿	个人所得税	5	
		企业所得税	5	
49	摩洛哥	个人所得税	10	
50	墨西哥	个人所得税	5	
		企业所得税	5	
51	尼泊尔	个人所得税	10	
52	葡萄牙	个人所得税	10	
53	塞舌尔	个人所得税	5	
		企业所得税	5	
54	突尼斯	个人所得税	8	
		企业所得税	8	
55	土耳其	个人所得税	10	
56	乌干达	个人所得税	7.5	
		企业所得税	7.5	
57	乌克兰	个人所得税	10	
		企业所得税	5	持股25%以上，合伙企业除外

续表

序号	国家（地区）	税种	协定税率（%）	适用条件
58	西班牙	个人所得税	10	
		企业所得税	5	持股25%以上，合伙企业除外
		企业所得税	0	（1）政府、其行政区或地方当局； （2）中央银行； （3）由政府直接或间接全资拥有的实体
59	新加坡	个人所得税	10	
		企业所得税	5	持股25%以上，合伙企业除外
60	新西兰	个人所得税	15	
		企业所得税	5	365天内持股25%以上
		企业所得税	0	（1）不超过25%的表决权的缔约国另一方政府、新西兰养老基金、新西兰养老基金监管人、地震委员会、意外伤害赔偿局； （2）不超过25%的表决权的政府全资拥有且履行政府职能的法定机构或实体
61	匈牙利	个人所得税	10	
62	叙利亚	个人所得税	10	
		企业所得税	5	持股25%以上，合伙企业除外
63	牙买加	个人所得税	5	
		企业所得税	5	
64	以色列	个人所得税	10	
65	意大利	个人所得税	10	
		企业所得税	5	365天内持股25%以上
66	赞比亚	个人所得税	5	
		企业所得税	5	
67	阿曼	个人所得税	5	
		企业所得税	5	
68	阿塞拜疆	个人所得税	10	
69	爱沙尼亚	个人所得税	10	
		企业所得税	5	持股25%以上，合伙企业除外
70	澳大利亚	个人所得税	15	

续表

序号	国家（地区）	税种	协定税率（％）	适用条件
71	巴巴多斯	个人所得税	10	
		企业所得税	5	持股25以上，合伙企业除外
72	巴基斯坦	个人所得税	10	
73	白俄罗斯	个人所得税	10	
74	保加利亚	个人所得税	10	
75	博茨瓦纳	个人所得税	5	
		企业所得税	5	
76	厄瓜多尔	个人所得税	5	
		企业所得税	5	
77	格鲁吉亚	个人所得税	0	直接或间接持股50％以上，并在分配股息的公司投资超过200万欧元
			5	直接或间接持股10％以上，并在分配股息的公司投资超过10万欧元
			10	其他
		企业所得税	0	直接或间接持股50％以上，并在分配股息的公司投资超过200万欧元
			5	直接或间接持股10％以上，并在分配股息的公司投资超过10万欧元
78	津巴布韦	个人所得税	7.5	
		企业所得税	2.5	在受益所有人是公司，直接或间接持股25％以上
			7.5	其他
79	克罗地亚	个人所得税	5	
		企业所得税	5	
80	拉脱维亚	个人所得税	10	
		企业所得税	5	持股25％以上，合伙企业除外
81	罗马尼亚	个人所得税	3	
		企业所得税	3	
		企业所得税	0	（1）政府、行政区、地方当局 （2）政府全部或主要拥有的任何实体

续表

序号	国家（地区）	税种	协定税率（%）	适用条件
82	马来西亚	个人所得税	10	
83	毛里求斯	个人所得税	5	
		企业所得税	5	
84	孟加拉国	个人所得税	10	
85	摩尔多瓦	个人所得税	10	
		企业所得税	5	持股25%以上，合伙企业除外
86	尼日利亚	个人所得税	7.5	
		企业所得税	7.5	
87	塞尔维亚	个人所得税	5	
		企业所得税	5	
88	塞浦路斯	个人所得税	10	
89	斯里兰卡	个人所得税	10	
90	斯洛伐克	个人所得税	10	
91	委内瑞拉	个人所得税	10	
		企业所得税	5	持股10%以上，合伙企业除外
92	亚美尼亚	个人所得税	10	
		企业所得税	5	持股25%以上，合伙企业除外
93	阿尔巴尼亚	个人所得税	10	
94	阿尔及利亚	个人所得税	10	
		企业所得税	5	持股25%以上，合伙企业除外
95	埃塞俄比亚	个人所得税	5	
		企业所得税	5	
96	哈萨克斯坦	个人所得税	10	
97	沙特阿拉伯	个人所得税	5	
		企业所得税	0	（1）政府、政府机构；（2）税收协定缔约对方政府、所属机构直接或间接全部拥有资本的其他实体
			5	其他
98	斯洛文尼亚	个人所得税	5	
		企业所得税	5	

续表

序号	国家（地区）	税种	协定税率（%）	适用条件
99	塔吉克斯坦	个人所得税	10	
		企业所得税	5	持股25%以上，合伙企业除外
100	土库曼斯坦	个人所得税	10	
		企业所得税	5	持股25%以上，合伙企业除外
101	印度尼西亚	个人所得税	10	
102	吉尔吉斯斯坦	个人所得税	10	
103	乌兹别克斯坦	个人所得税	10	
104	巴布亚新几内亚	个人所得税	15	
105	特立尼达和多巴哥	个人所得税	10	
		企业所得税	5	持股25%以上
106	肯尼亚	个人所得税	5	
		企业所得税	5	
107	加蓬	个人所得税	5	
		企业所得税	5	
108	刚果（布）	个人所得税	10	
		企业所得税	5	持股25%以上，合伙企业除外
		企业所得税	0	（1）缔约国另一方政府、其行政区或地方当局、中央银行；（2）由缔约国另一方直接或间接全资拥有的任何机构
109	柬埔寨	个人所得税	10	
110	阿根廷	个人所得税	15	
		企业所得税	5	缔约国另一方拥有或控制的机构

资料来源：国家税务总局国际税务司．"走出去"税收指引（2021年修订版）[EB/OL]．http://www.chinatax.gov.cn/chinatax/n810219/n810744/n1671176/n2884609/c2884646/content.html/n1671176/n2884609/c2884646/content.html.

备注：1. 速查信息仅供参考，详细情况以税收协定文本规定为准。
2. 西班牙（重签协定）、新西兰（重签协定）、意大利（重签协定）、乌干达、博茨瓦纳、肯尼亚、加蓬、刚果（布）、阿根廷、中国台湾尚未生效。
3. 本表中企业所得税协定税率仅列出小于10%栏次。

（三）股息免税待遇

在适用股息条款时，存在受益所有人的问题。当股息所得的居民符合协定关于"受益所有人"的规定，并满足一定条件时，来源国才会放弃对该股息所得的征税权。我国签订的税收协定中，对于个别国家，来源国放弃股息所得征税权，即我国居民取得的股息所得享受协定免税待遇。

从科威特、阿联酋、沙特阿拉伯、英国、格鲁吉亚等国家（地区）取得股息所得并符合我国与对方签订的税收协定股息条款相关规定，可享受免税待遇。我国与科威特、阿联酋签订的税收协定规定："虽有第一款和第二款的规定，由缔约国一方居民公司支付给缔约国另一方居民的股息，应仅在该缔约国另一方征税，如果该项股息的受益所有人是：一是缔约国另一方政府、其政府机构、或为该缔约国另一方政府直接或间接全部拥有的其他实体；二是由该缔约国另一方政府直接或间接拥有至少20%股份的该缔约国另一方居民公司。"我国与沙特阿拉伯签订的税收协定规定："虽有第一款和第二款的规定，如果股息的受益所有人是缔约国另一方政府、其所属机构或其直接或间接完全拥有的其他实体，缔约国一方的居民公司支付给缔约国另一方居民的股息仅应在该缔约国另一方征税。"我国与英国签订的税收协定规定："虽有第一款和第二款的规定，由缔约国一方居民公司支付给缔约国另一方居民的股息，如果受益所有人是缔约国另一方政府及其机构，或者是缔约国另一方政府直接或间接全资所有的其他实体，应仅在该缔约国另一方征税。"我国与格鲁吉亚签订的税收协定规定："如果该受益所有人直接或间接拥有支付股息公司至少百分之五十股份，并在该公司投资超过200万欧元，为股息总额的百分之零"。

十、特许权使用费

（一）特许权使用费的定义

对"特许权使用费"一词的解释一般在税收协定的第十二条，主要用来确定特许权使用费的定义、征税权的划分、限制性税率、范围和反不当使用条款等。

（二）特许权使用费征税权的划分

我国对外签订的税收协定，对"特许权使用费"一般性条款主要表述为：发生于缔约国一方而支付给缔约国另一方居民的特许权使用费，可以在该缔约国另一方征税。"特许权使用费"一词是指使用或有权使用文学、艺术或科学著作，包括电影影片、无线电或电视广播使用的胶片、磁带的版权，专利、商标、设计、模型、图纸、秘密配方或秘密程序所支付的作为报酬的各种款项，也包括使用或有权使用工业、商业、科学设备或有关工业、商业、科学经验的情报所支付的作为报酬的各种款项。如果特许权使用费受益所有人是缔约国另一方居民，则所征税款不应超过特许权使用费总额规定的一定比例。

[政策解析] 居民国和所得来源国对特许权使用费都有征税权，来源国是指实际支付特许权使用费的企业所在国。然而，对所支付的特许权使用费同常设机构有实际联系的不适用特许权使用费条款，而应按营业利润处理。此外，在适用特许权使用费条款时，需注意受益所有人的判定问题。一般而言，来源国基于税收协定对特许权使用费收入实行限制性税率。

十一、不动产所得

（一）不动产所得的定义

对"不动产所得"一词的解释一般在税收协定的第六条，一般有四款，主要用来确定税收协定缔约国之间对于不动产所得的征税权划分问题。

（二）不动产所得征税权的划分

我国对外签订的税收协定，对"不动产所得"一般性条款主要表述有4款：一是缔约国一方居民从位于缔约国另一方的不动产取得的所得（包括农业或林业所得），可以在该缔约国另一方征税。二是"不动产"一语应当具有财产所在地的缔约国的法律所规定的含义。该用语在任何情况下应包括附属于不动产的财产，农业和林业所使用的牲畜和设备，有关地产的一般法律规定所适用的权利，不动产的用益权以及由于开采或有权开采矿藏、水源和其他自然资源取得的不固定或固定收入的权利。船舶和飞机不应视为不动产。三是第一款的规定应适用于从直接使用、出租或者任何其他形式使用不动产取得的所得。四是第一款和第三款的规定也适用于企业的不动产所得和用于进行独立个人劳务的不动产所得。

[政策解析] 一是不动产所在国（来源国）对不动产所得拥有优先征税权。二是上述条款所指的不动产所得范围包含两个方面：其一，从直接使用、出租或者任何其他形式使用不动产取得的所得；其二，企业的不动产所得和用于进行独立个人劳务的不动产所得。三是"第一款的规定适用从直接使用、出租或者任何其他形式使用不动产取得的所得"，

说明税收协定"不动产所得"条款适用于不动产所有权尚未发生转移的情况,若不动产所有权发生转移,由此产生的财产收益,不适用此部分条款内容,应适用"财产收益"条款的规定。

在我国与"一带一路"沿线国家(地区)签订的税收协定中,有一些特殊规定。例如,我国与捷克、赞比亚签订的税收协定中,不动产所得范围不包括用于进行独立个人劳务的不动产所得。我国与科威特1986年签订的议定书中规定:"缔约国一方居民个人在缔约国另一方有受其支配的一个或更多的居所供其私人使用,根据该缔约国另一方法律不构成其永久住所,该缔约国另一方应对其免征不动产所得税。"即对不构成永久住所的居民免征不动产所得税。

十二、财产收益

(一)财产收益的定义

对"财产收益"一词的解释一般在税收协定的第十三条,主要用来确定转让各类财产所有权取得收益的征税权的划分,"财产"包括不动产、常设机构财产、运输工具、股份以及其他财产。

(二)财产收益征税权的划分

我国对外签订的税收协定,对"转让不动产"一般性条款主要表述为:缔约国一方居民转让位于缔约国另一方的不动产取得的收益,可以在该缔约国另一方征税。

[案例分析]我国一家企业在泰国拥有一栋房产,2022年准备将该房产出售,根据中国和泰国签订的税收协定规定:"缔约国一方居民转让第六条所指的位于缔约国另一方的不动产取得的收益,可以在该缔约国另一方征税",该企业需要在泰国缴税。

(三)转让常设机构营业财产

我国对外签订的税收协定,对"转让常设机构营业财产"一般性条款主要表述为:转让我国居民在缔约对方国家(地区)的常设机构营业财产部分的动产,包括转让该常设机构(单独或者随同整个企业)取得的收益,可以在缔约对方国家(地区)征税。

[案例分析] 我国一家企业在哈萨克斯坦设有一个工厂,主要用于生产,现因资金周转需要,准备将工厂的部分设备转让。根据我国和哈萨克斯坦签订的税收协定规定:"转让缔约国一方企业在缔约国另一方的常设机构营业财产部分的动产,或者缔约国一方居民在缔约国另一方从事独立个人劳务的固定基地的动产取得的收益,包括转让常设机构(单独或者随同整个企业)或者固定基地取得的收益,可以在该缔约国另一方征税。"可知转让常设机构的营业财产或者从事独立个人劳务的固定基地财产,无论是单独转让还是随同整个企业一起转让,只要是转让归属于该常设机构的财产取得的收益,都可以由常设机构所在国征税。因此,本案例中,该企业需要在哈萨克斯坦缴税。

(四) 转让运输工具

我国对外签订的税收协定,对"转让运输工具"一般性条款主要表述为:缔约国一方居民转让从事国际运输的船舶或飞机,或者转让属于经营上述船舶、飞机的动产取得的收益,应仅在该缔约国征税。其中,在"一带一路"沿线国家(地区)中,我国与吉尔吉斯斯坦、哈萨克斯坦、乌兹别克斯坦、土耳其的协定中转让从事国际运输的陆运车辆适用此规定,与塔吉克斯坦的协定中转让从事国际运输的公路或铁路车辆适用此规定,与俄罗斯的协定中转让从事国际运输的火车以及机动交通工具适用此规定。此外,部分协定会将一般性条款中的"应仅在该缔约国征税"改为"应仅在该企业实际管理机构所在的国家征税""应仅在该企业总机构所在的国家征税""应仅在该企业总机构或实际管理机构所在的国家征税"等。

[案例分析] 我国某航空企业在国内与南非之间开展国际运输业务,现需要转让一架飞机。根据我国和南非签订的税收协定规定:"缔约国一方企业转让从事国际运输的船舶或飞机,或者转让属于经营上述船舶、飞机的动产取得的收益,应仅在该缔约国征税。"可知该企业应就此财产收益在我国缴税,无需在南非缴税。

(五) 转让主要由不动产组成的公司股权

我国对外签订的税收协定,对"转让主要由不动产组成的公司股权"主要有两种规定:一是转让一个公司股份取得的收益,该公司的财产又主要直接或间接由位于一方的不动产所组成，可以在不动产所在国征税。二是缔约国一方居民转让股份或类似权益（如合伙企业或信托中的权益）取得的收益，如果转让前 365 天内的任一时间，该股份或类似权益超过 50% 的价值直接或间接来自于位于缔约国另一方的不动产，可以在该缔约国另一方征税。此外，我国与部分国家（地区）的税收协定、税收安排或协议对不动产占比作了明确规定，部分协定没有单列对"转让主要财产为不动产的公司的股份取得收益"的税收处理规定。

[**案例分析**] 我国某企业在菲律宾设有一子公司，该子公司持有若干土地房产，占该子公司股份价值的 80%。该企业打算全部转让菲律宾子公司的股份。根据我国与菲律宾签订的税收协定规定："转让一个公司财产股份的股票取得的收益，该公司的财产又主要直接或者间接由位于缔约国一方的不动产所组成，可以在该缔约国一方征税。"可知该企业需要根据菲律宾相关税收规定缴税。

（六）转让公司股权（主要由不动产构成的股权除外）

我国对外签订的税收协定，对"转让公司股权（主要由不动产构成的股权除外）"主要有两种规定：一是转让不动产组成的公司股份以外的其他股票取得的收益，该项股票又相当于参与缔约国一方居民公司的股权的 25% 的，可以在该缔约国征税；二是缔约国一方居民转让其在缔约国另一方居民公司的股份取得的收益，如果该收益的收款人在转让行为前的 12 个月内，曾经直接或间接拥有该公司至少 25% 的股份，可以在该缔约国另一方征税。此外，我国与一部分国家（地区）的税收协定则没有单列对转让其他公司股份取得收益的税务处理规定。在我国与"一带一路"沿线国家（地区）签订的税收协定中，捷克、奥地利的税收协定规定，不论控股比例大小，均在被转让股份的公司所在国征税。

（七）转让其他财产

我国对外签订的税收协定，对"转让其他财产"主要有两种规定：一是由居民国征税，即转让股份取得收益的人为居民的国家拥有征税权，协定一般表述为"转让第一款至第五款所述财产以外的其他财产取得的收益，应仅在转让者为其居民的缔约国一方征税"；二是转让发生国征税，即收益发生时的财产所在国或转让行为发生国征税，协定一般表述为"缔约国一方居民出让第一款至第三款所述财产以外的其他财产取得的收益,发生于缔约国另一方的,可以在该缔约国另一方征税。"

在我国与"一带一路"沿线国家(地区)签订的税收协定中,有一些特殊的协定不同于大部分协定的规定。例如,我国与土耳其签订的协定表述为"转让第一款至第四款所述财产以外的其他财产取得的收益,应仅在转让者为其居民的缔约国征税。然而,以上提及的从缔约国另一方取得的财产收益,如果该项财产购置和转让间隔时间不超过1年,应在该缔约国另一方征税。"

十三、独立个人劳务

(一) 独立个人劳务定义与征税原则

独立个人劳务条款主要明确了缔约国一方居民以独立身份到缔约国另一方从事劳务活动取得的所得,独立个人劳务总的征税原则是由其居民国征税。但在满足一定条件下,来源国可以征税。来源国征税条件包括固定基地标准、183天停留标准和支付条件标准。我国对外签订的税收协定绝大多数都采用了固定基地原则,此外,一般还兼用183天标准、支付条件标准中的一种或几种。

(二) 独立个人劳务与非独立个人劳务的区别

独立个人劳务条款与非独立个人劳务条款关系紧密,两者属并列关系,缔约国一方居民个人从事一项劳务活动只能适用其中一个条款。一般认为,如果个人以独立身份从事劳务活动的,应属于独立个人劳务条款的协调范围。演艺人员和运动员从事独立性质的跨国表演活动应优先适用艺术家和运动员条款。

如何准确区分独立个人劳务与非独立个人劳务,判断该个人是否以独立身份开展活动,是正确适用税收协定条款并据以征税的关键。在实践中,能否正确区分独立个人劳务与非独立个人劳务,直接影响到征税权的确定和税款的征收,是税收协定执行的重要内容。对此,国家税务总局曾发文明确,个人要求执行税收协定独立个人劳务规定的,需向税务机关提交如下证明:职业证件,包括登记注册证件和能证明其身份的证件,或者由其为居民的缔约国税务当局在出具居民证明中注明其现时从事专业性劳务的职业;提供其与有关公司签订的劳务合同,表明其与该公司的关系是劳务服务关系,而不是雇主与雇员关系;等等。此外,应注意以下几点:

(1) 医疗保险、社会保险、假期工资、海外津贴等方面不享受公司雇员待遇。

（2）其从事劳务服务所取得的劳务报酬，是按相对的小时、周、月或一次性计算支付。

（3）其劳务服务的范围是固定的或有限的，并对其完成的工作负有质量责任。

（4）其为提供合同规定的劳务所相应发生的各项费用，由其个人负担。

对于不能提供上述证明，或在劳务合同中未载明有关事项或难于区别的，仍应视其所从事的劳务为非独立个人劳务。

十四、受雇所得（非独立个人劳务）[①]

（一）受雇所得的定义

受雇所得一般性表述为：缔约国一方居民因受雇取得的薪金、工资和其他类似报酬，除在缔约国另一方从事受雇的活动以外，应仅在该缔约国一方征税。在缔约国另一方从事受雇的活动取得的报酬，可在该缔约国另一方征税。与独立个人劳务所得相比，非独立个人劳务所得是指有固定雇主、作为雇员或职员所从事的劳务，通常也称为"受雇所得"。我国以前签署的税收协定中此条款表述为非独立个人劳务，近年来签署的税收协定将此条款表述为受雇所得，上述两种表述并无实质差别，主要明确了对受雇所得划分征税权的一般原则，即来源国拥有优先征税权。

（二）受雇所得的征税原则

我国目前对外签订的税收协定受雇所得条款一般明确受雇所得的一般征税原则，即应在缔约国一方居民个人从事受雇活动的所在国（地区）征税；同时规定一般征税原则不适用于董事费、艺术家和运动员所得、退休金、政府服务报酬及退休金、教师和研究人员所得、学生和实习人员所得等特殊所得。受雇所得条款除一般征税原则外，也存在例外情况，即在同时满足以下三个条件的情况下，受雇劳务活动的发生国（即来源国）对个人受雇所得没有征税权，而应仅由个人的居民国征税。这三个条件为：在受雇劳务发生国连续或累计停留不超过183天；报酬不是由具有来源国居民身份的雇主或代表该雇主支付的；报酬不是由雇主设在来源国的常设机构或固定基地负担的。

---

① 国家税务总局国际税务司. 中国避免双重征税协定执行指南 [M]. 北京：中国税务出版社，2016：175.

这里需要特别强调的是，一定要三个条件同时满足，否则来源国即可征税。而对于在经营国际运输的船舶或飞机上从事受雇活动的人员取得的报酬，对其征税的原则在一定程度上遵循税收协定国际运输条款所确立的原则，即在从事该项运输的企业为其居民的国家征税。

十五、董事费①

（一）董事费的定义

我国对外签订的税收协定没有对"董事费"单独定义，只是明确规定缔约国一方居民作为缔约国另一方居民公司的董事会成员取得的董事费和其他类似款项，适用董事费条款。取得的所谓"其他类似款项"包括个人以公司董事会成员身份取得的实物福利。税收协定对董事费条款的一般性表述为：缔约国一方居民作为缔约国另一方居民公司的董事会成员取得的董事费和其他类似款项，可以在该缔约国另一方征税。

（二）董事费的征税原则

我国居民个人作为缔约国对方居民公司的董事会成员取得的董事费适用"董事费"条款规定，由缔约国对方征税。但是假如董事会成员因在公司任职、受雇取得的那部分报酬则应适用"受雇所得"条款中的一般原则。

（二）董事费适用范围

我国对外签订的税收协定中，都坚持了由支付董事费的公司所在地的国家征税，但适用人员范围有所不同，有的适用于董事会成员，有的适用于监事会或其他类似机构的成员，有的适用于高级管理人员。

董事会成员取得的董事费和其他类似款项由其所任职公司的居民国优先征税。这不同于"受雇所得"由劳务发生地国家征税的一般原则，原因在于董事会成员作为决策层，往往工作量不大，但报酬不少，且工作性质不要求他们在固定地点提供劳务，按照劳务发生地原则确定征税权合理性较弱。因此，将征税权赋予了董事所在公司为其居民的国家，这体现了所得来源国的优先征税原则。我国与有些国家所签订的税收协定中，董事费条款还涵盖了公司的高层管理人员。对于董事费条款中未明确包括公司高管的税收协定，

---

① 国家税务总局国际税务司. 中国避免双重征税协定执行指南 [M]. 北京：中国税务出版社，2016：186.

高管人员所取得的报酬应适用"受雇所得"条款。董事会成员取得的"其他类似款项"包括个人以董事会成员身份取得的实物福利,如股票期权、居所或交通工具、健康或人寿保险及俱乐部成员资格等。对于董事会成员被授予的股票期权,公司居民国有权对构成董事费或类似性质报酬的股票期权利益征税,即使征税时该人已经不再是董事会的成员。

十六、艺术家(表演家)和运动员[①]

(一)艺术家(表演家)和运动员的定义

我国对外签订的税收协定没有对"艺术家(表演家)和运动员"单独定义,税收协定对此一般表述为:一是缔约国一方居民,作为表演家,如戏剧、电影、广播或电视艺术家、音乐家或作为运动员,在缔约国另一方从事其个人活动取得的所得,可以在该缔约国另一方征税。二是表演家或运动员从事其个人活动取得的所得,并非归属于表演家或运动员本人,而是归属于其他人,该所得可以在该表演家或运动员从事其活动的缔约国征税。三是作为缔约国一方居民的表演家或运动员在缔约国另一方进行活动取得的所得,如果该项活动全部或实质上是由缔约国任何一方政府,其法定机构或地方当局的公共基金资助的,在该缔约国另一方应予免税。

(二)艺术家(表演家)和运动员条款主要内容

我国对外签订的税收协定中"艺术家(表演家)和运动员"条款主要包括三项内容:第一项艺术家(表演家)和运动员从事个人活动所取得的所得,由活动所在国征税;第二项艺术家(表演家)或运动员由于雇佣关系取得的归属于其他人(包括公司)的所得,也由活动所在国征税;第三项艺术家(表演家)或运动员从事政府间的文化交流或者是由政府或其地方当局公共基金资助进行的表演活动取得的所得,活动所在国应予以免税。

(三)艺术家(表演家)和运动员征税原则

艺术家(表演家)或运动员跨国从事个人活动,其取得的报酬由从事活动所在国征税,不论其在该国停留多长时间。艺术家(表演家)和运动员的活动不仅包括舞台、影视、音乐等艺术形式的活动和体育项目活动,还包括具有娱乐性质的涉及政治、社会、宗教或慈善事业的活动。艺

---

① 国家税务总局国际税务司."走出去"税收指引(2021年修订版)[EB/OL].[2021-11-22]. http://www.chinatax.gov.cn/chinatax/n810219/n810744/n1671176/n2884609/c2884646/content.html.

术家（表演家）和运动员所取得的报酬，通常是指出场费，以及与在该国从事的演出或出场有直接或间接联系的广告费和赞助费等所得。如果所得不是直接或间接产生于特定的演出或表演，则应适用其他条款规定。对于从事表演活动录制音像制品并出售产生的所得中分配给艺术家（表演家）或运动员的（权利）所得，或与艺术家（表演家）或运动员有关的涉及其他版权的所得，应适用特许权使用费条款的有关规定征税。

即使艺术家（表演家）和运动员从事其个人活动取得的所得由他人所收取，如经纪人、艺术公司或演出团体等，来源国仍有权对该项所得征税。为了促进缔约国之间的文化、体育交流与合作，我国对外签订的税收协定中大多还规定对艺术家（表演家）或运动员根据政府间协议从事的文化交流活动或由政府公共基金资助的表演活动，在来源国应予免税。

十七、退休金[①]

（一）退休金的定义

退休金是受雇所得（非独立个人劳务）的特殊情况，优先于受雇所得（非独立个人劳务）条款执行。一般情况下，居民国对退休金独占征税权，但政府或地方当局对按照社会保险制度（公共福利计划）支付的退休金和其他款项，支付国独占征税权。税收协定退休金的一般表述为：除适用"政府服务"第二款的规定以外，因以前的雇佣关系支付给缔约国一方居民的退休金和其他类似报酬，应仅在该缔约国一方征税。特殊情况下，表述为：缔约国一方、其地方当局或法定机构支付的或者从其建立的基金中支付给向其提供服务的个人的退休金，应仅在该缔约国一方征税。但是，如果提供服务的个人是缔约国另一方居民，并且是其国民的，该项退休金应仅在该缔约国另一方征税。

（二）退休金条款的适用条件

我国对外签订的税收协定对退休金征税权一般规定：除"政府服务"条款第二款规定的情形外，居民国享有退休金的征税权；居民国对退休金独占征税权。不论取得退休金的人以前的工作地点在何处，取得退休金时该个人为其居民的国家对该项退休金独占征税权。

---

① 国家税务总局国际税务司. "走出去"税收指引（2021年修订版）[EB/OL]. [2021-11-22]. http://www.chinatax.gov.cn/chinatax/n810219/n810744/n1671176/n2884609/c2884646/content.html.

(三) 退休金条款的征税原则

跨境工作人员退休金进行征税的一般原则，即由取得退休金或其他类似报酬的个人在其居民国纳税，支付所得的来源国没有征税权。其中，"其他类似报酬"包括与退休金类似的非定期支付的款项，如在雇佣关系终止时或终止以后一次性支付的退休金。例如，一个韩国国民原来在韩国受雇于某企业，其退休后定居在中国并构成中国居民，那么，根据协定规定，中国对该个人从韩国取得的退休金独占征税权。由退休金支付国即来源国独享征税权的特殊规定：由一国政府或其地方当局按社会保险制度的公共福利计划支付的退休金和其他类似款项，无论支付时取得退休金的个人在何处居住，应仅在退休金支付国征税。如果上一个例子中的韩国公民所取得的退休金是由韩国政府或地方当局根据社会保险制度所支付的，那么，韩国对这部分退休金独占征税权。

十八、教师、研究人员[①]

(一) 教师、研究人员的定义

《OECD 范本》和《UN 范本》都没有教师和研究人员条款。我国在税收协定谈判早期为了引进先进人才，促进两国间的教育、科学、文化交流，在税收协定中列入了该项条款。但近年来我国所签订的部分新协定或修订后的协定已取消了对教师和研究人员的优惠待遇。我国对外签署的税收协定一般表述为：任何个人是、或者在直接前往缔约国一方之前曾是缔约国另一方居民，主要由于在该缔约国一方的大学、学院、学校或其他公认的教育机构从事教学、讲学或研究的目的暂时停留在该缔约国一方，从其第一次到达之日起停留时间不超过三年的，该缔约国一方应对其由于教学、讲学或研究取得的报酬，免于征税。或者表述为：任何个人是、或者在直接前往缔约国一方之前曾是缔约国另一方居民，主要由于在该缔约国一方的大学、学院、学校或其他公认的教育机构和科研机构从事教学、讲学或研究的目的暂时停留在该缔约国一方，其停留时间累计不超过三年的，该缔约国一方应对其由于教学、讲学或研究取得的报酬，免予征税。

---

① 国家税务总局国际税务司. "走出去" 税收指引 (2021年修订版) [EB/OL]. [2021-11-22]. http://www.chinatax.gov.cn/chinatax/n810219/n810744/n1671176/n2884609/c2884646/content.html.

（二）教师、研究人员条款的适用条件

缔约国一方居民个人到缔约国另一方的大学、学院、学校或其他公认的教育机构或科研机构从事教学、讲学或研究取得的报酬，该缔约国另一方应给予定期的免税待遇。我国签订的部分税收协定还规定，免税仅限于所从事的研究服务于公共利益。如果主要是为了某个人或某些人的私利而从事的研究，则对其取得的所得不予免税。

在我国，该条款仅适用于与中国境内的学校或研究机构（以下简称境内机构）有聘用关系的教师和研究人员。凡与境内机构没有上述聘用关系，而以独立身份或者以非境内机构的雇员身份在中国境内从事教学、讲学或研究活动的人员，以及受境外教育机构的指派为该境外教育机构与境内机构的合作项目开展相关教学活动的人员，不适用该条款的规定。关于免税的时间限定，不同协定规定的免税期有所不同，包括1年、2年、3年或5年不等，对于教师和研究人员在免税期内取得的所得，来源国应免于征税。超过免税期的，从超过之日起征税。

十九、学生和实习人员①

（一）学生和实习人员的定义

税收协定中的学生通常包括实习生和企业学徒，是指接受教育或培训的人。作为一类特殊人群，其为维持生活、接受教育或培训的目的而取得的款项在税收协定中给予了一定的免税待遇。税收协定中一般表述为：学生或企业学徒是，或在直接前往缔约国一方访问前曾是缔约国另一方居民，仅由于接受教育或培训的目的停留在首先提及的国家，其为维持生活、接受教育或培训收到来源于该国以外的款项，该国免于征税。

（二）学生和实习人员条款的适用条件

我国已签订的税收协定中，部分协定只原则性规定对学生、企业学徒或实习生为了维持生活、接受教育或培训的目的收到的款项，在其学习、接受教育或培训的所在国免于征税；部分协定（安排）根据学生收到的所得的不同来源、性质，分别明确不同的税收待遇；部分协定还对免税时间进行了规定。

---

① 国家税务总局国际税务司．"走出去"税收指引（2021年修订版）[EB/OL]．[2021-11-22]．http://www.chinatax.gov.cn/chinatax/n810219/n810744/n1671176/n2884609/c2884646/content.html.

(三) 学生和实习人员免税待遇

学生或企业学徒到另一国接受教育或培训,其为维持生活、接受教育或培训的目的取得的所得在满足以下三个条件的情况下,在其接受教育或培训所在国可享受免税待遇:一是该学生或企业学徒在到达缔约国另一方之前是缔约国一方的居民。二是免予征税的所得,通常限制在学生或企业学徒为了维持生存、接受教育或培训的目的而收到的款项,通常不包括独立个人劳务条款和受雇所得条款所涵盖的服务报酬。如果学生或企业学徒有工作收入,则应区分服务报酬和为维持生活、接受教育或培训的目的所获得的款项。三是其取得的所得是从教育或培训所在国境外收到的款项。

二十、其他所得

对"其他所得"一词的解释一般在税收协定的第二十二条,该条款就如同兜底条款,主要用来确定税收协定其他条款未涉及的所得征税规则。

我国对外签订的税收协定,对"其他所得"一般性条款主要表述为两种:一是规定居民国拥有征税权,通常表述为"一、由缔约国一方居民受益所有的各项所得,不论发生于何地,凡本协定上述各条未作规定的,应仅在该缔约国一方征税。"二是规定来源国拥有不完全征税权,通常表述为"虽有第一款和第二款的规定,缔约国一方居民的各项所得,凡本协定上述各条未作规定,而发生在缔约国另一方的,可以在该缔约国另一方征税。"此外,我国与极少数"一带一路"沿线国家(地区)的税收协定无"其他所得"条款,如保加利亚。

二十一、非歧视待遇

对"非歧视待遇(无差别待遇)"一词的解释来自于税收协定第二十四条,该条款属于特别规定条款,主要用来保证缔约国一方的人在缔约国另一方负担的纳税义务,不比缔约国另一方的人在相同或类似情况下所负担的纳税义务不同或负担更重。它一般包括:国籍非歧视待遇、常设机构非歧视待遇、扣除非歧视待遇、资本非歧视待遇等四个方面的定义解释和保留条款。需要注意的是,本规定不能被理解为缔约国一方基于经济发展等目的制定的国家政策,而给予本国居民在税收上的任何个人扣除、优惠和减免税也必须给予缔约国另一方居民。

(一) 国籍非歧视待遇

我国对外签订的税收协定，对"国籍非歧视待遇"一般性条款主要表述为：缔约国一方的国民在缔约国另一方负担的税收或者有关条件，在相同情况下，特别是在居民身份相同的情况下，不应与该缔约国另一方的国民负担或可能负担的税收或者有关条件不同或比其更重。虽有第一条（本协定适用于缔约国一方或者同时为双方居民的人）的规定，本款规定也应适用于不是缔约国一方或者双方居民的人。

[政策解析] 纳税人不得因国籍不同，而在税收上受到差别待遇，缔约国必须给予其国民同等的税收待遇。

(二) 常设机构非歧视待遇

我国对外签订的税收协定，对"常设机构非歧视待遇"一般性条款主要表述为：缔约国一方企业在缔约国另一方常设机构的税收负担，在相同情况下，不应高于缔约国另一方对从事同样活动的本国企业征收的税收。本规定不应被理解为缔约国一方由于民事地位、家庭责任而给予本国居民税收上的个人补贴、优惠和减免也必须给予缔约国另一方居民。

[政策解析] 缔约国一方企业在缔约国另一方进行营业并构成常设机构，缔约国另一方在对常设机构征税时，其待遇应该与从事相同或类似业务的本国企业相同或相似，其税收负担不应高于从事相同或类似业务的本国企业。不限制缔约国另一方制定政策使得外国企业的常设机构承担更低的税负。

(三) 扣除非歧视待遇

我国对外签订的税收协定，对"扣除非歧视待遇"一般性条款主要表述为：除适用第九条（关联企业）、第十一条（利息）第七款或第十二条（特许权使用费）第六款规定外，缔约国一方企业支付给缔约国另一方居民的利息、特许权使用费和其他款项，在确定该企业应纳税利润时，应与在同样情况下支付给该缔约国一方居民同样予以扣除。

[政策解析] 除了关联关系情况下不符合独立企业原则的支付外，缔约国一方在计算本国企业的应纳税所得额时，对于该企业支付给缔约国另一方企业的利息、特许权使用费等各种费用，在相同情况下，应向支付给本国企业的费用一样，准予税前扣除。

（四）资本非歧视待遇

我国对外签订的税收协定，对"资本非歧视待遇"一般性条款主要表述为：缔约国一方企业的资本全部或部分，直接或间接为缔约国另一方一个或多个居民拥有或控制，该企业在该缔约国一方负担的税收或者有关要求，在相同情况下，不应与该缔约国一方其他同类企业负担或可能负担的税收或者有关条件不同或比其更重。

[政策解析] 该条文主要用于确保一国设立在另一国的子公司不受另一国税收歧视。对于缔约国另一方居民在本国投资成立的子公司，其税收待遇应该与从事相同或类似业务的本国居民投资设立的企业相同。应该强调的是，这里仅指的是企业（即子公司）本身，不包括投资者。而一国国内法中对居民企业支付给非居民关联企业的利息不允许扣除的规定（资本弱化规则），不应被认为违反了资本非歧视待遇的规定。

二十二、主要目的测试

税收协定主要目的测试条款是指税收协定中有如下表述或者类似表述的条款：虽有本协定其他条款的规定，如果在考虑了所有相关事实与情况后，可以合理地认定就某项所得获取本协定某项优惠是直接或间接产生该优惠的安排或交易的主要目的之一，则不应对该项所得给予该优惠，除非能够证明在此种情形下给予该优惠符合本协定相关规定的宗旨和目的。例如，我国与俄罗斯 2014 年签订的议定书中规定："如果据以支付利息的债权的产生或转让，是由任何人以取得本条利益为主要目的或主要目的之一而安排的，则本条规定不适用。"我国与印度 2018 年签订的议定书中规定："虽有本协定其他条款的规定，如果在考虑了所有相关事实与情况后，可以合理地认定就某项所得获取本协定某项优惠是直接或间接产生该优惠的安排或交易的主要目的之一,则不应对该项所得给予该优惠,除非可以确认在此种情形下给予该优惠符合本协定相关规定的宗旨和目的。"对此,"主要目的测试"条款适用于取得各种所得享受协定待遇的情形。

二十三、饶让抵免

关于饶让抵免的规定一般在税收协定的第二十三条"消除双重征税方法"中。对于饶让抵免的定位,不同学者有不同观点。有的学者认为饶让抵免是一种独立的消除双重征税的方法,与直接抵免法和间接抵免法并列,共同构成用于消除双重征税的抵免法。[1] 有的学者认为饶让抵免不是一种独立的避免国际重复征税的方法,它只是抵免法的附加,是在采取抵免法计算本国居民应纳所得税额时,根据同有关国家预先缔结的税收协定规定,出于鼓励本国居民从事国际经济活动的积极性和维护非居住国利益的双重目的而给予的特殊优惠。[2] 而有的学者认为,饶让抵免是一种抵免原则,与"分国不分项"、限额抵免一共构成税收抵免的原则以避免国际重复征税。[3] 但无论饶让抵免定位如何,几乎所有学者对其定义和作用持一致态度,即饶让抵免是指居住国政府对其居民在非居住国得到税收优惠的那部分所得税,特准给予饶让,视同已纳税额,同样给予抵免待遇,不再按居民国税法规定补征。饶让抵免有利于消除国际重复征税,有利于非居民国实行的税收优惠效果得以实现,有利于居民国鼓励资本和技术输出。

税收饶让的实质,是居住国对来源国(非居住国)为鼓励外来投资通过减免税或降低税率等税收优惠而放弃的收入所给予的认可和配合,并不是对在非居住国实际缴纳的税额的抵免,故又被形象地称为"虚构抵免""影子抵免"或"未征税视同已征税抵免"。[4] 税收饶让一般分为普通饶让和定率饶让两种类型,如表3-11所示。

---

[1] 国家税务总局国际税务司. 中国避免双重征税协定执行指南 [M]. 北京:中国税务出版社,2016:236.
[2] 梁若莲. 税收协定解读与应用 [M]. 北京:中国税务出版社,2016:251.
[3] 赵卫刚,王坤. "走出去"税务指南 [M]. 北京:中国市场出版社,2017:469.
[4] 梁若莲. 税收协定解读与应用 [M]. 北京:中国税务出版社,2016:252.

表 3-11　　　　　　　我国对外签署税收协定关于抵免饶让一览

项目	国家（地区）
互相给予饶让抵免	马来西亚、泰国、斯洛伐克、波黑、保加利亚、巴基斯坦、科威特、塞浦路斯、巴新、越南、牙买加、塞尔维亚、黑山、马其顿、塞舌尔、古巴、尼泊尔、阿曼、突尼斯、摩洛哥、特多、埃塞俄比亚（仅对营业利润）、柬埔寨、安哥拉、印度、毛里求斯
对方国家给予单方面饶让	日本、新加坡、加拿大、波兰、奥地利、阿联酋

资料来源：国家税务总局国际税务司. "走出去"税收指引（2021年修订版）[EB/OL]. [2021-11-22]. http://www.chinatax.gov.cn/chinatax/n810219/n810744/n1671176/n2884609/c2884646/content.html/n1671176/n2884609/c2884646/content.html.

我国对外签订的税收协定大多数为普通饶让，且其中大多数缔约国为发展中国家，其一般性条款一般表述为：本条前款提及的在缔约国一方应纳税额，应视为包括假如没有按照该缔约国一方为促进经济发展给予的税收优惠而本应缴纳的税额。此外，部分国家会以正列举的方式列出减免税优惠相关国内法规，避免饶让抵免的滥用。定率饶让在协定中的一般性条款通常表述为：在消除双重征税条款中所述的抵免中，缔约国一方税收，应视为已经支付；在前款规定适用的某项所得（如股息、利息、特许权使用费等）的情况下，视同按一定比例（如10%、15%、20%等）的税率纳税。例如，我国与越南签订的税收协定中规定："第一款和第二款中，在越南或者中国缴纳的税额，按照上下文，应视为包括假如没有按照缔约国为促进经济发展的法律给予减税、免税而本应缴纳的税额。在第十条第二款、第十一条第二款和第十二条第二款情况下，该税额应视为股息、利息和特许权使用费总额的10%。"

需要注意的是，享受饶让抵免的境外所得来源国（地区）必须是与我国政府订立税收协定（或安排）且有饶让抵免条款的国家（地区）；享受饶让抵免的境外所得必须是按照所得来源国（地区）税收法律享受了免税或减税待遇，且该免税或减税的数额按照税收协定规定应视同已缴税额，方可在其申报境外所得税额时视为已缴税额；企业取得的境外所得根据来源国税收法律法规不判定为所在国应税所得，而按中国税收法律法规规定属于应税所得的，不属于税收饶让抵免范畴，应全额按中国税收法律法规规定缴纳企业所得税；境外所得采用简易办法计算抵免额的，不适用饶让抵免①。

---

① 国家税务总局国际税务司. "走出去"税收指引（2021年修订版）[EB/OL]. [2021-11-22]. http://www.chinatax.gov.cn/chinatax/n810219/n810744/n1671176/n2884609/c2884646/content.html.

[学习小结] 通过学习本节内容，使读者掌握以下内容：一是税收协定的概述；二是税收协定的重要要素，包括税收协定的适用范围、居民、常设机构、营业利润、关联企业、国际运输、利息所得、股息所得、特许权使用费、不动产所得、财产收益、独立个人劳务、受雇所得、董事费、艺术家和运动员、退休金、教师和研究人员、学生和实习人员、其他所得等内容；三是税收协定的特殊规定，包括非歧视待遇、主要目的测试、饶让抵免等内容。通过学习熟悉我国与"一带一路"沿线国家（地区）签订的税收协定的重点内容，以便更好地进行学习与理解。

[思考练习]

1. 税收协定与国内税法的法律地位孰高孰低？

答：当前，判断税收协定与国内税法的地位存在两种模式。一种模式是税收协定优于国内税法。即，当税收协定与国内税法规定有所不同时，大多数国家会采取"税收协定优先于国内税法"的原则。我国主张税收协定优先于国内税法，例如，《中华人民共和国企业所得税法》第五十八条明确规定："中华人民共和国政府同外国政府订立的有关税收的协定与本法有不同规定的，依照协定的规定办理。"另一种模式是税收协定与国内税法具有同等的法律效力，当出现冲突时，按照"新法优于旧法"和"特别法优于普通法"等处理法律冲突的一般性原则来协调。我国主张"税收协定与国内税法孰优"的原则，即税收协定不能干预缔约国制定、补充和修改国内税法，更不能限制国内税法作出比税收协定更优惠的规定；如果国内税法的规定比税收协定更为优惠，一般应执行国内税法。例如，我国与泰国的税收协定规定，对特许权使用费的限制税率为15%。而我国企业所得税法对特许权使用费减按10%的税率征收。对于纳税人来说，我国国内税法优于中泰税收协定，此时执行国内税法10%的税率，并不意味着违反了中泰税收协定的规定。

2. 目前国际上最重要、影响力最大的两个税收协定范本是什么？

答：20世纪60年代后，《经济合作与发展组织关于避免所得和财产双重征税的协定范本》（简称《OECD范本》）和《联合国关于发达国家与发展中国家间双重征税的协定范本》（简称《UN范本》）诞生，这是目前国际上最重要、影响力最大的两个税收协定范本，已被许多国家作为对外缔结税收协定的根据和蓝本。

3. 如何理解税收协定中"人的范围"?

答：第一，税收协定适用于"人"。"人"所定义的范围，各国签订的税收协议存在差别，在具体执行时应查阅协定第三条的解释。例如，我国与新加坡签订的税收协定中"人"一语包括个人、公司和其他团体，与泰国签订的税收协定中"人"一语包括个人、公司和其他团体以及按照缔约国任何一方现行税法是为应纳税单位的任何实体。第二，"人"必须是"居民"。换而言之，只有"居民"才能享受税收协定的待遇。这是由于只有一国的居民，才会对本国负有无限纳税义务，需要就其来源于境内和境外的所得向该国纳税，当其所得来自缔约国双方时才会存在被双重征税的可能，才需要税收协定以消除双重征税。因此，"居民"本质上指的是在缔约国负有纳税义务的"人"。"居民"所定义的范围，各国签订的税收协议存在差别，在具体执行时应查阅协定第四条的解释。第三，身为"居民"的人必须属于缔约国一方或双方。即，除特殊规定外，税收协定不适用于任何第三方居民。

4. 国际上处理个人最终居民身份的归属问题通常使用什么规则？

答：由于世界各国在自然人居民身份判定标准上各不相同，同一自然人有可能同时为缔约国双方居民。例如，同一纳税人既拥有永久性住所，又在另一国停留时间过长，使其足以被判定为该国的税收居民。为了解决这种情况下个人最终居民身份的归属，税收协定普遍采取加比规则。加比规则的使用有先后顺序，按照"永久性住所→重要利益中心→习惯性住所→国籍"的顺序来协调双重居民身份的矛盾。

5. 税收协定中的"常设机构"是指什么？

答：我国对外签订的税收协定，对"常设机构"一般性条款主要表述为：协定中"常设机构"一词是指企业进行全部或部分营业的固定营业场所。"常设机构"一词特别包括：管理场所、分支机构、办事处、工厂、车间（作业场所），以及矿场、油井或气井、采石场或者其他开采自然资源的场所。除上述列举外，我国与部分国家还增列了部分项目，例如与泰国、印度等国家增加农场、种植园、林场等特殊规定。一般常设机构通常是指具有固定性、持续性和经营性的营业场所，但不包括从事协定所列举的专门从事准备性、辅助性活动的机构。即缔约国一方企业在缔约国另一方仅由于仓储、展览、采购及信息收集等活动的目的设立的具有准备性或辅助性的固定场所，不应被认定为常设机构。只有不具备法人资格的外国企业及其分支机构才有可能被认定为常设机构。

6. 我国对外签订的税收协定，对于"国际运输"条款大多数采用什么原则？

答：我国对外签订的税收协定，对于国际运输大多数采用居民国独占征税权原则，部分协定采用总机构所在国独占征税权原则、实际管理机构所在国独占征税权原则、总机构或实际管理机构所在国独占征税权原则，少部分采用来源国拥有部分征税权原则。

7. 什么是饶让抵免？

答：饶让抵免，是指居住国政府对其居民在非居住国得到税收优惠的那部分所得税，特准给予饶让，视同已纳税额，同样给予抵免待遇，不再按居民国税法规定补征。饶让抵免有利于消除国际重复征税，有利于非居民国实行的税收优惠效果得以实现，有利于居民国鼓励资本和技术输出。税收饶让的实质，是居住国对来源国（非居住国）为鼓励外来投资通过减免税或降低税率等税收优惠而放弃的收入所给予的认可和配合，并不是对在非居住国实际缴纳的税额的抵免，故又被形象地称为"虚构抵免""影子抵免"或"未征税视同已征税抵免"。

8. 2018年某公司派遣5名员工到新加坡安装调试生产线，工程一共持续4个半月，员工的工资薪金由该公司支付，请问他们需要在新加坡缴纳个人所得税吗？

答：根据我国与新加坡的税收协定，这5名员工2018年中在新加坡停留连续或累计未超过183天，且他们的工资薪金不是由新加坡雇主支付或代表该雇主支付，同时该公司未在新加坡构成常设机构，因此他们无需在新加坡缴纳个人所得税。

9. 2018年某公司派遣5名员工到突尼斯安装调试生产线，4个半月回国，后又另派3人到突尼斯工作3个半月完成全部业务，8名员工的工资薪金全部由该公司支付，他们需要在突尼斯缴纳个人所得税吗？

答：按照我国与突尼斯的税收协定规定，虽然这8名员工在有关财政年度开始或终了的任何12个月中在该缔约国另一方停留连续或累计不超过183天，但由于该公司安装调试业务累计时间8个月，已在突尼斯构成常设机构，那么这些员工不论其在突尼斯工作时间长短，也不论其工资薪金在何处支付，都应认为其在突尼斯的常设机构工作期间的所得是由常设机构负担的。因此，他们需要在突尼斯按当地法律规定缴纳个人所得税。①

10. 某居民个人王某独立到马来西亚从事专有设备技术维修服务，其报酬由接受服务的马来西亚某公司支付，王某在马来西亚停留累计未超过183天，马来西亚该公司所支付给王某的报酬未超过4000美元，请问王某在马来西亚取得的所得是否需要缴纳个人所得税？

答：根据我国与马来西亚的税收协定，王某当年在马来西亚停留累计未超过183天，且取得的报酬由马来西亚公司支付的金额未超过4000美元，王某在马来西亚未构成税收居民，王某无需在马来西亚缴纳个人所得税，仅需在中国缴纳个人所得税。

11. 甲公司完全为政府拥有，在沙特阿拉伯设立了全资子公司，投资总额达到300万欧元，现子公司拟分配利润，请问甲公司取得来自沙特阿拉伯的股息需要在当地缴税吗？

答：根据我国与沙特阿拉伯的税收协定，如果甲公司完全为政府拥有，且属于该股息的受益所有人，在沙特阿拉伯当地不需要缴税。

12. 中国与新加坡的税收协定中对于股息有5%、10%两档税率，某公司在新加坡设立了一家公司，股息分回时是否可以享受5%的优惠税率？

答：只有在满足一定条件的情况下才可以享受5%的优惠税率。根据中国和新加坡签订的税收协定，如果直接拥有新加坡居民公司资本比例在取得股息前连续12个月以内任何时候均达到至少25%的，且该公司为股息的受益所有人时，可以享受5%的优惠税率。

13. 某公司派2名员工赴巴基斯坦子公司，一人担任董事，一人担任高级管理人员，两人都是每月在巴基斯坦工作7天，巴基斯坦子公司分别为其支付其董事费和高级管理人员工资，请问巴基斯坦可以对子公司支付给2人的所得征税吗？

答：根据中国和巴基斯坦的税收协定规定，中国居民作为巴基斯坦公司的董事会成员取得的董事费，以及担任高级管理职务取得的薪金、工资所得，需要在巴基斯坦缴税。②

14. 我国某歌星A女士受中国和澳大利亚双方政府邀请，参加中国和澳大利亚官方组织的文化交流活动，获得报酬5万澳元，请问A女士参加该活

---

①② 国家税务总局国际税务司．"走出去"税收指引（2021年修订版）[EB/OL]．[2021-11-22]．http://www.chinatax.gov.cn/chinatax/n810219/n810744/n1671176/n2884609/c2884646/content.html.

动的报酬需要在澳大利亚缴税吗?

答:按照中国和澳大利亚的税收协定规定,艺术家(表演家)或运动员从事政府间的文化交流进行的表演活动取得的所得在活动所在国应予以免税,因此 A 女士不需要在澳大利亚当地缴税。

15. 某公司员工李某退休后,继续被公司返聘派往新加坡办事处工作,该公司按月支付其返聘工资,李某还按月领取退休金。请问李某退休金以及返聘工资需要在新加坡缴税吗?

答:按照中国和新加坡的税收协定规定,李某的退休金应仅在中国缴税。由于李某在新加坡办事处工作,其返聘工资可由新加坡征税。

16. 某公司技术人员王某被派往美国某大学进行一项实验,为期四年,期间其工资由该公司支付,请问该公司支付给王某的工资需要在美国缴纳个人所得税吗?

答:根据中国和美国的税收协定规定,王某自进入美国从事实验工作之日起 3 年内取得的所得在美国免予缴纳个人所得税,自第 4 年的第一天起取得的所得需要在美国缴纳个人所得税。

17. 新加坡居民个人赴中国学习,其在华学习期间取得来源于中国以外的学费资助、助学金、奖学金等,请问该新加坡居民个人取得的学费资助等所得需要在中国缴纳个人所得税吗?

答:根据中国和新加坡的税收协定规定,新加坡居民个人由于接受教育、培训或获取技术经验的目的,而暂时居住在中国,对其为了生活、学习所取得的来源于中国境外的所得,不超过用以维持生活、接受教育或培训的部分,应在中国免税。

18. 某银行是一家国有政策性银行,多年来从新加坡取得的利息收入在当地不需要缴纳预提税,现向澳大利亚企业提供贷款,但澳大利亚税务部门要对该银行的利息收入征收预提税,请问他们的做法对吗?

答:我国与新加坡的税收协定有一定条件下利息免税的规定,但是我国跟澳大利亚的税收协定却没有类似规定,所以该银行取得来自澳大利亚的利息需要在当地纳税。不仅是澳大利亚,我国与塞浦路斯、斯洛文尼亚等国家签订的税收协定对利息也无免税规定。[1]

---

[1] 国家税务总局国际税务司. "走出去"税收指引(2021年修订版)[EB/OL]. [2021 - 11 - 22]. http://www.chinatax.gov.cn/chinatax/n810219/n810744/n1671176/n2884609/c2884646/content.html.

19. A公司是一家商业银行，向中国香港一家企业提供了贷款，现打算向该企业收取利息，金额500万元，是否要在中国香港缴税？

答：A公司这笔利息所得需要在中国香港缴税。内地和香港的税收安排规定："发生于一方而支付给另一方居民的利息，可以在该另一方征税，这些利息也可以在该利息发生的一方，按照该一方的法律征税。但是，如果利息受益所有人是另一方的居民，则所征税款不应超过利息总额的7%。"

第七节　反避税规定

[学习导读] 本节主要介绍转让定价、预约定价安排、成本分摊协议、受控外国企业、资本弱化以及一般反避税的概念、适用范围、方式分类等内容，重点掌握政策要点以及管理规定，以达到实务操作与应用技能的提升。

一、转让定价管理

（一）概念

根据《国家税务总局关于印发〈特别纳税调整实施办法（试行）〉的通知》（国税发〔2009〕2号）规定，转让定价管理，是指税务机关按照《中华人民共和国企业所得税法》第六章和《中华人民共和国税收征收管理法》第三十六条的有关规定，对企业与其关联方之间的业务往来（以下称关联交易）是否符合独立交易原则进行审核评估和调查调整等工作的总称。

独立交易原则，是指没有关联关系的交易各方，按照公平成交价格和营业常规进行业务往来遵循的原则。

（二）管理规定

税务机关结合交易资产或劳务特性、交易各方功能和风险、合同条款、经济环境、经营策略审核企业发生关联交易时，需要考虑是否选用合理的可比非受控价格法、再销售价格法、成本加成法、交易净利润法、利润分割法和其他符合独立交易原则的方法等转让定价方法，是否遵循独立交易原则。

对于关联交易不符合独立交易原则的企业，税务机关通过关联申报审核、同期资料管理和利润水平监控等手段，对企业实施特别纳税调整监控管理，发现企业存在特别纳税调整风险的，可以向企业送达《税务事项通知书》，提示其存在的税收风险。企业收到特别纳税调整风险提示或者发现自身存在特别纳税调整风险的，可以自行调整补税。企业自行调整补税的，应当填报

《特别纳税调整自行缴纳税款表》。企业自行调整补税的,税务机关仍可按照有关规定实施特别纳税调查调整。

企业要求税务机关确认关联交易定价原则和方法等特别纳税调整事项的,税务机关应当启动特别纳税调查程序。企业与其关联方之间的业务往来,不符合独立交易原则而减少企业或者其关联方应纳税收入或者所得额的,税务机关有权按照合理方法调整。

[**案例分析**] 我国 A 集团总部设在江苏省南京市,主要从事消费类电子产品的研发、生产和销售,A 集团下属 HZ 公司的产品为电视机产成品,拥有生产电视机所必需的有关机器设备等有形资产以及非专利生产技术等无形资产。B 公司是 A 集团设在香港的一家销售公司,从 HZ 公司采购电视机产成品,然后销售至境外非关联客户。HZ 公司与 B 公司开展交易制定商品价格时,要考虑自身价值链定位,选择合理的转让定价方法,在确定了可比公司清单以及选用的利润指标后,进一步明确符合独立交易原则的价格范围,以实现整体税务效益最大化。当关联交易金额巨大时,还要主动准备转让定价本地文档,向税务机关主动明示公司的关联交易情况。

二、预约定价安排管理

根据国家税务总局 2021 年 10 月发布的《中国预约定价安排年度报告(2020)》,截至 2020 年 12 月 31 日,中国税务机关已累计签署 116 例单边预约定价安排和 90 例双边预约定价安排。

(一)概念

根据《中华人民共和国企业所得税法实施条例》第一百一十三条规定:"企业所得税法第四十二条所称预约定价安排,是指企业就其未来年度关联交易的定价原则和计算方法,向税务机关提出申请,与税务机关按照独立交易原则协商、确认后达成的协议。"

根据《国家税务总局关于印发〈特别纳税调整实施办法(试行)〉的通知》(国税发〔2009〕2 号)第四条规定,预约定价安排管理,是指税务机关按照《中华人民共和国企业所得税法》第四十二条和《中华人民共和国税收征收管理法实施细则》第五十三条的规定,对企业提出的未来年度关联交易的定价原则和计算方法进行审核评估,并与企业协商达成预约定价安排等工作的总称。

(二) 适用范围

预约定价安排适用的关联交易,为主管税务机关向企业送达接收其谈签意向的《税务事项通知书》之日所属纳税年度起3至5个年度的关联交易。企业以前年度的关联交易与预约定价安排适用年度相同或者类似的,经企业申请,税务机关可以将预约定价安排确定的定价原则和计算方法追溯适用于以前年度该关联交易的评估和调整,追溯期最长为10年。预约定价安排的谈签不影响税务机关对企业不适用预约定价安排的年度及关联交易的特别纳税调查调整和监控管理。

预约定价安排适用的企业,一般为主管税务机关向企业送达接收其谈签意向的《税务事项通知书》之日所属纳税年度前3个年度每年度发生的关联交易金额4000万元人民币以上的企业。根据《国家税务总局关于完善预约定价安排管理有关事项的公告》(国家税务总局公告2016年第64号)规定,有下列情形之一的,税务机关可以优先受理企业提交的申请:

(1) 企业关联申报和同期资料完备合理,披露充分;

(2) 企业纳税信用级别为A级;

(3) 税务机关曾经对企业实施特别纳税调查调整,并已经结案;

(4) 签署的预约定价安排执行期满,企业申请续签,且预约定价安排所述事实和经营环境没有发生实质性变化;

(5) 企业提交的申请材料齐备,对价值链或者供应链的分析完整、清晰,充分考虑成本节约、市场溢价等地域特殊因素,拟采用的定价原则和计算方法合理;

(6) 企业积极配合税务机关开展预约定价安排谈签工作;

(7) 申请双边或者多边预约定价安排的,所涉及的税收协定缔约对方税务主管当局有较强的谈签意愿,对预约定价安排的重视程度较高;

(8) 其他有利于预约定价安排谈签的因素。

(三) 方式分类

按照参与的国家(地区)税务主管当局的数量,预约定价安排可以分为三种类型:单边预约定价安排、双边预约定价安排和多边预约定价安排。

企业与一国税务机关签署的预约定价安排为单边预约定价安排。单边预约定价安排主要有以下作用:一是提供确定性。为企业未来年度的转让定价问题提供确定性,从而带来企业经营及税收的确定性,进而提高税务机关税收收入预期的确定性。二是降低成本和风险。降低税务机关转让定价管理及调查的成本,有效避免企业被税务机关转让定价调查的风险,进而降低企业的税收遵从成本。三是提高纳税服务水平。有助于提高税务机关的纳税服务水平,促进税收管理与服务的均衡发展。然而,单边预约定价安排只能为企业提供一国内关联交易定价原则和计算方法的确定性,而不能有效规避企业境外关联方被其所在国家(地区)的税务机关进行转让定价调查调整的风险。因此,单边预约定价安排无法避免或消除国际重复征税。对此,双边或多边预约定价安排可以有效避免上述问题。企业与两个或两个以上国家(地区)税务主管当局签署的预约定价安排为双边或多边预约定价安排,需要税务主管当局之间就企业跨境关联交易的定价原则和计算方法达成一致。所以,双边或多边预约定价安排可以有效避免或消除国际重复征税。

[政策解析] 相比单边预约定价安排,双边或多边预约定价安排能更大程度地为企业转让定价问题提供确定性。此外,双边或多边预约定价安排还能促进各国税务主管当局之间的交流与合作。

(四)操作流程

预约定价安排的谈签和执行经过预备会谈、谈签意向、分析评估、正式申请、协商签署和监控执行6个阶段:

(1)预备会谈。企业有谈签预约定价安排意向的,应当向税务机关书面提出预备会谈申请。税务机关可以与企业开展预备会谈。

(2)谈签意向。税务机关和企业在预备会谈期间达成一致意见的,主管税务机关向企业送达同意其提交谈签意向的《税务事项通知书》。企业收到《税务事项通知书》后向税务机关提出谈签意向。

(3)分析评估。企业提交谈签意向后,税务机关应当分析预约定价安排申请草案内容,评估其是否符合独立交易原则。根据分析评估的具体情况可以要求企业补充提供有关资料。分析评估阶段,税务机关可以与企业就预约定价安排申请草案进行讨论。税务机关可以进行功能和风险实地访谈。

(4)正式申请。税务机关认为预约定价安排申请草案不符合独立交易原则的,企业应当与税务机关协商,并进行调整;税务机关认为预约定价安排申请草案符合独立交易原则的,主管税务机关向企业送达同意其提交正式申请的《税务事项通知书》，企业收到通知后，可以向税务机关提交《预约定价安排正式申请书》，并附送预约定价安排正式申请报告。

（5）协商签署。税务机关应当在分析评估的基础上形成协商方案，并据此开展协商工作。协商达成一致的，拟定预约定价安排文本。主管税务机关与企业就预约定价安排文本达成一致后，签署单边预约定价安排。预约定价安排涉及适用年度或者追溯年度补（退）税款的，税务机关应当按照纳税年度计算应补征或者退还的税款，并向企业送达《预约定价安排补（退）税款通知书》。

（6）监控执行。税务机关应当监控预约定价安排的执行情况。企业应当在纳税年度终了后6个月内，向主管税务机关报送执行预约定价安排情况的纸质版和电子版年度报告，主管税务机关将电子版年度报告报送国家税务总局；涉及双边或者多边预约定价安排的，企业应当向主管税务机关报送执行预约定价安排情况的纸质版和电子版年度报告，同时将电子版年度报告报送国家税务总局。预约定价安排执行期间，主管税务机关应当每年监控企业执行预约定价安排的情况。监控内容主要包括：企业是否遵守预约定价安排条款及要求，年度报告是否反映企业的实际经营情况，预约定价安排所描述的假设条件是否仍然有效等。预约定价安排执行期间，企业发生影响预约定价安排的实质性变化，应当在发生变化之日起30日内书面报告主管税务机关，详细说明该变化对执行预约定价安排的影响，并附送相关资料。由于非主观原因而无法按期报告的，可以延期报告，但延长期限不得超过30日。

以上6个阶段所涉及的表格及其他报送资料详见《国家税务总局关于完善预约定价安排管理有关事项的公告》（国家税务总局公告2016年第64号）规定，预约定价安排执行期满后自动失效。企业申请续签的，应当在预约定价安排执行期满之日前90日内向税务机关提出续签申请，报送《预约定价安排续签申请书》，并提供执行现行预约定价安排情况的报告，现行预约定价安排所述事实和经营环境是否发生实质性变化的说明材料以及续签预约定价安排年度的预测情况等相关资料。

需要注意的是，除涉及国家安全的信息以外，国家税务总局可以按照对外缔结的国际公约、协定、协议等有关规定，与其他国家（地区）税务主管当局就2016年4月1日以后签署的单边预约定价安排文本实施信息交换。企业应当在签署单边预约定价安排时提供其最终控股公司、上一级直接控股公司及单边预约定价安排涉及的境外关联方所在国家（地区）的名单。

三、成本分摊协议管理

（一）概念

成本分摊协议，是指企业与关联方共同开发、受让无形资产，或者共同提供、接收劳务时，就按照独立交易原则共同成本分摊所达成的协议。①

根据《国家税务总局关于印发〈特别纳税调整实施办法（试行）〉的通知》（国税发〔2009〕2号）第五条规定，成本分摊协议管理，是指税务机关按照《中华人民共和国企业所得税法》第四十一条第二款的规定，对企业与其关联方签署的成本分摊协议是否符合独立交易原则进行审核评估和调查调整等工作的总称。

（二）适用范围

1. 关联方共同开发、受让无形资产。参与方使用成本分摊协议所开发或受让的无形资产不需另支付特许权使用费。

2. 关联方共同提供、接受劳务。涉及劳务的成本分摊协议一般适用于集团采购和集团营销策划。

成本分摊协议的参与方对开发、受让的无形资产或参与的劳务活动享有受益权，并承担相应的活动成本。关联方承担的成本应与非关联方在可比条件下为获得上述受益权而支付的成本相一致。

（三）管理规定

1. 企业可根据《特别纳税调整实施办法（试行）》第六章的规定采取预约定价安排的方式达成成本分摊协议。

2. 企业应自与关联方签订（变更）成本分摊协议之日起30日内，向主管税务机关报送成本分摊协议副本，并在年度企业所得税纳税申报时，附送《中华人民共和国企业年度关联业务往来报告表》。税务机关应当加强成本分摊协议的后续管理，对不符合独立交易原则和成本与收益相匹配原则的成本分摊协议，实施特别纳税调查调整。企业执行成本分摊协议期间，参与方实际分享的收益与分摊的成本不配比的，应当根据实际情况做出补偿调整。参与方未做补偿调整的，税务机关应当实施特别纳税调查调整。

3. 企业签订或者执行成本分摊协议的，应当准备成本分摊协议特殊事项文档；特殊事项文档应当在关联交易发生年度次年6月30日之前准备完毕；

---

① 邓昌平. 特别纳税调整实务指南［M］. 北京：中国市场出版社，2018：169.

同期资料应当自税务机关要求之日起30日内提供。

[**案例分析**] A企业于2019年10月23日与其境外关联方企业就共同提供某项劳务签订成本分摊协议。根据上述规定可知，A企业应于2019年11月23日前向其主管税务机关报送成本分摊协议副本，并自2020年起，在其进行年度企业所得税纳税申报时，附送《中华人民共和国企业年度关联业务往来报告表》中的《成本分摊协议表》。此外，A企业应于每年6月30日前完成成本分摊协议特殊事项文档的准备工作，并自税务机关要求之日起30日内报送。

4. 已经执行并形成一定资产的成本分摊协议，参与方发生变更或协议终止执行，应根据独立交易原则做如下处理：①加入支付，即新参与方为获得已有协议成果的受益权应做出合理的支付；②退出补偿，即原参与方退出协议安排，将已有协议成果的受益权转让给其他参与方应获得合理的补偿；③参与方变更后，应对各方受益和成本分摊情况做出相应调整；④协议终止时，各参与方应对已有协议成果做出合理分配。企业不按独立交易原则对上述情况做出处理而减少其应纳税所得额的，税务机关有权做出调整。

5. 对于符合独立交易原则的成本分摊协议，有关税务处理如下：①企业按照协议分摊的成本，应在协议规定的各年度税前扣除；②涉及补偿调整的，应在补偿调整的年度计入应纳税所得额；③涉及无形资产的成本分摊协议，加入支付、退出补偿或终止协议时对协议成果分配的，应按资产购置或处置的有关规定处理。

四、受控外国企业管理

（一）概念

受控外国企业，是指根据《中华人民共和国企业所得税法》第四十五条的规定，由居民企业，或者由居民企业和居民个人（以下统称中国居民股东，包括中国居民企业股东和中国居民个人股东）控制的设立在实际税负低于《中华人民共和国企业所得税法》第四条第一款规定税率水平50%的国家（地区），并非出于合理经营需要对利润不作分配或减少分配的外国企业。

根据《国家税务总局关于印发〈特别纳税调整实施办法（试行）〉的通知》（国税发〔2009〕2号）第六条规定，受控外国企业管理，是指税务机关按照《中华人民共和国企业所得税法》第四十五条的规定，对受控外国企业不作利润分配或减少分配进行审核评估和调查，并对归属于中国居民企业所得进行调整等工作的总称。

[政策解析] 在受控外国企业的判定中，实际税负低于《中华人民共和国企业所得税法》规定税率水平50%，是指受控外国企业在居住国实际缴纳的企业所得税性质税款与按照我国税法规定计算的应纳税所得额的比率低于我国法定税率50%（即实际税负低于12.5%）。

前述所称"控制"是指在股份、资金、经营、购销等方面构成实质控制。其中，股份控制是指由中国居民股东在纳税年度任何一天单层直接或多层间接单一持有外国企业10%以上有表决权股份，且共同持有该外国企业50%以上股份。中国居民股东多层间接持有股份按各层持股比例相乘计算，中间层持有股份超过50%的，按100%计算。

[案例分析] 现有A、B、C、D、E和F共6家公司。其中，A、B、C、D和E5家公司属于我国居民企业且相关之间无关联关系，F公司为境外企业。假如A、B、C、D和E5家公司均单层直接持有F公司15%的有表决权的股份，则符合"由中国居民股东在纳税年度任何一天单层直接或多层间接单一持有外国企业10%以上有表决权股份，且共同持有该外国企业50%以上股份"的规定。因此，A、B、C、D和E5家公司对F公司构成控制。

（二）计算方法

计入中国居民企业股东当期的视同受控外国企业股息分配的所得，应按以下公式计算：

中国居民企业股东当期所得＝视同股息分配额×实际持股天数÷受控外国企业纳税年度天数×股东持股比例

中国居民股东多层间接持有股份的，股东持股比例按各层持股比例相乘计算。

（三）管理规定

1. 受控外国企业与中国居民企业股东纳税年度存在差异的，应将视同股息分配所得计入受控外国企业纳税年度终止日所属的中国居民企业股东的纳税年度。

2. 计入中国居民企业股东当期所得已在境外缴纳的企业所得税税款，可按照企业所得税法或税收协定的有关规定抵免。

3. 受控外国企业实际分配的利润已根据《中华人民共和国企业所得税法》第四十五条规定征税的，不再计入中国居民企业股东的当期所得。

五、资本弱化管理

(一) 概念

根据《国家税务总局关于印发〈特别纳税调整实施办法（试行）〉的通知》（国税发〔2009〕2号）第七条规定，资本弱化管理，是指税务机关按照《中华人民共和国企业所得税法》第四十六条规定，对企业接受关联方债权性投资与企业接受的权益性投资的比例是否符合规定比例或独立交易原则进行审核评估和调查调整等工作的总称。

《中华人民共和国企业所得税法实施条例》第一百一十九条明确，企业所得税法所称债权性投资，是指企业直接或者间接从关联方获得的，需要偿还本金和支付利息或者需要以其他具有支付利息性质的方式予以补偿的融资。

企业间接从关联方获得的债权性投资，包括：一是关联方通过无关联第三方提供的债权性投资；二是无关联第三方提供的、由关联方担保且负有连带责任的债权性投资；三是其他间接从关联方获得的具有负债实质的债权性投资。

企业所得税法所称权益性投资，是指企业接受的不需要偿还本金和支付利息，投资人对企业净资产拥有所有权的投资。

关联债资比例＝年度各月平均关联债权投资之和÷年度各月平均权益投资之和

其中：各月平均关联债权投资＝（关联债权投资月初账面余额＋月末账面余额）÷2

各月平均权益投资＝（权益投资月初账面余额＋月末账面余额）÷2

(二) 管理规定

对于接受关联方债权性投资与权益性投资的企业，我国企业所得税政策规定，企业从其关联方接受的债权性投资与权益性投资的比例超过标准而发生的利息支出，不得在税前扣除，计算公式为：

不得扣除利息支出＝年度实际支付的全部关联方利息×(1－标准比例÷关联债资比例)

其中：标准比例是指《财政部　国家税务总局关于企业关联方利息支出税前扣除标准有关税收政策问题的通知》（财税〔2008〕121号）规定的比例。

企业实际支付给关联方的利息支出，其接受关联方债权性投资与其权益性投资比例为：一是金融企业，为5∶1；二是其他企业，为2∶1。

但企业如果能够提供相关资料，证明相关交易活动符合独立交易原则的，或者该企业的实际税负不高于境内关联方的，其实际支付给境内关联方的利息支出，在计算应纳税所得额时准予扣除。

[案例分析] 某跨国公司的中国子公司，2016年至2018年其对外公开的数据显示，近3年平均资产负债率等指标明显高于一般内资企业，而且经营往来账册中存在着比较多的无法说明来源的融资费用，每年均有高额的质押费用和担保费用并被转移至境外母公司。同时，该子公司长期亏损却不断融资，并且作为一个无法盈利和分红的企业，在其所属跨国公司的担保下，仍然同外界签署了巨额借款合同。从上述资料可以看出，寻求资本弱化避税的企业通常非常规地提高其税前利息扣除额，在缴纳企业所得税时，子公司利息费用进行税前列支，且境外母公司只需就利息收入缴纳预提所得税，其申报的以股息形式获得的报酬，不需要反映其真实的的经营实绩，从而达到通过人为操纵融资方式降低集团整体税负的目的。

六、一般反避税

（一）概念

一般反避税，是指税务机关按照《中华人民共和国企业所得税法》第四十七条规定，对企业和个人实施的不具有合理商业目的而获取税收利益的避税安排，实施的特别纳税调整。

根据《国家税务总局关于印发〈特别纳税调整实施办法（试行）〉的通知》（国税发〔2009〕2号）第八条规定，一般反避税管理，是指税务机关按照《中华人民共和国企业所得税法》第四十七条的规定，对企业实施其他不具有合理商业目的的安排而减少其应纳税收入或所得额进行审核评估和调查调整等工作的总称。

根据《中华人民共和国个人所得税法》第八条规定，个人实施其他不具有合理商业目的的安排而获取不当税收利益，税务机关有权按照合理方法进行纳税调整。

上述税收利益是指减少、免除或者推迟缴纳企业所得税应纳税额。

（二）管理规定

税务机关通过企业所得税汇算清缴、纳税评估、同期资料管理、对外支付税务管理、股权转让交易管理、税收协定执行等信息资源，筛查企业是否存在一般反避税风险问题。存在以下避税安排的企业，税务机关将启动一般反避税调查：

（1）滥用税收优惠；

（2）滥用税收协定；

（3）滥用公司组织形式；

（4）利用避税港避税；

（5）其他不具有合理商业目的的安排。

税务机关对个人实施的不具有合理商业目的而获取税收利益的避税安排，税务机关有权按照合理方法实施调整。有下列情形之一的，税务机关有权按照合理方法进行纳税调整：

（1）个人与其关联方之间的业务往来不符合独立交易原则而减少本人或者其关联方应纳税额，且无正当理由；

（2）居民个人控制的，或者居民个人和居民企业共同控制的设立在实际税负明显偏低的国家（地区）的企业，无合理经营需要，对应当归属于居民个人的利润不作分配或者减少分配；

（3）个人实施其他不具有合理商业目的的安排而获取不当税收利益。

税务机关依照前款规定作出纳税调整，需要补征税款的，应当补征税款，并依法加收利息。

[学习小结] 通过本节学习，使读者掌握转让定价管理、预约定价安排管理、成本分摊协议管理、受控外国企业管理、资本弱化管理以及一般反避税的相关知识，从而加强对反避税规定的理解，以便在日常工作中提升业务技能和防范风险。

[思考练习]

1. 预约定价安排适用哪些企业？

答：预约定价安排适用的企业，一般为主管税务机关向企业送达接收其谈签意向的《税务事项通知书》之日所属纳税年度前 3 个年度每年度发生的关联交易金额 4000 万元人民币以上的企业。

2. 单边、双边或多边预约定价安排之间有什么区别？

答：企业与一国税务机关签署的预约定价安排为单边预约定价安排。单边预约定价安排主要有以下作用：一是提供确定性。为企业未来年度的转让定价问题提供确定性，从而带来企业经营及税收的确定性，进而提高税务机关税收收入预期的确定性。二是降低成本和风险。降低税务机关转让定价管理及调查的成本，有效避免企业被税务机关转让定价调查的风险，进而降低企业的税收遵从成本。三是提高纳税服务水平。有助于提高税务机关的纳税服务水平，促进税收管理与服务的均衡发展。然而，单边预约定价安排只能为企业提供一国内关联交易定价原则和计算方法的确定性，而不能有效规避企业境外关联方被其所在国家（地区）的税务机关进行转让定价调查调整的风险。因此，单边预约定价安排无法避免或消除国际重复征税。双边或多边预约定价安排可以有效避免上述问题。企业与两个或两个以上国家（地区）税务主管当局签署的预约定价安排为双边或多边预约定价安排，需要税务主管当局之间就企业跨境关联交易的定价原则和计算方法达成一致。因此，双边或多边预约定价安排可以有效避免或消除国际重复征税。

3. 预约定价安排一般有哪些阶段？

答：预约定价安排的谈签和执行经过预备会谈、谈签意向、分析评估、正式申请、协商签署和监控执行 6 个阶段。

4. 成本分摊协议适用哪些范围？

答：一是关联方共同开发、受让无形资产。参与方使用成本分摊协议所开发或受让的无形资产不需另支付特许权使用费。二是关联方共同提供、接受劳务。涉及劳务的成本分摊协议一般适用于集团采购和集团营销策划。成本分摊协议的参与方对开发、受让的无形资产或参与的劳务活动享有受益权，并承担相应的活动成本。关联方承担的成本应与非关联方在可比条件下为获得上述受益权而支付的成本相一致。

5. 居民企业在哪些情形下需要填报《受控外国企业信息报告表》？

答：居民企业发生下列情形，应该填报《受控外国企业信息报告表》：

①居民企业应该按照《中华人民共和国企业所得税法》第四十五条规定,将其控制的境外企业未分配利润中应归属于本企业的部分计入本企业当期收入;②居民企业因属于设立在国家税务总局指定的非低税率国家(地区),或者主要取得积极经营活动所得,或者年度利润总额低于 500 万元人民币,而无须将其控制的境外企业未分配利润中应归属于本企业的部分计入本企业当期收入。

第八节 税收管理规定

[学习导读] 本节将主要介绍"走出去"企业出口退(免)税备案管理、对外支付税务备案管理、境外投资和所得信息报告、境外企业所得纳税申报、出口退(免)税申报、关联交易申报、境外个人所得纳税申报、境外注册中资控股居民企业管理等内容,了解企业需要向税务机关备案的流程、报表以及条件,对业务如何进行申报以及所附的资料信息,以供读者学习参考。

一、出口退(免)税备案管理

出口退(免)税企业备案事项,具体包括出口退(免)税备案、特殊情形的出口退(免)税备案、生产企业委托代办退税备案、外贸综合服务企业代办退税备案、跨境应税行为免税备案、出口货物劳务放弃退(免)税备案、出口货物劳务放弃免税权备案、放弃适用增值税零税率备案和出口企业恢复适用出口退(免)税政策声明等方面。

(一)出口退(免)税备案

出口企业或其他单位发生出口货物劳务业务和服务提供者向境外提供适用增值税零税率服务,需要办理出口退(免)税申报的,应当向主管税务机关进行出口退(免)税备案。

1. 办理时间

出口企业或其他单位以及向境外提供适用增值税零税率服务提供者首次向税务机关申报出口退(免)税,应向主管税务机关办理出口退(免)税备案。

2. 备案资料

办理出口退(免)税备案时均需提供内容填写真实、完整的《出口退(免)税备案表》及电子数据,这是备案的基础资料,除特殊情形外,一般涉及出口退（免）税备案事项的都需要提供《出口退（免）税备案表》和电子数据。

（二）特殊情形的出口退（免）税备案

对于一些特殊业务，需要单独备案。主要包括经营融资租赁退税备案、启运港退（免）税备案、横琴和平潭海关特殊区域企业退（免）税备案、退税代理机构备案。

1. 办理时间

（1）经营融资租赁退税备案。经营融资租赁货物出口业务的企业应在首份融资租赁合同签订之日起30日内，向主管税务机关办理经营融资租赁退税备案手续。

（2）启运港退（免）税备案。启运地海关依出口企业申请，对从启运港启运的符合条件的货物办理放行手续后，生成启运港出口货物报关单电子信息。以经停港作为货物启运港的，经停地海关依出口企业申请，对从经停港加装的符合条件的货物办理放行手续后，生成启运港出口货物报关单电子信息。出口企业凭启运港出口货物报关单电子信息及相关材料到主管退税的税务机关申请办理退税。出口企业首次申请办理退税前，应向主管出口退税的税务机关进行启运港退税备案。

（3）横琴、平潭特殊区域企业退（免）税备案。横琴、平潭未办理对外贸易经营者备案登记的区内购买企业，应在首笔购进区外与生产有关的货物之日起30日内办理备案。区内水电气企业应在首笔购买区外水、蒸汽、电力、燃气之日起30日内办理备案。除前两种情况外，区内购买企业及区内水电气企业应依《国家税务总局关于发布〈出口货物劳务增值税和消费税管理办法〉的公告》（国家税务总局公告2012年第24号）第三条第（三）款规定，办理出口退（免）税资格备案。

（4）退税代理机构备案。退税代理机构首次申报境外旅客离境退税结算时，应先向主管税务机关办理退税代理机构备案。

2. 备案资料

（1）经营融资租赁退税备案。办理时需提供内容填写真实、完整的《出口退（免）税备案表》及电子数据、从事融资租赁业务资质证明、融资租赁合同复印件。

（2）启运港退（免）税备案。办理时需提供《出口退（免）税备案表》及电子数据。

（3）特殊区域企业退（免）税备案。办理时需提供《出口退（免）税备案表》及电子数据。

（4）退税代理机构备案。办理时需提供《出口退（免）税备案表》及电子数据、与省税务局签订的服务协议。

3. 相关事项

在经营融资租赁退税备案时，纳税人报送的融资租赁合同应为有法律效力的中文版。

（三）生产企业委托代办退税备案

符合条件的生产企业在已办理出口退（免）税备案后，委托外综服企业代办退税的，应当向主管税务机关办理委托代办出口退税备案。

1. 办理时间

符合条件的生产企业在已办理出口退（免）税备案后，首次委托外综服企业代办退税前办理委托代办出口退税备案。

2. 备案资料

内容填写真实、完整的《代办退税情况备案表》及电子数据、代办退税账户。

3. 相关事项

（1）注意合同（协议）留存备查。对生产企业与外综服企业签订的外贸综合服务合同（协议）需要留存备查。

（2）注意备案内容变化变更。对于委托代办退税的生产企业的《代办退税情况备案表》中的内容发生变更的，委托代办退税的生产企业应当自变更之日起30日内，向主管税务机关申请办理备案内容的变更。

（3）纳税人撤回出口退（免）税备案。委托代办退税的生产企业办理撤回出口退（免）税备案事项的，应按规定先办理撤回委托代办退税备案事项。

（四）外综服企业代办退税备案

符合条件的外综服企业办理出口退（免）税备案后，需为每户受托代办退税的生产企业向主管税务机关办理代办退税备案。

1. 办理时间

符合条件的外综服企业在为每户生产企业首次代办退税前向主管税务机关办理代办退税备案。

2. 备案资料

办理时需提供内容填写真实、完整的《代办退税情况备案表》及电子数据、代办退税内部风险管控制度。

3. 相关事项

（1）注意资料留存备查。外综服企业在办理代办退税备案后，应将下列资料留存备查：与生产企业签订的外贸综合服务合同（协议）；每户委托代办退税生产企业的《代办退税情况备案表》；外综服企业代办退税内部风险管控信息系统建设及应用情况。

（2）注意备案内容变更。外综服企业的《代办退税情况备案表》中的内容发生变更的，外综服企业应自变更之日起 30 日内，向主管税务机关申请办理备案内容的变更。

（3）允许追溯享受出口退（免）税政策。出口企业或其他单位在出口退（免）税备案之前发生的出口货物劳务，在办理出口退（免）税备案后，可以在规定的退（免）税申报期内按规定申报增值税退（免）税和消费税退（免）税。例如，某生产企业未办理出口退（免）税备案，在 2020 年 4 月新发生几笔出口业务，5 月份进行了出口退（免）税备案，4 月份的出口业务在符合其他条件的情况下，可以适用出口退（免）税政策。

（五）跨境应税行为免税备案

纳税人发生符合条件免征增值税跨境应税行为，除符合零税率政策但适用简易计税方法或声明放弃适用零税率选择免税的应税服务行为外，应办理跨境应税行为免税备案手续。

1. 办理时间

在首次享受免税的纳税申报期内或在各省、自治区、直辖市和计划单列市税务局规定的申报征期后的其他期限内。

2. 备案资料

办理应税服务免税备案手续时需提交以下资料：

(1)《跨境应税行为免税备案表》。

(2)《国家税务总局关于发布〈营业税改征增值税跨境应税行为增值税免税管理办法（试行）〉的公告》（国家税务总局公告 2016 年第 29 号）第五条规定的跨境销售服务或无形资产的合同原件及复印件。

纳税人向外国航空运输企业提供空中飞行管理服务，以中国民用航空局下发的航班计划或者中国民用航空局清算中心临时来华飞行记录，为跨境销售服务书面合同。

纳税人向外国航空运输企业提供物流辅助服务（除空中飞行管理服

外),与经中国民用航空局批准设立的外国航空运输企业常驻代表机构签订的书面合同,属于与服务接受方签订跨境销售服务书面合同。外国航空运输企业临时来华飞行,未签订跨境服务书面合同的,以中国民用航空局清算中心临时来华飞行记录为跨境销售服务书面合同。

施工地点在境外的工程项目,工程分包方应提供工程项目在境外的证明、与发包方签订的建筑合同原件及复印件等资料,作为跨境销售服务书面合同。但境内的单位和个人为施工地点在境外的工程项目提供建筑服务,凡与发包方签订的建筑合同注明施工地点在境外的,可不再提供工程项目在境外的其他证明材料。

(3)提供《国家税务总局关于发布〈营业税改征增值税跨境应税行为增值税免税管理办法(试行)〉的公告》(国家税务总局公告2016年第29号)第二条第(一)项至第(八)项和第(十六)项服务,应提交服务地点在境外的证明材料原件及复印件。其中,境内的单位和个人在境外提供旅游服务,以下列材料之一作为服务地点在境外的证明材料:

一是旅游服务提供方派业务人员随同出境的,出境业务人员的出境证件首页及出境记录页复印件。如果出境业务人员超过2人的,只需提供其中2人的出境证件复印件。

二是旅游服务购买方的出境证件首页及出境记录页复印件。如果旅游服务购买方超过2人的,只需提供其中2人的出境证件复印件。

(4)提供在境内载运旅客或者货物出境、在境外载运旅客或者货物入境、在境外载运旅客或者货物的国际运输服务,往返香港、澳门、台湾以及在香港、澳门、台湾的港澳台运输服务实际发生业务的证明材料。

(5)向境外单位销售服务或无形资产,应提交服务或无形资产购买方的机构所在地在境外的证明材料。

(6)提供国际运输服务的境外单位和个人,需提交关于纳税人基本情况、业务介绍的说明和根据的税收协定或国际运输协定复印件。

3. 相关事项

如果提交备案的跨境销售服务或无形资产合同原件为外文的,应提供中文翻译件,并由法定代表人(负责人)签字或者单位盖章。如果境外资料原件无法提供的,允许只提供复印件,但需要在复印件上注明"复印件与原件一致"字样,并由法定代表人(负责人)签字或者单位盖章;境外资料原件为外文的,应提供中文翻译文件并由法定代表人(负责人)签字或者单位盖章。

由于跨境应税行为有其特殊性，纳税人办理跨境应税行为免税备案手续时，应了解主管税务机关做出的不同处理：

一是主管税务机关对提交的境外证明材料有明显疑义的，可以要求纳税人提供境外公证部门出具的证明材料。

二是主管税务机关受理或者不予受理纳税人跨境应税行为免税备案，应当出具加盖本机关专用印章和注明日期的书面凭证。

三是原签订的跨境销售服务或无形资产合同发生变更，或者跨境销售服务或无形资产的有关情况发生变化，变化后仍属于免税范围的，纳税人应向主管税务机关重新办理跨境应税行为免税备案手续。

四是纳税人应当完整保存规定要求的各项材料。纳税人在税务机关后续管理中不能提供上述材料的，不得享受规定的免税政策，对已享受的减免税款应予补缴，并依照《中华人民共和国税收征收管理法》的有关规定处理。

（六）出口货物劳务放弃退（免）税备案

出口企业可以放弃适用退（免）税政策出口货物劳务的退（免）税，并选择适用增值税免税政策或征税政策。放弃适用退（免）税政策的出口企业，应向主管税务机关办理备案手续。

1. 办理时间

出口企业发生适用退（免）税政策出口货物劳务起，即可选择放弃适用退（免）税政策，没有具体时间要求。

2. 备案资料

办理时需提供《出口货物劳务放弃退（免）税声明》及电子数据。

3. 相关事项

出口企业出口货物劳务放弃适用退（免）税政策，必须是全部放弃，不能选择部分继续适用退（免）税政策，部分选择放弃。同时需要注意的是，除符合其他规定条件允许恢复适用出口退（免）税政策的以外，自备案次日起36个月内，其出口的适用增值税退（免）税政策的出口货物劳务，适用增值税免税政策或征税政策，不得变更。

[政策解析]根据《国家税务总局关于支持个体工商户复工复业等税收征收管理事项的公告》（国家税务总局公告2020年第5号）第六条规定，已放弃适用出口退（免）税政策未满36个月的纳税人，在出口货物

劳务的增值税税率或出口退税率发生变化后，可以向主管税务机关声明，对其自发生变化之日起的全部出口货物劳务，恢复适用出口退（免）税政策（下同）。

（七）出口货物劳务放弃免税权备案

适用增值税免税政策的出口货物劳务，出口企业或其他单位如果放弃免税权，实行按内销货物征税的，应向主管税务机关办理备案手续。

1. 办理时间

出口企业发生适用免税政策出口货物劳务起，即可选择放弃免税权，没有具体时间要求。

2. 备案资料

办理时需提供《出口货物劳务放弃免税权声明表》及电子数据。

3. 相关事项

出口企业或其他单位选择放弃免税权，实行按内销货物征税的，自备案次月起执行征税政策，36个月内不得变更。

（八）放弃适用增值税零税率备案

增值税零税率应税服务提供者提供适用增值税零税率的应税服务，如果放弃适用增值税零税率，选择免税或按规定缴纳增值税的，应向主管税务机关办理备案手续。

1. 办理时间

增值税零税率应税服务提供者提供适用增值税零税率的应税服务起，即可选择放弃适用增值税零税率，没有具体时间要求。

2. 备案资料

办理时需提供《放弃适用增值税零税率声明》及电子数据。

3. 相关事项

增值税零税率应税服务提供者选择放弃适用增值税零税率之后，除符合其他规定条件允许恢复适用出口退（免）税政策的以外，自备案次月1日起36个月内，该企业提供的增值税零税率应税服务，不得申报增值税退（免）税。

（九）出口企业恢复适用出口退（免）税政策声明

自2020年3月1日起，已放弃适用出口退（免）税政策未满36个月的纳税人，在出口货物劳务的增值税税率或出口退税率发生变化后，可以向主管税务机关声明,对其自发生变化之日起的全部出口货物劳务,恢复适用出口退(免)税政策。

1. 办理时间

在增值税税率或出口退税率发生变化之日起的任意增值税纳税申报期内,按照现行规定申报出口退(免)税时一并办理。

2. 备案资料

办理时需要提交《恢复适用出口退(免)税政策声明》。

3. 相关事项

(1)允许追溯享受。恢复适用出口退(免)税政策的,允许追溯自2019年4月1日起的全部出口货物劳务恢复适用出口退(免)税政策。

(2)适用范围限制。只允许出口货物劳务恢复适用出口退(免)税政策,提供的增值税零税率应税服务不适用《国家税务总局关于支持个体工商户复工复业等税收征收管理事项的公告》(国家税务总局公告2020年第5号)第六条规定的恢复适用出口退(免)税政策。

(3)适用条件限制。适用的变化条件要素,是指出口货物劳务的增值税税率或出口退税率发生变化,不包括增值税征收率发生变化的情形,即如果增值税税率和出口退税率均没有发生变化,增值税征收率无论是否发生变化均不适用恢复适用出口退(免)税政策。

二、对外支付税务备案管理

对外支付税务备案是国家税务总局和国家外汇管理局联合确立的一项关于外汇支付的管理制度。根据《国家税务总局 国家外汇管理局关于服务贸易等项目对外支付税务备案有关问题的公告》(国家税务总局 国家外汇管理局公告2013年第40号)和《国家税务总局 国家外汇管理局关于服务贸易等项目对外支付税务备案有关问题的补充公告》(国家税务总局 国家外汇管理局公告2021年第19号)规定,依付汇人申请,由主管税务机关出具《服务贸易等项目对外支付税务备案表》(以下简称《备案表》),并获取《备案表》编号和验证码,相关备案数据由国家税务总局实时交换至国家外汇管理局,外汇经办银行在审核《备案表》和付汇业务办理资料的真实规范性后,凭《备案表》编号和验证码通过国家外汇管理局的数字外管系统进行查验,国家外汇管理部门实行事后监管和核查,并将相关对外支付数据向国家税务总局交换传递。

(一) 备案主体

境内机构和个人(以下称备案人)向境外单笔支付等值5万美元以上(不含等值5万美元,下同)下列外汇资金,除政策规定的无需办理情形外,均应向所在地主管税务机关进行税务备案:

(1) 备案人从境内获得的包括运输、旅游、通信、建筑安装及劳务承包、保险服务、金融服务、计算机和信息服务、专有权利使用和特许、体育文化和娱乐服务、其他商业服务、政府服务等服务贸易收入。

(2) 备案人从境内获得的融资租赁租金、不动产的转让收入、股权转让所得以及外国投资者其他合法所得。

(3) 备案人对同一笔合同需要多次对外支付的,仅需在首次付汇前办理税务备案。

(二) 备案方式

备案人在办理对外支付税务备案时,应向主管税务机关提交加盖公章的合同(协议)或相关交易凭证复印件(外文文本应同时附送中文译本),并填报《备案表》。其获取和填报的方式分为:①通过电子税务局等在线方式填报;②从各省、自治区、直辖市和计划单列市税务局官方网站下载并填报;③在主管税务机关办税服务厅领取并填报。

(三) 备案流程

1. 备案人选择在电子税务局等在线方式办理备案的,应完整、如实填写《备案表》并提交相关资料。备案人完成备案后,可凭《备案表》编号和验证码,按照外汇管理相关规定,到银行办理付汇手续。

2. 备案人选择在办税服务厅办理备案的,对于提交资料齐全、《备案表》填写完整的,主管税务机关无需当场进行纳税事项审核,应在系统录入《备案表》信息、生成《备案表》编号和验证码。备案人可凭《备案表》编号和验证码,按照外汇管理相关规定,到银行办理付汇手续。

3. 如果是境外个人办理服务贸易、收益和经常转移项下对外支付,应按照个人外汇管理的相关规定办理。

(四) 豁免情形

境内机构和个人对外支付下述特定项目的外汇资金,无需办理对外支付备案:

(1) 境内机构在境外发生的差旅、会议、商品展销等各项费用。

(2) 境内机构在境外代表机构的办公经费,以及境内机构在境外承包工程的工程款。

（3）境内机构发生在境外的进出口贸易佣金、保险费、赔偿款。

（4）进口贸易项下境外机构获得的国际运输费用。

（5）保险项下保费、保险金等相关费用。

（6）从事运输或远洋渔业的境内机构在境外发生的修理、油料、港杂等各项费用。

（7）境内旅行社从事出境旅游业务的团费以及代订、代办的住宿、交通等相关费用。

（8）亚洲开发银行和世界银行集团下属的国际金融公司从我国取得的所得或收入，包括投资合营企业分得的利润和转让股份所得、在华财产（含房产）出租或转让收入以及贷款给我国境内机构取得的利息。

（9）外国政府和国际金融组织向我国提供的外国政府（转）贷款（含外国政府混合（转）贷款）和国际金融组织贷款项下的利息。本项所称国际金融组织是指国际货币基金组织、世界银行集团、国际开发协会、国际农业发展基金组织、欧洲投资银行等。

（10）外汇指定银行或财务公司自身对外融资如境外借款、境外同业拆借、海外代付以及其他债务等项下的利息。

（11）我国省级以上国家机关对外无偿捐赠援助资金。

（12）境内证券公司或登记结算公司向境外机构或境外个人支付其依法获得的股息、红利、利息收入及有价证券卖出所得收益。

（13）境内个人境外留学、旅游、探亲等因私用汇。

（14）境内机构和个人办理服务贸易、收益和经常转移项下退汇。

（15）外国投资者以境内直接投资合法所得在境内再投资。

（16）财政预算内机关、事业单位、社会团体非贸易非经营性付汇业务。

（17）国家规定的其他情形。

（五）管理规定

主管税务机关审查发现对外支付项目未按规定缴纳税款的，应书面告知纳税人或扣缴义务人履行申报纳税或源泉扣缴义务，依法追缴税款，按照税收法律法规的有关规定实施处罚。

[政策解析] 对于对外支付税务备案管理，一方面，税务机关当场无需对纳税事项进行审核，这样既提高对外付汇的效率，同时又还权还责

于纳税人；另一方面，境内机构和个人进行对外支付税务备案时，仅需向税务机关提供加盖公章的合同（协议）复印件，如果没有合同（协议）的（如合格境外投资者对外支付其投资收益等项目），可提供相关交易凭证复印件，资料较为简单。

三、企业境外投资和所得信息报告

为规范居民企业境外投资和所得信息报告的内容和方式，国家税务总局专门出台了《关于居民企业报告境外投资和所得信息有关问题的公告》（国家税务总局公告 2014 年第 38 号），对居民企业发生规定的境外投资或取得境外所得以及非居民企业在境内设立机构、场所取得发生在境外，但与其所设机构、场所有实际联系的所得信息报告要求进行进一步明确。

（一）需要填报《居民企业参股外国企业信息报告表》的情形

居民企业成立或参股外国企业，或者处置已持有的外国企业股份或有表决权股份，符合以下情形之一，且按照我国会计制度可确认的，应当在办理企业所得税预缴申报时向主管税务机关填报《居民企业参股外国企业信息报告表》：

（1）在该公告施行之日，居民企业直接或间接持有外国企业股份或有表决权股份达到 10%（含）以上；

（2）在该公告施行之日后，居民企业在被投资外国企业中直接或间接持有的股份或有表决权股份自不足 10% 的状态改变为达到或超过 10% 的状态；

（3）在该公告施行之日后，居民企业在被投资外国企业中直接或间接持有的股份或有表决权股份自达到或超过 10% 的状态改变为不足 10% 的状态。

（二）居民企业在办理企业所得税年度申报时，还应附报与境外所得相关的资料信息的情形

1. 有适用或者需要适用《特别纳税调整实施办法》的填报《受控外国企业信息报告表》

居民企业发生下列情形，应该填报《受控外国企业信息报告表》：

（1）居民企业应该按照《中华人民共和国企业所得税法》第四十五条规定，将其控制的境外企业未分配利润中应归属于本企业的部分计入本企业当期收入。

（2）居民企业因属于设立在国家税务总局指定的非低税率国家（地区）；

或者主要取得积极经营活动所得；或者年度利润总额低于 500 万元人民币，而无需将其控制的境外企业未分配利润中应归属于本企业的部分计入本企业当期收入。

2. 纳入企业所得税法抵免范围的外国企业或符合规定的受控外国企业按照中国会计制度编报的年度独立财务报表

居民企业能够提供合理理由，证明确实不能按照规定期限报告境外投资和所得信息的，可以依法向主管税务机关提出延期要求。但是限制提供相关信息的境外法律规定、商业合同或协议，不构成合理理由。

四、企业境外所得纳税申报

（一）申报规定

居民企业取得来源于境外的所得，应在办理企业所得税年度申报时按规定申报境外所得，抵免在境外缴纳的所得税额。

居民个人从中国境外取得所得的，应当在取得所得的次年 3 月 1 日至 6 月 30 日内，向我国境内任职、受雇单位所在地主管税务机关办理纳税申报；在我国境内没有任职、受雇单位的，向户籍所在地或我国境内经常居住地主管税务机关办理纳税申报；户籍所在地与中国境内经常居住地不一致的，选择其中一地主管税务机关办理纳税申报；在我国境内没有户籍的，向我国境内经常居住地主管税务机关办理纳税申报。

（二）申报所得类型

企业在境外销售货物、提供劳务、转让财产取得的所得，以及来源于境外的股息、红利等权益性投资所得、利息所得、租金所得、特许权使用费所得、接受捐赠所得和其他所得，扣除按规定计算的各项合理支出后的余额，即其境外应纳税所得额。

需要注意的是，对于企业在境外投资设立不具有独立纳税地位的分支机构（即根据企业设立地法律不具有独立法人地位或者按照税收协定规定不认定为对方国家或地区的税收居民），其取得的各项境外所得，无论是否汇回我国境内，均应计入该企业所属纳税年度的境外应纳税所得额。

（三）申报资料

1. 取得境外所得的纳税人应当在办理企业所得税年度申报时向主管税务机关填报下列表格：《境外所得税收抵免明细表》（A108000）、《境外所得纳税调整后所得明细表》（A108010）、《境外分支机构弥补亏损明细表》（A108020）、

《跨年度结转抵免境外所得税明细表》（A108030）。

2. 取得境外所得的纳税人在年度汇算清缴期内，应向其主管税务机关提交如下书面资料：

（1）与境外所得相关的完税证明或纳税凭证（原件或复印件）。

（2）不同类型的境外所得申报税收抵免还需分别提供：

①取得境外分支机构的营业利润所得需提供境外分支机构会计报表；境外分支机构所得根据《中华人民共和国企业所得税法》及其实施条例的规定计算的应纳税额的计算过程及说明资料；具有资质的机构出具的有关分支机构审计报告等。

②取得境外股息、红利所得需提供集团组织架构图；被投资公司章程复印件；境外企业有权决定利润分配的机构做出的决定书等。

③取得境外利息、租金、特许权使用费、转让财产等所得需提供根据《中华人民共和国企业所得税法》及其实施条例规定计算的应纳税额的资料及计算过程；项目合同复印件等。

（3）申请享受税收饶让抵免的还需提供：

①本企业及其直接或间接控制的外国企业在境外所获免税及减税的根据及证明或有关审计报告披露该企业享受的优惠政策的复印件；

②企业在其直接或间接控制的外国企业的参股比例等情况的证明复印件；

③间接抵免税额或者饶让抵免税额的计算过程；

④由本企业直接或间接控制的外国企业的财务会计资料。

（4）采用简易办法计算抵免限额的还需提供：

①取得境外分支机构的营业利润所得需提供企业申请及有关情况说明；来源国（地区）政府机关核发的具有纳税性质的凭证和证明复印件。

②取得符合境外税额间接抵免条件的股息所得需提供企业申请及有关情况（符合《中华人民共和国企业所得税法》第二十四条条件的有关股权证明的文件或凭证复印件）。

（5）主管税务机关要求提供的其他资料。

3. 以上提交备案资料使用非中文的，企业应同时提交中文译本复印件。

4. 上述资料已向税务机关提供的，可不再提供；上述资料若有变更的，需重新提供；复印件需注明与原件一致，译本需注明与原本无异义，并加盖企业公章。

(四) 申报注意事项

1. 对于企业在境外缴纳的所得税性质的税款,我国实行税收抵免政策,即允许企业用境外已缴税款抵免其境内外所得应纳税总额。税收抵免分为直接抵免和间接抵免,特殊情形下企业还可适用简易办法计算抵免。

2. 企业可以选择按国(地区)别,分别计算〔即分国(地区)不分项〕,或者不按国(地区)别汇总计算〔即不分国(地区)不分项〕其来源于境外的应纳税所得额,并按照《财政部 国家税务总局关于企业境外所得税收抵免有关问题的通知》(财税〔2009〕125号)第八条规定的税率,分别计算其可抵免境外所得税税额和抵免限额。上述方式一经选择,5年内不得改变。

3. 分国(地区)抵免法下,在汇总计算境外应纳税所得额时,企业在境外同一国家(地区)设立不具有独立纳税地位的分支机构,按照《中华人民共和国企业所得税法》及其实施条例的有关规定计算的亏损,不得抵减其境内或他国(地区)的应纳税所得额,但可以用同一国家(地区)其他项目或以后年度的所得按规定弥补。

4. 企业抵免企业所得税税额时,应当提供中国境外税务机关出具的税款所属年度的有关纳税凭证,收到的某一纳税年度的境外所得已纳税凭证凡是迟于次年5月31日汇算清缴终止日的,可以对该所得境外税额抵免追溯计算。

5. 企业以联合体方式中标境外工程,该联合体在境外缴纳的企业所得税税额可由主导方企业按实际取得的收入、工作量等因素确定的合理比例进行分配,开具《分割单(联合体方式)》,并将《分割单(联合体方式)》复印件提供给联合体各方企业,联合体各方企业据此申报抵免。

五、出口退(免)税申报

(一) 申报规定

根据《财政部 国家税务总局关于出口货物劳务增值税和消费税政策的通知》(财税〔2012〕39号)、《国家税务总局关于发布〈出口货物劳务增值税和消费税管理办法〉的公告》(国家税务总局公告2012年第24号)、《国家税务总局关于〈出口货物劳务增值税和消费税管理办法〉有关问题的公告》(国家税务总局公告2013年第12号)、《国家税务总局关于发布〈适用增值税零税率应税服务退(免)税管理办法〉的公告》(国家税务总局公告2014年第11号)、《财政部 税务总局关于明确国有农用地出租等增值税政策的公告》(财政部 税务总局公告2020年第2号)及《国家税务总局关于优化整合出口退税信息系统 更好服务纳税人有关事项的公告》(国家税务总局公告2021年第15号)等相关规定,有关出口退(免)税申报的规定归并总结如下:

从事出口货物劳务的企业和其他单位出口并按会计规定做销售的货物劳务,应在财务作销售收入次月起至次年4月30日前的各增值税纳税申报期内,收齐单证(无纸化申报企业除外)及相关信息,向主管税务机关申报增值税退(免)税及消费税退(免)税。从事跨境零税率应税服务的企业在财务作销售收入次月起至次年4月30日前的各增值税纳税申报期内,收齐单证(无纸化申报企业除外)及相关信息,向主管税务机关申报增值税退(免)税。同时,对申报出口退(免)税的货物必须在上述规定的申报期截止之日内进行收汇。但属于《国家税务总局关于出口企业申报出口货物退(免)税提供收汇资料有关问题的公告》(国家税务总局公告2013年第30号)规定9类情形无法收汇办理相关手续的,以及《财政部 税务总局关于明确国有农用地出租等增值税政策的公告》(财政部 税务总局公告2020年第2号)第四条规定的"纳税人出口货物劳务、发生跨境应税行为,未在规定期限内申报出口退(免)税或者开具《代理出口货物证明》的,在收齐退(免)税凭证及相关电子信息后,即可申报办理出口退(免)税;未在规定期限内收汇或者办理不能收汇手续的,在收汇或者办理不能收汇手续后,即可申报办理退(免)税"除外。

出口企业和其他单位可以通过标准版国际贸易"单一窗口"、出口退税离线申报工具或各地税务机关电子税务局进行申报及相关信息查询。如纳税人因申报出口退(免)税的出口报关单、代理出口货物证明、委托出口货物证明、增值税进货凭证没有电子信息或凭证内容与电子信息不符,无法在规定期限内申报出口退(免)税或者开具《代理出口货物证明》的,可以待收齐退(免)税凭证及相关电子信息后,即可申报办理退(免)税。

(二)出口退(免)税无纸化申报

根据《国家税务总局关于推进出口退(免)税无纸化管理试点工作的通知》(税总函〔2016〕36号)、《国家税务总局关于进一步推进出口退(免)税无纸化申报试点工作的通知》(税总函〔2017〕176号)、《国家税务总局关于加快出口退税进度有关事项的公告》(国家税务总局公告2018年第48号)规定,对符合条件自愿申请的出口企业和其他单位,自2018年12月31日前,在全国推广实施无纸化退税申报。

1. 无纸化退税申报的要求与原则

（1）出口企业和其他单位通过提供数字签名证书签名后的正式申报电子数据，可以办理出口退（免）税申报以及申请办理出口退（免）税相关证明，不再需要报送纸质申报表和纸质凭证，原规定向主管税务机关报送的纸质凭证留存备查。

（2）在出口企业和其他单位发生退（免）税申报等出口税收申请事项时，如不属于出口退税预警业务以及出口退税审核系统没有提示涉嫌骗取出口退税等疑点的，审核电子数据，不审核纸质凭证；如存在涉嫌骗取出口退税等疑点的，应要求试点企业按规定提供收汇凭证、备案单证等，并需审核纸质凭证。

（3）无纸化申报按照"严控风险、企业自愿"的原则，对不符合条件或虽符合条件但不愿意参与试点的企业，仍按现行同时报送纸质申报资料和电子申报数据的方式管理。

2. 无纸化退税申报的企业条件

（1）自愿申请开展出口退（免）税无纸化管理试点工作，且向主管税务机关承诺能够按规定将有关申报资料留存企业备查；

（2）出口退（免）税企业分类管理类别为一类、二类、三类；

（3）有税控数字签名证书或主管税务机关认可的其他数字签名证书；

（4）能够按规定报送经数字签名后的出口退（免）税全部申报资料的电子数据。

3. 违规处理

主管税务机关发现试点企业骗取出口退税或未按规定将退（免）税申报资料留存企业备查的，除按有关规定处理外，还应取消其试点资格。

（三）生产企业出口货物免抵退税申报事项

生产企业出口货物劳务增值税申报免抵退税时，需要提供纸质资料的生产企业（包括出口企业管理类别为四类和其他特殊申报情况），应向主管税务机关提供以下资料凭证：

（1）企业向主管税务机关办理增值税纳税申报。

（2）企业向主管税务机关办理增值税免抵退税申报，应提供下列资料凭证：

①《免抵退税申报汇总表》。

②《生产企业出口货物劳务免抵退税申报明细表》。

③出口货物退（免）税生成的申报电子数据。

④出口发票。

⑤下列原始凭证：

A. 出口货物报关单（出口退税专用，以下未作特别说明的均为此联。保税区内的出口企业可提供中华人民共和国海关保税区出境货物备案清单，以下简称出境货物备案清单）。

B. 出口货物专用发票。

C. 委托出口的货物，还应提供受托方主管税务机关签发的代理出口货物证明，以及代理出口协议复印件。

D. 主管税务机关要求提供的其他资料。

（四）外贸企业出口货物免退税申报事项

1. 外贸企业在正式申报退（免）税时，需提供以下报表资料：

（1）《外贸企业出口退税进货明细申报表》。

（2）《外贸企业出口退税出口明细申报表》。

（3）出口货物退（免）税生成的申报电子数据。

2. 还应提供下列原始凭证：

（1）出口货物报关单。

（2）增值税专用发票（抵扣联）、海关进口增值税专用缴款书。

（3）委托出口的货物，还应提供受托方主管税务机关签发的代理出口货物证明，以及代理出口协议副本。

（4）属应税消费品的，还应提供消费税专用缴款书或分割单、海关进口消费税专用缴款书。

（5）主管税务机关要求提供的其他资料。

（五）零税率应税服务免抵退税申报事项

实行免抵退税办法的增值税零税率应税服务提供者，应比照生产企业一般贸易免抵退税的流程进行操作，按照下列要求向主管税务机关办理增值税免抵退税申报（经主管税务机关认可，可只提供电子数据，原始凭证留存备查）：

（1）提供免抵退税正式申报电子数据。

（2）提供增值税零税率应税服务所开具的发票（经主管税务机关认可，可只提供电子数据，原始凭证留存备查）。

（3）根据所提供的适用增值税零税率应税服务，还提供以下对应资料凭证：

①向境外单位提供研发服务、设计服务等应税服务的。

A.《跨境应税行为免抵退税申报明细表》。

B.《跨境应税行为收讫营业款明细清单》。

C. 下列资料及原始凭证的原件及复印件：

a. 提供增值税零税率应税服务所开具的发票（经主管税务机关认可，可只提供电子数据，原始凭证留存备查）。

b. 与境外单位签订的提供增值税零税率应税服务的合同。

c. 提供软件服务、电路设计及测试服务、信息系统服务、业务流程管理服务，以及离岸服务外包业务的，同时提供合同已在商务部"服务外包及软件出口管理信息系统"中登记并审核通过，由该系统出具的证明文件；提供广播影视节目（作品）的制作和发行服务的，同时提供合同已在商务部"文化贸易管理系统"中登记并审核通过，由该系统出具的证明文件。

d. 提供电影、电视剧的制作服务的，应提供行业主管部门出具的在有效期内的影视制作许可证明；提供电影、电视剧的发行服务的，应提供行业主管部门出具的在有效期内的发行版权证明、发行许可证明。

e. 提供研发服务、设计服务、技术转让服务的，应提供与提供增值税零税率应税服务收入相对应的《技术出口合同登记证》及其数据表。

f. 从与之签订提供增值税零税率应税服务合同的境外单位取得收入的收款凭证。

跨国公司经外汇管理部门批准实行外汇资金集中运营管理或经中国人民银行批准实行经常项下跨境人民币集中收付管理的，其成员公司在批准的有效期内，可凭银行出具给跨国公司资金集中运营（收付）公司符合下列规定的收款凭证，向主管税务机关申报退（免）税：

一是收款凭证上的付款单位须是与成员公司签订提供增值税零税率应税服务合同的境外单位或合同约定的跨国公司的境外成员企业。

二是收款凭证上的收款单位或附言的实际收款人须载明有成员公司的名称。

②向境外提供国际运输服务、港澳台运输服务的，需填报《国际运输（港澳台运输）免抵退税申报明细表》，并提供下列原始凭证的原件及复印件：

A. 以水路运输、航空运输、公路运输方式的，提供增值税零税率应税服务的载货、载客舱单或其他能够反映收入原始构成的单据凭证。以航空运输方式且国际运输和港澳台运输各航段由多个承运人承运的,还需提供《航空国际运输收入清算账单申报明细表》。

B. 申报铁路运输服务免抵退税的企业,应当将以下原始凭证留存企业备查:

a. 属于客运的,留存以下原始凭证:

一是国际客运联运票据(入境除外)。

二是铁路合作组织清算函件。

三是香港直通车售出直通客票月报。

b. 属于货运的,留存以下原始凭证:

一是运输收入会计报表。

二是货运联运运单。

三是"发站"或"到站(局)"名称包含"境"字的货票。

C. 境内单位提供航天运输服务或在轨交付空间飞行器及相关货物,在进行出口退(免)税申报时,提供下列资料及原始凭证的复印件:

一是《航天发射业务免退税申报明细表》。

二是签订的发射合同或在轨交付合同。

三是发射合同或在轨交付合同对应的项目清单项下购进航天运输器及相关货物和空间飞行器及相关货物的增值税专用发票或海关进口增值税专用缴款书、接受发射运行保障服务的增值税专用发票。

四是从与之签订航天运输服务合同的单位取得收入的收款凭证。

D. 采用程租、期租、湿租服务方式租赁交通运输工具从事国际运输服务和港澳台运输服务的,还应提供程租、期租、湿租的合同或协议复印件。

(4) 主管税务机关要求提供的其他资料及凭证。

(六) 零税率应税服务免退税申报事项

实行免退税办法的增值税零税率应税服务提供者,应比照外贸企业一般贸易免退税的流程进行操作,按照下列要求向主管税务机关办理增值税免退税申报(经主管税务机关认可,可只提供电子数据,原始凭证留存备查):

(1)《跨境应税行为免退税申报明细表》。

(2) 免退税正式申报电子数据。

(3) 从境内单位或者个人购进增值税零税率应税服务出口的,提供应税服务提供方开具的增值税专用发票;从境外单位或者个人购进增值税零税率应税服务出口的,提供取得的解缴税款的中华人民共和国税收缴款凭证。

(4) 以下所列资料及原始凭证的原件及复印件：

①提供增值税零税率应税服务所开具的发票（经主管税务机关认可，可只提供电子数据，原始凭证留存备查）。

②与境外单位签订的提供增值税零税率应税服务的合同。提供软件服务、电路设计及测试服务、信息系统服务、业务流程管理服务，以及离岸服务外包业务的，同时提供合同已在商务部"服务外包及软件出口管理信息系统"中登记并审核通过，由该系统出具的证明文件；提供广播影视节目（作品）的制作和发行服务的，同时提供合同已在商务部"文化贸易管理系统"中登记并审核通过，由该系统出具的证明文件。

③提供电影、电视剧的制作服务的，应提供行业主管部门出具的在有效期内的影视制作许可证明；提供电影、电视剧的发行服务的，应提供行业主管部门出具的在有效期内的发行版权证明、发行许可证明。

④提供研发服务、设计服务、技术转让服务的，应提供与提供增值税零税率应税服务收入相对应的《技术出口合同登记证》及其数据表。

⑤从与之签订提供增值税零税率应税服务合同的境外单位取得收入的收款凭证。

跨国公司经外汇管理部门批准实行外汇资金集中运营管理或经中国人民银行批准实行经常项下跨境人民币集中收付管理的，其成员公司在批准的有效期内，可凭银行出具给跨国公司资金集中运营（收付）公司符合下列规定的收款凭证，向主管税务机关申报退（免）税：

A. 收款凭证上的付款单位须是与成员公司签订提供增值税零税率应税服务合同的境外单位或合同约定的跨国公司的境外成员企业。

B. 收款凭证上的收款单位或附言的实际收款人须载明有成员公司的名称。

六、关联交易申报

近年来，我国积极参与国际税收规则制定，特别是深度参与 BEPS 行动计划，代表发展中国家提出意见与建议，很多建议被采纳，体现在最终成果中。为促进 BEPS 行动计划在我国的落实，我国发布相关政策文件，对关联申报的内容加以明确和细化。《国家税务总局关于完善关联申报和同期资料管理有关事项的公告》（国家税务总局公告 2016 年第 42 号）对关联申报的主体、关联关系的判定、关联交易类型等进行了详细规定。具体内容如下：

（一）关联申报规定

我国企业与境外投资方、境外被投资企业或者在境外设立的分支机构、从事生产经营的场所之间的关联交易，应当符合独立交易原则。对于上述关联交易，应当进行关联申报。具体而言，实行查账征收的居民企业和在中国境内设立机构、场所并据实申报缴纳企业所得税的非居民企业向税务机关报送年度企业所得税纳税申报表时，应当就其与关联方之间的业务往来进行关联申报。

[**政策解析**] 有两类纳税人需进行关联申报：①发生关联交易且实行查账征收的居民企业；②发生关联交易且实行查账征收的非居民企业，且该非居民企业在中国境内设立机构、场所并据实申报缴纳企业所得税。

（二）关联关系判定

根据《国家税务总局关于完善关联申报和同期资料管理有关事项的公告》（国家税务总局公告2016年第42号）规定，企业与其他企业、组织或者个人具有下列关系之一的，构成关联关系：

（1）一方直接或者间接持有另一方的股份总和达到25%以上；双方直接或者间接同为第三方所持有的股份达到25%以上。

如果一方通过中间方对另一方间接持有股份，只要其对中间方持股比例达到25%以上，则其对另一方的持股比例按照中间方对另一方的持股比例计算。

两个以上具有夫妻、直系血亲、兄弟姐妹以及其他抚养、赡养关系的自然人共同持股同一企业，在判定关联关系时持股比例合并计算。

（2）双方存在持股关系或者同为第三方持股，虽持股比例未达到上述第（1）项规定，但双方之间借贷资金总额占任一方实收资本比例达到50%以上，或者一方全部借贷资金总额的10%以上由另一方担保（与独立金融机构之间的借贷或者担保除外）。

借贷资金总额占实收资本比例＝年度加权平均借贷资金÷年度加权平均实收资本

其中：

年度加权平均借贷资金＝i笔借入或者贷出资金账面金额×i笔借入或者贷出资金年度实际占用天数÷365

年度加权平均实收资本=i笔实收资本账面金额×i笔实收资本年度实际占用天数÷365

（3）双方存在持股关系或者同为第三方持股，虽持股比例未达到上述第（1）项规定，但一方的生产经营活动必须由另一方提供专利权、非专利技术、商标权、著作权等特许权才能正常进行。

（4）双方存在持股关系或者同为第三方持股，虽持股比例未达到上述第（1）项规定，但一方的购买、销售、接受劳务、提供劳务等经营活动由另一方控制。

上述控制是指一方有权决定另一方的财务和经营政策，并能据以从另一方的经营活动中获取利益。

（5）一方半数以上董事或者半数以上高级管理人员（包括上市公司董事会秘书、经理、副经理、财务负责人和公司章程规定的其他人员）由另一方任命或者委派，或者同时担任另一方的董事或者高级管理人员；或者双方各自半数以上董事或者半数以上高级管理人员同为第三方任命或者委派。

（6）具有夫妻、直系血亲、兄弟姐妹以及其他抚养、赡养关系的两个自然人分别与双方具有上述第（1）项至第（5）项关系之一。

（7）双方在实质上具有其他共同利益。

除上述第（2）项规定外，关联关系年度内发生变化的，关联关系按照实际存续期间认定。

仅因国家持股或者由国有资产管理部门委派董事、高级管理人员而存在上述第（1）至第（5）项关系的，不构成该公告所称关联关系。

（三）关联交易类型

关联交易主要包括：

（1）有形资产使用权或者所有权的转让。有形资产包括商品、产品、房屋建筑物、交通工具、机器设备、工具器具等。

（2）金融资产的转让。金融资产包括应收账款、应收票据、其他应收款项、股权投资、债权投资和衍生金融工具形成的资产等。

（3）无形资产使用权或者所有权的转让。无形资产包括专利权、非专利技术、商业秘密、商标权、品牌、客户名单、销售渠道、特许经营权、政府许可、著作权等。

（4）资金融通。资金包括各类长短期借贷资金（含集团资金池）、担保费、各类应计息预付款和延期收付款等。

（5）劳务交易。劳务包括市场调查、营销策划、代理、设计、咨询、行政管理、技术服务、合约研发、维修、法律服务、财务管理、审计、招聘、培训、集中采购等。

（四）申报资料

关联申报主体在向税务机关报送年度企业所得税纳税申报表时，应当就其与关联方之间的业务往来进行关联申报，附送《中华人民共和国企业年度关联业务往来报告表（2016年版）》。此外，符合条件的居民企业，应当在报送年度关联业务往来报告表时，填报国别报告，国别报告包括《国别报告—营业收入、税收和经营活动国别分布表》《国别报告—营业收入、税收和经营活动国别分布表（英文表）》《国别报告—跨国企业集团成员实体名单》《国别报告—跨国企业集团成员实体名单（英文表）》《国别报告—附加说明表》以及《国别报告—附加说明表（英文表）》，共6张表。

国别报告主要用于披露最终控股企业所属跨国企业集团所有成员实体的全球所得、税收和业务活动的国别划分标准。报送主体为我国居民企业，具体分为两类情形：一是该居民企业为跨国企业集团的最终控股企业，且其上一会计年度合并财务报表中的各类收入金额合计超过55亿元。这里的最终控股企业是指能够合并其所属跨国企业集团所有成员实体财务报表的，且不能被其他企业纳入合并财务报表的企业。上述成员实体包括：①实际已被纳入跨国企业集团合并财务报表的任一实体；②跨国企业集团持有该实体股权且按公开证券市场交易要求应被纳入但实际未被纳入跨国企业集团合并财务报表的任一实体；③仅由于业务规模或者重要性程度而未被纳入跨国企业集团合并财务报表的任一实体；④独立核算并编制财务报表的常设机构。二是该居民企业被跨国企业集团指定为国别报告的报送企业。国别报告主要披露最终控股企业所属跨国企业集团所有成员实体的全球所得、税收和业务活动的国别分布情况。

[**案例分析**] 一家企业2020年5月1日填报国别报告，应该填报2019年度的国别报告，应以2018年度合并财务报表中的各类收入金额合计是否超过55亿元进行判断。

需要注意的是，最终控股企业为中国居民企业的跨国企业集团，其信息涉及国家安全的，可以按照国家有关规定，豁免填报部分或者全部国别报告。

税务机关可以按照我国对外签订的协定、协议或者安排实施国别报告的信息交换。

（五）同期资料

企业应当根据《中华人民共和国企业所得税法实施条例》第一百一十四条的规定，按纳税年度准备并按税务机关要求提供其关联交易的同期资料。同期资料包括主体文档、本地文档和特殊事项文档。《国家税务总局关于完善关联申报和同期资料管理有关事项的公告》（国家税务总局公告2016年第42号）进行了详细规定。

1. 主体文档

主体文档主要披露最终控股企业所属企业集团的全球业务整体情况。

（1）准备主体为符合下列条件之一的企业：一是年度发生跨境关联交易（即企业与其关联方之间的业务往来），且合并该企业财务报表的最终控股企业所属企业集团已准备主体文档；二是年度关联交易总额超过10亿元。

（2）文档内容包含组织架构、企业集团业务、无形资产、融资活动、财务与税务状况五个方面内容。

（3）豁免情形。企业仅与境内关联方发生关联交易的，可以不准备主体文档。

（4）报送时间。主体文档应当在企业集团最终控股企业会计年度终了之日起12个月内准备完毕。

2. 本地文档

本地文档主要披露企业关联交易的详细信息。

（1）准备主体为年度关联交易金额符合下列条件之一的企业：一是有形资产所有权转让金额（来料加工业务按照年度进出口报关价格计算）超过2亿元；二是金融资产转让金额超过1亿元；三是无形资产所有权转让金额超过1亿元；四是其他关联交易金额合计超过4000万元。

（2）文档内容包含企业概况、关联关系、关联交易、可比性分析、转让定价方法的选择和使用五个方面内容。其中，关联交易包含关联交易概况、价值链分析、对外投资、关联股权转让、关联劳务、与企业关联交易直接相关的中国以外其他国家税务主管当局签订的预约定价安排和作出的其他税收裁定等内容。

（3）豁免情形。一是企业执行预约定价安排的，可以不准备预约定价安排涉及关联交易的本地文档，且关联交易金额不计入《国家税务总局关于完善关联申报和同期资料管理有关事项的公告》（国家税务总局公告 2016 年第 42 号）第十三条规定的关联交易金额范围；二是企业仅与境内关联方发生关联交易的，可以不准备本地文档。

（4）报送时间。本地文档应当在关联交易发生年度次年 6 月 30 日之前准备完毕，并自税务机关要求之日起 30 日内提供。

3. 特殊事项文档

特殊事项文档包括成本分摊协议特殊事项文档和资本弱化特殊事项文档两类。

（1）准备主体。企业签订或者执行成本分摊协议的，应当准备成本分摊协议特殊事项文档。企业关联债资比例超过标准比例需要说明符合独立交易原则的，应当准备资本弱化特殊事项文档。

（2）成本分摊协议特殊事项文档主要包括：①成本分摊协议副本；②各参与方之间达成的为实施成本分摊协议的其他协议；③非参与方使用协议成果的情况、支付的金额和形式，以及支付金额在参与方之间的分配方式；④本年度成本分摊协议的参与方加入或者退出的情况，包括加入或者退出的参与方名称、所在国家和关联关系，加入支付或者退出补偿的金额及形式；⑤成本分摊协议的变更或者终止情况，包括变更或者终止的原因、对已形成协议成果的处理或者分配；⑥本年度按照成本分摊协议发生的成本总额及构成情况；⑦本年度各参与方成本分摊的情况，包括成本支付的金额、形式和对象，作出或者接受补偿支付的金额、形式和对象；⑧本年度协议预期收益与实际收益的比较以及由此作出的调整；⑨预期收益的计算，包括计量参数的选取、计算方法和改变理由。

资本弱化特殊事项文档主要包括：①企业偿债能力和举债能力分析；②企业集团举债能力及融资结构情况分析；③企业注册资本等权益投资的变动情况说明；④关联债权投资的性质、目的及取得时的市场状况；⑤关联债权投资的货币种类、金额、利率、期限及融资条件；⑥非关联方是否能够并且愿意接受上述融资条件、融资金额及利率；⑦企业为取得债权性投资而提供的抵押品情况及条件；⑧担保人状况及担保条件；⑨同类同期贷款的利率情况及融资条件；⑩可转换公司债券的转换条件；⑪其他能够证明符合独立交易原则的资料。

（3）豁免情形。企业执行预约定价安排的，可以不准备预约定价安排涉及关联交易的特殊事项文档，且关联交易金额不计入《国家税务总局关于完善关联申报和同期资料管理有关事项的公告》(国家税务总局公告2016年第42号)第十三条规定的关联交易金额范围。企业仅与境内关联方发生关联交易的，可以不准备特殊事项文档。

(4) 报送时间。特殊事项文档应当在关联交易发生年度次年6月30日之前准备完毕，并自税务机关要求之日起30日内提供。

4. 管理规定

(1) 根据《国家税务总局关于明确同期资料主体文档提供及管理有关事项的公告》(国家税务总局公告2018年第14号)规定，需要准备主体文档的企业集团，如果集团内企业分属两个以上税务机关管辖，可以选择任一企业主管税务机关主动提供主体文档。集团内其他企业被主管税务机关要求提供主体文档时，在向主管税务机关书面报告集团主动提供主体文档情况后，可免于提供。前述所称"主动提供"是指在税务机关特别纳税调查前企业提供主体文档的情形。如果集团内一家企业被税务机关实施特别纳税调查并已按主管税务机关要求提供主体文档，集团内其他企业不能免于提供主体文档，但集团仍然可以选择其他任一企业适用前款规定。

(2) 同期资料应当自税务机关要求之日起30日内提供。企业因不可抗力无法按期提供同期资料的，应当在不可抗力消除后30日内提供同期资料。企业合并、分立的，应当由合并、分立后的企业保存同期资料。同期资料应当自税务机关要求的准备完毕之日起保存10年。

(3) 同期资料应当使用中文，并标明引用信息资料的出处来源，应当加盖企业印章，并由法定代表人或者法定代表人授权的代表签章。

七、个人境外所得纳税申报

(一) 申报规定

为加强"走出去"企业员工个人所得税的征收管理，根据《财政部 税务总局关于境外所得有关个人所得税政策的公告》(财政部 税务总局公告2020年第3号)第十一条规定，对个人被派往境外工作取得境外所得，分为三种情形：一是境内单位支付工资薪金的，境内单位应履行扣缴税款义务；二是境外单位支付工资薪金且属于境外中方机构的，可由中方机构预扣税款，并委托境内派出单位申报纳税；三是境外中方机构未扣缴税款或由境外单位(不属于中方机构)支付工资薪金的，境内派出单位应当于次年2月28日前向主管税务机关报送外派人员情况。

（1）居民个人取得境外所得的，应当向中国境内任职、受雇单位所在地主管税务机关办理纳税申报；在中国境内没有任职、受雇单位的，向户籍所在地或中国境内经常居住地主管税务机关办理纳税申报；户籍所在地与中国境内经常居住地不一致的，选择其中一地主管税务机关办理纳税申报；在中国境内没有户籍的，向中国境内经常居住地主管税务机关办理纳税申报。

（2）居民个人被境内企业、单位、其他组织（以下统称派出单位）派往境外工作，取得的工资薪金所得或者劳务报酬所得，由派出单位或者其他境内单位支付或负担的，派出单位或者其他境内单位应按照《中华人民共和国个人所得税法》及其实施条例规定预扣预缴税款。

（3）居民个人被派出单位派往境外工作，取得的工资薪金所得或者劳务报酬所得，由境外单位支付或负担的，如果境外单位为境外任职、受雇的中方机构（以下简称中方机构）的，可以由境外任职、受雇的中方机构预扣税款，并委托派出单位向主管税务机关申报纳税。中方机构未预扣预缴税款的或者派出单位不是中方机构的，派出单位应当于次年2月28日前向其主管税务机关报送外派人员情况，包括：外派人员的姓名、身份证件类型及身份证件号码、职务、派往国家和地区、境外工作单位名称和地址、派遣期限、境内外收入及缴税情况等。

中方机构包括中国境内企业、事业单位、其他经济组织以及国家机关所属的境外分支机构、子公司、使（领）馆、代表处等。

居民个人从中国境外取得所得的，应当在取得所得的次年3月1日至6月30日内申报纳税。

[政策解析] 一是申报时间。根据《中华人民共和国个人所得税法》第十三条及《财政部 税务总局关于境外所得有关个人所得税政策的公告》（财政部 税务总局公告2020年第3号）第七条规定，居民个人取得境外所得应于取得所得的次年3月1日至6月30日内申报纳税并进行抵免，该时间安排与居民个人综合所得汇算清缴时间一致。需要注意的是，根据《中华人民共和国个人所得税法》第十二条规定，居民个人取得经营所得，在取得所得次年3月31日前办理汇算清缴。如果居民个人有经营所得，同时又需要申报境外所得抵免，可以选择在3月31日前一次性完成境内、境外经营所得的汇算清缴和境外所得抵免，也可以在3月31日前先进行境内经营所得的汇算清缴，再于6月30日前申报其境外

所得并办理境外所得抵免。二是申报地点。根据《中华人民共和国个人所得税法实施条例》第二十七条和《国家税务总局关于个人所得税自行纳税申报有关问题的公告》（国家税务总局公告2018年第62号）第四条规定，按中国境内有无任职、受雇单位以及中国境内有无户籍的情形来区分。具体包括：一是对境内有任职、受雇单位的，向任职、受雇单位所在地主管税务机关申请办理；二是对境内没有任职、受雇单位的，向户籍所在地主管税务机关申请办理；三是对户籍所在地与境内经常居住地不一致的，可选择向其中一地主管税务机关申请办理；四是对没有户籍的，向境内经常居住地主管税务机关申请办理。需要注意的是，按照方便就近原则，对于境内没有任职、受雇单位的，根据《国家税务总局关于办理2020年度个人所得税综合所得汇算清缴事项的公告》（国家税务总局公告2021年第2号）第九条规定，新增境内主要收入来源地主管税务机关为受理申报机关。主要收入来源地，是指居民个人纳税年度内取得的劳务报酬、稿酬及特许权使用费三项所得累计收入最大的扣缴义务人所在地。

[案例分析]① 某有住所居民个人梅先生同时有来源于境内和境外的工资薪金所得。其中来源于境内工作期间的工资薪金由境内企业支付，来源于境外工作期间的工资薪金则由境内和境外企业分别支付50%。梅先生2020年度取得在境内工作期间来源于中国境内支付的工资薪金收入40万元，境内企业已预扣预缴个人所得税6.308万元；取得境外工作期间的工资薪金所得折合人民币80万元。对于境内企业支付的40万元，境内企业已按规定预扣预缴个人所得税11万元；对于境外企业支付的40万元，梅先生在D国已按D国税法规定缴纳个人所得税24万元。梅先生在2021年个人所得税汇算清缴时应如何缴税？（假设只考虑综合所得基本扣除和预缴因素，不考虑专项扣除、专项附加扣除和税收协定。）

分析：境外所得就支付渠道而言，分为境内支付、境外支付、境内和境外分别支付。梅先生取得归属于在中国境内工作期间的工资薪金所得为境内所得，在境外工作期间的所得为境外所得。为计算方便，以表3-12

---

① 杨昌睿，宋哲，周优，等. 居民个人境外所得税收抵免案例解析[J]. 中国税务，2020（5）：44-48.

直观地反映梅先生取得的境内所得和境外所得的境内和境外分别支付情况。

表 3-12　梅先生取得的境内所得和境外所得的境内和境外分别支付情况

所得项目	国家（地区）	支付方式	收入（万元）	预扣预缴（已纳）税额（万元）
工资薪金	中国	境内企业支付	40	6.308
工资薪金	D国	境内企业支付	40	11
工资薪金	D国	境外企业支付	40	24

1. 计算梅先生 2020 年度综合所得应纳税所得额

综合所得应纳税所得额 = 40 + 40 + 40 - 6 = 114（万元）

2. 计算梅先生 2020 年综合所得应纳税额

境内、境外综合所得应纳税额 = 114 × 45% - 18.192 = 33.108（万元）

3. 计算梅先生 2020 年境外所得抵免限额

来源于 D 国综合所得抵免限额 = 33.108 × (40 + 40) ÷ (40 + 40 + 40) = 22.072（万元）

4. 计算梅先生 2020 年度境外所得抵免税额

由于梅先生在 D 国已缴纳个人所得税 24 万元，大于其当年可以抵免的境外所得抵免限额 22.072 万元，按照孰低原则，梅先生来源于 D 国所得仅可享受抵免额 22.072 万元，尚未抵免完的 1.928 万元（24 - 22.072），可在以后五个纳税年度内从 D 国取得的境外所得抵免限额的余额中结转抵免。

5. 计算梅先生 2020 年度应补退税额

2020 年度应补退税额 = 应纳税额合计 - 境内外所得已在境内缴纳税额 - 境外所得已纳所得税抵免额 = 33.108 - (6.308 + 11) - 22.072 = -6.272（万元）

故梅先生 2020 年度可向境内主管税务机关申请退税 6.272 万元。超过 2020 年度 D 国综合所得抵免限额的 D 国已缴税款 1.928 万元可以在未来五个纳税年度内从来源于 D 国所得抵免限额的余额中结转抵免。

（二）申报资料

根据《财政部　税务总局公告关于境外所得有关个人所得税政策的公告》

（财政部 税务总局公告 2020 年第 3 号）规定，居民个人申报境外所得税收抵免时，除另有规定外，应当提供境外征税主体出具的税款所属年度的完税证明、税收缴款书或者纳税记录等纳税凭证，未提供符合要求的纳税凭证，不予抵免。纳税人确实无法提供纳税凭证的，可同时凭境外所得纳税申报表（或者境外征税主体确认的缴税通知书）以及对应的银行缴款凭证办理境外所得抵免事宜。

根据《国家税务总局关于个人所得税自行纳税申报有关问题的公告》（国家税务总局公告 2018 年第 62 号）、《国家税务总局关于修订部分个人所得税申报表的公告》（国家税务总局公告 2019 年第 46 号）、《国家税务总局关于办理 2020 年度个人所得税综合所得汇算清缴事项的公告》（国家税务总局公告 2021 年第 2 号）等规定，纳税年度内取得境外所得的居民个人，应按税法规定进行个人所得税年度自行申报，填报《个人所得税年度自行纳税申报表（B 表）》，并一起附报《境外所得个人所得税抵免明细表》，同时还应当提供境外征税主体出具的税款所属年度的完税证明、税收缴款书或者纳税记录等纳税凭证和所对应的中文翻译件，确实无法提供纳税凭证的，可凭境外所得纳税申报表以及对应的银行缴款凭证原件和中文翻译件，以便计算其取得境外所得的抵免限额，办理境外所得抵免事宜。

纳税人和扣缴义务人未按上述公告规定申报缴纳、扣缴境外所得个人所得税以及报送资料的，按照《中华人民共和国税收征收管理法》和《中华人民共和国个人所得税法》及其实施条例等有关规定处理，并按规定纳入个人纳税信用管理。

八、境外注册中资控股居民企业管理

（一）概念

根据《国家税务总局关于印发〈境外注册中资控股居民企业所得税管理办法（试行）〉的公告》（国家税务总局公告 2011 年第 45 号）规定，境外注册中资控股企业（以下简称境外中资企业）是指由中国境内企业或者企业集团作为主要控股投资者，在中国境外（含中国香港、澳门、台湾）注册成立的企业。

境外注册中资控股居民企业（以下简称非境内注册居民企业）是指因实际管理机构在中国境内而被认定为中国居民企业的境外注册中资控股企业。

[**政策解析**] 对于境内个人控制的境外企业，不能被认定为非境内注册居民企业。根据《国家税务总局关于境外注册中资控股企业根据实际管理机构标准认定为居民企业有关问题的通知》（国税发〔2009〕82号）、《国家税务总局关于印发〈境外注册中资控股居民企业所得税管理办法（试行）〉的公告》（国家税务总局公告2011年第45号）、《国家税务总局关于根据实际管理机构标准实施居民企业认定有关问题的公告》（国家税务总局公告2014年第9号）等文件，非境内注册居民企业的居民身份认定管理、申报征收管理、特定事项管理等规定如下。

（二）居民身份认定管理

1. 境外中资企业同时符合以下条件的，应判定其为实际管理机构在中国境内的居民企业，即非境内注册居民企业，并实施相应的税收管理，就其来源于中国境内、境外的所得征收企业所得税。

（1）企业负责实施日常生产经营管理运作的高层管理人员及其高层管理部门履行职责的场所主要位于中国境内；

（2）企业的财务决策（如借款、放款、融资、财务风险管理等）和人事决策（如任命、解聘和薪酬等）由位于中国境内的机构或人员决定，或需要得到位于中国境内的机构或人员批准；

（3）企业的主要财产、会计账簿、公司印章、董事会和股东会议纪要档案等位于或存放于中国境内；

（4）企业1/2（含1/2）以上有投票权的董事或高层管理人员经常居住于中国境内；

（5）对于实际管理机构的判断，应当遵循实质重于形式的原则。

2. 境外中资企业居民身份的认定，采用企业自行判定提请税务机关认定和税务机关调查发现予以认定两种形式。境外中资企业应当根据生产经营和管理的实际情况，自行判定实际管理机构是否设立在中国境内。税务机关发现境外中资企业符合规定但未申请成为中国居民企业的，可以对该境外中资企业的实际管理机构所在地情况进行调查，并要求其提供规定的资料。税务机关依法对企业提供的相关资料进行审核，并按规定认定。

3. 境外中资企业应当向其主管税务机关书面提出居民身份认定申请，同时提供以下资料：

（1）企业法律身份证明文件；

（2）企业集团组织结构说明及生产经营概况；

（3）企业上一个纳税年度的公证会计师审计报告；

（4）负责企业生产经营等事项的高层管理机构履行职责场所的地址证明；

（5）企业上一年度及当年度董事及高层管理人员在中国境内居住的记录；

（6）企业上一年度及当年度重大事项的董事会决议及会议记录；

（7）主管税务机关要求提供的其他资料。

4. 符合居民企业认定条件的境外中资企业，须向其中国境内主要投资者登记注册地主管税务机关提出居民企业认定申请，主管税务机关对其居民企业身份进行初步判定后，层报省级税务机关确认。经省级税务机关确认后抄送其境内其他投资地相关省级税务机关，并在 30 日内抄报国家税务总局，由国家税务总局网站统一对外公布。国家税务总局适时开展检查，对不符合条件的，责令其纠正。

5. 非境内注册居民企业实际管理机构所在地变更为中国境外的或中方控股投资者转让企业股权导致中资控股地位发生变化的，应当自变化之日起 15 日内报告主管税务机关，主管税务机关应当按照《境外注册中资控股居民企业所得税管理办法（试行）》规定层报国家税务总局确定是否取消其居民身份。

（三）申报征收管理

1. 非境内注册居民企业按照分季预缴、年度汇算清缴方法申报缴纳所得税，并依规履行关联申报及同期资料准备等义务。非境内注册居民企业发生终止生产经营或者居民身份变化情形的，应当自停止生产经营之日或者国家税务总局取消其居民企业之日起 60 日内，向其主管税务机关办理当期企业所得税汇算清缴。

非境内注册居民企业需要申报办理注销税务登记的，应在注销税务登记前，就其清算所得向主管税务机关申报缴纳企业所得税。

[政策解析] 企业若被认定为非境内注册居民企业，应按照境内居民企业所得税管理规定办理有关涉税事项。

2. 非境内注册居民企业应当以人民币计算缴纳企业所得税；所得以人民币以外的货币计算的，应当按照《中华人民共和国企业所得税法》及其实施条例有关规定折合成人民币计算并缴纳企业所得税。

3. 对非境内注册居民企业未依法履行居民企业所得税纳税义务的，主管税务机关应根据《中华人民共和国税收征收管理法》及其实施细则的有关规定追缴税款、加收滞纳金，并处罚款。

主管税务机关应当在非境内注册居民企业年度申报和汇算清缴结束后两个月内，判定其构成居民身份的条件是否发生实质性变化。对实际管理机构转移至境外或者企业中资控股地位发生变化的，主管税务机关应层报国家税务总局终止其居民身份。

对于境外中资企业频繁转换企业身份，又无正当理由的，主管税务机关应层报国家税务总局核准后追回其已按居民企业享受的股息免税待遇。

主管税务机关应按季度核查非境内注册居民企业向非居民企业支付股息、利息、租金、特许权使用费、转让财产收入及其他收入依法扣缴企业所得税的情况，发现该企业未依法履行相关扣缴义务的，应按照《中华人民共和国税收征收管理法》及其实施细则和《中华人民共和国企业所得税法》及其实施条例等有关规定对其进行处罚，并向非居民企业追缴税款。

(四) 特定事项管理

1. 非境内注册居民企业取得来源于中国境内的股息、红利等权益性投资收益和利息、租金、特许权使用费所得、转让财产所得以及其他所得，应当向相关支付方出具本企业的《境外注册中资控股企业居民身份认定书》复印件。

相关支付方凭上述复印件不予履行该所得的税款扣缴义务，并在对外支付上述外汇资金时凭该复印件向主管税务机关申请开具相关税务证明。其中涉及个人所得税等其他税种纳税事项的，仍按对外支付税务证明开具的有关规定办理。

2. 非居民企业转让非境内注册居民企业股权所得，属于来源于中国境内所得，被转让的非境内注册居民企业应当自股权转让协议签订之日起30日内，向其主管税务机关报告并提供股权转让合同及相关资料。

[学习小结] 通过本节学习，使读者重点掌握"走出去"企业出口退(免)税备案管理、对外支付税务备案管理、境外投资和所得信息报告、境外企业所得纳税申报、出口退(免)税申报、关联交易申报、境外个人所得纳税申报、境外注册中资控股居民企业管理的主要内容，熟悉业务流程以及特定事项的处理，以便应用于日常工作之中。

[思考练习]

1. 取得境外所得的居民企业，应在办理企业所得税年度申报时按规定申报境外所得，境外所得包含哪些类型？

答：境外所得包含企业在境外销售货物、提供劳务、转让财产取得的所得，以及来源于境外的股息、红利等权益性投资所得、利息所得、租金所得、特许权使用费所得、接受捐赠所得和其他所得，扣除按规定计算的各项合理支出后的余额，即其境外应纳税所得额。

2. 什么样的企业应进行关联申报？

答：实行查账征收的居民企业和在中国境内设立机构、场所并据实申报缴纳企业所得税的非居民企业向税务机关报送年度企业所得税纳税申报表时，应当就其与关联方之间的业务往来进行关联申报。

3. 关联申报主体应向税务机关报送什么资料？

答：关联申报主体在向税务机关报送年度企业所得税纳税申报表时，应当就其与关联方之间的业务往来进行关联申报，附送《中华人民共和国企业年度关联业务往来报告表（2016年版）》。此外，符合条件的居民企业，应当在报送年度关联业务往来报告表时，填报国别报告。

4. 同期资料包括哪些资料？主要披露什么事项？哪些主体应该准备同期资料？

答：同期资料包括主体文档、本地文档和特殊事项文档。主体文档主要披露最终控股企业所属企业集团的全球业务整体情况，其准备主体为符合下列条件之一的企业：一是年度发生跨境关联交易，且合并该企业财务报表的最终控股企业所属企业集团已准备主体文档；二是年度关联交易总额超过10亿元。本地文档主要披露企业关联交易的详细信息，其准备主体为年度关联交易金额符合下列条件之一的企业：一是有形资产所有权转让金额（来料加工业务按照年度进出口报关价格计算）超过2亿元；二是金融资产转让金额超过1亿元；三是无形资产所有权转让金额超过1亿元；四是其他关联交易金额合计超过4000万元。特殊事项文档包括成本分摊协议特殊事项文档和资本弱化特殊事项文档两类：一是企业签订或者执行成本分摊协议的，应当准备成本分摊协议特殊事项文档；二是企业关联债资比例超过标准比例需要说明符合独立交易原则的，应当准备资本弱化特殊事项文档。

5. 境内个人控制的境外企业是否可以被认定为非境内注册居民企业？

答：境外中资企业是指由中国境内企业或者企业集团作为主要控股投资

者，在中国境外（含中国香港、澳门、台湾）注册成立的企业。非境内注册居民企业是指因实际管理机构在中国境内而被认定为中国居民企业的境外注册中资控股企业。因此，对于境内个人控制的境外企业，不能被认定为非境内注册居民企业。

6. 企业在什么情况下应该进行对外支付备案？

答：备案人向境外单笔支付等值5万美元以上（不含等值5万美元）下列外汇资金，除规定的情形外，均应向所在地主管税务机关进行税务备案：一是备案人从境内获得的包括运输、旅游、通信、建筑安装及劳务承包、保险服务、金融服务、计算机和信息服务、专有权利使用和特许、体育文化和娱乐服务、其他商业服务、政府服务等服务贸易收入；二是备案人从境内获得的融资租赁租金、不动产的转让收入、股权转让所得以及外国投资者其他合法所得。三是备案人对同一笔合同需要多次对外支付的，仅需在首次付汇前办理税务备案。

7. 出口企业退（免）税备案的时限是如何要求的？

答：出口企业或其他单位发生出口货物劳务业务和服务提供者向境外提供适用增值税零税率服务并适用退（免）税政策的应税服务，需要办理出口退（免）税申报的，在首次向税务机关申报出口退（免）税时，向主管税务机关办理出口退（免）税备案。

8. 无纸化退税申报的企业条件有哪些？

答：主要包括：①自愿申请开展出口退（免）税无纸化管理试点工作，且向主管税务机关承诺能够按规定将有关申报资料留存企业备查；②出口退（免）税企业分类管理类别为一类、二类、三类；③有税控数字签名证书或主管税务机关认可的其他数字签名证书；④能够按规定报送经数字签名后的出口退（免）税全部申报资料的电子数据。

第九节　税收服务举措

[学习导读] 本节主要介绍国际税收、出口退（免）税以及其他事项的税收服务内容，重点讲解服务条款和扶持"走出去"企业的税收举措，为更好地服务"一带一路"建设奠定了良好基础。

一、国际税收服务

(一)《中国税收居民身份证明》的开具

《中国税收居民身份证明》是根据我国对外签署的避免双重征税协定,为帮助中国居民企业和个人享受在境外取得所得时的协定优惠待遇,由税务部门开具的证明企业或个人的中国税收居民身份的一种制式证明。

1. 适用主体

中国居民企业或者居民个人(以下统称申请人)为享受中国政府对外签署的税收协定(含与中国香港、澳门和台湾签署的税收安排或者协议)、航空协定税收条款、海运协定税收条款、汽车运输协定税收条款、互免国际运输收入税收协议或者换函(以下统称税收协定)待遇,可以向税务机关申请开具《中国税收居民身份证明》。

中国居民企业,是指依法在中国境内成立,或者依照外国(地区)法律成立但实际管理机构在中国境内的企业。在中国境内成立的企业,包括依照中国法律、行政法规在中国境内成立的企业、事业单位、社会团体以及其他取得收入的组织。依照外国(地区)法律成立但实际管理机构在中国境内的企业,包括依照外国(地区)法律成立的企业和其他取得收入的组织。

中国居民个人,是指在中国境内有住所,或者无住所而一个纳税年度内在中国境内居住累计满183天的个人。个人所得税法所称在中国境内有住所,是指因户籍、家庭、经济利益关系而在中国境内习惯性居住。

申请人应向其主管税务机关申请开具《中国税收居民身份证明》。中国居民企业的境内、境外分支机构应由其中国总机构向总机构主管税务机关申请。合伙企业应当以其中国居民合伙人作为申请人,向中国居民合伙人主管税务机关申请。

[案例分析] 我国某"走出去"企业在韩国取得所得,若该企业需要享受我国与韩国签订的税收协议优惠待遇,应向其主管税务机关申请开具《中国税收居民身份证明》。

2. 办理材料

(1)《中国税收居民身份证明》申请表。

(2)与拟享受税收协定待遇收入有关的合同、协议、董事会或者股东会决议、相关支付凭证等证明资料。

（3）申请人为个人且在中国境内有住所的，提供因户籍、家庭、经济利益关系而在中国境内习惯性居住的证明材料，包括申请人身份信息、住所情况说明等资料。

（4）申请人为个人且在中国境内无住所，而一个纳税年度内在中国境内居住累计满183天的，提供在中国境内实际居住时间的证明材料，包括出入境信息等资料。

（5）境内、境外分支机构通过其总机构提出申请时，还需提供总分机构的登记注册情况。

（6）合伙企业的中国居民合伙人作为申请人提出申请时，还需提供合伙企业登记注册情况。

上述填报或提供的资料应提交中文文本，相关资料原件为外文文本的，应当同时提供中文译本。申请人向主管税务机关提交上述资料的复印件时，应在复印件上加盖申请人印章或签字，主管税务机关核验原件后留存复印件。

3. 办理时限

主管税务机关在受理申请之日起10个工作日内，由主管税务机关负责人签发《中国税收居民身份证明》并加盖公章或者将不予开具的理由书面告知申请人。无法准确判断居民身份的，应当及时报告上级税务机关，20个工作日内办结。

（二）税收协定相互协商程序

税收协定相互协商程序，是指税收协定缔约双方主管当局根据税收协定相互协商程序条款的规定，通过协商共同处理涉及税收协定解释和适用问题的过程。

随着我国税收政策的不断完善，以及国际经济交往的持续深入，税收协定的作用日显重要，在解释和适用税收协定时出现的分歧或争议也逐渐增多，提请启动相互协商程序解决争议案件的数量明显上升。税收协定相互协商程序有利于避免双重征税，解决国际税收争议，有效维护国家税收权益和纳税人的合法利益。根据《国家税务总局关于发布〈税收协定相互协商程序实施办法〉的公告》（国家税务总局公告2013年第56号），税收协定相互协商程序的相关规定如下。

1. 适用情形

如果中国居民（国民）认为，缔约对方所采取的措施，已经或将会导致不符合税收协定所规定的征税行为，可以按《税收协定相互协商程序实施办法》的规定向省、自治区、直辖市和计划单列市税务机关提出申请，请求国家税务总局与缔约对方主管当局通过相互协商程序解决有关问题。申请人应在有关税收协定规定的期限内，以书面形式向省、自治区、直辖市和计划单列市税务机关提出启动相互协商程序的申请。

相互协商的事项限于税收协定适用范围内的事项，但超出税收协定适用范围，且会造成双重征税后果或对缔约一方或双方利益产生重大影响的事项，经我国主管当局和缔约对方主管当局同意，也可以进行相互协商。具体适用情形如下：

（1）对居民身份的认定存有异议，特别是相关税收协定规定双重居民身份情况下需要通过相互协商程序进行最终确认的；

（2）对常设机构的判定，或者常设机构的利润归属和费用扣除存有异议的；

（3）对各项所得或财产的征免税或适用税率存有异议的；

（4）违反税收协定非歧视待遇（无差别待遇）条款的规定，可能或已经形成税收歧视的；

（5）对税收协定其他条款的理解和适用出现争议而不能自行解决的；

（6）其他可能或已经形成不同税收管辖权之间重复征税的。

2. 办理资料

申请人应在有关税收协定规定的期限内，以书面形式向省、自治区、直辖市和计划单列市税务机关提出启动相互协商程序的申请，即需提供《启动税收协定相互协商程序申请表》纸质版和电子版。

3. 管理规定

我国负责相互协商工作的主管当局为国家税务总局；处理相互协商程序事务的国家税务总局授权代表为国家税务总局国际税务司司长或副司长，以及国家税务总局指定的其他人员。省、自治区、直辖市和计划单列市税务局及以下各级税务机关负责协助国家税务总局处理相互协商程序涉及的本辖区内事务。

（三）特别纳税调整相互协商

根据我国对外签署的税收协定的有关规定，因税收协定缔约一方实施特别纳税调查调整引起另一方相应调整的事项，国家税务总局可以根据企业申请或者税收协定缔约对方税务主管当局请求启动相互协商程序，避免或者消除由特别纳税调整事项引起的国际重复征税。

1. 办理材料

企业申请启动相互协商程序的,应当在税收协定规定期限内,向国家税务总局书面提交《启动特别纳税调整相互协商程序申请表》和特别纳税调整事项的有关说明。

2. 管理规定

国家税务总局决定启动相互协商程序的,应当书面通知省、自治区、直辖市和计划单列市税务机关,并告知税收协定缔约对方税务主管当局。负责特别纳税调整事项的主管税务机关应当在收到书面通知后15个工作日内,向企业送达启动相互协商程序的《税务事项通知书》。

3. 注意事项

根据《国家税务总局关于发布〈特别纳税调查调整及相互协商程序管理办法〉的公告》(国家税务总局公告2017年第6号)第五十二条规定,有下列情形之一的,国家税务总局可以拒绝企业申请或者税收协定缔约对方税务主管当局启动相互协商程序的请求:

(1) 企业或者其关联方不属于税收协定任一缔约方的税收居民。

(2) 申请或者请求不属于特别纳税调整事项。

(3) 申请或者请求明显缺乏事实或者法律根据。

(4) 申请不符合税收协定有关规定。

(5) 特别纳税调整案件尚未结案或者虽然已经结案但是企业尚未缴纳应纳税款。

(四) 中国预约定价安排年度报告

2021年11月,国家税务总局以中英文形式对外发布《中国预约定价安排年度报告(2020)》,这是中国第12次对外发布预约定价安排(APA)年度报告。该报告介绍了中国APA执行程序及相关工作开展情况,覆盖了2005年至2020年间APA谈签的统计数据和分析。

作为深化"放管服"改革、优化营商环境的重要举措之一,中国预约定价安排工作稳步推进,既有效避免和消除国际重复征税,又助力跨境投资和贸易有序开展,为我国对内构建和谐稳定的征纳关系、对外寻求互利共赢的国际合作作出了积极的贡献。该报告介绍了中国预约定价安排执行程序及相关工作开展情况,并对相关数据进行了梳理、分析,希望对跨境纳税人了解中国税收环境有所裨益,对社会各界理解中国预约定价安排工作有所帮助。报告下载地址：http：//www. chinatax. gov. cn/chinatax/n810214/n810606/c5157990/content. html。

（五）税收服务"一带一路"网页

国家税务总局网站上开辟了税收服务"一带一路"专题，专题涵盖税收协定、高层动态、政策法规、国别（地区）投资税收指南、"走出去"税收指引、"一带一路"税收征管合作机制等内容。专题内容会及时更新，帮助企业全面了解"一带一路"的税收信息。国家税务总局税收服务"一带一路"专题网址：http：//www. chinatax. gov. cn/chinatax/n810219/n810744/n1671176/index. html。

1. 国别（地区）投资税收指南

截至2021年11月，国家税务总局官网站已公开发布104个国家（地区）税收指南，基本覆盖了参与"一带一路"建设的国家（地区）。国家税务总局税收服务"一带一路"网页国别（地区）投资税收指南网址：http：//www. chinatax. gov. cn/chinatax/n810219/n810744/n1671176/n1671206/index. html。

2. "走出去"税收指引

随着共建"一带一路"倡议不断推进，我国纳税人"走出去"步伐明显加快，对外投资规模和质量日益提升。为充分发挥税收的职能作用，更好地服务全面对外开放新格局，国家税务总局国际税务司对"走出去"纳税人相关的税收政策及110个税收协定（安排、协议）进行归纳整理，总结共性涉税问题，编制了《"走出去"税收指引》（2021年修订版）。《"走出去"税收指引》（2021年修订版）共分四章，从税收政策、税收协定、管理规定及服务举措四个方面，按照适用主体、政策（协定）规定、适用条件、政策根据详细列举了"走出去"纳税人涉及的99个事项。该指引为我国"走出去"纳税人提供税收法律法规方面的指引与帮助，有效规避税收风险，为改善营商环境、促进贸易畅通和投资便利作出了积极贡献。《"走出去"税收指引》（2021年修订版）网址：http：//www. chinatax. gov. cn/chinatax/n810219/n810744/n1671176/n2884609/c2884646/content. html。

二、出口退（免）税服务

（一）出口退（免）税业务提醒服务

各级税务机关要定期提醒出口企业退（免）税申报、审核、退库进度及申报退（免）税期限等情况，便于出口企业及时、足额获取出口退税。

1. 基本要求

税务机关向出口企业提供提醒服务,不得收取任何费用。对出口企业未申请退税提醒服务的,不得强制推行。

税务机关提供的出口退(免)税业务提醒服务仅作为出口企业和其他单位参考,不作为办理出口退(免)税的根据。

2. 纳税人申请

出口企业可填报《出口企业或其他单位选择出口退税业务提醒信息申请表》,向主管税务机关申请免费的出口退(免)税业务提醒服务。

已申请出口退(免)税业务提醒服务的,企业负责人、联系电话、邮箱等相关信息发生变化时,应及时向主管税务机关申请变更。

3. 税务机关实施服务

税务机关对出口企业申请开通、变更或取消提醒服务的,应当及时办理。

税务机关可以通过审核系统定期生成出口退(免)税业务提醒信息,并告知出口企业。

(二)实行"非接触式"出口退(免)税业务办理

根据《国家税务总局关于做好新型冠状病毒感染的肺炎疫情防控期间出口退(免)税有关工作的通知》(税总函〔2020〕28号)规定,疫情防控期间,纳税人可通过"非接触式"方式申报办理出口退(免)税备案、证明开具和退(免)税申报事项。纳税人办理上述涉税事项时应提交的纸质资料,已实现纸质资料影像化申报的地区,可按现行方式提交;未实现纸质资料影像化申报的地区,暂不要求纳税人提交,疫情防控结束后再行补报。对于纳税人申报中遇到的问题,各级税务机关要灵活应用12366纳税服务热线、微信、视频等"非接触式"渠道进行辅导解答。

另外,根据《国家税务总局关于支持新型冠状病毒感染的肺炎疫情防控有关税收征收管理事项的公告》(国家税务总局公告2020年第4号)规定,疫情防控期间,纳税人通过电子税务局或者标准版国际贸易"单一窗口"出口退税平台等(以下称网上)提交电子数据后,即可申请办理出口退(免)税备案、备案变更和相关证明。税务机关受理上述退(免)税事项申请后,经核对电子数据无误的,即可办理备案、备案变更或者开具相关证明,并通过网上反馈方式及时将办理结果告知纳税人。

2021年6月,国家税务总局发布的《关于优化整合出口退税信息系统更好服务纳税人有关事项的公告》(国家税务总局公告2021年第15号)第六条规定,提供电子税务局、标准版国际贸易"单一窗口"、出口退税离线申报工具三种免费申报出口退(免)税渠道,同时,增加了便捷服务功能,纳税人可通过上述申报渠道,提出以下相关申请:一是出口退(免)税备案撤回;二是已办结退税的出口货物免退税申报,发现申报数据有误而作申报调整;三是将申请出口退税的增值税专用发票、海关进口增值税专用缴款书用途改为申报抵扣;四是出口退(免)税相关证明作废;五是进料加工计划分配率调整。

三、其他税收服务举措

(一)成立专门服务机构

2015年,国家税务总局国际税务司成立境外税务处,专门从事"走出去"纳税人税收服务和管理工作,全面统筹开展税收服务"一带一路"建设工作。[①] 设立12366双语纳税服务热线专席,开发了"三位一体"智能咨询系统,通过多轮交互模式,在12366热线系统、互联网端、多媒体端(微信)为外商提供"7×24"智能咨询、语音导航服务。[②] 注重对注册会计师事务所、税务师事务所等中介机构的引导,支持其在境外开展重点投资国税收法律咨询等方面业务,丰富我国"走出去"企业税收争议解决和政策咨询的途径。多层次多渠道开展税收协定专题培训及问题解答,帮助企业利用税收协定保护自身权益。与此同时,国家税务总局积极拓展驻外税务人员网络,不断扩大外派人数及地域规模,目前已初步形成覆盖五大洲的网络化布局。通过向美国、加拿大、德国、印度、南非等世界主要经济体派驻人员,税务人员的国际化视野及征管业务能力显著增强。

(二)完善纳税人权益保护机制

认真履行多个协作机制成员单位的职责,积极配合国家发改委等部门制定"一带一路"沿线国家的合作规划及方案,参与国际贸易或投资协定谈判,推动双边、多边经贸发展。努力扩大税收协定网络,对尚未签署的,积极稳妥进行谈签,为避免双重征税提供法律基础,进一步加强涉税争议双边磋商,开通税务纠纷受理专门通道,促进缔约方之间的资金、技术和人员等生产要

[①] 瑞红. 深化国际税收合作 构建"一带一路"征管机制 [J]. 税收征纳, 2019 (5): 6-8.
[②] 税收服务一带一路:架起跨越世界的税收桥 [J]. 中国税务, 2019 (10): 76-77. (此文是杂志社集体创作文章,无作者姓名)

素的双向互动往来。目前，中国的税收协定网络（含与中国香港、澳门和台湾地区的安排和协议）已经延伸到全球111个国家（地区），位居世界前列，基本覆盖了中国对外投资主要目的地，为跨境投资创造了确定、有利、合作共赢的税收环境。① 据统计，2016年至2020年9月，国家税务总局与有关国家（地区）税务主管当局开展双边协商497例（次），为跨境企业消除重复征税145亿元人民币。②

（三）深化税收征管合作

在已有的双边、多边税收协定框架下，基于情报交换机制和金融账户信息自动交换机制，持续推进"一带一路"税收征管合作机制建设，搭建提供分享税收经验、提升税收能力、解决税收争议的开放式平台，促进贸易自由化和投资便利化，支持"走出去"和"引进来"，与"一带一路"沿线国家（地区）共同打造建设友好型的税收环境。

（四）提升发展中国家税收征管能力

在国家税务总局税务干部学院建立了第一个设立于非OECD成员国的OECD多边税务中心。2019年5月27日，"一带一路"税收征管能力促进联盟首期培训班在"一带一路"税务学院（扬州）举办，来自哈萨克斯坦、尼泊尔、塔吉克斯坦、乌克兰、中国香港等13个国家（地区）的近30名财税官员参加培训，拉开了"一带一路"沿线国家（地区）主管税务当局共同提高税收征管能力和纳税服务水平的帷幕。③

[学习小结] 通过学习国际税收服务、出口退（免）税服务以及其他税收服务举措等税收服务"一带一路"建设的主要内容，重点把握基本要求、适用情形以及举措内容等规定，以便更好地发挥税收职能作用。

[思考练习]

1. A公司是一家"走出去"企业，在新加坡取得所得时，可以享受我国与新加坡签署的税收协定优惠待遇，新加坡税务局要求A公司提供《中国税

---

① 瑞红. 深化国际税收合作 构建"一带一路"征管机制 [J]. 税收征纳, 2019 (5): 6-8.
② 经济日报. "一带一路"税收征管合作机制成果丰硕 [EB/OL]. [2020-11-02]. http://www.gov.cn/xinwen/2020-11/02/content_5556600.htm.
③ 国家税务总局. "一带一路"税收征管能力促进联盟首期培训班在扬州举办 [EB/OL]. [2019-05-29]. http://www.gov.cn/xinwen/2019-05/29/content_5395664.html.

收居民身份证明》，请问应该去哪里开具此证明？办理时限是多少个工作日？

答：A公司可以去其主管税务机关申请开具《中国税收居民身份证明》。办理时限为主管税务机关在受理申请之日起10~20个工作日。

2. 税务机关需要满足哪些条件才能启动税收协定相互协商程序？

答：税务机关受理申请人申请，启动相互协商程序的条件设定为以下四项：①申请人为按照《国家税务总局关于发布〈税收协定相互协商程序实施办法〉的公告》（国家税务总局公告2013年第56号）第九条或第十条规定可以提起相互协商请求的中国居民或中国国民；②提出申请的时间没有超过税收协定规定的时限；③申请协商的事项为缔约对方已经或有可能发生的违反税收协定规定的行为；④申请人提供的事实和证据能够证实或者不能合理排除缔约对方的行为存在违反税收协定规定的嫌疑。

3. 申请特别纳税调整相互协商需要哪些材料？

答：企业申请启动相互协商程序的，应当在税收协定规定期限内，向国家税务总局书面提交《启动特别纳税调整相互协商程序申请表》和特别纳税调整事项的有关说明。

4. 某出口企业在疫情期间需要开具《出口货物转内销证明》，其必须要去办税服务厅办理吗？

答：根据《国家税务总局关于支持新型冠状病毒感染的肺炎疫情防控有关税收征收管理事项的公告》（国家税务总局公告2020年第4号）和《国家税务总局关于做好新型冠状病毒感染的肺炎疫情防控期间出口退（免）税有关工作的通知》（税总函〔2020〕28号）规定，疫情防控期间，出口企业通过电子税务局、标准版国际贸易"单一窗口"出口退税申报平台等提交电子数据后，即可申请开具《出口货物转内销证明》，无须前往办税服务厅办理。主管税务机关开具证明后，会通过网上反馈的方式及时将办理结果告知企业。企业如需纸质证明，可联系税务机关邮寄送达。确需到办税服务厅现场办理的，可通过预约办税等方式，分时分批前往税务机关办理。

第四章 "走出去"企业税收风险识别及防范

第一节 "走出去"企业税收风险识别的必要性及依据

[学习导读] 本节主要介绍"走出去"企业税收风险识别的必要性及依据,使读者提高对防范税收风险重要性的认识。

一、"走出去"企业税收风险识别必要性

随着"一带一路"建设高质量发展,我国"走出去"企业大幅增加,但由于跨国经营管理经验不足、风险防范和识别意识不强、风险管控能力不高等问题,各类涉税争议和纠纷时有发生。税收作为"走出去"企业生产经营的重要方面之一,关乎着企业境外投资质效。企业一旦产生跨国税务争议,将会花费大量时间成本予以应对,还可能增加其经济成本,甚至影响到企业的持续经营和声誉。"走出去"企业境外税收风险应对不当,可能产生的责任主要有以下三个方面。

(一)行政责任

行政责任是企业跨国经营时最常见、最可能承担的责任。纳税申报、税收缴纳过程中涉及税款计算、申报表填写,需要熟知东道国各税种专业知识以及相关减免税优惠政策,"走出去"企业如违反相关税收法律法规,可能面临加收滞纳金、罚款等处罚。

（二）刑事责任

若企业税收违法行为超出一定界限，达到触犯东道国刑法的条件，可能需要面临承担刑事责任。在税法完备的国家，"走出去"企业出现重大税务问题如果处理不慎可能面临税收刑事犯罪。即便企业按要求进行整改，接受处罚，也可能因为曾经被处罚过，而成为东道国税务机关重点关注的对象。如果企业在东道国存在偷逃税等违法行为，可能面临高额补税罚单甚至刑事责任。

（三）连带法律责任

"走出去"企业发生违法行为后，不仅自身要受到法律惩戒，相关主管人员和为其提供法律、税务服务的专业服务机构也可能成为惩戒对象。以逃税罪为例，通常会对违法企业处以罚金，同时对法定代表人或其他高管处以自由刑、罚金或没收财产。因为在整个涉税违法行为中，这些高层管理者或是直接责任人，或是间接放任相关违法行为。如若企业法定代表人或者高管因涉税行为受到刑事处罚，"走出去"企业生产经营的持续性也会受到严重影响。

因此，对于"走出去"企业跨国经营税务风险进行有效防范是企业稳健开展国际化经营的重要前提。

二、"走出去"企业税收风险识别的依据

（一）我国的税收相关法律法规

随着我国对外开放水平不断提高，越来越多的企业通过在东道国设立分支机构的方式，开拓其全球业务，走国际化发展道路，跨国企业境外分支机构通常会在遵守我国相关法律前提下将其在东道国的盈利以及相关货款、服务费、特许权使用费、贷款利息和本金等汇回母国。上述款项汇回我国时，会涉及不同的法律规定及征管方式，企业需要认真研究我国税法相关规定，避免在款项支付和利润转移过程中可能出现的税务风险，从而发生税务违法行为。

（二）东道国现有的税收相关法律法规和司法判例

"一带一路"沿线国家（地区）的税收法律制度参差不齐。有些国家关于纳税主体、征税对象等税制要素、税款缴纳程序和税务争议的解决程序的规定较为完备，企业需要严格遵守；有些国家市场规范化程度相对较低，有关经济贸易政策和法律法规不健全甚至还有制度空白，各类经济违法行为存在无法可依的现象，缺乏政府有关单位必要的监督制约机制，这就给税收执法人员留有一定的自由裁量空间。基于以上因素，境外投资企业在作出经济决策时，要进行充分了解和研判，及时与当地税务部门进行沟通，避免因疏

忽大意而造成无法挽回的损失。

另外，各个国家使用的法律制度还存在大陆法系和英美法系之差，由于法律制度的不同使得企业税务合规形式不同。大陆法系国家通常以成文法的形式将企业的税务合规要求白纸黑字地明确下来，而"一带一路"沿线国家（地区）很多采用英美法系，会将税务合规性的有关要求体现在具体判例中。因此，企业在开展税务合规风险识别时，首先要区分东道国是大陆法系还是英美法系，在确定前提背景下再决定自身适用的具体税务合规要求。

(三) 我国与东道国签订的税收双边协定和双方均参加的税收国际公约

当前我国与56个"一带一路"沿线国家（地区）在充分协商基础上签订了避免或防范双重征税和偷逃税协定，并结合缔约双方实际在这些双边协议基础上不断修订更新。对企业而言，这些税收协定可能会对其产生两方面影响：一方面企业利益得到充分维护，通过协定的落实执行，可有效避免企业境外所得被重复征税，最大限度保全其利润；另一方面由于双边协定中同时会对企业权利义务进行规定，企业在利润受到保护的同时也必须清醒地认识到，企业一举一动都将处于双方国家更严密的监管之中，尤其是部分企业想要通过不同国家制度差异等，获得低税率国家或税收协定优惠国家带来的税款减免，更是要慎之又慎，避免由于不符合收益所有人或协定列明的条件等而失去享受税收协定的资格，甚至面临补税和缴纳滞纳金等。

此外，随着BEPS行动计划在各国的落实，中国对外投资企业行为将处于国际税收征管公约、国际双边税收协定、中国税法、东道国税法四种法律制度的同时保护和约束之下，一些传统的避税手段，如混合错配交易、旨在获得常设机构豁免待遇的交易、转让定价交易、关联企业间的债权融资交易、在避税港设立公司等将被严格监管。① 对此，"走出去"企业务必提前掌握两国或地区间签署税收征管公约、双边税收协定情况，深入研究两国有关税收法律制度，及时识别税收风险，严格企业决策行为，防止被东道国发起反避税调查。

[案例分析]② 境内B公司在境外某国承建工程。当地税法明确规定：

---

① 崔建. 我国企业境外投资税务合规风险识别问题研究 [D]. 武汉：华中师范大学, 2020：27.
② 江苏省税务局13个案例提醒"走出去"企业及个人有效应对13个常见涉税风险 [EB/OL]. [2021-06-09]. https://mp.weixin.qq.com/s?src=11&timestamp=1623286196&ver=3121&signature=zlK9ILC2*D-fNShqx7SZh*g09FMC9-OjULD94JctTuuV-zlPAU5UlQEiBErLy-a46Iza-F2alTvg4*qCDpC*RyEflZE7TgMcicbUejClMXhvesVYn3EoICMoNMVAnDLF&new=1.

外国公司在该国新建工程发生的间接费用，扣除上限为合同金额的5%。由于B公司对当地税收政策了解不充分，仍按照国内税务处理的习惯，税前列支了所有成本费用，导致境外项目被当地税务机关调查补税。

企业在境外开展经营时，应充分了解所在国（地区）税制，必要时可聘请当地专业人员协助办理涉税事项。

[学习小结] 通过本节的学习重点掌握"走出去"企业税收风险识别的必要性和依据，目的在于使读者了解税收风险识别的重要性，为风险防控做好准备。

[思考练习]
1. "走出去"企业税收风险带来的不利影响有哪些？
答：一是行政责任；二是刑事责任；三是连带法律责任。
2. "走出去"企业税收风险识别的根据有哪些？
答：一是我国的税收相关法律法规；二是东道国现有的税收相关法律法规和司法判例；三是我国与东道国签订的税收双边协定和双方均参加的税收国际公约。

第二节 "走出去"企业税收风险类型及识别

[学习导读] 本节主要以"走出去"企业涉税风险为主要内容，分别对国际承包工程、境外投资、出口退（免）税税收风险管理等内容进行介绍，以便使读者更好地了解和识别"走出去"企业可能存在的税收风险。

一、国际承包工程税收风险管理

承包工程企业由于其资金量大、关联业务多、建设周期长、市场竞争激烈等特点，涉税事项相对繁杂，税收风险较多。同时，在海外投资项目中，跨国施工投资项目会涉及多个国家（地区）的税收管辖，特别是海外基础设施建设项目体量巨大，往往会受到被投资国家（地区）税务机关的特别关注。因此，提前识别潜在税收风险，控制税收风险点，可以帮助承包工程企业在海外投资项目顺利开展。

(一) 境外经济和税收环境风险

东道国良好的政治、经济和社会环境是跨国企业经营投资的重要基础和前提。境外承包工程项目可能涉及东道国大多数税种,如果投资前期不能及时、准确、完整地了解东道国税收法律制度,可能因未满足当地纳税遵从要求发生税务检查风险,事后面临税收问题时往往处于被动。建议在前期准备阶段,重点关注东道国以下税务问题:①东道国总体税收环境、税收法规、征管现状,可能涉及的税种、申报规定及处罚条款;②东道国与相关国家签订税收协定情况;③"走出去"企业是否在东道国构成常设机构及遵守相应的申报缴税规定;④东道国税务机关是否对离岸供应征税;⑤东道国税务机关是否会对境内供应和境内服务的转让定价方法提出质疑,在其当地收入偏低或面临亏损的情况下,当地税务机关是否可能对此进行重点检查;⑥支付相关费用时是否需要代扣代缴预提所得税等。

(二) 合同中的涉税条款及风险

承包工程是目前企业"走出去"的主要形式,目前比较常见的承包工程形式为总承包模式,又称 EPC (Engineering Procurement Construction)。EPC 合同中主要包括设计、采购、施工三个部分,企业签订合同时会在总价确定的情况下在一定范围内调整三个部分的具体金额。由于各部分的所得及具体征税标准不一致,如果项目所在国税务机关对 EPC 合同具体作价进行合理性调查,"走出去"企业将面临转让定价调查风险。EPC 合同中一般包含离岸供货条款。根据所得来源地的划分标准,销售货物一般应按照交易活动发生地确定所得来源地,我国企业取得的离岸供货部分的设备价款应来源于我国,该部分价款的征税权属于中国。但是,由于常设机构判定等影响,部分东道国税务当局可能会要求按 EPC 合同总价全额计征企业所得税,包括离岸供货部分的设备价款。如果东道国对离岸供货部分的设备价款一并征税,会导致双重征税风险,增加"走出去"企业跨国税收负担。

此外,签订总分包合同过程中,在了解境内外相关税负的同时,还需要明确合同所涉及的税负由哪方承担,以避免未来合同执行过程中可能产生的争议。对于免税或者包税协议要予以充分审核,提前做好税收规划。一般地,政府项目会有免税、退税协议,但范围通常仅指在东道国免征所得税等。如果东道国和中国的税收协定没有饶让条款,项目利润回到中国后依然要缴纳25%的企业所得税。如果是免税或包税合同,需要明确税收义务的相关方和金额,以及了解东道国对包税合同效力的认定等。

（三）境外所得申报纳税的税收风险管理

"走出去"企业应就其境内、境外的全部所得缴纳企业所得税，其在境外缴纳的所得税税额可按照规定在应纳税额中抵免。在税款计算及境外税款抵免时应按照分国不分项原则或分项不分国原则，在规定时间内选择不再变更，对境内外业务的收入、成本、费用单独核算，对境外所得按照国内税法的规定进行纳税调整，对境内外共同支出进行合理分摊，按照正确的税率计算缴纳境外应纳税额，对符合条件的境外税款在抵免限额内计算抵免。"走出去"企业在进行所得税年度纳税申报时，对境外所得应纳税额、境外税款抵免如果没有按照规定计算，将导致错误纳税申报，造成税收风险。

（四）主体不同的税收抵免风险管理

部分"走出去"企业在境外承包工程时以集团公司名义签订合同，而执行合同的主体为集团内某下属公司，或者施工企业从总承包商处取得分包工程，这样合同签约方与合同实际执行方为两个主体。实际执行方在境外缴纳税款但无法取得有效纳税凭证，导致境外税款无法抵扣，形成重复纳税风险。企业以总分包或联合体方式在境外实施工程项目（包括但不限于工程建设、基础设施建设等项目），其来源于境外所得已在境外缴纳的所得税税额，总承包企业或联合体主导方企业开具的《境外承包工程项目完税凭证分割单（总分包方式）》（或《境外承包工程项目完税凭证分割单（联合体方式）》作为境外所得完税证明或纳税凭证进行税收抵免。

（五）未享受税收协定优惠待遇风险

双边税收协定以征税权划分、税收协定优惠待遇及关联企业转让定价等条款消除国际双重征税，减轻跨国企业税收成本。如果"走出去"企业对税收协定不了解，未能主动提起享受税收协定待遇，在东道国缴纳了本来不需要缴纳或者可以少缴纳的税款，将增加企业税收负担，形成重复纳税风险。

（六）派遣人员和外籍员工的个人所得税风险

国际承包工程进行海外投资项目时会涉及部分派遣人员和外籍员工雇用的涉税问题，包括薪酬和雇用管理。薪酬管理中涉及对员工工资、奖金等薪资福利的管理，雇用管理涉及外籍员工的工作安排以及外籍员工出入境时间的管理。如果对涉税问题处理不当，可能会导致员工的出入境风险，同时可能会间接损害员工及企业的声誉。在进行派遣人员和外籍员工的个人所得税具体税务管理和风险防控方面，企业需要履行向所在地税务申报和代扣代缴等义务，还应关注可能的常设机构来判定风险。

[**案例分析**]① 境内Y公司赴东南亚某国承接一项设备安装和调试工程，工期仅需1个月。我国与该国的税收协定规定，承包工程仅在持续时间超过6个月时才需要在该国缴税。但Y公司由于不了解税收协定规定，工程结束后在当地申报缴纳了10万元所得税，没有享受税收协定优惠，而且在回国申报时也无法抵免，造成了双重征税。

二、境外投资税收风险管理

（一）新设投资的税收风险

1. 不同组织形式存在的税收风险

企业在作出对外投资决策后，面临的首要问题是选择何种投资方式。对外直接投资主要包括两种方式：一是绿地投资，指跨国公司等投资主体在东道国境内设立法律实体以在当地开展商务活动；二是跨国兼并和收购，简称"并购"，指外国投资者为了达到特定经营目标，通过一定渠道和支付手段，收购另一国企业全部或部分资产或股份，从而对被收购企业的经营管理实施部分或完全的控制行为。

考虑使用绿地投资方式进行对外投资的企业可根据业务需要和实际情况，设立代表处、分公司或子公司等组织形式。对于组织形式的选择，除了考虑企业自身业务发展、对外部资源和市场利用的需要，还需要了解在投资国设立各组织形式的涉税风险。在东道国设立各组织形式对境内投资方税收的影响也应纳入考虑。例如，根据中国企业所得税法规定，中国企业在境外设立不具有独立纳税地位的分支机构取得的各项境外所得，无论是否汇回中国境内，均应计入中国企业当年的应纳税所得额缴纳企业所得税。

2. 不同融资方案选择面临的税收风险

总体而言，融资方案包括股权融资和债务融资，债务融资又包括从金融机构获得借款以及使用股东贷款融资的方案。在股权融资方案下，在股权持有期间资金回收的主要方式是股息分配。因此，在既定的控股架构下，应考虑从被投资国向中国汇回股息的预提所得税是否适用税收协定优惠税率以及

---

① 江苏省税务局13个案例提醒"走出去"企业及个人有效应对13个常见涉税风险 [EB/OL]. [2021-06-09]. https://mp.weixin.qq.com/s?src=11&timestamp=1623286196&ver=3121&signature=zlK9ILC2*D-fNShqx7SZh*gO9FMC9-OjULD94JctTuuV-zlPAU5UlQEiBErLy-a46Iza-F2alTvg4*qDpC*RyEflZE7TgMcicbUejClMXhvesVYn3EoICMoNMVAnDLF&new=1.

境外已纳税款抵免的影响。从税务的角度，债务融资方案应评估中国、中间控股公司所在国以及被投资国的所得税税负情况，使利息抵扣效益最大化，从而具有整体税务有效性。如果采用股东贷款融资方案，企业应考虑被投资国公司向中国母公司支付利息需缴纳的预提所得税以及与利息相关的境外已纳税款是否可以在中国进行抵免。

（二）境外并购重组的税收风险

除新设投资提到的上述税收风险外，境外并购还可能存在以下税收风险：一是被并购企业历史经营期税务合规性的风险；二是并购重组事后风险。

1. 被并购企业历史经营期税务合规性的风险

"走出去"企业由于跨境并购经验的缺乏，未能及时有效安排税务尽职调查，导致"走出去"企业不能准确了解目标公司历史税收风险、税务资产状况，难以量化估值中使用的主要税务假设，未能在交易文件中寻求合理的税收风险保护条款，以及在后续收购相关企业后，面临税务机关对以前年度该企业相关税收违法行为的处理。

2. 并购重组事后风险

在部分交易中，拟收购企业的现有股权架构对于中国投资人来说可能不是税收上最优的架构，并且交易前出于商业考虑无法做出相应调整，这就存在交易后重组的需要。另外，投资方应结合中国母公司全球业务布局和商业实质分布，在兼顾协同效应的同时对于全球控股架构、业务安排及知识产权安排予以适当调整。在后续调整股权架构时，可能面临一定的税收成本及合规风险。

（三）登记备案风险

"走出去"企业对外投资后，需要向境内及境外税务机关报送相关信息。在境内，需要向中国税务部门报送对外投资信息、参股外国企业和受控外国企业信息，纳入抵免范围的企业还需要按照中国会计制度编报年度独立财务报表等；在境外，要按照投资所在地税法规定进行税务登记、合同备案以及提供其他相关信息报告等。如没有及时履行相应登记或信息报告义务，可能面临相应处罚。

（四）常设机构认定风险

常设机构是税收协定上的概念，主要用于确定税收协定中缔约国一方对缔约国另一方企业利润的征税权。税收协定的法律效力一般优先于国内法，如果不构成税收协定下的常设机构，则东道国一般对其无征税权。因此，常设机构的存在与否对于收入来源国的税收管辖权具有至关重要的影响。常设机构主要分为：场所型常设机构、工程型常设机构、服务型常设机构和代理型常设机构。对不同类型的常设机构税收协定规定了豁免条款。

（五）受控外国企业风险

在"走出去"企业进行对外投资的过程中，一个优化的投资架构可以降低境外子公司向其母公司派回利润、向集团现金池回流资金或出售子公司股权时产生的税负，从而增加企业价值。许多"走出去"企业常用的投资架构是在某国（地区）设立中间控股公司作为其境外投资平台，再通过该中间控股公司向目标国（地区）进行投资。一般情况下，只有在该中间控股公司向其分派利润时，该"走出去"企业须就所取得的股息收入纳税。对于"走出去"企业在经营阶段通过上述方式将利润保留在境外中间控股公司，如果境外公司所在国家（地区）实际税率较低，且企业无合理经营需要而将利润留存在境外，延迟就相关利润向境内母公司分配并缴纳居民国所得税，那么税务机关可能运用受控外国企业规则进行特别纳税调整。

[案例分析]① 境内 C 公司在境外设立了全资子公司作为投资平台。由于财务人员对我国境外投资信息报告制度不了解，误以为只有取得境外所得时才需要向税务机关申报纳税，因此未按规定及时向主管税务机关报送境外投资相关信息。主管税务机关发现后，要求企业补报了相关报表，但根据首违不罚的规定免除了处罚。

按照《国家税务总局关于居民企业报告境外投资和所得信息有关问题的公告》（国家税务总局公告 2014 年第 38 号）规定，"走出去"企业境外投资，符合条件的应按公告要求向主管税务机关填报《居民企业参股外国企业信息报告表》和《受控外国企业信息报告表》，并附报其他相关资料。此外，"走出去"企业关联交易总额超过 10 亿元的应准备同期资料主体文档，集团收入合计超过 55 亿元的最终控股企业还应报送国别报告。

---

① 江苏省税务局13个案例提醒"走出去"企业及个人有效应对13个常见涉税风险 [EB/OL]. [2021-06-09]. https://mp.weixin.qq.com/s? src = 11&timestamp = 1623286196&ver = 3121&signature = zlK9ILC2 * D – fNShqx7SZh * gO9FMC9 – OjULD94JctTuuV – zlPAU5UlQEiBErLy – a46Iza – F2alTvg4 * qCDpC * RyEflZE7TgMcicbUejClMXhvesVYn3EoICMoNMVAnDLF&new = 1.

三、出口退（免）税风险管理

（一）出口货物劳务及服务征税的风险

出口企业或其他单位出口及视同出口不适用增值税退（免）税和免税政策的，应视同内销货物和加工修理修配劳务征收增值税、消费税，如国家明确取消出口退（免）税的货物等。

（二）出口货物劳务及服务暂不退税的风险

主管税务机关发现出口企业或其他单位的出口业务有以下情形之一的，该笔出口业务暂不办理出口退（免）税。已办理的，主管税务机关可按照所涉及的退税额对该企业其他已审核通过的应退税款暂缓办理出口退（免）税，无其他应退税款或应退税款小于所涉及退税额的，可由出口企业提供差额部分的担保。待税务机关核实排除相应疑点后，方可办理退（免）税或解除担保。暂不办理出口退（免）税的情形包括：

（1）因涉嫌骗取出口退税被税务机关稽查部门立案查处未结案；

（2）因涉嫌出口走私被海关立案查处未结案；

（3）出口货物报关单、出口发票、海运提单等出口单证的商品名称、数量、金额等内容与进口国家（地区）的进口报关数据不符；

（4）涉嫌将低退税率出口货物以高退税率进行报关出口的；

（5）出口货物的供货企业存在涉嫌虚开增值税专用发票等需要对其供货的真实性及纳税情况进行核实的疑点。

（三）骗取出口退税的风险

出口骗税是一种严重的违法犯罪行为，它不仅扰乱正常的对外贸易秩序，妨碍税收政策的正确贯彻实施，而且在经济上使国家和地方遭受不可弥补的巨大损失。出口骗税，是指企业或者个人利用国家出口退税政策，采取假报出口或者其他欺骗手段，非法获取国家出口退税款和其他经济利益的一种违法犯罪行为。

《中华人民共和国刑法》第二百零四条规定，以假报出口或者其他欺骗手段，骗取国家出口退税款数额较大的违法犯罪行为，是骗取出口退税罪。主要包括：

（1）伪造或者签订虚假的买卖合同。

（2）以伪造、变造或者其他非法手段取得出口货物报关单、出口收汇核销单、出口货物专用缴款书等有关出口退税单据、凭证。

（3）虚开、伪造、非法购买增值税专用发票或者其他可以用于出口退税的发票。

（4）骗取出口货物退税资格的。

（5）将未纳税或者免税货物作为已税货物出口的。

（6）虽有货物出口，但虚构该出口货物的品名、数量、单价等要素，骗取未实际纳税部分出口退税款的。

（7）以其他手段骗取出口退税款的。

（四）视同出口货物申报标识的风险

出口企业或其他单位对外承包、对外援助、境外投资的出口货物，比照一般贸易相关规定进行申报退（免）税，并标注标识代码，如境外投资在申报出口退（免）税时，应在相关的出口退（免）税申报明细表的业务类型栏中标注"JWTZ"。否则，会与一般贸易方式出口货物相混淆，税务机关无法分辨退（免）税政策的适用类型。2021年6月，国家税务总局出台《关于优化整合出口退税信息系统 更好服务纳税人有关事项的公告》（国家税务总局公告2021年第15号），其中附件15对61种业务类型代码表进行了更新升级。具体见表4-1。

表4-1　　　　　　　　　　业务类型代码表

序号	出口货物劳务服务	业务类型代码	备注
1	报关进入特殊区域并销售给特殊区域内单位或境外单位、个人的货物（除销售给特殊区域内生产企业生产耗用的列名原材料外）	TSQY	
2	销售给特殊区域内生产企业生产耗用的列名原材料	LMYCL	
3	对外援助出口货物	DWYZ	
4	用于对外承包工程项目的出口货物	DWCB	
5	用于境外投资出口的货物	JWTZ	
6	免税品经营企业销售的货物	MSD	
7	销售的中标机电产品	ZB	

续表

序号	出口货物劳务服务	业务类型代码	备注
8	销售给海上石油天然气开采企业的自产的海洋工程结构物	JGW	
9	销售给外轮、远洋国轮的货物	WL	
10	生产并销售给国内和国外航空公司国际航班的航空食品	HKSP	
11	对外提供加工修理修配劳务（除修理修配飞机、船舶外）	XLXP	
12	对外修理修配飞机	XLXP-01	
13	对外修理修配船舶	XLXP-02	
14	航线维护	HXWH	
15	航次维修	HCWX	
16	输入特殊区域的水电气	SDQ	
17	横琴、平潭购进水电气	GJSDQ	
18	横琴、平潭购进货物	GHQYTS	
19	研发机构采购国产设备	GCSB	
20	运输企业购进船舶退税	CBTS	
21	出口企业销售给境外单位、个人，经保税区出口的货物	BSQ	
22	边境地区一般贸易或边境小额贸易项下以人民币结算的从所在省（自治区）的边境口岸出口到接壤毗邻国家，并采取银行转账人民币结算方式的出口货物	BM	
23	边境小额贸易企业代理外国企业、外国自然人报关出口货物	BMDL	
24	启运港退税的出口货物	QYGTS	
25	实行先退税后核销办法的生产企业出口的货物（先退税）	XTHH-XT	企业在交通运输工具或机器设备会计上做销售后申报免抵退税时填写 XTHH-XT
26	实行先退税后核销办法的生产企业出口的货物（核销冲减）	XTHH-CJ	企业在交通运输工具或机器设备报关出口后，收齐凭证申报免抵退税前，填写 XTHH-CJ，办理已退（免）税的核销冲减
27	实行先退税后核销办法的生产企业出口的货物（核销退税）	XTHH-HX	企业在交通运输工具或机器设备报关出口后，收齐凭证申报免抵退税时，填写 XTHH-HX
28	红字冲减	HZCJ	
29	退运冲减	HZCJ-TY	

续表

序号	出口货物劳务服务	业务类型代码	备注
30	备案清单退税	BAQDTS	
31	融资租赁	RZZL	
32	航天运输服务	HTYSFW	
33	在轨交付空间飞行器及相关货物	ZGJF	
34	未列明商品	WLMSP	
35	外贸综合服务	WMZHFW	
36	符合财税〔2012〕39号文件附件4第一条所列条件出口企业出口的视同自产货物	STZC-01	生产企业申报出口视同自产的货物退（免）税时填写
37	同时符合以下条件的外购货物： 1. 与本企业生产的货物名称、性能相同； 2. 使用本企业注册商标或境外单位和个人提供本企业使用的商标； 3. 出口给进口本企业自产货物的境外单位和个人	STZC-02	
38	与本企业所生产的货物属于配套出口，且出口给进口本企业自产货物的境外单位和个人的外购货物，符合下列条件之一的： 1. 用于维修本企业出口的自产货物的工具、零部件、配件； 2. 不经过本企业加工或组装，出口后能直接与本企业自产产品组合成成套产品的货物	STZC-03	
39	经税务机关认定的集团公司及其控股的生产企业之间收购的自产货物	STZC-04	
40	同时符合以下条件的委托加工货物： 1. 必须与本企业生产的产品名称、性能相同，或者是用本企业生产的货物再委托深加工的货物； 2. 出口给进口本企业自产货物的境外单位和个人； 3. 委托方与受托方必须签订委托加工协议，且主要原材料必须由委托方提供，受托方不垫付资金，只收取加工费，开具加工费（含代垫的辅助材料）的增值税专用发票	STZC-05	
41	用于本企业中标项目下的机电产品	STZC-06	
42	用于对外承包工程项目下的货物	STZC-07	
43	用于境外投资的货物	STZC-08	
44	用于对外援助的货物	STZC-09	
45	生产自产货物的外购设备和原材料（农产品除外）	STZC-10	

续表

序号	出口货物劳务服务	业务类型代码	备注
46	对外提供研发服务	YFFW	
47	提供设计服务	SJFW	
48	提供广播影视节目（作品）的制作服务	GBYSZZFW	
49	对外提供广播影视节目（作品）的发行服务	GBYSFXFW	
50	提供技术转让服务	JSZRFW	
51	提供软件服务	RJFW	
52	提供电路设计及测试服务	DLSJCSFW	
53	提供信息系统服务	XXXTFW	
54	提供业务流程管理服务	YWLCGL	
55	提供合同标的物在境外的合同能源管理服务	HTNYGLFW	
56	提供信息技术外包服务	ITO	
57	提供技术性业务流程外包服务	BPO	
58	提供技术性知识流程外包服务	KPO	
59	期租	QZ	填写在《国际运输（港澳台运输）免抵退税申报明细表》"备注"栏
60	程租	CZ	填写在《国际运输（港澳台运输）免抵退税申报明细表》"备注"栏
61	湿租	SZ	填写在《国际运输（港澳台运输）免抵退税申报明细表》"备注"栏

（五）融资租赁出口退（免）税的风险

融资租赁退（免）税出口货物的适用范围，主要包括飞机、飞机发动机、铁道机车、铁道客车车厢、船舶及其他货物，具体应符合《中华人民共和国增值税暂行条例实施细则》第二十一条"固定资产"的相关规定，但不包括在海关监管年限内的进口减免税货物。因此，对优惠政策进行了特殊规定。

另外还应注意,对承租期未满而发生退租的融资租赁货物,融资租赁出租方应及时主动向税务机关报告,并按照规定补缴已退税款;对融资租赁出口货物,再复进口时融资租赁出租方应按照规定向海关办理复运进境手续并提供主管税务机关出具的货物已补税或未退税证明,海关不征收进口关税和进口环节税。

[**学习小结**] 通过本节的学习重点掌握"走出去"企业国际承包工程、境外投资、出口退(免)税等涉税风险内容,目的在于使读者了解税收风险的具体问题以及法律责任,防范可能发生的税收风险,积极维护纳税人的经济利益。

[**思考练习**]

1. 简要介绍"走出去"企业国际承包工程EPC合同离岸供货的税收风险管理主要内容是什么?

答:国际承包工程是目前企业"走出去"的主要形式,目前比较常见的承包工程形式为总承包合同,又称EPC合同,这种合同中包含离岸供货条款。根据所得来源地的划分标准,销售货物所得一般应按照交易活动发生地确定所得来源地,我国企业取得的离岸供货部分的设备价款应来源于我国,该部分价款的征税权属于中国。但是,部分东道国税务当局要求对EPC合同按合同总价全额计征企业所得税,包括离岸供货部分的设备价款。如果东道国对离岸供货部分的设备价款一并征税,会导致双重征税风险,增加"走出去"企业跨国税收负担。

2. 出口骗税罪主要包括哪些内容?

答:根据《中华人民共和国刑法》第二百零四条规定,以假报出口或者其他欺骗手段,骗取国家出口退税款数额较大的违法犯罪行为,是骗取出口退税罪。主要包括:一是伪造或者签订虚假的买卖合同;二是以伪造、变造或者其他非法手段取得出口货物报关单、出口收汇核销单、出口货物专用缴款书等有关出口退税单据、凭证;三是虚开、伪造、非法购买增值税专用发票或者其他可以用于出口退税的发票;四是骗取出口货物退税资格的;五是将未纳税或者免税货物作为已税货物出口的;六是虽有货物出口,但虚构该出口货物的品名、数量、单价等要素,骗取未实际纳税部分出口退税款的;七是以其他手段骗取出口退税款的。

第三节 "走出去"企业税收风险防范建议

[学习导读] 本节主要围绕"走出去"企业在参与"一带一路"建设中可能遇到的税收风险，从纳税人和税务机关层面提出防范和规避税收风险的建议。

一、纳税人层面

（一）提升国际税收管理水平

"走出去"企业可考虑设置专门的国际税收管理机构，制定税收管理制度并配备业务水平高的管理人员，对集团的税收风险进行统一规划和实施，加强对全球税收的统一管理。如有新的对外投资项目，应了解可能会遇到的税收问题，包括投资目的地的税收制度、当地税收优惠政策、中国与东道国的税收协定等，必要时可聘请专业的中介机构对投资目标开展税务尽职调查或对于投资的整体税务架构设计提出专业意见和建议。针对规模或投资金额较大的项目，企业财务人员、税务人员应提前介入项目，全程跟进项目执行中的税收问题。同时，企业应加强对财务人员、税务人员的培训以充实其国际税收知识，在对外投资过程中将相关知识运用到企业的生产运营活动中。

（二）关注国际税收规则的变化

以打击跨国公司避税行为为目标的BEPS行动计划，正在全球范围内快速推进实施，并直接对中国企业对外投资活动产生重大影响，主要体现在：海外项目经营架构风险提高，信息披露透明度大幅提高，转移定价等税务监管更加严格，数字经济征税将产生重大变革等。受到BEPS行动计划的影响，越来越多的国家开始根据BEPS行动计划调整税收协定和本国相关的税法规定。因此，企业应当密切关注并研究各国税收政策调整情况，针对所属企业的不同特点，做好重点业务、重点区域、重点国家税收规划策略的制定和适时调整；检查企业的涉税情况，评估潜在的风险。

（三）加强对税收协定和税收规则的了解和运用

充分了解国际税收协定的原理、具体条款以及相关国家（地区）享受税收协定征管规定，运用12366国际纳税服务热线、中国国家税务总局或相关国家（地区）税务主管当局网站、荷兰国际财政文献局（IBFD）等权威渠道跟进本国和投资目的地税收政策变化，通过中国国家税务总局官网发布的国别(地区)投资税收指南、"走出去"税收指引或行业协会等了解对外投资经营可能遇到的税收风险,及时收集、整理、归纳行业或投资目的地潜在的税收风险,优化企业投融资方案,选择合适的投资架构,提前合理制定关联交易和集团内交易的定价和策略,充分享受税收协定或国内法的税收优惠政策,提高税收遵从,降低涉税风险。

二、税务机关层面

(一)进一步加强税收信息化建设

以税务相关信息化系统为依托,以智能化、信息化、数字化项目为支点,大力实施创新驱动发展战略,切实实现税收征管系统的无纸化、电子化、网络化操作。借助数据挖采、网络搜索等先进技术手段,在海量数据的支持下,研发更便捷、更智能、更实用、更可靠的风险管理分析工具,用以判断税收风险指标的合理性。将"走出去"企业的基本信息、经营状况、财务管理、关联交易、第三方信息、纳税遵从行为、纳税申报等情况进行多维度的组合比对,构建目标特征标签,加强重点税源的异点跟踪,发现征管漏洞,实现全方位、全天候、零误差的监控,以提高特定环境下税收风险识别的应变能力,更好帮助"走出去"企业应对税务争议和税收风险。[①]

(二)研究优化相关税收制度

持续推进税收协定谈签工作,力争全面覆盖所有参与共建"一带一路"和国际产能合作重点国家。结合两国双向投资情况,根据新形势、新变化和新要求,对已签订税收协定中部分条款进行更新完善。研究免税法等激励性税收措施,完善境外所得抵免规则,简化境外所得抵免计算,降低企业税收遵从成本,更好支持企业"走出去"。

(三)深化国际税收合作

发挥税收征管合作对于促进贸易自由化、投资便利化,增强各国内生发展动力,促进就业和经济增长的重要作用,持续深入推进"一带一路"税收征管合作机制建设,打造公平、透明、可预期的国际化营商环境。根据中共中央办公厅、国务院办公厅印发的《关于进一步深化税收征管改革的意见》要求,强化国际税收合作,深度参与数字经济等领域的国际税收规则和标准

---

① 王文清,姚巧燕. 大数据技术对税收风险管理的影响与国际借鉴[J]. 国际税收,2019(9):67-70.

制定，持续推动全球税收治理体系建设。落实 BEPS 行动计划，严厉打击国际逃避税，保护外资企业合法权益，维护我国税收利益。不断完善"一带一路"税收征管合作机制，支持发展中国家提高税收征管能力。进一步扩大和完善税收协定网络，加大跨境涉税争议案件协商力度，实施好对所得避免双重征税的双边协定，为高质量"引进来"和高水平"走出去"提供支撑。因此，要及时通过政策法规的普及，使税务人员更规范准确地进行税收执法、纳税人更好地适应新的税收环境，促进依法治税和税收遵从，提高税收确定性。积极推动"一带一路"税收征管合作机制各参与方建立清晰的内部征管程序，确保对法律、法规解释的清晰性和一致性，最大限度预防争议发生；提高税收争议解决效率，通过经验交流分享、培训等方式提升税收争议解决能力，缩短争议解决时间，更好地维护投资者合法权益，减轻或消除由税收争议造成的国际贸易和投资壁垒。

[学习小结] 本节的学习重点在于从纳税人和税务机关两个层面提出如何防范"走出去"税收风险，目的在于开阔读者思路，研究提出更具针对性的风险防范方法和建议。

[思考练习]

1. 从纳税人层面如何防范税收风险？

答：一是要提升国际税收管理水平；二是关注国际税收规则的变化；三是加强对税收协定和税收规则的了解和运用。

2. 中共中央办公厅、国务院办公厅印发的《关于进一步深化税收征管改革的意见》中，关于强化国际税收合作的要求是什么？

答：深度参与数字经济等领域的国际税收规则和标准制定，持续推动全球税收治理体系建设。落实 BEPS 行动计划，严厉打击国际逃避税，保护外资企业合法权益，维护我国税收利益。不断完善"一带一路"税收征管合作机制，支持发展中国家提高税收征管能力。进一步扩大和完善税收协定网络，加大跨境涉税争议案件协商力度，实施好对所得避免双重征税的双边协定，为高质量"引进来"和高水平"走出去"提供支撑。

附录

附录1 9个"一带一路"沿线国家税制概览

巴基斯坦

一、税制结构概览

巴基斯坦税收的主管部门为巴基斯坦联邦税收委员会(FBR),负责制定和实施税收政策,以及联邦税种的征收和管理。

巴基斯坦是联邦制国家,税收体系分为两大体系,即联邦税收体系和省级税收体系。巴基斯坦联邦税收分为直接税和间接税两大类,直接税包括所得税、劳工福利税、劳工参与基金和资本税;间接税包括关税、销售税、联邦消费税、机场税和其他税费。省级税收主要包括财产税、车辆税、消费税、印花税等,由各省财政部门负责征收。

二、主要税种简介

(一)企业所得税

1. 纳税人身份判断标准

巴基斯坦企业所得税纳税人分为居民企业纳税人和非居民企业纳税人。居民企业,是指根据巴基斯坦法律成立或合并,且企业事务的控制与管理全部在巴基斯坦境内的企业;非居民企业,是指在某一纳税年度内任何时候其控制和管理地不完全位于巴基斯坦境内的企业。

2. 征收范围

居民企业需就其境内和境外的所得缴纳企业所得税,所得包括其在会计期间内取得的如经营所得、租金所得、资本利得及其他来源所得等

应税所得。

非居民企业仅就其来源于巴基斯坦境内的所得征税，征收范围包含经营所得、资本所得、股息红利所得、债务利润、租赁所得、特许权使用费所得等所得。

3. 税率

根据巴基斯坦《1984年公司条例》，自2007财年起至2013财年企业所得税税率为35%，之后每财年递减1%（银行业除外）。自2018年1月1日起，巴基斯坦企业所得税适用30%的税率。但若纳税人是小型纳税人，适用25%的税率。小型纳税人需满足以下条件：①实缴资本不超过5000亿巴基斯坦卢比（以下简称卢比）；②年均职工人数不超过250人；③年销售额不超过2.5万亿卢比；④不是由其他非小型公司分设或重组而成的公司。

非居民企业来源于巴基斯坦的所得适用预提所得税税率如下：特许权使用费为15%；离岸数字服务费为5%；航运收入为8%；空运收入为3%；建筑、装配或安装项目的合同或分包合同总金额，包括与该项目有关的监督活动的供应合同、任何其他施工或提供服务的合同以及电视卫星频道广告服务合约为7%或13%；保险费或再保险总额为5%；广告服务为10%；支付给非居民的私人股本的销售货物总额为4%、4.5%、7%、7.75%；就运输服务以外的服务向常设机构支付的总金额为8%、10%、14%、17.5%。

此外，伊斯兰债券（Sukuk）是通过签订符合伊斯兰教义的各种合约，取得的对某类基础资产拥有一定比例所有权的证明或票据，其本质是一种租赁债券。"一带一路"建设涉及大量的基础设施，非常适合作为伊斯兰债券的基础资产。巴基斯坦税法规定，伊斯兰债券发行人在向持有人支付投资收益时，应代扣代缴所得税。巴基斯坦税法对居民纳税人投资伊斯兰债券获得的收益征税基本规定如下：①

（1）如果伊斯兰债券持有人是公司，则其投资收益所得税税率为25%，代扣代缴所得税税率为15%；

（2）如果伊斯兰债券持有人是自然人或联合体，且投资收益超过100万卢比，则其投资收益所得税税率和代扣代缴所得税税率为12.5%；

---

① 国家税务总局国际税务司国别投资税收指南课题组. 中国居民赴巴基斯坦投资税收指南[EB/OL]. [2020-07-14]. http://www.chinatax.gov.cn/chinatax//n810219/n810744/n1671176/n1671206/c2581894/5116195/files/8b10e149b59d466797f2d7fc39e71e8c.pdf.

(3) 如果伊斯兰债券持有人是自然人或联合体,且投资收益不超过100万卢比,则其投资收益所得税税率和代扣代缴所得税税率为10%;

(4) 如果伊斯兰债券持有人是非积极纳税人,则代扣代缴所得税税率为17.5%。

(二) 个人所得税

1. 纳税人身份判断标准

巴基斯坦个人所得税分为居民纳税人和非居民纳税人。居民纳税人,是指一个纳税年度中在巴基斯坦居住累计达183天或以上的个人或联邦政府或省政府海外正式的雇员或官员。不符合上述条件的个人为个人所得税非居民纳税人。

2. 征收范围

居民纳税人就其来源于境内或境外的的全部所得纳税,而非居民纳税人仅就其来源于巴基斯坦境内的所得纳税。居民纳税人和非居民纳税人具体征收范围为工资所得、不动产所得、经营所得、资本利得、其他所得。其中,其他所得包括:股息,特许权使用费,利息,土地或建筑物转租收入,建筑物和工厂、设备合并出租收入,年金,退休金,有奖债券、彩票收入和其他收入。

3. 税率和税前扣除

巴基斯坦个人所得税适用11级超级累进税率,税率为0～35%。其中,年应纳税所得额不超过60万卢比的适用零税率,年应纳税所得额超过7500万卢比的适用35%税率。

个人所得税的主要扣除项有:房屋贷款利息、特殊股份的投资费用、获得批准的非营利组织进行的慈善捐赠、天课(穆斯林每年一次的慈善捐款)等。

(三) 销售税

1. 征收范围

在巴基斯坦境内销售货物、从境外进口货物的单位和个人为巴基斯坦销售税的纳税人。

2. 税率

销售税标准税率为17%,此外还有5%(播种用油籽、废纸等)、6%(大豆种子等)、7%(耕作和苗床整地设备等)、10%(酸奶、农用拖拉机等)、16%(油菜花籽等)等税率。对于通信运营设备一般征收250～1000卢比的定额税款。

对于有多种品牌及多个制造商的商品，以最高零售价格计征销售税，联邦税收委员会（FBR）被授权指定最高零售价格，并解决关于制造商按最高零售价支付销售税而不考虑地理经济因素的长期未决的申诉。①

（四）消费税

1. 征收范围

在巴基斯坦境内生产或制造货物、进口货物和提供服务的单位和个人为巴基斯坦消费税的纳税人。消费税属于联邦税种，但通信服务消费税是由各省征收。

2. 税率

消费税税率一般为17%。对于通信服务，税率为18.5%，各省有特殊规定的除外。广告、运输、银行等免征联邦消费税。

三、税收征管制度

（一）税收征管部门

对于联邦税收体系，由FBR负责征收和管理，是巴基斯坦税收的主管部门，负责制定和实施税收政策。FBR隶属于财政部，有国内收入局和海关两大业务部门。国内收入局负责包括销售税、所得税和联邦消费税等国内税收的管理；海关负责进口环节各税种的征收，包括关税、进口环节销售税等。

对于省级税收体系，由各省财政部门设立收入局征收和管理。

（二）税务登记管理

个人、公司的法人和主管等主要人员、合伙企业的所有成员或合伙人，必须本人亲自携带身份证、银行存款账户的原件、租赁和购买用于经营的办公住址的材料原件、最近3个月营业场所设备使用支出账单原件等，去税务局登记相关信息。

对于非居民纳税人，应在巴基斯坦证券交易委员会进行当地公司的注册，在投资委员会进行开设分支机构或联络处的权限设置，在巴基斯坦证券交易委员会进行分支机构或联络处的登记，在联邦税收委员会进行国家税号和联邦销售税的登记，在省税务局进行销售（服务）税的登记。

---

① 国家税务总局国际税务司国别投资税收指南课题组. 中国居民赴巴基斯坦投资税收指南 [EB/OL]. [2020-07-14]. http://www.chinatax.gov.cn/chinatax//n810219/n810744/n1671176/n1671206/c2581894/5116195/files/8b10e149b59d466797f2d7fc39e71e8c.pdf.

（三）纳税申报管理

1. 企业所得税申报

企业所得税申报缴纳期限为每年的 12 月 31 日前（特殊情况下可能为次年的 9 月 30 日前）。巴基斯坦以 7 月 1 日至次年的 6 月 30 日为一个财政年度。

2. 个人所得税申报

个人所得税申报期限为 9 月 30 日前，但月薪超过 50 万卢比的个人申报期限为 8 月 31 日前。月薪超过 50 万卢比的个人，必须采用网上申报。应税收入超过 100 万卢比的个人，必须在进行所得税申报的同时进行财产申报。

3. 销售税和消费税申报

巴基斯坦政府规定，企业需在每月 15 日前申报缴纳上一月份的销售税、消费税。然而，税务局可在官方公报上发布通知，要求所有纳税人对于指定种类或类别的任何货物，按指定格式，提交任何一个或多个纳税期间内的进口、进货和货物的摘要，详细资料或细节。①

四、特别纳税调整规定

（一）关联交易

根据巴基斯坦《2001 年所得税条例》第 85 条和《销售税法案》规定，关联关系是指：

（1）一方根据另一方的意图行事，或者双方都根据第三方的意图行事。

（2）如果双方之间只存在一方受雇于另一方或双方同时受雇于第三方的关系，则不构成关联关系。

（3）在不违反第（1）款跟第（4）款规定的前提下，以下各方构成关联方：

①具有亲属关系的双方之间；

②合伙企业的合伙人之间；

③单独或与其他关联方一起对合伙企业的收入或资本具有 50% 及以上控制权的合伙人与合伙企业之间；

④信托与任何在信托中受益或可能受益的人之间；

---

① 国家税务总局国际税务司国别投资税收指南课题组. 中国居民赴巴基斯坦投资税收指南 [EB/OL]. [2020-07-14]. http://www.chinatax.gov.cn/chinatax/n810219/n810744/n1671176/n1671206/c2581894/5116195/files/8b10e149b59d466797f2d7fc39e71e8c.pdf.

⑤如果股东通过直接或间接持股的方式,单独或与其他关联方一起持有公司 50% 及以上表决权股份,对公司的股利或资本具有 50% 及以上控制权,则股东与公司之间构成关联关系;

⑥同受一方控股的两个公司之间。

(4) 即使双方拥有第(3)款中①或②的关系,如果税务专员认为双方都不可能被期望按照另一方的意图行事,则双方不构成关联关系。

(二) 同期资料

当纳税人与关联企业发生交易时,必须在 30 日内向税务局提供主体文档、本地文档、国别报告以及相关文件和材料。其中,国别报告适用于 2017 年及以后纳税年度。此外,由于巴基斯坦是 BEPS 包容性框架的成员,其将根据 BEPS 行动计划第 13 项的要求对国别报告进行自动情报交换。同期资料的内容和具体申报日期参见《2002 年所得税规则》第 VIA 章、《2016—2017 财年预算法案》等。

(三) 转让定价调查

巴基斯坦常用的转让定价方法为可比非受控法、再销售价格法和成本加成法。当税务机关认为这三种方法都不可靠时,才会采用利润分割法。

巴基斯坦税法规定,税务局有权在怀疑关联方有意避税时,开展转让定价调查,并根据调查结果,重新给予企业一个在公平交易中会实现的价格。目前,巴基斯坦未在法律层面规定具体的转让定价惩罚。

(四) 预约定价安排

巴基斯坦未设置预约定价安排的机制,只规定了税收预先裁定制度。该制度仅适用于非居民纳税人,非居民纳税人可以通过提供完整的详细信息和文件向税务机关提出申请,要求其确认纳税义务或拟议交易的其他方面。

(五) 受控外国企业

2018 年 5 月 28 日,《2018—2019 年联邦财政法案》首次引入受控外国企业规定,进一步完善了其反避税措施,具体参见《2001 年所得税条例》109 款下新增的第 109A 条(受控外国企业条款)。

[思考练习]

1. 巴基斯坦小型纳税人需满足什么条件?

答:一是实缴资本不超过 5000 亿卢比;二是年均职工人数不超过 250

人；三是年销售额不超过2.5万亿卢比；四是不是由其他非小型公司分设或重组而成的公司。

2. 伊斯兰债券（Sukuk）是什么？

答：伊斯兰债券（Sukuk）是通过签订符合伊斯兰教义的各种合约，取得的对某类基础资产拥有一定比例所有权的证明或票据，其本质是一种租赁债券。"一带一路"建设会涉及大量的基础设施，非常适合作为伊斯兰债券的基础资产。

3. 巴基斯坦销售税税率是多少？

答：销售税标准税率为17%，此外还有5%（播种用油籽、废纸等）、6%（大豆种子等）、7%（耕作和苗床整地设备等）、10%（酸奶、农用拖拉机等）、16%（油菜花籽等）等税率。对于通信运营设备一般征收250～1000巴基斯坦卢比的定额税款。

4. 企业在巴基斯坦进行税务登记有何规定？

答：个人、公司的法人和主管等主要人员、合伙企业的所有成员或合伙人，必须本人亲自携带身份证、银行存款账户的原件、租赁和购买用于经营的办公住址的材料原件、最近3个月营业场所设备使用支出账单原件等，去税务局登记相关信息。

泰国

一、税制结构概览

泰国《税法典》为泰国税收制度提供基本法律根据。泰国税收体系由直接税和间接税构成。其中，直接税有3种，分别为企业所得税、个人所得税和石油所得税；间接税和其他税种有增值税、特别营业税、货物税、关税、印花税、遗产税、土地及建筑税、招牌税。[①]

泰国政府正在积极倡导"泰国经济4.0"经济发展模式，旨在改变泰国现在的产业结构，将泰国打造成东盟地区领先的数字商业中心。东部经济走廊（Eastern Economic Corridor，EEC）是泰国政府近30年来提出的最重大投

[①] 国家税务总局国际税务司国别投资税收指南课题组. 中国居民赴泰国投资税收指南[EB/OL].[2020－11－27]. http://www.chinatax.gov.cn/chinatax//n810219/n810744/n1671176/n1671206/c2582271/5116206/files/5614a9b0a61d4da084f8fe54331299bd.pdf.

资计划，也是泰国 20 年国家战略规划的重要组成部分。为了确保该计划的可持续性和连续性，泰国政府专门制定了《东部经济特区法案》，已于 2018 年生效实施。为了吸引外资在东部经济走廊筑巢落户，泰国政府制定了一系列优惠政策，例如，免除企业所得税最高可达 15 年，政府支持的项目允许拥有土地等。

二、主要税种简介

在泰国主要税种包括：企业所得税、个人所得税、增值税、特别营业税、遗产税、招牌税等。

（一）企业所得税

泰国企业所得税是泰国对企业所得征收的一种税，以纳税人的净利润或净所得为计税根据，其标准税率为 20%。

1. 纳税人身份判断标准

泰国居民企业实行居住地原则，在泰国境内根据泰国法律设立的企业为泰国居民企业，居民企业之外的企业即为非居民企业，泰国税法对非居民纳税人的定义没有专门论述，对于管理与控制地也没有明确规定。

2. 征收范围

泰国居民企业应就其来源于泰国境内和境外的全部经营所得计算缴纳企业所得税，非居民企业仅就其来源于泰国的所得计算缴纳企业所得税。

3. 税率

为进一步鼓励投资，提升企业信心，2016 年 10 月 13 日，泰国内阁召开会议批准了财政部提交的一项议案，将企业所得税税率永久设为 20%。[①]

对于居民企业，银行将泰国非居民企业的外币资金贷给泰国非居民企业从而取得的贷款利息收入，适用税率为 10%。基金和联合会、协会等社会团体的适用税率为净收入的 2%～10%。国际运输公司和航空业的适用税率则为净收入的 3%。

针对符合条件的中小型企业（实收资本不超过 500 万泰铢且年度收入总额不超过 3000 万泰铢），其应纳税所得额不超过 30 万泰铢的部分免税，对 30 万至 300 万泰铢的部分按 15% 的税率征收，对超过 300 万泰铢的部分按 20%

---

① 高仲芳. 泰国将企业所得税税率永久设为 20% [EB/OL]. [2016-02-03]. http://www.chinatax.gov.cn/n810219/n810744/n1671176/n1671196/c2003934/content.html.

的税率征收。

对于非居民企业,适用上述税率。但是,外国航空或运输企业在泰国经营国际旅客或货物运输业务取得的收入,按照其取得的收入全额按3%税率计算缴纳企业所得税,不得扣除任何支出。

泰国纳税人在向外国法人实体支付指定收入时,应代扣代缴预提所得税。其中,特许权使用费、利息、资本利得、租金、经纪服务费、专业服务费的预提所得税税率为15%,股息为10%。

2020年3月30日,泰国政府发布了第361/2020号部长条例。该条例规定,对于向在泰国经营业务的法人实体和个人支付特定应税收入的,可享受预提税减征。具体优惠如下:

(1) 2020年4月1日至2020年9月30日支付的款项,降至1.5%。

(2) 2020年10月1日至2021年12月31日支付的款项,降至2%(仅适用于通过电子预扣税系统完成的支付)。

上述预提税减征适用于向泰国经营业务的法人实体和个人(不包括基金会和协会)支付的以下应税收入:

(1) 税收法案中规定的收入,如雇佣收入、服务费收入、专业服务费收入。

(2) 特许权使用费收入。

(3) 税收法案规定的服务费收入,但不包括公共行为者的报酬、广告、非人寿保险费和运费。

(4) 为促销目的而提供的奖品、折扣或其他利益。[①]

(二) 个人所得税

泰国个人所得税居民或非居民在泰国取得的合法收入或在泰国的资产,均须缴纳个人所得税。计税基础为所有应税收入减去相关费用后的余额,税率为5%~35%的7级超额累进税率。

1. 纳税人身份判定标准

泰国个人所得税居民纳税人指在一个纳税年度内,在泰国境内居住满180天的单位或个人,包括自然人、死亡但未分配遗产者、未登记的普通合伙组织、非法人团体。泰国个人所得税非居民纳税人指在一个纳税年度内,在泰

---

① 国家税务总局国际税务司国别投资税收指南课题组. 中国居民赴泰国投资税收指南[EB/OL]. [2020-11-27]. http://www.chinatax.gov.cn/chinatax//n810219/n810744/n1671176/n1671206/c2582271/5116206/files/5614a9b0a61d4da084f8fe54331299bd.pdf.

国境内居住不满 180 天的单位或个人。①

2. 征收范围

泰国个人所得税居民纳税人,一方面应就其在泰国境内受雇或从事业务所取得的应税所得缴纳个人所得税,无论所得是在境内还是境外支付;另一方面应就其取得的来源于境外且汇入境内的部分缴纳个人所得税。

泰国个人所得税非居民纳税人,应就其在泰国境内受雇或从事业务所取得的应税所得缴纳个人所得税,无论所得是在境内还是境外支付。

个人所得税的应纳税所得主要包括以下八项:①工资薪金所得;②劳务所得;③权利金所得;④利息、股息、红利、合伙企业分配所得,因投资合并、收购、解散或股权交易增值部分所得;⑤租赁所得及因分期付款买卖合同产生的违约金所得;⑥专业职业所得,包括会计、法律、医疗等;⑦工程服务所得;⑧除上述所得外的其他经营所得。

3. 税率和税前扣除

税率为 5%~35% 的 7 级超额累进税率。应税净收入为 0~150000 泰铢的部分,免税;应税净收入为 150001~300000 泰铢的部分,适用 5% 税率;应税净收入为 300001~500000 泰铢的部分,适用 10% 税率;应税净收入为 500001~750000 泰铢的部分,适用 15% 税率;应税净收入为 750001~1000000 泰铢的部分,适用 20% 税率;应税净收入为 1000001~2000000 泰铢的部分,适用 25% 税率;应税净收入为 2000001~5000000 泰铢的部分,适用 30% 税率;应税净收入为 5000000 泰铢以上的部分,适用 35% 税率。

EEC 区域的指定行业工作的员工取得来源于该行业的所得适用 17% 的个人所得税率。

按照泰国有关税法,部分个人所得可以在税前根据相关标准进行扣除,包括费用扣除和所得扣除,如抚养子女、赡养老人、特定保险、房贷利息等均有扣除规定。

(三) 增值税

泰国对在泰国境内销售商品、提供劳务或服务和进口商品到泰国境内的单位和个人征收增值税。

---

① 国家税务总局国际税务司国别投资税收指南课题组. 中国居民赴泰国投资税收指南 [EB/OL]. [2020-11-27]. http://www.chinatax.gov.cn/chinatax/n810219/n810744/n1671176/n1671206/c2582271/5116206/files/5614a9b0a61d4da084f8fe54331299bd.pdf.

1. 纳税人身份判断标准

年营业额超过 180 万泰铢的个人或单位,只要在泰国销售应税货物或提供应税劳务,都应在泰国缴纳增值税。

2. 征收范围

在泰国境内销售商品、提供劳务或服务和进口商品到泰国境内都属于增值税的征收范围。其中,商品销售必须是在泰国境内发生的才属于增值税征收范围;提供的劳务和服务,只要提供方任意一方和接受方任意一方在泰国境内,就属于增值税征税范围。

3. 税率

增值税的基本税率为 10%(不包括地方行政增值税),但是根据法令将税率从 10% 降至 6.3%,加上地方行政税收 0.7%,合计为 7% 税率。7% 税率适用至 2021 年 9 月 30 日。

2020 年 6 月 9 日,政府批准了增值税法草案,将对外国服务提供商提供的数字服务征收 7% 的增值税。根据该草案,在泰国提供数字服务、年收入超过 180 万泰铢(约合 38.7 万元人民币)的外国数字服务公司或平台,须缴纳 7% 的增值税。

(四)特别营业税

特别营业税是对纳税人在泰国从事指定经营活动取得的所得征收的一种间接税。征收特别营业税的行业有商业银行、金融及信贷活动、人寿保险、典当业务、不动产销售等。其中,商业银行、金融及信贷活动税率为 3%,人寿保险税率为 2.5%,典当业务税率为 2.5%,不动产销售税率为 3%,在证券市场买卖证券税率为 3%,从事与商业银行类似的业务税率为 3%。同时在征收特别营业税的基础上还会加收 10% 的地方税。①

(五)遗产税

泰国对从遗嘱人取得的遗产(不动产、有价证券、金融机构存款或其他类似权益、经登记的车辆和金融资产)净额超过 1 亿泰铢的继承人(无论是否为泰国籍)征收遗产税。适用遗产税的遗产免征个人所得税。直系亲属继承人适用 5% 的遗产税税率,其他继承人适用 10% 的遗产税税率,遗嘱人的

---

① 国家税务总局国际税务司国别投资税收指南课题组. 中国居民赴泰国投资税收指南 [EB/OL]. [2020-11-27]. http://www.chinatax.gov.cn/chinatax//n810219/n810744/n1671176/n1671206/c2582271/5116206/files/5614a9b0a61d4da084f8fe54331299bd.pdf.

配偶取得的遗产免征遗产税。

（六）招牌税

泰国对用于广告或宣传，标示企业名称、商标或商品的招牌征收招牌税。招牌税针对广告招牌大小及使用的语言适用不同税率计征：泰文招牌的税率为每500平方厘米3泰铢，泰文与外文并用的招牌税率为每500平方厘米20泰铢，外文招牌的税率则为每500平方厘米40泰铢。

三、税收征管制度

（一）税收征管部门

泰国财政部是泰国负责财政和税收管理的主管部门，下辖财政政策办公室、总审计长厅、财政厅、海关厅、国货税厅、税务厅、国债管理办公室等办公厅和政府彩票办公室、烟草专卖局、住房银行、泰国进出品银行、扑克牌厂、资产管理公司等国有企业。负责税收征收管理的主要是税务厅、国货税厅以及海关厅。税务厅主要负责征收所得税、增值税、特别营业税以及印花税，国货税厅征收货物税，海关厅负责征收进出口关税，地方政府负责征收财产税以及地方税。①

（二）税务登记管理

对于已持有国民身份证号码的个人以及已持有法人注册号的单位，无需重新注册登记纳税识别号，以已持有的国民身份证号码或法人注册号为纳税识别号即可。此外，以下单位或个人需要在60天内完成注册登记纳税义务人识别号，包括：

（1）外国个人，未分割遗产者，普通合伙、非法人团体、非法人社区企业。

（2）根据泰国法律注册的公司集团或法人合伙企业，如合资企业、基金会、协会等。

（3）在支付时有义务进行代扣代缴的免税或无纳税义务的个人或企业，如合作企业、公共慈善组织。②

增值税应税单位或个人必须在营业开始前或在其年营业额达到180万泰铢以上后的30天内登记注册为增值税纳税人。特别营业税应税个人或单位应

---

①② 国家税务总局国际税务司国别投资税收指南课题组. 中国居民赴泰国投资税收指南［EB/OL］.［2020 - 11 - 27］. http: // www. chinatax. gov. cn/chinatax//n810219/n810744/n1671176/n1671206/c2582271/5116206/files/5614a9b0a61d4da084f8fe54331299bd. pdf.

在运营的第一天起 30 天内向地区税务局登记注册成为特别营业税纳税人。

(三) 纳税申报管理

1. 企业所得税申报

泰国税法规定,企业所得税每半年申报缴纳一次,上半年的申报缴纳期限为会计年度前六个月结束后两个月内,下半年的年度结算申报申报缴纳期限为会计年度结束之日后 150 日内。

2. 个人所得税申报

个人所得税的征税年度为公历年制,所有纳税人均须在次年 3 月 31 日前申报其前一年度所得税。除此之外,若纳税人有取得租赁所得、专业职业所得(医疗、法律、工程、建筑、会计及艺术相关)、合约所得与其他因经营工商所得,需在当年度 9 月 30 日前对其前半年(截至 6 月 30 日)的所得进行预缴申报,预缴的个人所得税额可抵缴年度个人所得税应纳税额。[①]

3. 增值税申报

增值税按月申报,申报缴纳期限为次月 15 日内。

4. 特别营业税申报

特别营业税按月申报,申报缴纳期限为次月 15 日内。

5. 遗产税申报

遗产税申报缴纳期限为继承遗产之日起 150 日内。

6. 招牌税申报

招牌税申报缴纳月为每年 3 月,缴纳期限为纳税人收到税务局关于招牌税缴款通知后 15 日内。

(四) 法律责任

泰国对于虚假申报、未按规定期限缴纳税款、违规开具发票、未按规定登记等多种税收违法行为规定了详细的违法处罚,大多数处罚为纳税人当期应纳税额或应交未缴税额的 100% ~ 200% 及滞纳金。

四、特别纳税调整规定

(一) 关联交易

在泰国,"关联方"被定义为符合下列条件的两个或多个法律实体:一方直

[①] 国家税务总局国际税务司国别投资税收指南课题组. 中国居民赴泰国投资税收指南 [EB/OL]. [2020 - 11 - 27]. http://www.chinatax.gov.cn/chinatax//n810219/n810744/n1671176/n1671206/c2582271/5116206/files/5614a9b0a61d4da084f8fe54331299bd.pdf.

接或间接持有其他实体至少50%的股本；一方股东直接或间接持有双方实体至少50%的股本；或一方符合相关规定通过参与另一实体的资本、管理或控制而与其有依赖关联。年度收入小于200万泰铢的实体可免除制作并提交相关报告。

（二）转让定价调查

2018年11月18日泰国新颁布了《转让定价法》，新的《转让定价法》于2019年1月1日起生效。泰国现行的法律规定，泰国税务局审查时，纳税人需要证明其国内和国际关联交易都以市场价格进行的，市场价格为在可比较的交易中，独立交易方对提供商品、服务或利息要求得到的对价；其中，可比交易指的是与关联交易同时期同类型的交易。

目前，泰国税务局普遍采用经济合作与发展组织的转让定价指南，在评估"市场价格"时优先选择基于交易的方法，即可比非受控价格法、成本加成法和再销售价格法，但交易利润法、利润分割法和交易净利润法也是可接受的。

需要注意的是，税务官员要求相关公司提交转让定价文件信息和证据，法定时效期限为自提交转让定价披露表格之日起5年内。

（三）预约定价安排

在泰国，纳税人与关联方进行交易可申请预约定价安排（APA）。由于APA的申请数量上升，因此泰国税务厅公布了APA指导准则，为纳税人提供APA申请程序的根据。APA的申请必须在计划申请APA交易（以下简称申请交易）所涵盖的第一个会计期间中提出申请，并于提出申请之前与税务机关进行一系列APA申请评估会议，以让税务机关了解申请目标及合约涵盖的条款。申请APA的纳税人，须在申请交易所包括的第一个会计期间终了前至少6个月，以书面形式向泰国税务厅提出APA申请的评估会议，并在首次APA申请评估会议日前至少15个工作日内提供申请交易的相关资料，如功能风险概述及要求等资料。APA申请评估会议完成且泰国税务厅同意受理APA申请后，纳税人即可提交APA申请书。[1]

［思考练习］

1. 泰国居民纳税人企业所得税税率为多少？

答：为进一步鼓励投资，提升企业信心，2016年10月13日，泰国

---

[1] 国家税务总局国际税务司国别投资税收指南课题组. 中国居民赴泰国投资税收指南［EB/OL］.［2020 − 11 − 27］. http://www.chinatax.gov.cn/chinatax//n810219/n810744/n1671176/n1671206/c2582271/5116206/files/5614a9b0a61d4da084f8fe54331299bd.pdf.

内阁召开会议批准了财政部提交的一项议案,将企业所得税税率永久设为20%。

对于居民企业,银行将泰国非居民企业的外币资金贷给泰国非居民企业从而取得的贷款利息收入,适用税率为10%。基金和联合会、协会等社会团体的适用税率为净收入的2%~10%。国际运输公司和航空业的适用税率则为净收入的3%。

2. 泰国个人所得税的应纳税所得主要包括哪些?

答:个人所得税的应纳税所得主要包括以下八项:①工资薪金所得;②劳务所得;③权利金所得;④利息、股息、红利、合伙企业分配所得,因投资合并、收购、解散或股权交易增值部分所得;⑤租赁所得及因分期付款买卖合同产生的违约金所得;⑥专业职业所得,包括会计、法律、医疗等;⑦工程服务所得;⑧除上述所得外的其他经营所得。

3. 泰国增值税纳税人的规定是什么?

答:泰国增值税纳税人为年营业额超过180万泰铢的个人或单位,只要在泰国销售应税货物或提供应税劳务,都应在泰国缴纳增值税。

4. 泰国对"数字经济"征税吗?

答:2020年6月9日,泰国政府批准了增值税法草案,将对外国服务提供商提供的数字服务征收7%的增值税。根据该草案,在泰国提供数字服务、年收入超过180万泰铢(约合38.7万元人民币)的外国数字服务公司或平台,须缴纳7%的增值税。

5. 在泰国什么是招牌税?

答:泰国对用于广告或宣传,标示企业名称、商标或商品的招牌征收招牌税。招牌税针对广告招牌大小及使用的语言适用不同税率计征。泰文招牌的税率为每500平方厘米3泰铢,泰文与外文并用的招牌税率为每500平方厘米20泰铢,外文招牌的税率则为每500平方厘米40泰铢。

越南

一、税制结构概览

越南的税收体系是以所得税和增值税为核心,含增值税、特别消费税、企业所得税、个人所得税、营业牌照税、非农业用地使用税、土地使用权转让税、农业土地使用税、房屋土地税、资源税、印花税、进出口税、土地使用附加费等税费种。当前,越南主要以《税收征管法》《个人所得税法》《企业所得税法》《增值税法》《特别消费税法》等法律为主,为越南税收制度提供法律根据。2009年越南推出了电子报税申报表,2014年2月启动了通过商业银行进行税收征管的电子纳税服务与协作,使得越南税收征管现代化得到进一步发展。2019年6月13日,越南议会颁布了新的《税收征管法》,通过制定基础和长效的税收风险管理原则,建立有效的税收制度,以保护其税基,并在与经济合作与发展组织(OECD)/二十国集团(G20)税基侵蚀和利润转移(BEPS)政策相协调的情况下,应对税收挑战。具体而言,新的征管法确定了某些跨境交易与税务风险密切相关的敏感点,以保障越南税务局对此类交易的税务主权。新征管法于2020年7月1日起生效。此外,新的征管法规定了外国供应商通过中间数字平台开展业务并且其收入来自越南的情况下,相关各方在税务管理方面应遵守以下义务:离岸供应商必须自行在越南进行税务登记和缴税,或授权第三方代其履行此类义务,以加强越南对国际电子商务交易的征税权。[①]

二、主要税种简介

越南主要税种包括:企业所得税、个人所得税、增值税、特别消费税、营业牌照税等。

(一)企业所得税

越南对居民企业和非居民企业取得的收入征收企业所得税。

1. 纳税人身份判定标准

越南对居民没有明确的定义,但通常情况下,若一家公司按照越南法律、法规在越南境内成立,则被认为是居民公司。否则,为非居民企业。

2. 征收范围

居民企业应当就其来源于越南境内、境外的所得缴纳企业所得税。非居民企业按照以下两种标准征收:

(1)对于在越南有常设机构的非居民企业,一是应就其在越南境内和境外发生的且与常设机构的活动有关的应税收入缴纳企业所得税;二是应就其在越南境内发生的与常设机构的活动无关的应税收入缴纳企业所得税。即,

---

① 国家税务总局国际税务司国别投资税收指南课题组. 中国居民赴越南投资税收指南 [EB/OL]. [2020 - 07 - 14]. http://www.chinatax.gov.cn/chinatax//n810219/n810744/n1671176/n1671206/c2582500/5116193/files/ac31f7e89edd401eb3fd714759ea52d3.pdf.

在越南有常设机构的非居民企业在越南境外发生的与常设机构活动无关的应税收入无需缴纳企业所得税,其他收入均应缴纳企业所得税。

(2) 对于在越南无常设机构的非居民企业,仅就其发生在越南境内的应税收入缴纳企业所得税。

3. 税率[①]

对于居民企业,其企业所得税的基本税率为20%。此外,在越南境内从事油气勘测、勘探、开采活动的,企业所得税税率为32%~50%。

对于非居民企业,其企业所得税的基本税率为20%。但是,对于非居民企业在越南境内未设立机构、场所的,或者虽设立机构、场所但取得的所得与其所设机构场所无实际联系的,其应纳税额根据在越南境内取得的销售商品、提供劳务所得及相应百分比计算。具体如下:

(1) 提供劳务:除商店、酒店赌场管理的为10%外,销售商品时提供应税劳务的为1%;无法划分商品价值和劳务价值的为2%;其他为5%。

(2) 按照国际贸易条例在越南境内提供和调拨商品:1%。

(3) 特许权使用费:10%。

(4) 船舶、飞机(包括其发动机及配件)租赁费:2%。

(5) 井架、机械设备、运输工具租赁(上一点规定除外):5%。

(6) 借款利息:5%。

(7) 证券转让、再保险海外转移:0.1%。

(8) 金融衍生服务:2%。

(9) 建筑、运输及其他活动:2%。

此外,非居民预提所得税规定如下:

(1) 股息预提税:虽然越南与中国政府签署的税收协定的股息预提税税率为10%,但目前越南国内对股息收入不征税。

(2) 利息预提税:协定税率为10%,按照孰低原则执行越南国内低税率,为5%。

(3) 特许权使用费预提税:税率为10%。

(4) 外国企业提供线上广告服务的预提税政策:根据第103/2014/TT-

[①] 国家税务总局国际税务司国别投资税收指南课题组. 中国居民赴越南投资税收指南[EB/OL]. [2020-07-14]. http://www.chinatax.gov.cn/chinatax//n810219/n810744/n1671176/n1671206/c2582500/5116193/files/ac31f7e89edd401eb3fd714759ea52d3.pdf.

BTC 号通告,若外国企业(如 Facebook、Google 和 YouTube)在越南向当地公司提供广告服务,即使该外国企业在越南未设立任何总机构,当地公司也需对该外国公司代扣代缴预提税。

(5) 在越南境外提供的广告服务和营销服务免征预提税。

(二) 个人所得税

越南个人所得税纳税人分为居民纳税人和非居民纳税人。

1. 纳税人身份判定标准

在越南,若一个人连续 12 个月内在越南居住大于或等于 183 天,或者在越南拥有一个惯常居所(根据在越南登记持有永久住所信息或用于居住的租赁合同判断),将被判定为越南居民纳税人;否则为非居民纳税人。

2. 征收范围

越南居民纳税人就其境内和境外的收入缴纳个人所得税。非居民纳税人仅就其来源于越南境内的收入缴纳个人所得税。越南居民纳税人应税所得为居民经营活动所得、工资薪金所得、资本投资所得、资产转让所得、房地产不动产转让所得、中奖所得、特许权使用费所得、遗产所得等。

3. 税率

越南居民纳税人的经营活动所得、工资薪金所得适用 5%~35% 的超额累进税率。其中,每年应税收入低于 6000 万越南盾的,适用 5% 税率;每年应税收入超过 96000 万越南盾的,适用 35% 税率。特许权使用费所得、版权所得、利息(不包括银行利息)或股息所得适用 5% 税率,中奖所得和遗产、赠与所得适用 10% 税率,有价证券转让所得适用转让收入 0.1% 的税率,不动产转让所得适用转让收入 2% 的税率。

越南非居民纳税人应税所得和税率为:有价证券转让、资本转让所得,税率为转让收入的 0.1%;商品贸易所得,税率为 1%;不动产转让所得,税率为转让收入的 2%;生产、建筑、运输和其他经营活动所得,税率为 2%;特许权使用费所得、利息、股息所得,税率为 5%;中奖、遗产或赠与所得,税率为 10%;工资薪金所得,税率为 20%。

(三) 增值税

越南采用消费型增值税,就货物或服务从生产、流通到消费过程中所产生的增值额征收增值税。

1. 纳税人身份判断标准

生产经营应税商品、提供服务和进口应税商品的单位和个人为越南增值税的纳税人。

2. 征收范围

除税法列明的25类（如动植物种苗、农业生产资料）不属于增值税征税对象的商品和服务外，其他货物和服务均属于越南增值税征收范围。

3. 税率

增值税标准税率为10%。此外，还设置有零税率和5%的低税率。其中，零税率适用于出口商品和服务，5%的税率适用于农业、医药、卫生教学、科学技术服务等。

4. 应纳税额的计算

越南增值税应纳税额的计算以及进项税额的抵扣等与我国的增值税计征方式大致相同。越南增值税的计算方法为抵扣法和直接计税法。

（1）抵扣法

应纳增值税额＝增值税销项税额－可抵扣的增值税进项税额

（2）直接计税法①

①对于金、银、宝石交易活动：

应纳增值税额＝金、银、宝石的增值额×增值税税率

金、银、宝石的增值额＝金、银、宝石的销售额－购进金、银、宝石的价款

②对于其他情况：

应纳增值税额＝营业收入×比例税率（%）

具体征收比例税率如下：

A. 分配、供应货物：1%；

B. 不承包原材料的劳务、建筑服务：5%；

C. 与货物、建筑相关并承包原材料的生产、运输和劳务服务：3%；

D. 其他经营活动：2%。

上述按比例税率计征的情况适用于：

A. 年营业收入在10亿越南盾以下的企业、合作社（自愿按抵扣法登记纳税的除外）；

---

① 国家税务总局国际税务司国别投资税收指南课题组. 中国居民赴越南投资税收指南［EB/OL］.［2020－07－14］. http：//www.chinatax.gov.cn/chinatax//n810219/n810744/n1671176/n1671206/c2582500/5116193/files/ac31f7e89edd401eb3fd714759ea52d3.pdf.

B. 新成立的企业、合作社（自愿按抵扣法登记纳税的除外）；

C. 经营户、个人；

D. 在越南从事生产经营活动，未严格遵守会计法规的外国组织或个人（为从事油气勘测、勘探、开采活动而销售货物、提供服务的外国组织或个人除外）；

E. 非企业、合作社的其他经济组织（按规定应以抵扣法登记缴纳增值税的除外）。

（四）特别消费税

1. 征收范围

越南对以下几类商品或劳务征收特别消费税：

（1）商品类。包括：①卷烟、雪茄及其他烟草制成品；②酒；③啤酒；④24座以下汽车，包括两座以上的客运货运两用汽车；⑤两轮摩托车、气缸容量为125立方厘米以上的三轮摩托车；⑥飞机、游艇；⑦各类成品油；⑧功率为90000BTU（英国热量单位）以下的空调；⑨纸牌、祭祀用品。

（2）劳务类。包括：①经营舞厅；②经营按摩、推拿、卡拉OK；③经营赌场、赌机；④经营博彩业务；⑤经营高尔夫业务，包括销售会员卡、球票；⑥经营彩票。

2. 税率

特别消费税税率在5%至150%之间，载客量为9座以下、气缸容量为6000立方厘米以上的汽车适用最高税率150%，载客量为16座至24座的电力能源汽车适用最低特别消费税税率5%。

（五）营业牌照税

越南对国有企业、股份公司、有限责任公司、私人企业、外商投资企业等经济组织、个体经营户等征收营业牌照税。其中，根据经营注册资金规模，经济组织全年营业牌照税税额为100万~300万越南盾；根据月平均收入规模，个体经营户全年营业牌照税税额为5万~100万越南盾。

三、税收征管制度

（一）税收征管部门

越南国家税务局和海关是隶属于财政部的两个垂直机构。其中，海关负责关税的征收，国家税务局负责其他税费的征收，由后者主要负责全国税务行政管理工作。越南没有中央税和地方税之分，因此越南税务局不分国家税务局和地方税务局。

(二) 税务登记管理

应办理税务登记的对象主要有以下两类：

(1) 根据《企业所得税法》及其他相关法律的规定，按照"一窗式"机制，与企业登记、合作社登记、经营登记事项一并办理税务登记的企业、组织和个人。

(2) 不属于以上规定的情形的组织和个人，则按照财政部的规定通过税务机关直接办理税务登记。税务机关须在收到有效的税务登记资料后的3个工作日内向纳税人颁发税务登记证。

(三) 纳税申报管理

1. 企业所得税申报

企业所得税按次、按月、按季、按年申报缴纳。年终税务决算时，纳税人需申报年终税务决算申报表、年度财务报告、关联交易申报表以及其他与年终税务决算相关的资料。

2. 个人所得税

个人所得税按次、按月申报缴纳。年终决算时，纳税人需申报为年终税务决算申报表以及其他与年终税务决算相关的资料。

3. 增值税申报

增值税按月、按季申报。其中：上一年度销售货物和提供劳务的总营业收入大于500亿越南盾的按月申报，申报期限为次月20日前；上一年度销售货物和提供劳务的总营业收入小于500亿越南盾的按季申报，申报期限为次季首月30日前。申报时需附上商品或劳务销售和购买的发票清单。

四、特别纳税调整规定

(一) 关联交易

关联关系判定：一是一方直接或间接参与另一方的管理、控制或出资等活动，或投资于另一方；二是多方直接或间接参与共同管理、控制或资本等活动，或投资其他各方。越南以持有股权的多少、企业任命的成员人数的占比等指标判断企业之间是否构成关联企业。

2019年6月13日，越南国会通过的新《税收征管法》，加强了对参与关联方交易的企业的控制。关联交易价格的任何调整都不允许减少应纳税所得额。错误申报关联交易信息的行为,导致少申报、多缴税款或多申报免征、多退税款的,也被视为行政违法行为,将会受到税务行政处罚。供应商必须在越南注册纳税识别号,直接或通过授权申报和纳税。当向基于数字平台开展跨境业务活动的海外实体付款时,在越南境内没有业务,越南实体必须根据海外实体的注册税法扣缴、申报和纳税。此外,商业银行还负责代表开展电子商务活动并替从越南获得收入的海外各方代扣代缴税款。①

(二) 同期资料

同期资料的准备主体为关联企业,包括本地文档、主体文档、国别报告。同期资料的提交期限为收到税务机关提交要求之日起30个工作日内。

(三) 转让定价调查

越南税务局对不合理转让定价的调整方法主要有三种:可比非受控价格法、交易净利润法和利润分割法。

越南税务局利用信息经营组织从公开信息渠道收集的财务信息和公司数据、股票交易所公开发行的公司信息或数据、国内和国际商品或服务交易所的信息或数据、各部委或部门或其他官方渠道向公众提供的信息或数据等进行转让定价调查。

(四) 预约定价安排

越南于2013年颁布了申请预约定价安排指引。预约定价安排适用于以下情况:在一个开展跨国、跨区域经济活动的企业或集团内有关联关系的组织、单位;存在常设机构、场所与企业总部关系的各个组织、单位。

[思考练习]

1. 越南企业所得税的征收范围包括什么?

答:居民企业应当就其来源于越南境内、境外的所得缴纳企业所得税。而非居民企业按照两种标准征收:①对于在越南有常设机构的非居民企业,一是应就其在越南境内和境外发生的且与常设机构的活动有关的应税收入缴纳企业所得税;二是应就其在越南境内发生的与常设机构的活动无关的应税收入缴纳企业所得税。即,在越南有常设机构的非居民企业在越南境外发生

---

① 国家税务总局国际税务司国别投资税收指南课题组. 中国居民赴越南投资税收指南 [EB/OL]. [2020-07-14]. http://www.chinatax.gov.cn/chinatax//n810219/n810744/n1671176/n1671206/c2582500/5116193/files/ac31f7e89edd401eb3fd714759ea52d3.pdf.

的与常设机构活动无关的应税收入无需缴纳企业所得税,其他收入均应缴纳企业所得税。②对于在越南无常设机构的非居民企业,仅就其发生在越南境内的应税收入缴纳企业所得税。

2. 越南非居民个人陈某在越南某公司工作,每月的工资收入为 500 万越南盾。若不考虑其他因素,陈某当月应缴纳多少个人所得税额?

答:由于越南非居民个人工资薪金所得税率为 20%,$500 \times 20\% = 100$(万越南盾),因此陈某当月应缴纳个人所得税额为 100 万越南盾。

3. 越南增值税税率分为几档?

答:越南增值税税率分为三档:零税率、5%、10%。其中:零税率适用于出口商品和服务,5% 的税率适用农业、医药、卫生教学、科学技术服务等。

4. 越南营业牌照税是什么?

答:越南对国有企业、股份公司、有限责任公司、私人企业、外商投资企业等经济组织、个体经营户等征收营业牌照税。其中,根据经营注册资金规模,经济组织全年营业牌照税税额为 100 万~300 万越南盾;根据月平均收入规模,个体经营户全年营业牌照税税额为 5 万~100 万越南盾。

新加坡

一、税制结构概览

新加坡实行全国统一的税收制度。其现行主要税种有企业所得税、个人所得税、货物和劳务税、房地产税、印花税、关税、博彩税、劳工税等。所得税收入是新加坡政府第一大收入来源。2018/2019 财年,所得税收入占新加坡政府收入的 38.7%。新加坡税法规定,在新加坡产生的收入、来源于新加坡的收入、在新加坡收到来源于境外的收入,均须在新加坡纳税,除非另有豁免(如股息、分公司利润、服务收入等)。

二、主要税种简介

在新加坡主要税种包括:企业所得税、个人所得税、货物和劳务税、房地产税、印花税五个。

（一）企业所得税

目前，新加坡的企业所得税率为17%，该税率在世界上属于较低一类。新加坡企业所得税实行属地税收管辖原则，任何公司或个人在新加坡发生或来源于新加坡的收入，或在新加坡取得的来源于境外的收入，都属于新加坡企业所得税的应税收入，均须在新加坡纳税，除非另有豁免。此外，新加坡对资本收益不征税。

1. 纳税人身份判断标准

新加坡企业所得税纳税人分为居民企业和非居民企业两类。居民企业是指在新加坡注册或从事经营活动，且其管理和实际控制机构在新加坡的企业。一般情况下，如果企业做出战略决策的董事会会议的召开地点在新加坡，且在新加坡实施主要的管理决策活动，该企业将被判定为新加坡的居民企业。若一家企业其管理和实际控制机构不在新加坡境内，则认定其为新加坡的非居民企业。

根据新加坡所得税法的规定，若一家企业其管理和实际控制机构不在新加坡境内，则其应认定为新加坡的非居民企业，即使该企业的注册地在新加坡境内。例如，对于境外公司在新加坡注册的分支机构以及不在新加坡注册的公司，由于其通常由其国外母公司进行实际控制及管理，因此往往被认定为新加坡的非居民企业（满足特定条件下可认定为新加坡的居民企业）。可见，在新加坡，一个企业应该被判定为新加坡的居民企业还是非居民企业，最为关键的判断标准就是该公司的管理和实际控制机构是否设立在新加坡。

2. 征收范围

对于居民企业，企业获得的发生或来源于新加坡的收入、在新加坡境内取得的境外收入必须在新加坡纳税。

对于非居民企业，在新加坡设有常设机构的非居民企业获得的一切来源于新加坡境内的所得、在新加坡境内取得的境外来源的所得，均需缴纳企业所得税。但是，对于没有设常设机构的非居民企业，一般仅就来源于新加坡的所得纳税，无需就其在新加坡境内获得的境外来源所得缴纳企业所得税。

3. 税率

在新加坡，企业所得税的标准税率为17%，其正常应税所得的实际税率如下：

（1）前10000新加坡元（以下简称新元）的部分，可享受75%的税收减免，实际税率仅为4.25%；

(2) 10001～200000 新元部分，可享受 50% 的税收减免，实际税率仅为 8.5%；

(3) 超过 200000 新元的部分，按 17% 的税率缴纳企业所得税。

此外，根据新加坡 2020 年财政预算案，2020 纳税年度内，新加坡政府会给予企业 25% 的所得税返还，上限为 15000 新元。①

新加坡居民企业支付给非居民的相关收入应缴纳预提所得税。一般而言，利息和租金收入的预提所得税税率为 15%，特许权使用费的预提所得税税率为 10%，股息支付不征收预提所得税。

向非居民企业在新加坡设立的分支机构（常设机构）支付的利息、佣金、特许权使用费或管理费等款项不需再预缴相应税额，但该分支机构必须将相关款项并入其年度纳税申报表中继续缴纳所得税。此外，为获得在新加坡境内提供的服务而向非居民职业个人、单位支付的款项需就其总额缴纳 15% 的预提所得税，除非该职业个人、单位选择就其净所得缴纳 22% 的税款。②

对于与新加坡签订了双边税收协定的国家，税收协定的规定优先于上述预提所得税相关规定，但若根据本国税法得到的税率低于税收协定的税率，则依然使用本国税率。

4. 税收优惠

新加坡提供下列税收优惠及减免：

(1) 鼓励研发类优惠。从 2019 纳税年度至 2025 纳税年度，在新加坡境内发生的符合条件的研发活动涉及的研发费用实行总计 250% 的税前扣除税收优惠政策。对于在海外发生的研发项目，可以 100% 扣除与申请人的贸易或业务有关的合格研发项目产生的合理研发支出。损失向后结转需通过股权测试，通过股权测试之后，未使用的亏损可以无限期向后结转。此外，常见的鼓励研发现金补助计划为企业研究优惠计划（RISC）、创新发展计划（IDS）、企业发展现金补助计划、金融科技领域与创新计划 2.0（FSTI2.0）等，这些都是政府资金补助计划，主要用于鼓励并协助公司在新加坡建立或拓展研发实验室和培养金融科技或技术领域的人才，鼓励并协助公司在新加坡设立研发

---

① 中华人民共和国驻新加坡共和国大使馆经济商务处. 2020 年新加坡财政预算案介绍 [EB/OL]. [2020-03-24]. http://sg.mofcom.gov.cn/article/dtxx/202003/20200302948048.shtml.

② 国家税务总局国际税务司国别投资税收指南课题组. 中国居民赴新加坡共和国投资税收指南 [EB/OL]. [2020-11-27]. http://www.chinatax.gov.cn/chinatax/n810219/n810744/n1671176/n1671206/c2582367/5116191/files/9a30b5699ecb416bb1a0ce2bc31d336a.pdf.

中心，提高自身研发能力。需要注意的是，最新宣布的加强版 FSTI 2.0 计划所提供的最大补助已提高至总合格研发费用的 70%（通常为 30% 至 50%）。

（2）新企业免税计划。该项免税政策只在符合规定的企业成立的前三年内有效。在一定条件下，新建立的新加坡税收居民企业的应税收入中，前 10 万新元的部分可获得 75% 的税收减免，第二个 10 万新元的部分可获得 50% 的税收减免。

（3）知识产权发展优惠计划（IDI）。该政策旨在鼓励研发活动中形成的知识产权（IP）的使用和商业化。经批准享受知识产权发展优惠政策的企业，在符合条件激励期间获得的符合条件的知识产权收入可享受所得税税率下调 5% 或 10% 的优惠政策。

（4）促进新加坡发展与扩张类税收优惠。先锋企业和先锋服务公司税收优惠、发展和扩张优惠（DEI）、投资免税优惠政策、总部计划等。

（5）金融服务类税收优惠。对金融和财政中心（FTC）的税收优惠、金融部门激励计划（FSI）等。

（6）其他优惠。海事部门激励计划（MSI）、风险投资基金优惠等。

（二）个人所得税

新加坡的个人所得税采用综合所得税制，计算出纳税总所得并扣除一定费用后，适用统一的超额累进税率征税，税率为 0~22%。

1. 纳税人身份判定标准

以税收为目的定义的居民个人，是指在纳税年度的前一年，除了合理且与该个人为新加坡居民的判定不相矛盾的暂时离开之外，在新加坡实际居住或就业（公司董事除外）183 天或以上的个人。对于就业时期横跨两个日历年的外国雇员，设有一项特许（通常称两年行政特许）。该特许规定，如果外国雇员在新加坡停留或工作至少连续的 183 天（跨年度），将同时被认定为两个纳税年度的居民，即使每一年度在新加坡的时间都少于 183 天。以税收为目的定义的非居民个人，是指在纳税年度的前一年在新加坡实际居住或就业（公司董事除外）不超过 183 天的个人。[①]

---

① 国家税务总局国际税务司国别投资税收指南课题组．中国居民赴新加坡共和国投资税收指南 [EB/OL]．[2020 - 11 - 27]．http://www.chinatax.gov.cn/chinatax//n810219/n810744/n1671176/n1671206/c2582367/5116191/files/9a30b5699ecb416bb1a0ce2bc31d336a.pdf.

2. 征收范围[①]

对于新加坡税收居民个人，其个人所得税的征收范围涵盖受雇所得、财产租赁、股息（特定）、利息、经营所得等。个人应就其在新加坡境内提供服务获得的受雇所得纳税，而无论酬金是在新加坡境内还是境外支付。除受雇所得之外，居民个人获得境外来源的所得不必纳税，但如果国外来源所得是通过境内合伙企业获取的，则不适用于这种豁免。新加坡居民个人通过合伙企业取得的外国来源股息、服务报酬、外国分支机构利润，如果符合某些规定条件，将免征新加坡个人所得税。在新加坡进行贸易、个体经营、专业服务或职业活动的个人将就其获得的利润征税。源于新加坡的投资所得，若直接来源于个人的特定金融工具，免征个人所得税。

非居民个人应就其在新加坡境内提供服务获得的受雇所得纳税，而无论酬金是在新加坡境内还是境外支付。非居民个人在新加坡境内取得的外国来源的收入则免征个人所得税。非居民个人在一个日历年中在新加坡就业不超过60天的，对其受雇所得中来源于新加坡的部分，免征个人所得税。这种免税不适用于公司董事、公众艺人或者从事专业工作的人员。

3. 税率和税前扣除

新加坡税收居民个人应就其应税收入与个人扣除额的差额乘以适用的个人所得税税率后的金额纳税，税率为0~22%的11级超额累进税率。

新加坡对配偶、劳动所得、抚养子女、赡养父母、祖父母照顾小孩等方面规定了2000到12000新元不等的税前扣除额度。自2018纳税年度起，每个纳税人每年可申请最高80000新元的税前扣除额。因从事贸易、个体经营、专业服务或职业活动而产生的亏损和超额资本冲减可用来抵消同年其他应税收入。任何未使用的贸易损失和资本冲减额都可以向将来年度无限结转，以抵消所有来源的未来收入，但会受到某些条件的限制。

新加坡非居民个人所得税税率如下：股息（免税股息和单一制股息除外）适用零税率，由动产和科学、技术、工业或商业知识、信息的使用或使用权产生的使用费、公众艺人所得适用10%的税率，专业服务所得、符合条件的利息、受雇所得（董事费除外）、使用动产的租金等适用15%的税率，董事

[①] 国家税务总局国际税务司国别投资税收指南课题组. 中国居民赴新加坡共和国投资税收指南 [EB/OL]. [2020-11-27]. http://www.chinatax.gov.cn/chinatax//n810219/n810744/n1671176/n1671206/c2582367/5116191/files/9a30b5699ecb416bb1a0ce2bc31d336a.pdf.

费和其他收入适用22%的税率。

新加坡税收非居民个人不得对相关费用进行税前扣除抵减，且不得享受个人所得税税收优惠。

(三) 货物和劳务税

新加坡对负有货物和劳务税纳税义务的商品和服务征收7%的货物和劳务税。货物和劳务税的登记门槛为100万新元。

1. 纳税人身份判断标准

在新加坡，货物和劳务税应税商品指的是不包括免税商品在内的、在新加坡制造的商品和提供的服务。货物和劳务税的登记门槛为100万新元，即如果纳税人的应税商品在某季度以及该季度之前的3个季度的价值超过100万新元，或在任意时间有合理的理由认为在接下来的12个月内应税商品的价值超过100万新元，则应当进行强制性货物和劳务税登记。从2020年1月1日起，该门槛同样适用于新兴的"数字经济"业务，即若海外供应商向新加坡未注册货物和劳务税者提供进口电子服务，且其全球收入超过100万新元（其中对新加坡客户提供B2C电子服务超过10万新元），则需遵从海外供应商注册机制（OVR）并缴纳货物和劳务税。若纳税人未达到100万新元的登记门槛，也可以选择自愿进行货物和劳务税登记，但应保证至少在2年内持续登记。

只生产免税商品的纳税人没有货物和劳务税登记义务。在新加坡，主计长（即主管税务机关）对货物和劳务税登记有自由裁量权，例如，在主计长批准下，若一个纳税人在12个月内其销项税额小于可抵扣进项税额或生产大量零税率产品，可以获得登记豁免。

新加坡还有特殊的"反向征收机制"。具体为：从2020年1月1日起，对新加坡货物和劳务税注册企业从海外供应商采购服务，若该货物和劳务税注册企业无法享受全额进项抵扣或属于无法全额进项抵扣的货物和劳务税集团（GST group），则需对该进口服务反向征税。反向征收机制也适用于，在12个月内向海外供应商采购服务超过100万新元的非货物和劳务税注册企业，并且假设该企业已经注册货物和劳务税也无法全额进项抵扣的情况。无法享受全额进项抵扣的纳税人包括主要提供免税服务的纳税人（如金融机构）或主要从事非商业活动的纳税人（如慈善机构）。自2019年1月1日起，对货物和劳务税注册供应商向货物和劳务税注册客户本地销售特定商品的情况，若单张发票的货物和劳务税含税销售额超过1万新元，则需对该交易进行反向征税。所指的特定商品包含手机、存储卡和现成软件。该方法称为"客户代收",指供应商负责开具货物和劳务税发票(显示货物和劳务税应纳税额),客户负责代收货物和劳务税销项税并交给新加坡税务局。①

2. 征收范围和税率

在新加坡,纳税人从事的经营活动中生产的应纳税商品和提供的应纳税服务、进口至新加坡的商品,属于货物和劳务税应税商品和服务。自2020年1月1日起,被部分豁免货物和劳务税的商家收到的进口服务以及由海外提供给新加坡未注册货物和劳务税者的进口电子服务,也属于货物和劳务税应税服务。当前货物和劳务税税率为7%,该税率在2022年至2025年可能会提高至9%。

3. 税收优惠

根据《货物和劳务税法案》第4附表,货物和劳务税免税商品包括住宅物业的出售或租赁、金融性交易和对贵金属的投资或进口等。此外,根据《货物和劳务税法案》第21条,商品出口和跨境服务适用零税率,包括但不仅限于跨境运输服务与相关保险服务、境外广告、与位于新加坡境外土地相关的建造服务及由地产代理、拍卖师、建筑师、测量师、工程师及其他涉及土地事宜的人士提供的服务、与位于新加坡境外的货物有关的服务。

4. 应纳税额

新加坡货物和劳务税实行抵扣制,因生产应税商品或某些规定的商品而产生的进项税额可抵扣销项税额。一方面,购进不用于经营目的的商品和服务而产生的进项税额不能用于税款抵扣,如非经营用途的购进,私人汽车的购进、租赁、雇用、维修和运行费用,雇员的医疗费用及保险费用,以及休闲俱乐部的会员费;另一方面,直接与免税商品生产相关的进项税额不可抵扣。若在同一时期内,货物和劳务税可抵扣的进项税额大于其销项税额,则超过的部分可申请退税。

---

① 国家税务总局国际税务司国别投资税收指南课题组. 中国居民赴新加坡共和国投资税收指南[EB/OL]. [2020-11-27]. http://www.chinatax.gov.cn/chinatax//n810219/n810744/n1671176/n1671206/c2582367/5116191/files/9a30b5699ecb416bb1a0ce2bc31d336a.pdf.

(四) 房地产税

1. 纳税人

房地产税的纳税人是指不动产的所有权人。

2. 征收范围

新加坡的所有不动产都属于房地产税的征税对象,包括房屋、建筑物、酒店、土地等。

3. 税率

对住宅房地产实施累进税率,其中,自用型住宅房地产适用0~16%的8级累进税率,非自用型住宅房地产适用10%~20%的6级累进税率;对其他房地产(如商业及工业房地产)采用10%税率。非自用型住宅房地产取得规划批准后用于体育及休闲俱乐部内的住宿设施、度假休闲屋、托儿所、学生护理中心或幼儿园、福利院、医院、收容所或康复、复原、护理或类似目的的场所、酒店、背包客旅舍、招待所或宾馆、酒店式公寓,根据《房地产税》第6条第(6)项中豁免缴税的员工宿舍、学生公寓或宿舍、工人宿舍的,适用10%税率。

4. 税收优惠

专门用于以下目的的建筑免税:公共的宗教礼拜场所、获得政府财政补助的公共学校、慈善目的、其他有利于新加坡社会发展的目的。

5. 应纳税额

新加坡按房产的年度价值计征房地产税。

$$应纳税额 = 房地产的年价值 \times 税率$$

其中,房地产的年价值由房产预计可获得的年租金扣除家具、设备的租金和维修费后确定。需要注意的是,年租金并非为实际收到的租金收入,而是按照新加坡可比建筑的租金和相关数据分析确定。

(五) 印花税

新加坡印花税是对不动产转让、股票和股份转让及抵押的法律文书征收的税项,印花税的税率根据凭证的类型和交易的价值有所不同。

在购买或获得股票及股份需要按买入价或股票价值0.2%缴付印花税。买卖、赠送、出租、转让或按揭不动产需要缴纳印花税。主要分为买方印花税、卖方印花税、买方额外印花税和租赁印花税。购买或获得不动产需要缴纳买方印花税,基于不动产买入价或不动产市值孰高者按累进税率征收,税率为1%~4%。出售或转让住宅、工业地产和土地需要缴纳卖方印花税,基于不动产买入价或不动产市值孰高者按累进税率征收。在新加坡购买住宅需要缴纳买方额外印花税，税率为 5%～25%。在新加坡租赁不动产需要缴纳租赁印花税。年平均租金总额不高于 1000 新元免征；年平均租金总额高于 1000 新元、租期不超过 4 年的，按租金总额的 0.4% 征收；年平均租金总额高于 1000 新元、租期超过 4 年的按年平均租金的 0.4% 的 4 倍征收。①

三、税收征管制度

（一）税收征管部门

新加坡税务局根据现行法律法规承担组织实施税收的征收管理。新加坡税务局隶属于财政部，下设法规执行部、纳税服务部、税务法规和国际税务部、国际事务关系部以及调查稽核部等部门。

（二）税务登记管理

对于税收居民单位纳税人，首先需要在新加坡会计和企业管制局进行注册登记，随后该局会向其颁发一个识别实体编号（UEN），并将其的登记信息同步至新加坡税务局。UEN 即单位纳税人的纳税识别号，企业无需单独在新加坡税务局进行税务登记。

对于税收居民个人纳税人，新加坡对其无注册要求。个人纳税人的信息由新加坡人力部同步至新加坡税务局。

而对于非居民纳税人，在新加坡设立机构、场所进行经营并取得境内所得的，需要在新加坡进行税务登记。若境外企业有来源于新加坡的应税所得且该非居民在新加坡境内无固定营业场所，则通常由其代扣代缴义务人扣缴税款，无需履行备案手续。

（三）纳税申报管理

1. 企业所得税申报

企业所得税申报期限为年度申报，从 2020 纳税年度起，所有企业都必须采用电子申报方式。2020 年企业所得税申报期限为 2020 年 12 月 15 日前，2021 年起企业所得税申报期限为每年的 11 月 30 日前。纳税人应在收到税务局发出的所得税评税通知后的 1 个月内缴纳税款，可申请分期付款。

2. 个人所得税申报

个人所得税申报期限为年度申报，可使用电子申报（网络或电话）或纸

---

① 中华人民共和国驻新加坡共和国大使馆经济商务处. 2020 年新加坡财政预算案介绍［EB/OL］.［2020 – 03 – 24］. http: //sg. mofcom. gov. cn/article/dtxx/202003/20200302948048. shtml.

质申报。申报期限是每年的4月15日前,其中电子申报期限为4月18日前。需要注意的是,年收入超过50万新元的独资企业和合伙人需同时提交经审查的财务报表。纳税人应在收到税务局发出的所得税评税通知后的1个月内缴纳税款,可申请分期付款。

3. 货物和劳务税申报

货物和劳务税按季度或月申报,必须通过税务局网站进行电子申报。纳税人应于季度或月结束后的1个月内付讫全部税款。

新加坡有较为特别的"自愿披露计划",以便鼓励申报错误的纳税人主动披露错误,并履行相应义务。

(四) 发票管理

纳税人必须向已进行货物和劳务税注册的客户签发税务发票,向非货物和劳务税登记纳税人开具收据。若开具发票的含税价不超过1000新元,则签发简化的发票。纳税人申请货物和劳务税进项税抵扣需要以税务发票作为根据。同时,注意发票需要保存至少5年。

四、特别纳税调整规定

(一) 关联交易

根据新加坡所得税法的规定,企业与其他企业具有关联关系主要包括:一是一方直接或间接控制另一方;二是一方直接或间接被另一方控制;三是双方直接或间接同为第三方所控制。

所谓构成控制应同时满足以下条件:

(1) 享有对被投资方的权力。例如,投资者享有现时权利赋予其指导相关活动权限(这些活动会显著影响被投资企业的回报)。

(2) 参与被投资方活动而享有可变回报的权利及风险。

(3) 能够运用其对被投资方的权力以影响其回报金额。

2016年11月3日,新加坡税务局对新加坡纳税人提出新的要求,明确从2018纳税年度起,符合条件的纳税人必须完成关联交易申报表。若纳税人纳税年度的关联交易总金额超过1500万新元(1030万美元),该纳税人必须在提交企业所得税申报表(申报表C)时提交关联交易申报表(在相关纳税年度的11月30日前提交)。关联交易申报表是申报表C的一部分,如未申报或未正确提交申报表C,新加坡税务局可对上述行为处以未缴纳税款100% ~

400%的罚金,甚至可能处以监禁和罚款。①

(二) 同期资料

新加坡税法规定,在纳税年度存在关联交易,且纳税年度营业收入超过1000万新元或以前年度的同期资料被要求提供的,应在自新加坡税务局要求提交之日起的30日内提交转让定价同期资料。

新加坡税务局规定,当关联交易的价值超过价值门槛时,纳税人则必须准备相关的同期资料。具体为:对于从所有关联方购买货物、向所有关联方销售货物、向所有关联方的借款、向所有关联方提供的贷款,门槛为每个财年1500万新元,其他关联交易类型(如租赁收入、特许权使用费收入等)门槛为每个财年每类100万新元。

根据《新加坡转让定价指南》,同期资料须同时在集团层面和个体层面进行准备,如果纳税人是新加坡跨国企业集团的最终控股公司,除了同期资料,还需要提交披露跨国企业集团全球收入、利润、税收及业务活动的国别分布情况的报告。一旦新加坡税务局作出转让定价调整,则无论其调整是否使企业缴纳税款,纳税人均须按5%的比率对该部分调整缴纳罚息。新加坡税务局要求纳税人提交同期资料时,应当使用英文或英文翻译件。

(三) 转让定价调查

根据《新加坡所得税法》第34D部分,独立交易原则指关联企业之间的交易,应当按照非关联企业之间在可比条件及情况下的交易原则进行。根据《新加坡转让定价指南》,新加坡使用5种评估纳税人转让价格或毛利的方法:可比非受控价格法、再销售价格法、成本加成法、交易利润分割法、交易净利润法。

若纳税人之间的交易不符合独立交易原则,新加坡税务局可能会展开转让定价咨询和转让定价询问,并进一步展开转让定价调查,以审查部分高风险纳税人(如存在与跨境关联方的交易价值畸高、经营业绩与业务不符等问题的纳税人)的转让定价方法及文档。

(四) 预约定价安排

预约定价安排可以分为单边预约定价安排、双边预约定价安排和多边预

---

① 国家税务总局国际税务司国别投资税收指南课题组. 中国居民赴新加坡共和国投资税收指南[EB/OL]. [2020-11-27]. http://www.chinatax.gov.cn/chinatax/n810219/n810744/n1671176/n1671206/c2582367/5116191/files/9a30b5699ecb416bb1a0ce2bc31d336a.pdf.

约定价安排三种类型。在新加坡,双边及多边预约定价安排适用于:一是新加坡税收居民企业,二是非新加坡税收居民但在新加坡有分支机构的企业。然而,此条件仅针对与新加坡有税收协定的税收管辖地,且企业为该税收管辖地的税收居民。根据《新加坡所得税法案》,单边预约定价安排适用于所有企业,无论其是否为新加坡纳税人。

企业申请预约定价安排需交由新加坡和/或有关外国税务主管当局进行审批,申请程序为预约定价安排预备会谈、正式申报、审批与协商、执行。

(五) 成本分摊协议管理

为避免部分纳税人"不应享而享",新加坡税务局就成本分摊协议下的支出项目审查其明细,以剔除不可扣除项目。

(六) 其他

新加坡暂无关于资本弱化和受控外国企业的相关规定。

[思考练习]

1. 境外公司在新加坡注册的分支机构以及不在新加坡注册的公司,应认定为新加坡居民企业还是非居民企业?

答:最关键的判断标准就是该公司的管理和实际控制机构是否设立在新加坡。根据新加坡所得税法的规定,若一家企业其管理和实际控制机构不在新加坡境内,则其应认定为新加坡的非居民企业,即使该企业的注册地在新加坡境内。一般情况下,境外公司在新加坡注册的分支机构以及不在新加坡注册的公司,往往由其国外母公司进行实际控制及管理,因此其通常被认定为新加坡的非居民企业,但是满足特定条件下可认定为新加坡的居民企业。

2. 在 2020 纳税年度,一家新加坡企业经纳税调整项目调整后,应纳税所得额为 50 万新元,按照现行法规,该企业 2020 纳税年度的应纳税额为多少新元?

答:根据新加坡税法,前 10000 新元的部分可享受 75% 的税收减免,10001~200000 新元部分可享受 50% 的税收减免,超过 200000 新元部分按 17% 的税率缴纳企业所得税。因此,该企业当年的应纳税额为 67575 新元 ($10000 \times 4.25\% + 190000 \times 8.5\% + 300000 \times 17\%$)。此外,根据新加坡 2020 年财政预算案,2020 纳税年度内,新加坡政府会给予企业 25% 的所得税返还,上限为 15000 新元。因此,该企业可以额外获得 15000 新元的企业所得税减免。最终,该企业 2020 纳税年度的应纳税额为 52575 新元 (67575-15000)。

3. 在 2020 纳税年度内,一名外籍人士在新加坡境内实际工作的时间未满 183 天,其从新加坡境内取得的董事费收入为 100000 新元,其个人所得税应纳税额为多少新元?

答:在新加坡,一般情况下该笔董事费收入适用的个人所得税税率为 22%,根据"应纳税额 = 应税所得额 × 适用的个人所得税税率"的公式计算,则该外籍人士应纳税额为 22000 新元(100000×22%)。

以色列

一、税制结构概览

2004 年 9 月 1 日,为整合税收管理职能,提升税收工作效率,改进税收服务质量,强化税收法律落实,以色列政府决定将所得税和土地税部门、海关和增值税部门,以及相关信息技术部门进行合并,成立以色列税务局。以色列实行中央和地方两级征税制度,其税收立法权和征收权主要集中在中央。

直接税主要包括企业所得税、个人所得税、土地增值税、资本利得税等,征税对象是个人或企业在日常经济活动或一次性资产转让活动中产生的应税所得。

间接税主要包括增值税、消费税、关税,以及《增值税法》中规定的其他税种,如对金融机构征收和非营利组织征收的薪资税等。

在以色列的税收收入中,直接税占 50% 左右,间接税占 40% 左右,其他税费占 10% 左右。

二、主要税种介绍

在以色列主要税种包括:企业所得税、个人所得税、增值税、社会保障税等。

(一)企业所得税

以色列企业所得税纳税人分为居民企业和非居民企业。税率为 23%。

1. 纳税人身份判定标准

以色列居民企业的判定标准为:在以色列成立并且主要的经营活动都发生在以色列,或者企业实际的控制和管理机构都在以色列境内。然而,不论是以色列的法律还是法院在对"实际经营管理"这个词的直接讨论中,都没

有对"实际经营管理"给出定义。因此，很难判断在国外成立的企业其实际经营管理机构是否在以色列境内，需要根据具体情况来判断。当一家企业既是以色列的税收居民又是外国的税收居民时，如果该国与以色列已签订有关于所得税的税收协定，那么在判定该企业的税收居民身份时，一般以税收协定的规定作为判定标准。①

2. 征收范围

以色列居民企业需就其取得的境内和境外的全部生产经营所得和其他所得缴纳企业所得税。其中，其他所得是指纳税人取得的股息、利息、租金、转让各类资产所得、特许权使用费，以及营业外收益等所得。

以色列非居民企业仅需就其在以色列境内发生的，或者来源于以色列境内的收入缴纳企业所得税。除税收协定另有规定外，非居民企业须就以下任何一项资本利得缴纳以色列所得税：②

（1）位于以色列的资产。

（2）位于国外的资产，其主要是以以色列资产、存货或不动产的直接或间接权利构成，或主要资产为以色列不动产的实体。对以色列境内与此类财产有关的部分征税。

（3）以色列居民企业的股份或股权。

（4）以色列非居民企业的所有权，其主要以以色列的直接或间接财产所有权构成；对以色列境内与此类财产有关的部分征税。

3. 税率

以色列居民企业和非居民企业所得税税率为23%。石油和天然气企业的企业所得税税率为0~46.8%。企业通常就取得的境外股息收入缴纳25%的所得税，对以色列居民企业取得来源于以色列境内的股息，不征收股息所得税。以色列商业银行汇给非居民的汇款（除进口货物货款外）一般必须按照25%的税率征收预提税。

（二）个人所得税

个人通过主动所得（劳工、贸易、职业等）或被动所得（股息、租金、利息等）渠道从以色列获取的收入应当缴纳个人所得税。

---

①② 国家税务总局国际税务司国别投资税收指南课题组. 中国居民赴以色列投资税收指南［EB/OL］.［2020 - 07 - 14］. http://www.chinatax.gov.cn/chinatax//n810219/n810744/n1671176/n1671206/c2581816/5116185/files/1923e42df05f4c6b9b1fca10baf247c8.pdf.

1. 纳税人身份判定标准

以色列居民纳税人的判定标准为两类：一是若一个人在一个纳税年度内在以色列境内的天数达到或者超过 183 天；二是一个人在所属纳税年度内以色列境内的天数达到至少 30 天，且在所属以及之前 2 个纳税年度内，在以色列境内的天数达到或者超过 425 天。不符合上述条件的纳税人将被判定为非居民纳税人。

2. 征收范围

以色列对其居民纳税人在境内和境外的所得征税，对非居民纳税人就在以色列境内的所得征税。退职金、国家保险、准备基金与养老基金、养老金所得、支付给外国居民的赡养费等有相关税收优惠。

3. 税率

以色列居民纳税人的个人劳务收入适用 10%~50% 的 7 级累进税率。其中：年度应税所得不足 75720 谢克尔的，适用 10% 的税率；年度应税所得超过 649560 谢克尔的，适用 50% 的税率，且其超过 649560 谢克尔的部分将被征收额外 3% 的个人所得税。与其他国家较为不同的是，以色列 60 岁以上的个人适用更高的税率，其 242400 谢克尔以内的部分适用税率均为 31%，其他与 60 岁以下个人的税率一致。此外，个人获得的资本市场的利息所得适用 10% 或 15% 的税率，该类所得还可享受特别扣除，即"无能力"的家庭每年可获得 5000 谢克尔的特殊扣除额，单个年金领取者可获得 4000 谢克尔的特殊扣除额，一对领取年金的夫妇可获得 6000 谢克尔的特殊扣除额。[①]

对储蓄基金产生的利息和股息、境外租金所得（即使没有汇回以色列）适用 15% 的税率；对不是通过营业或者雇佣获得的消极所得与实际资本利得以及土地增值，一般按最低 30% 的税率征税。

非居民同以色列居民一样，也适用累进税率。然而，非居民纳税人还适用特殊的法律条款，这些特殊的法律条款可以减轻他们的纳税义务，允许一些个人费用等扣除项。

持有以色列公司 10% 及以上股份的个人股东取得分配的股息一般适用 30% 的股息预提税。上市公司定期分配的股息（无论是否持有 10% 或以上股份）和持有以色列公司 10% 以下股份的个人股东取得分配的股息适用 25% 的

---

① 中华人民共和国驻以色列大使馆经济商务处. 以色列税收规定 [EB/OL]. [2007-04-19]. http://il.mofcom.gov.cn/article/ddfg/sshzhd/200704/20070404589148.shtml.

股息预提税。

(三) 增值税

在以色列境内销售货物、提供服务以及从境外进口货物和服务都要缴纳增值税。税率为17%。

1. 纳税人身份判断标准①

法律规定增值税纳税人分为三类，分别为法定纳税人、小规模纳税人和免增值税纳税人。

(1) 法定纳税人包括以下类型：营业额超过最低限额并有至少2名雇员；自愿登记为法定纳税人的情形；不论营业额大小或者雇用人数多少的自由职业者，包括房地产商或机动车辆经营商在内的其他纳税人。

(2) 小规模纳税人，是指营业额低于规定的限额、雇员不到2人、未登记为"法定纳税人"的纳税人。未进行增值税注册的纳税人按照正常税率纳税，可以抵扣进项税额，但是进项税额超过销项税额的部分不能退税，只能结转下期抵扣。

(3) 免增值税纳税人，是指应纳税所得额低于规定的限额、对交易不必承担增值税纳税义务的商人。免增值税纳税人是指一个年度营业额不超过99003谢克尔的交易商，其不用承担增值税纳税义务，但免税的增值税纳税人必须进行增值税注册。

2. 征收范围

增值税征收范围包括销售商品、销售不动产、销售无形资产、提供加工性劳务、提供服务等。

3. 税率

以色列增值税标准税率为17%。此外，还有零税率，主要适用于出口相关业务。金融机构除了17%的工资税以外，还需要缴纳其利润17%的利润税，以其替代增值税。此外，2016年3月12日，以色列财政部公布关于增值税法令的修正案草案，草案中指出外国居民通过互联网提供的发生在以色列境内的商品销售和劳务，须履行申报和缴纳增值税的义务。

(四) 社会保障税

以色列雇主有义务根据一定比例为雇员缴纳社会保障税。其中，对于雇

---

① 国家税务总局国际税务司国别投资税收指南课题组. 中国居民赴以色列投资税收指南 [EB/OL]. [2020-07-14]. http://www.chinatax.gov.cn/chinatax//n810219/n810744/n1671176/n1671206/c2581816/5116185/files/1923e42df05f4c6b9b1fca10baf247c8.pdf.

主缴纳部分,平均工资(6164谢克尔)60%以内的工资水平适用优惠征收率(居民适用3.55%,非居民适用0.59%);超过平均工资60%的部分适用标准征收率(居民适用7.6%,非居民适用2.65%),最高必须缴付国家和医疗保险的最高收入水平(43890谢克尔)。

三、税收征管制度

(一)税收征管部门

2004年9月1日,为整合税收管理职能,提升税收工作效率,改进税收服务质量,强化税收法律落实,以色列政府决定将所得税和土地税部门、海关和增值税部门,以及相关信息技术部门进行合并,成立以色列税务局。以色列税务局包含两类机构:总部机构和派出机构。

总部机构各部门主要职能如下:副局长办公室,主要负责经济分析和绩效评估;总会计师办公室,主要负责财务管理事项;政策法规司,主要负责修订相关税收法律法规和指导其实施,处理预约定价和国际税务问题;评估和账户管理司,主要负责纳税评估相关事项;情报调查司,主要负责收集涉税情报和处理涉嫌犯罪的税务案件相关事项;征收执行司,主要负责税收征收管理相关事项;纳税服务司,主要负责纳税服务相关事项;海关总署,主要负责外贸和进口相关税收事项;法务司,主要负责处理民事和刑事法律相关事项;内控监察司,主要负责内控、内部审计、处理公众投诉举报相关事项;行政管理司,主要负责人事相关事项;信息化司,主要负责计算机软硬件和系统的维护相关事项;新闻和公共关系司,主要负责宣传相关事项。

派出机构设置直接税部门和间接税部门,主要负责各税种的征收管理。

由于以色列税务部门成立时间较晚,在组织体系设计上体现了集约化、专业化和风险导向性的特点。例如,总部的13个部门主要负责宏观战略、政策制定、支持保障等职能,具体的税法执行和风险应对职能则由区域性派出机构承担,按大区分设专门的纳税评估局、审计调查局、征收管理局、信息情报局等。此外,总部还设有分税种、分行业的专家团队,为区域机构提供业务指导。[①]

(二)税务登记管理

根据以色列《公司法》的规定,公司注册必须由公司的一名股东书面提

[①] 中华人民共和国驻以色列大使馆经济商务处. 以色列税务局机构职能介绍 [EB/OL]. [2020-04-05]. http://il.mofcom.gov.cn/article/ddfg/sshzhd/202004/20200402952222.shtml.

出申请并填写以色列公司注册处规定的申请表。申请表必须由一位以色列律师认证,但如果此申请由境外国家提出,则须由以色列驻申请人所在地的领事馆领事认证。申请人需要在提交注册申请时缴纳注册费(目前注册费为2640谢克尔,约合683美元)。公司在此后每年须向以色列公司注册处缴纳年费(当前年费约为1502谢克尔,约合389美元)。

在以色列,每个商业实体开展业务之前,应携带注册证书、公司备忘录、公司章程副本、带印花戳记的公司租赁和购买办公场所的合同,前往税务机关办理税务登记。在完成申请以前,纳税人不能签订任何接受付款的合同。公司应于开业后90天内到有关税务机关办理企业所得税注册登记手续。注册后,税务部门将一本由计算机生成的预付税款表格邮寄给公司。和其他商业实体不同,由非以色列居民所控制的公司必须指定一名当地代表作为它的代理人与以色列税务局面对面处理所得税相关事务。

(三)纳税申报管理

1. 个人所得税申报

个人所得税申报期限为次年4月30日,在复式记账的基础上递交或网上递交的申报期限为次年5月31日。根据《所得税法令》第131条规定,年满18岁的居民个人必须填报年度个人纳税申报表。但是如果夫妻各方的雇佣所得以及其他所得未超过一定的限额(自2016年起为643000谢克尔),并按照规定的税率实行源泉扣缴的,通常不必填报纳税申报表。雇主应该在发工资时根据税务机关发布的申报表扣缴税款。关于在国外工作的以色列人员,外国雇主也有义务每个月开设并填报个人所得税代扣代缴申报表,也可以指定当地的代理机构(或者雇员)来帮助完成工资的处理和申报工作。[①]

2. 社会保障税申报

对于社会保障税,国民保险机构将每月寄给公司一本扣款的表格,雇主有义务每月15日前报送表格和缴纳国民保险税。

四、特别纳税调整规定

(一)关联交易

以色列转让定价条例与《经济发展与合作组织转让定价指南》基本一致,

---

① 国家税务总局国际税务司国别投资税收指南课题组. 中国居民赴以色列投资税收指南[EB/OL]. [2020-07-14]. http://www.chinatax.gov.cn/chinatax//n810219/n810744/n1671176/n1671206/c2581816/5116185/files/1923e42df05f4c6b9b1fca10baf247c8.pdf.

包括其对关联关系的判定标准。

以色列纳税人必须报告与关联方进行的每项国际交易,但以色列转让定价规则没有要求纳税人进行纳税申报时附加相关的文件,但须提交1385表格。1385表格是年度纳税申报表的组成部分,需要包括与纳税人有关的所有关联公司间交易的一般描述和细节资料,如关联方的全称、居民身份以及交易类型等。表格必须由公司的高层人员签字,签署这份表格不仅要承担公司责任还有个人责任。纳税人应在以色列税务机关提出提交转让定价相关资料之日起60天内提交资料。

(二) 同期资料

企业无需每年准备转让定价同期资料,除非税务局要求提供。以色列所得税法令第85A条规定了转让定价同期资料的具体要求,企业需提供如集团架构、合同条款、纳税人与关联方签订的所有交易的详情等内容。

(三) 转让定价调查

以色列所得税法令第85A条规定,在一场国际交易中各方存在特殊关系,若在这种情况下获得的利润少于相同条件下没有关联关系各方之间的利润,交易将根据市场情况进行调整。根据可比非受控价格法,如果不需要调整,纳税人的定价应在可比交易的价格范围内;在其他情况下,纳税人的转让定价必须在四分位数范围内,即在可比交易价格的中间50%的价格范围内,排除最高的前25%和最低的后25%的价格。纳税人转让定价评估和关联交易报告不在此范围的情况下,税务机关有权将定价调整为可比结果的中位数。[①]

2018年9月5日,以色列税务局制定了两条转让定价方面的规定。规定之一表明了税务局在识别和分析在以色列最恰当的经销、营销和销售活动中最恰当的转让定价方法方面的立场;另一规定则聚焦特定交易(如低附加值服务、营销服务等)的具体盈利能力区间。

(四) 预约定价安排

在以色列,一个完整的预约定价安排需要大约1年的时间。以色列所得税法令第85A条d款中规定了可以进行预约定价安排的条件和适用范围,并要求以色列税务局必须在120天回复纳税人的预约定价申请。

[①] 国家税务总局国际税务司国别投资税收指南课题组. 中国居民赴以色列投资税收指南[EB/OL]. [2020-07-14]. http://www.chinatax.gov.cn/chinatax/n810219/n810744/n1671176/n1671206/c2581816/5116185/files/1923e42df05f4c6b9b1fca10baf247c8.pdf.

(五) 受控外国企业

根据以色列的受控外国企业规定,控制着一家在应纳税年度内大部分所得或者利润来源于消极所得的外国居民公司的以色列居民,应按他在该外国公司的"未分配利润"的比例推算其所得视同作为在该纳税年度内分配给他的股息征税。以色列居民企业如果持有10%或更多的受控外国企业股份,则从受控外国企业收到的视同股息需要纳税。视同股息指的是纳税人在纳税年度最后一天的被动未分配收入份额。根据2014年修正案,纳税人申请视同外国税收抵免的可能性被废除。①

(六) 其他

目前,暂无成本分摊协议和资本弱化相关的税法规定。

[思考练习]

1. 以色列税务局总部机构各部门主要职能是什么?

答:总部机构各部门主要职能如下:副局长办公室,主要负责经济分析和绩效评估;总会计师办公室,主要负责财务管理事项;政策法规司,主要负责修订相关税收法律法规和指导其实施,处理预约定价和国际税务问题;评估和账户管理司,主要负责纳税评估相关事项;情报调查司,主要负责收集涉税情报和处理涉嫌犯罪的税务案件相关事项;征收执行司,主要负责税收征收管理相关事项;纳税服务司,主要负责纳税服务相关事项;海关总署,主要负责外贸和进口相关税收事项;法务司,主要负责处理民事和刑事法律相关事项;内控监察司,主要负责内控、内部审计、处理公众投诉举报相关事项;行政管理司,主要负责人事相关事项;信息化司,主要负责计算机软硬件和系统的维护相关事项;新闻和公共关系司,主要负责宣传相关事项。

2. 以色列公司注册和税务登记具体有何规定?

答:根据以色列《公司法》的规定,公司注册必须由公司的一名股东书面提出申请并填写以色列公司注册处规定的申请表。申请表必须由一位以色列律师认证,但如果此申请由境外国家提出,则须由以色列驻申请人所在地

---

① 国家税务总局国际税务司国别投资税收指南课题组. 中国居民赴以色列投资税收指南 [EB/OL]. [2020-07-14]. http://www.chinatax.gov.cn/chinatax//n810219/n810744/n1671176/n1671206/c2581816/5116185/files/1923e42df05f4c6b9b1fca10baf247c8.pdf.

的领事馆领事认证。申请人需要在提交注册申请时缴纳注册费（目前注册费为 2640 谢克尔，约合 683 美元）。公司在此后每年须向以色列公司注册处缴纳年费（当前年费约为 1502 谢克尔，约合 389 美元）。此外，每个商业实体开展业务之前，应携带注册证书、公司备忘录、公司章程副本、带印花戳记的公司租赁和购买办公场所的合同，前往税务机关办理税务登记。在完成申请以前，纳税人不能签订任何接受付款的合同。公司应于开业后 90 天内到有关税务机关办理企业所得税注册登记手续。注册后，税务部门将一本由计算机生成的预付税款表格邮寄给公司。和其他商业实体不同，由非以色列居民所控制的公司必须指定一名当地代表作为它的代理人与以色列税务局面对面处理所得税相关事务。

3. 以色列对于受控外国企业有何规定？

答：根据以色列的受控外国企业规定，控制着一家在应纳税年度内大部分所得或者利润来源于消极所得的外国居民公司的以色列居民，应按他在该外国公司的"未分配利润"的比例推算其所得视同作为在该纳税年度内分配给他的股息征税。以色列居民企业如果持有 10% 或更多的受控外国企业股份，则从受控外国企业收到的视同股息需要纳税。视同股息指的是纳税人在纳税年度最后一天的被动未分配收入份额。根据 2014 年修正案，纳税人申请视同外国税收抵免的可能性被废除。

柬埔寨

一、税制结构概览

柬埔寨税法体系主要包含所得税、工资税、增值税、关税、最低税、特定商品和服务税、租赁税、印花税（登记注册税）、土地闲置税、车船税、酒店住宿税、公共照明税、财产税等税种。以《所得税部长令》《柬埔寨王国税法》《柬埔寨王国税法修正法》等法律文件为法律根据。

经济和财政部下属的税务局是负责征税和实施税务法律法规的中央国家机构，下设 7 个科室：税政科、纠纷处理科、调查科、税务征收科、欠款催缴科、审计科和审核科。自 2020 年 6 月起，柬埔寨税务局启用电子申报系统及新月度纳税申报表。

二、主要税种简介

柬埔寨主要税种包括：所得税、工资税、增值税、关税、最低税、土地闲置税、酒店住宿税、公共照明税等。

（一）所得税

柬埔寨对个人和企业从事任何经营活动时所取得的利润和因投资活动所取得的利息、租金或其他合法取得的收入征收所得税。

1. 纳税人身份判断标准

柬埔寨所得税居民纳税人的定义为：①

（1）任何长期在柬埔寨居住或纳税年度（12个月）中超过183天居住在柬埔寨的个人；

（2）任何在柬埔寨境内开展商业活动和合作经营，或主营地在柬埔寨的商业活动的法人；

（3）居民企业，但不包括合伙企业或独资企业。

柬埔寨所得税非居民纳税人是指除上述定义外的纳税人。

2. 征收范围

柬埔寨居民纳税人需就来源于境内和境外的所得征税。柬埔寨非居民纳税人仅就来源于柬埔寨的所得缴纳所得税，外国企业在柬埔寨设立的常设机构也仅就其来源于柬埔寨的所得缴纳所得税。需要注意的是，非居民纳税人在柬埔寨境内以电子商务形式提供货物或服务将被视为在柬埔寨境内形成常设机构。

3. 税率

柬埔寨标准所得税税率为20%。石油天然气开采和天然资源勘探产生的利润适用30%的税率；私营个体企业和普通合伙人适用0~20%的累进税率；保险公司所得适用5%和20%两档税率。

柬埔寨境内企业或机构向居民企业支付费用时，应代扣代缴预提税。预提税的征收范围包括但不限于以下费用：②

（1）柬埔寨境内企业或机构向居民企业支付服务费用时，除非已开具有

---

①② 国家税务总局国际税务司国别投资税收指南课题组. 中国居民赴柬埔寨投资税收指南 [EB/OL]. [2020-11-27]. http：//www.chinatax.gov.cn/chinatax//n810219/n810744/n1671176/n1671206/c2582023/5116199/files/0bf6d13c7f5344f6b5cc4dca8dbc1fbf.pdf.

效的增值税发票,否则应按15%的税率代扣代缴预提税。

(2) 柬埔寨境内的非银行和储蓄机构的居民企业向居民企业支付利息时,应按15%的税率代扣代缴预提税。

(3) 柬埔寨境内企业或机构向居民企业支付特许权使用费时,应按15%的税率代扣代缴预提税。

(4) 柬埔寨境内企业或机构向居民企业支付租金时,应按10%的税率代扣代缴预提税。

(5) 柬埔寨境内的银行和储蓄机构向居民企业支付利息时:

①若其账户为定期存款账户,应按6%的税率代扣代缴预提税;

②若其账户为活期存款账户,应按4%的税率代扣代缴预提税。

居民向非居民支付的与使用财产、股息、管理或技术服务支付相关的利息、特许权使用费、租金和其他收入,应按14%的税率代扣代缴预提税。

(二) 工资税

柬埔寨工资税适用于个人,个人分为居民纳税人和非居民纳税人。

1. 纳税人身份判断标准

柬埔寨以下两类纳税人为工资税居民纳税人:一是任何在柬埔寨拥有住所的个人;二是在任何纳税年度(12个月)中超过183天居住在柬埔寨的个人。

柬埔寨工资税非居民纳税人是指除上述定义外的个人。

2. 征收范围

工资税居民纳税人就其取得的来源自境内或境外的工资缴纳工资税。

工资税非居民纳税人仅就其取得的来自柬埔寨的工资缴纳工资税。

上述"工资",是指因雇员完成雇佣活动的义务,雇主直接付给雇员的费用,如薪水、报酬、工资、红利和超时工作补偿及其他各种额外福利。[①]

3. 税率

雇主应为雇员代扣代缴工资税税款。工资税居民纳税人适用累进税率:应纳税工资额为0至1300000瑞尔,适用零税率;应纳税工资额为1300001至2000000瑞尔,适用5%税率;应纳税工资额为2000001至8500000瑞尔,适用10%税率;应纳税工资额为8500001至12500000瑞尔,适用15%税率;应

---

① 国家税务总局国际税务司国别投资税收指南课题组. 中国居民赴柬埔寨投资税收指南 [EB/OL]. [2020-11-27]. http://www.chinatax.gov.cn/chinatax//n810219/n810744/n1671176/n1671206/c2582023/5116199/files/0bf6d13c7f5344f6b5cc4dca8dbc1fbf.pdf.

纳税工资额为超过 12500000 瑞尔，适用 20% 税率。工资税非居民纳税人适用 20% 的税率。此外，雇主应根据 20% 的税率代扣分配给雇员的全部股息、红利（附加福利）所产生的应纳税款。

（三）增值税

1. 纳税人身份判断标准

柬埔寨增值税纳税人是指生产经营应税商品、提供服务和进口应税商品的单位和个人。

2. 征收对象

柬埔寨增值税征税对象为：一是纳税人在柬埔寨境内提供货物或服务；二是纳税人所使用的自产产品或货品；三是纳税人以低于成本价格赠与或提供的货物或服务；四是进口至柬埔寨的商品。

3. 税率

柬埔寨增值税标准税率为 10%。以下货物或服务适用增值税零税率：

（1）所有销售至境外的应税货物，以及出口至境外的应税服务；

（2）鼓励类行业纳税人销售的应税货物或提供的应税服务；

（3）向出口企业提供某些特定货物或服务的外包企业所销售的应税货物或提供的应税服务。

（四）关税

柬埔寨对大部分进出口货物征收 0~35% 不等的关税。以下情形减征或免征关税：一是经柬埔寨发展理事会批准的合格投资项目免征进口关税；二是从事电信服务、油气及矿产开采等经营活动的企业可免征进口关税；三是从世界贸易组织成员国进口的货物可享受优惠进口关税税率，并按照东盟自由贸易区框架协议的约定执行优惠关税税率。

（五）最低税

柬埔寨税法规定，若纳税人年度应纳所得税额低于最低税额，则纳税人需按照最低应纳税额申报缴纳所得税；若纳税人年度应纳所得税额高于最低税额，则纳税人应按照实际应纳所得税额申报缴纳所得税。

最低税的税率为 1%，计税根据为纳税人提供服务和销售货物的营业收入（不含增值税但含其他税金）。

（六）土地闲置税

柬埔寨土地闲置税的征税对象为纳税人持有的在城市和指定地域的土地，当该类土地没有在建设中或者土地上的建筑物没有处于使用中时，应缴纳土地闲置税。

土地闲置税按照每平方米土地的市场价格的2%计算，1200平方米以内的土地免税（具体税额于每年6月30日由未用土地评价委员会决定）。

（七）酒店住宿税

柬埔寨对酒店住宿业纳税人取得的酒店服务费（不含增值税但含其他税金）征收2%的酒店住宿税。

（八）公共照明税

柬埔寨对生产、销售含酒精饮料、香烟的各个环节，按照货物价值征收3%的公共照明税。对于分销商，公共照明税的计税基础为商品售价的20%。

三、税收征管制度

（一）税收征管部门

经济和财政部下属的税务局是负责征税和实施税务法律法规的中央国家机构，下设7个科室：税政科、纠纷处理科、调查科、税务征收科、欠款催缴科、审计科和审核科。

（二）税务登记管理

根据柬埔寨《商业规则和注册法》，在商务部注册的所有企业必须在开展经济活动后的15天内向税务机关进行税务登记，之后还应进行月度和年度纳税申报。增值税纳税人应在30日内完成增值税登记。此外，柬埔寨财经部将纳税人分为了小规模纳税人、中型纳税人和大型纳税人三类，具体类别取决于企业的形式和预估的年营业额。

（三）纳税申报管理

1. 所得税申报

所得税实行月度预缴申报，年度汇算清缴申报。实际纳税机制（查账征收）下，纳税人应每月按照月营业收入的1%预缴所得税，申报期限为次月20日之内。年度所得税申报表申报期限为纳税年度终了后3个月之内。

2. 工资税申报

工资税纳税申报期限为发放工资次月的20日之内。

3. 增值税申报

增值税纳税申报期限为每月结束后次月20日之内。

4. 最低税申报

最低税应在年度结束后3个月内完成税款缴纳。

5. 土地闲置税申报

土地闲置税纳税申报为每年9月30日以前。

6. 酒店住宿税申报

酒店住宿税申报期限为每月结束后的次月20日之内。

7. 公共照明税申报

公共照明税申报期限为每月结束后的次月20日之内。

需要注意的是，自2020年6月起，柬埔寨税务局启用电子申报系统及新月度纳税申报表（均适用于需进行月度纳税申报的所有税种，例如预缴企业所得税、增值税、预提所得税、工资税等）。纳税人应在每月结束后次月25日前通过电子申报系统完成申报，逾期申报将被加征10%的附加税。

（四）发票管理

柬埔寨增值税发票分税务发票和商业发票两类，大中型纳税人应向自行申报的纳税人开具税务发票，向最终消费者开具商业发票。小规模纳税人应向其消费者开具商业发票。

对于所开具的发票，大中型纳税人需保留10年，小规模纳税人则需保留3年。自2020年1月1日起，为规范增值税发票的使用方式，柬埔寨财经部颁布新规则以加强对增值税发票的管理。

四、特别纳税调整规定

目前，柬埔寨法律里没有专门的反避税规则。根据规定，关联方指拥有20%以上公司共同所有权的企业或个人。对于关联方之间的交易，应遵循独立交易原则，企业应按照相关规定保留相关记录和资料，以备税务局要求时可以及时提供证明材料。2018—2019财年，柬埔寨规定转让定价调查和同期资料提交要求参考《经济合作与发展组织转让定价指南》进行。

柬埔寨将可比非受控价格法、成本加成法、再销售价格法、利润分割法和交易净利润法认定为判断关联交易是否符合独立交易原则的主要方法。但是，目前柬埔寨没有专门的转让定价和预约定价安排规则，也没有专门的资本弱化和受控外国企业方面的规定和限制。

[思考练习]

1. 柬埔寨所得税的征收范围有哪些？

答：柬埔寨对个人和企业从事任何经营活动时所取得的利润和因投资活

动所取得的利息、租金或其他合法取得的收入征收所得税。其中：柬埔寨居民纳税人需就来源于境内和境外的所得征税；柬埔寨非居民纳税人仅就来源于柬埔寨的所得缴纳所得税，外国企业在柬埔寨设立的常设机构也仅就其来源于柬埔寨的所得缴纳所得税。需要注意的是，非居民纳税人在柬埔寨境内以电子商务形式提供货物或服务将被视为在柬埔寨境内形成常设机构。

2. 柬埔寨工资税中的"工资"具体指什么？

答：柬埔寨工资税中的"工资"，是指因雇员完成雇佣活动的义务，雇主直接付给雇员的费用，如薪水、报酬、工资、红利和超时工作补偿及其他各种额外福利。

3. 柬埔寨工资税对雇主分配给雇员的附加福利征税吗？

答：征税。雇主应根据20%的税率代扣代缴分配给雇员的全部股息、红利（附加福利）所产生的应纳税款。

4. 柬埔寨公共照明税具体指什么？

答：柬埔寨对生产、销售含酒精饮料、香烟的各个环节，按照货物价值征收3%的公共照明税。对于分销商，公共照明税的计税基础为商品售价的20%。

伊朗

一、税制结构概览

伊朗的税制体系由直接税和间接税构成。根据《伊朗伊斯兰共和国直接税法》，直接税主要包括所得税和财产税，每一类直接税又被细分成不同子类。直接税收入占比较大，占税收总收入的近63%。伊朗原则上对房地产、未开发的土地、继承财产、从事农业活动、工资、职业、公司、附带收入以及通过各种来源获得的总收入征收直接税。间接税主要包括进口税和增值税，进口税目前由伊朗海关征收，并且不属于伊朗国家税务局的职权范围。

近年来，伊朗国家税务局表示，伊朗将免征本地公司生产的混合动力汽车的增值税，此举旨在促进几家当地公司正在研发的电动-汽油混合动力汽车的生产。伊朗当地专家们表示，虽然该税收激励措施值得赞扬，但对其是否会成功表示犹豫，因为目前伊朗没有生产这种车辆的技术和基础设施，也没有专门的充电站。此外，伊朗对生产或使用过程中产生环境污染的商品征收环保税。2020年2月,伊朗议会同意向海外或向自贸区出口的货物和服务免征增值税。①

二、主要税种简介

伊朗的主要税种包括:企业所得税、工资薪金所得税、个人营业所得税、不动产所得税、增值税、遗产税等。

(一) 企业所得税

伊朗企业所得税就法人实体的收入征税,法人实体包括公司、合伙企业、合作社以及其他类似性质实体。企业所得税标准税率为25%。

1. 纳税人身份判断标准

居民企业,是指所有根据伊朗《公司法》设立的公司或其他实体,包括在伊朗注册的外国公司的分支机构和代表处。非居民企业,是指非因税收目的在伊朗以外国家、地区成立的企业。从企业所得税来看,伊朗直接税法案中没有常设机构定义,外国公司被视为非居民企业,而外国公司在伊朗的分支机构视为居民企业。②

2. 征收范围

居民企业以其在全球范围内取得的收入进行纳税。外国公司的分支机构根据其在伊朗境内或境外签订的、与其在伊朗境内的工作相关的合同所取得的收入进行纳税。非居民企业需就其来源于伊朗的收入缴纳所得税。

3. 税率

伊朗企业所得税标准税率为25%。部分特殊所得有单独税率,例如,《伊朗伊斯兰共和国直接税法》规定,外国航运和海运公司在伊朗的货运和客运所得其税率为5%。通过承办再保险业务从伊朗保险公司获得收入的外国保险公司,其保险费收入和在伊朗存款利息适用2%的税率。但是,若伊朗保险公司在外国再保险公司的所属国开展保险业务并免缴再保险业务税时,该国保险公司在伊朗的业务也将同样免税。此外,对于非居民企业,居民企业支付给非居民企业股东的股息无需缴纳企业所得税,伊朗企业支付给非居民企业

---

① 中华人民共和国驻伊朗伊斯兰共和国大使馆经济商务处. 伊朗政府宣布混合动力汽车税收激励 [EB/OL]. [2018-01-19]. http://ir.mofcom.gov.cn/article/ddfg/201801/20180102695672.shtml.

② 国家税务总局国际税务司国别投资税收指南课题组. 中国居民赴伊朗投资税收指南 [EB/OL]. [2020-07-14]. http://www.chinatax.gov.cn/chinatax//n810219/n810744/n1671176/n1671206/c3418822/5116135/files/5bc59ebfd7134a2d94d2ab3b7f06a27b.pdf.

的利息须按照总金额的5%缴纳预提所得税。

(二) 工资薪金所得税

在伊朗,自然人因受雇获得的现金或非现金收入应缴纳工资薪金所得税。个人在国外任职期间从伊朗获得的收入也应当缴纳工资薪金所得税。

1. 纳税人身份判定标准

自然人(含伊朗国籍和非伊朗国籍的人员)均须就在伊朗取得的收入缴纳工资薪金所得。

2. 征收范围

应税工资收入为以现金或非现金形式获得的工资和取得的经常性或非经常性福利收入,但不包括免税部分。

3. 税率

公有或私营部门雇员的工资收入,在扣除国家年度公共预算法规定的年度基本津贴后,按0至20%的累进税率征税。雇主无需为支付给除雇员以外的个人缴纳退休金或保险费。若支付的咨询费、会议费、出席费、教学费或学习、研究费等,均按照10%的税率征收,不再扣除基本年度津贴。[①] 对于非居民纳税人,雇主有义务计算并以10%的税率代扣代缴员工的年薪。

4. 税前扣除和退税

在伊朗,纳税人、配偶、子女、父母、兄弟姐妹的医疗费用,已支付的人寿保险以及符合标准的住房贷款可以税前扣除。对于多缴的工资薪金所得税可根据《伊朗伊斯兰共和国直接税法》相关规定予以退回。纳税人应在次年7月22日至该年底期间提出书面申请。

(三) 个人营业所得税

个人营业所得税同工资薪金所得税都属于个人所得税范畴。

1. 纳税人和征收范围

每个自然人通过从事某项经营或以直接税法未提到的其他方式在伊朗获得的收入,在减去该法规定的免税额之后的余额,缴纳个人营业所得税。

2. 税率

纳税人的营业收入减去免税额后按以下税率缴税:应税收入在500000000

---

① 伊朗国家税务局(INTA). Employment Income Tax [EB/OL]. [2021-03-10]. https://en. intamedia. ir/pages/default. aspx? mode = show&id = employment_income_tax&lan en&topmenuid = topmenu240&middlemenuitem = middlemenuitem368&middlemenuid = openmiddlemenu240.

里亚尔以下，税率为15%；应税收入为500000001~1000000000里亚尔，税率为20%；应税收人超过1000000000里亚尔，税率为25%。① 根据《伊朗伊斯兰共和国直接税法》第131条规定，纳税人当年申报的应税所得与上一纳税年度相比每增加10%，其缴税税率可按照适用税率扣减1%~5%。纳税人享受这项优惠的前提是结清以前年度的税款和在伊朗国家税务局规定的期限内报送本年度的纳税申报表。

（四）不动产所得税

1. 征税范围

单位和个人因转让位于伊朗境内的不动产而取得的收入应缴纳不动产所得税。出租不动产应纳税所得额为以现金或其他方式支付的租金总额减去其中25%用于支付该出租不动产的必要支出、折旧费及保证金的部分。

2. 税率

不动产所得税税率为：

（1）年应纳税所得额不超过500000000里亚尔的，税率为15%。

（2）年应纳税所得额为500000000~1000000000里亚尔的，税率为20%。

（3）年应纳税所得额超过1000000000里亚尔的，税率为25%。

（五）增值税

1. 纳税人身份判断标准

增值税纳税人为在伊朗境内提供货物、劳务，以及从事货劳进出口贸易的单位和个人。

2. 征收范围

伊朗境内的商品和服务的供给以及进口和出口应缴纳增值税。

3. 税率②

根据《增值税法案》第16条，增值税税率如下：

（1）标准税率：9%（包括6%的增值税和3%的增值税所征收的市政消费税）。

（2）特殊税率：香烟及烟草制品15%，汽油及航空燃油25%~30%。

---

① 伊朗国家税务局（INTA）. Individual Business Income Tax［EB/OL］.［2021-03-10］. http://en. intamedia. ir/pages/default. aspx.

② 伊朗国家税务局（INTA）. Value - Added Tax（VAT）［EB/OL］.［2021-03-11］. https://en. intamedia. ir/pages/default. aspx? mode = show&id = vat&lan = en&topmenuid = topmenu240&middlemenuitem = middlemenuitem382&middlemenuid = openmiddlemenu240.

（3）优惠税率：香烟及烟草制品10%，汽油及航空燃油10%，煤油及柴油10%，重油5%。

（4）转让非用于道路施工、车间、采矿、农业的国产及进口机动车辆（不包括船舶、摩托车及三轮车），适用增值税税率为1%。国产机动车按出厂价的1%缴纳，进口车按照到岸价格（以下简称CIF价格）、税费、商业税及海关文件中规定的其他费用总和的1%缴纳。

（5）其他特殊类服务的增值税：

①除铁路运输外的国内城际客运服务：票价的5%。

②汽车及加长座舱的皮卡车的年费：国产（出厂价的1‰），进口（CIF价格、税费、商业税及海关文件中规定的其他费用总和的1‰）。

③汽车及加长座舱的皮卡车的注册登记费用（不包括城际或市内公共车辆）：国产（出厂价的3%），进口（CIF价格、税费、商业税及海关文件中规定的其他费用总和的3%）。

（六）遗产税

1. 纳税人

遗产税纳税人为继承自然人死亡后留下的实际或推定的财产的继承人。

2. 税率

根据《伊朗伊斯兰共和国直接税法》第24条规定，伊朗遗产税税率为：

（1）银行存款、合伙企业债券、其他可流通票据，及其截至所有权转移到继承人名下时或交付继承人时产生的利息、股息和股份，适用税率为3%。

（2）股权与合伙企业股权及其优先权利，于权属转移登记至继承人名下之日，按《伊朗伊斯兰共和国直接税法》第143条及第143条（之二）中规定税率的1.5倍执行。

（3）特许权使用费及其他财产、上述款项中未规定的金融权利，按交付或权属转移至继承人名下之日市值的10%纳税。

（4）机动车辆，包括汽车、轮船、航空器等，按照向继承人转移登记之日伊朗国家税务局申报价的2%缴纳。

（5）不动产及其营业权，按照《伊朗伊斯兰共和国直接税法》第59条规定税率的1.5倍纳税，根据具体情况适用向继承人转移权属登记之日该不动产的税务成交价或该不动产营业权的市价。

（6）伊朗公民死亡后位于境外的财产和固定资产，扣除已向财产和资产所在国缴纳的遗产税后，按照遗产价值的10%纳税。

三、税收征管制度

(一) 税收征管部门

在伊朗,由伊朗财政与经济事务部负责监督评估和征收直接税、间接税、关税及其他税费,并每隔 6 个月向伊朗议会经济与财政委员会递交关于税收征集和分配情况的报告,是伊朗议会授权完善和执行税法的政府机构。

伊朗国家税务局负责为伊朗财政与经济事务部下设机构,负责根据现行法律法规承担组织实施税收的征收管理,是税收征管的具体执行部门。

(二) 税务登记管理

所有在伊朗注册的公司、外国公司的分支机构,即所有伊朗居民企业,都须进行税务登记。未在规定时限内办理税务登记的,从应当办理税务登记或认定的日期起,按应缴税款的 75% 处以罚款。

(三) 纳税申报管理

1. 企业所得税纳税申报

企业所得税纳税申报必须于纳税年度结束后 4 个月内提交并缴纳应纳税款。每一个合同付款的 3% 可以由付款人扣缴,并上报税务机关,该扣税额构成最终税额的预付款,多缴的税额可申请退还。[①] 预提所得税需自代扣代缴之日起 30 天内申报缴纳。

2. 工资薪金所得税申报

工资薪金所得税要求雇主在每次发放工资时候,计算并扣除雇员应纳工资薪金所得税税款,并在 30 日之内将有关税金及工资领取人的姓名、住址及其工资数额一并报送到当地税务局。若从外籍个人处(在伊朗没有分支机构或代表处)领取工资,领薪人应在领取工资 30 日之内,根据规定将有关税款缴到居住地税务局,并在伊历次年 4 月(公历 6 月 22 日至 7 月 22 日)底之前将个人工资薪金所得纳税申报表交至上述税务局。

3. 个人营业所得税申报

个人营业所得税申报期限为伊历次年 4 月(公历 6 月 22 日至 7 月 22 日)底之前。

---

① 伊朗国家税务局(INTA). Corporate Income Tax [EB/OL]. [2021-03-14]. https://en.intamedia.ir/pages/default.aspx?mode=show&id=corporate_income_tax&lan=en&topmenuid=topmenu240&middlemenuitem=middlemenuitem366&middlemenuid=openmiddlemenu240.

4. 增值税申报

增值税申报缴纳期限为每个季度终了后 15 天内，例如，3 月 21 日至 6 月 21 日季度的申报期限为 7 月 6 日。

需要注意的是，一是伊朗国家税务局实行网上申报制度，伊朗纳税年度以伊朗日历年度为准，从公历 3 月 21 日开始至次年 3 月 20 日；二是对于那些无法马上结清应纳本金和罚款的纳税人，伊朗财政与经济事务部或伊朗国家税务局允许其分期付款，但是不得超过通知其最终纳税义务之日起 3 年。

（四）发票管理

所有在伊朗进行税务登记的法人和企业所有者必须对每笔交易开具发票。对于未开具发票的，按应缴税款处以罚款；对于开具价目与售价不相符的发票，按照差价处以罚款。

（五）法律责任

如果纳税人以逃税为目的，故意错误地引用资产负债表、损益表和账簿，存档、记录构成纳税评估基础的，或拒绝递交申报表、资产负债表和损益表连续 3 年，除了罚款和刑罚以外，该纳税人应当被剥夺适用所有法律工具的权利。在超过规定期限支付的任何税款应额外加征每个月有关税收 2.5% 的罚款。所有自然人或法人若未能代扣代缴其他纳税人的应纳税额，应额外处以未扣缴税款 20% 的罚款。若非政府法人负责代扣代缴，除了支付应缴的税金和罚款，也将因连带责任被判处惩治性监禁 3 个月到 2 年。若扣缴义务人为个人，该人须被判处惩治性监禁 3 个月到 2 年。①

四、特别纳税调整规定

（一）关联交易

关联关系主要从两个方面理解：一是一个签约国的企业直接或间接地参与到另一个签约国企业的管理、控制或资本中；二是相同人员直接或间接地参与签约国或其他签约国企业的管理、控制或资本中。具体参见 2006 年 8 月 16 日伊朗国家税务局发布的通知函。

（二）转让定价调查

伊朗以《OECD 范本》作为解决外国分支机构或代理商在转让定价时的

---

① 国家税务总局国际税务司国别投资税收指南课题组. 中国居民赴伊朗投资税收指南 [EB/OL]. [2020 - 07 - 14]. http://www.chinatax.gov.cn/chinatax//n810219/n810744/n1671176/n1671206/c3418822/5116135/files/5bc59ebfd7134a2d94d2ab3b7f06a27b.pdf.

操作指南。一旦伊朗税务机关发现不符合国际惯例和市场条件情况的案件,将根据《伊朗伊斯兰共和国直接税法》第 97 条第 3 款规定,提交至委员会进行核查。

(三) 其他

伊朗暂无同期资料、预约定价安排、受控外国企业、成本分摊协议管理、资本弱化等相关规定。

[思考练习]

1. 在伊朗,居民企业的企业所得税和增值税标准税率分别是多少?

答:企业所得税的标准税率为 25%,增值税的标准税率为 9%。

2. 某公司 2020 年 4 月发生货物销售额 108 亿里亚尔,本月发生销售折扣 8 亿里亚尔,其中销售杀虫剂 13 亿里亚尔,则该公司 4 月应纳增值税是多少?

答:在伊朗,销售杀虫剂免缴增值税,且折扣可以在应税销售额中扣除,因此该公司 4 月增值税销售额 = (含税销售额 - 免税销售额) ÷ (1 + 税率) = (108 - 8 - 13) ÷ 1.09 = 79.81(亿里亚尔),应纳税额 = 79.81 × 9% = 7.18(亿里亚尔)。

3. 在伊朗,工资薪金所得税是否有税前扣除和退税的相关规定?

答:有相关规定。在伊朗,纳税人、配偶、子女、父母、兄弟姐妹的医疗费用,已支付的人寿保险以及符合标准的住房贷款可以税前扣除。多缴的工资薪金所得税可根据《伊朗伊斯兰共和国直接税法》相关规定予以退回。纳税人应在次年 7 月 22 日至该年年底期间提出书面申请。

马来西亚

一、税制结构概览

马来西亚税收制度,源于英国和澳大利亚的税收制度。马来西亚联邦政府和各州政府实行分税制,联邦财政部统一管理全国税务事务,并负责制定税收政策。联邦税种分为直接税和间接税,由联邦州府下属的内陆税务局负责征收直接税,马来西亚皇家海关总署负责征收间接税。

马来西亚税收体系包含公司所得税、个人所得税、石油(收入)税、销售税、服务税、不动产利得税、印花税等税种。其中,企业所得税、个人所得税占税收总收入比重最大,约 55%。

2015年4月,马来西亚用消费税替代了销售税和服务税,税收结构有所调整。2018年9月1日,马来西亚取消了消费税,恢复原来征收的销售税和服务税。2019年9月和12月,马来西亚分别颁布了《2019年服务税(数字服务)法规》和《2019年服务税(数字服务)修订法规》,决定自2020年1月1日起向为马来西亚消费者提供数字服务的外国服务供应商征收数字服务税。

二、主要税种介绍

马来西亚主要税种包括:公司所得税、个人所得税、销售税、服务税、不动产利得税、纳闽商业税等。

(一)公司所得税

马来西亚公司所得税纳税人分为居民纳税人和非居民纳税人,居民纳税人须就来源于马来西亚境内和境外的所得缴税,非居民纳税人仅就来源于马来西亚境内所得缴税。公司所得税标准税率为24%。

1. 纳税人身份判断标准

马来西亚以"实际管理控制地"为标准判断纳税人是否为居民身份。例如,通常情况下,如果一个公司的实际管理和控制的董事会在马来西亚召开、公司董事在马来西亚境内掌管公司业务,将会被认定为马来西亚税收居民企业。

2. 征收范围和税率

居民纳税人须就来源于马来西亚境内和境外的所得缴税,非居民纳税人仅就来源于马来西亚境内所得缴税。2020年,对于实收资本低于(含)250万林吉特的马来西亚本土公司,其取得的60万林吉特以内的收入适用17%的税率,之后的收入按标准税率24%纳税。对于实收资本高于250万林吉特的马来西亚本土公司,税率为24%。①

非居民企业公司所得税的缴纳实行预提税制度,预提税税率为10%~15%,如利息适用15%税率、特许权使用费适用10%税率。马来西亚对股息不征收预提所得税。

3. 应纳税额

公司所得税以每一纳税年度的收入总额减除为取得收入发生的费用、损

---

① 马来西亚内陆税收局. Tax Rate of Company [EB/OL]. [2021-02-03]. http://www.hasil.org.my/bt_goindex.php? bt_kump = 5&bt_skum = 2&bt_posi = 5&bt_unit = 1&bt_sequ = 1.

失和允许扣除的支出后的余额作为应纳税所得额,按照适用税率计算征收。应税所得还包含股息、利息所得,租赁费、特许权使用费、佣金所得,其他利得和收益所得。亏损可以往以后年度无期限结转。

（二）个人所得税

马来西亚个人所得税将纳税人分为居民纳税人和非居民纳税人。

1. 纳税人身份判断标准

马来西亚居民纳税人身份采用居住地和居住时间等判定标准,符合以下四种情况之一的即为居民纳税人:

（1）在一个纳税年度（公历年,下同）中在马来西亚居住至少 182 天；

（2）在一个纳税年度中在马来西亚居住不足 182 天,但与相邻纳税年度连续居住之和至少 182 天；

（3）在四个纳税年度中有三个纳税年度居住不少于 90 天；

（4）在该纳税年度的前三年是居民纳税人。①

2. 征收范围与税率

马来西亚个人所得税采用综合所得税制。2020 年马来西亚个人所得税税率重新调整,居民就其来自马来西亚的所有收入（包括贸易或经营的所得或收益、受雇所得、股息、利息、租金、特许权使用费、保费和其他收入等）按照 0 ~ 26% 税率缴纳个人所得税。具体征收范围和税率参考以下网址:http://www.hasil.org.my/bt_goindex.php?bt_kump=5&bt_skum=1&bt_posi=2&bt_unit=5000&bt_sequ=11。

非居民纳税人就其在马来西亚所取得的职业收入、股息、租金利息、特许权使用费等 10 类收入按照 10% ~ 30% 税率缴纳个人所得税。具体征收范围和税率参考以下网址:http://www.hasil.org.my/bt_goindex.php?bt_kump=5&bt_skum=1&bt_posi=2&bt_unit=1&bt_sequ=1。

3. 税前扣除

马来西亚居民个人所得税应纳税所得额的计算可以享受基础扣除、配偶扣除、抚养扣除、人寿保险扣除及雇员退休公积金扣除、教育及医疗保险扣除、医疗费扣除、残疾人扣除、税额返还、书籍扣除、教育费扣除等。此外,

---

① 国家税务总局国际税务司国别投资税收指南课题组. 中国居民赴马来西亚投资税收指南 [EB/OL]. [2020 - 11 - 27]. http://www.chinatax.gov.cn/chinatax/n810219/n810744/n1671176/n1671206/c3317853/5116147/files/abcf33da955848d09bfe44ad740476bf.pdf.

由雇主提供的医疗津贴、儿童津贴不纳税。

（三）销售税

马来西亚于 2015 年 4 月 1 日开始实施《消费税法案》，取代原有的销售税和服务税。在 2018 年 9 月 1 日，马来西亚取消了施行 3 年多的消费税，又恢复销售税与服务税制度。销售税税率是 5% 或 10%。

1. 纳税人身份判断标准

根据马来西亚《销售税法案》，销售税纳税人为在 12 个月内应税商品总销售额超过 50 万林吉特的注册制造商以及进口应税商品的单位和个人。

2. 征收范围和纳税义务发生时间

销售税对以下应税商品进行单环节征收：一是由注册生产商在马来西亚生产并在本地销售、自己使用或处置的商品；二是任何进口到马来西亚的商品。根据《销售税法案》第 11 条的规定，除石油天然气产品以外，纳税人出售或以其他方式处置应税货物，或纳税人将应税货物首次移作非生产用途时产生纳税义务。对于进口商品，应在进口商将其从海关管制中清关时缴纳销售税。

销售税适用于整个马来西亚，但是不包括指定地区（纳闽、兰卡威和刁曼）和特殊地区。无论进口到马来西亚的商品是否被征收了关税，只要其属于销售税应税商品就具有纳税义务，都应缴纳销售税。

3. 税率

销售税是从价税，销售税的基本税率为 10%。某些非必需食品、酒精饮料、烟草、香烟和建筑材料的税率为 5%。石油产品和液化天然气较为特殊，实行定额税率。销售税没有零税率。出口货物销售税实行退税。

4. 销售税的计算与扣除

根据《销售税法案》，马来西亚销售税的计算公式为：

应纳税额 =（销售额 - 扣除额）× 税率

根据《销售税法案》第 41 条规定，合格的注册制造商可以就购买的原材料、组件或包装材料抵扣销售税。符合条件的情况下，征收 5% 销售税的应税商品，销售税扣除率为应税商品购入时价值的 2%；征收 10% 销售税的应税商品，销售税扣除率为应税商品购入时价值的 4%。

（四）服务税

在马来西亚服务税中，不存在进项税制度，它本质上为单一阶段的税收。马来西亚皇家海关总署在 2019 年 8 月 20 日发布了《数字服务税指南》，将服务税的征税范围扩大到数字服务领域,并决定自 2020 年 1 月 1 日起对向马来西亚消费者提供数字服务的外国服务供应商征收服务税。

1. 纳税人身份判断标准

根据马来西亚《服务税法案》,如果纳税人应纳税服务营业额连续 12 个月超过或者预期超过规定注册门槛(如住宿服务的规定注册门槛为 500000 林吉特),则该个人或企业有义务注册缴纳服务税。

2. 征收范围及纳税义务发生时间

服务税应税服务分为九大类:住宿服务、餐饮服务、娱乐休闲服务、私人俱乐部服务、高尔夫俱乐部和练习场服务、博彩和游戏服务、专业服务、信用卡或签账卡服务和其他服务。马来西亚税法对每一类服务都进行清单式正列举,若未被规定为应税服务,则不会被征税。

根据《服务税法案》第 11 条的规定,服务提供商向客户提供应税服务,在收到付款时产生纳税义务。如果自应税服务发票开具之日起 12 个月内未从客户处取得全部或部分付款,则应在满 12 个月后的第二天缴纳服务税。对于进口应税服务,应在付款时或收到服务发票时缴纳服务税,以二者孰先为准。自 2020 年 1 月 1 日起,对于从外国数字服务提供商处进口的数字服务,应在外国注册人收到付款时缴纳,该注册人必须于纳税期终了后一个月的最后一天前申报并缴纳服务税。

3. 税率

服务税的基本税率为 6%。信用卡和收费卡在激活和每年续订时,每张主卡和副卡的固定服务税额为 25 林吉特。

(五)不动产利得税

根据《不动产利得税法案》规定,马来西亚不动产利得税适用于在马来西亚出售土地和任何产权、选择权或其他与土地相关的权利的情形,而无论纳税人是否居住在马来西亚。当因纳税资产处置者为公司时,根据不同的处置类别,分别适用 10%、15%、20%、30% 的税率;当因纳税资产处置者为非公民及非永久性居民时,根据不同的处置类别,适用 10%、30% 的税率;当因纳税资产处置者为马来西亚公民、永久居民和其他情况时,根据不同的处置类别,分别适用 5%、15%、20%、30% 的税率。以上税率自 2019 年 1 月 1 日起施行。

(六)纳闽商业税

纳闽岛是南中国海域中的岛屿,位于马来西亚东部的沙巴州,是马来西亚的一个联邦直辖区,它也被誉为提供国际金融和商业服务的离岸金融中心。在纳闽从事商业活动的公司,可享有优惠税务待遇,比如较低的公司所得税(固定税率3%或最高税额2万林吉特),支付给非居民纳税人的款项豁免缴纳预提所得税,外籍董事获取的董事费豁免缴付个人所得税等。纳闽不征收资本利得税,不动产利得税或遗产税。此外,纳闽公司不受外汇管制和外资股权的约束和限制。①

三、税收征管制度

(一) 税收征管部门

马来西亚联邦政府和各州政府实行分税制。联邦财政部统一管理全国税务事务,并负责制定税收政策。联邦税种分为直接税和间接税,由联邦州府下属的内陆税务局负责征收直接税,马来西亚皇家海关总署负责征收间接税。直接税包括所得税和石油税等;间接税包括国产税、关税和进出口税、销售税、服务税和印花税等。各州政府征收土地税、矿产税、森林税、执照税、娱乐税和酒店税、门牌税等。

(二) 税务登记管理

单位或者个人纳税人进行税务登记可以通过 E-Daftar 在线注册登记或者可以就近向任何一个马来西亚内陆税务局分局进行书面申请。登记需要准备一些文件和表格,例如,个人纳税人登记需要准备最新薪金表(EA/EC)或最新薪金单的复印件、身份证/警官证/军官证/国际护照的复印件、结婚证复印件(如有)。

(三) 纳税申报管理

1. 公司所得税申报

公司所得税适用自我纳税评估体制,企业必须在每月15日前缴纳预估税款。在一个会计年度期间结束后的7个月内提交公司所得税年度申报表,并对应纳税额"多退少补"。此外,公司纳税人还需在规定期限内提交税款估价和支付分期付款、计算公司所得税、申报收入和费用(包括扣除项目和折扣项目)、保存记录以进行审核。②

---

①② 国家税务总局国际税务司国别投资税收指南课题组. 中国居民赴马来西亚投资税收指南 [EB/OL]. [2020-11-27]. http://www.chinatax.gov.cn/chinatax//n810219/n810744/n1671176/n1671206/c3317853/5116147/files/abcf33da955848d09bfe44ad740476bf.pdf.

2. 个人所得税申报

个人所得税的申报期限为每年 4 月 30 日之前。纳税人应按应纳税额在 4 月 30 日前缴纳，如有迟缴会有 10% 的罚款，如超过限定日期 60 天缴纳，还会有额外的 5% 的罚款。

3. 不动产利得税申报

不动产利得税纳税期限为处置应税资产日期后 60 天内。

4. 销售税和服务税申报

销售税和服务税通常要求 2 个日历月份申报一次，每个纳税人应在纳税期结束后的次月的最后一天之前提交纳税申报表。获得进口应税服务的消费者必须在其已支付进口服务款项或已收到发票的下个月的最后一天之前提交申报表。纳税人迟交申报表将被处以最高 5 万林吉特的罚款或最多 3 年的监禁，或二者并罚。

四、特别纳税调整规定

（一）关联交易

在马来西亚，下列情形的当事方应被视为关联交易的双方：一是一方对他方有直接或间接的控制权；二是双方均受第三方的直接或间接控制；三是双方共同对第三方享有直接或间接的控制权。

根据马来西亚 1993 年《反补贴与反倾销法》第 2 条规定，当事人一方处于对另一方法律上或事实上的指导、约束地位时，认为该当事人对其享有控制权。通常情况下，判定关联交易是否发生的标准不在于是否已经开具发票，而是要看实质的交易是否已经真实的发生。

关联公司之间的交易，无论发生在马来西亚境外或境内都必须公开年度所得税申报表，包括购买、贷款和其他费用及收入。从 2014 纳税年起，无论他们是否准备好该期转让定价报告，纳税人都必须在年度所得税申报表上申报。虽然没有法定的上交截止日期，但申报的相关文件需要在年度所得税申报文件归档期限前准备好。这些相关文件需要具有时效性，同时需符合内陆税收局的要求。[1]

---

[1] 国家税务总局国际税务司国别投资税收指南课题组. 中国居民赴马来西亚投资税收指南 [EB/OL]. [2020 - 11 - 27]. http://www.chinatax.gov.cn/chinatax//n810219/n810744/n1671176/n1671206/c3317853/5116147/files/abcf33da955848d09bfe44ad740476bf.pdf.

(二) 同期资料

国别报告适用于 2017 年 1 月 1 日之后的财政年度，申报期限为一个财政年度结束后的 12 个月内。有两类纳税人有义务提交国别报告：一是跨国企业集团总部位于马来西亚，即在上一财政年度，与组成实体之间有跨境交易，并且合并集团总收入达到至少 30 亿林吉特；二是外国总部跨国企业集团中的马来西亚组成实体须符合最终控股公司税务管辖区规定的国别报告要求。例如，中国总部跨国企业集团中的马来西亚子公司，须符合中国国家税务总局规定的合并集团收入 55 亿人民币。此外，中国总部跨国企业集团中的马来西亚组成实体，在本地没有义务将国别报告提交至马来西亚内陆税务局，马来西亚内陆税务局可从中国国家税务总局获取国别报告信息。

(三) 转让定价调查

马来西亚用来确定独立交易价格的主要方法有：可比非受控价格法、再销售价格法、成本加成法、交易利润分割法、交易净利润法。

根据马来西亚《所得税法案》第 82 条（1）项（a）款的规定，纳税人需保留自收入相关年年末起 7 年内的充足记录，以使税务局局长能够确定企业的收入或损失。参与受控交易的纳税人一般需要保留同期的转让定价文件。这包括参与国内受控交易的纳税人，其中至少有一方享有税收优惠或遭受持续亏损，或按不同税率征税，以致该交易将导致应付总税额的调整。

(四) 预约定价安排[①]

马来西亚税法规定，对于跨境交易可以签订预约定价协议。根据马来西亚所得税法案第 138C 条规定，除该条及所得税法规定的任何其他规则外，对于任何与相关人士进行跨境交易的纳税人向内陆税务局局长提出的申请：

（1）内陆税务局局长可与该纳税人订立预先定价安排；

（2）在所得税法第 132 条适用的情况下，主管机关可订立预约定价安排，以确定将来在任何分配或分配收入或扣除中使用的转让定价方法，以确保该交易中的独立交易价格。

根据第（1）款提出的申请须以规定表格形式提出，并须载有内陆税务局局长可能要求的详情。第（1）款所提述的交易须解释如下：

---

① 国家税务总局国际税务司国别投资税收指南课题组. 中国居民赴马来西亚投资税收指南 [EB/OL]. [2020 - 11 - 27]. http://www.chinatax.gov.cn/chinatax//n810219/n810744/n1671176/n1671206/c3317853/5116147/files/abcf33da955848d09bfe44ad740476bf.pdf.

①其中一人有控制权；

②彼此亲属的个人或者两人均由其他人控制。

上述中的"亲属"，指有夫妻、直系血亲、兄弟姐妹，以及其他抚养、赡养、扶养关系的个人。

（五）资本弱化①

马来西亚资本弱化规则适用于在一个课税年度的计税基期内，在受控交易中获得任何财务援助（包括跨境财务援助和国内财务援助）的利息支出总额超过50万林吉特的情况。

根据《利息扣除限制指南》（ESR指南）规则和指南，利息扣除将限制于"最高利息金额"，即（个人营业收入的税收－税息折旧及摊销前利润总额）×20%。

[思考练习]

1. 马来西亚对于公司所得税的征收范围与税率有何最新规定？

答：居民纳税人须就来源于马来西亚境内和境外的所得缴税，非居民纳税人仅就来源于马来西亚境内所得缴税。2020年，对于实收资本低于（含）250万林吉特的马来西亚本土公司，其取得的60万林吉特以内的收入适用17%的税率，之后的收入按标准税率24%纳税。对于实收资本高于250万林吉特的马来西亚本土公司，税率为24%。

非居民企业公司所得税的缴纳实行预提税制度，预提税税率为10%～15%，如利息适用15%税率、特许权使用费适用10%税率。马来西亚对股息不征收预提所得税。

2. 马来西亚服务税是否适用典型的销项减去进项体系？

答：马来西亚服务税中，不存在进项税制度，它本质上为单一阶段的税收。

3. 马来西亚对于数字经济税有何规定？

答：马来西亚皇家海关总署在2019年8月20日发布了《数字服务税指南》，将服务税的征税范围扩大到数字服务领域，并决定自2020年1月1日

---

① 国家税务总局国际税务司国别投资税收指南课题组. 中国居民赴马来西亚投资税收指南 [EB/OL]. [2020 – 11 – 27]. http: // www. chinatax. gov. cn/chinatax // n810219/n810744/n1671176/n1671206/c3317853/5116147/files/ abcf33da955848d09bfe44ad740476bf. pdf.

起对向马来西亚消费者提供数字服务的外国服务供应商征收服务税。

4. 马来西亚销售税和服务税有何征管规定？

答：马来西亚销售税和服务税通常要求2个日历月份申报一次，每个纳税人应在纳税期结束后的次月的最后一天之前提交纳税申报表。获得进口应税服务的消费者必须在其已支付进口服务款项或已收到发票的下个月的最后一天之前提交申报表。纳税人迟交申报表将被处以最高5万林吉特的罚款或最多3年的监禁，或二者并罚。

俄罗斯

一、税制结构概览

根据《俄罗斯联邦税法典》（以下简称《税法典》），俄罗斯税收按3个层级征收，分别为俄罗斯联邦、联邦主体（也译为地区）和地方三级。其中，联邦税费在俄罗斯联邦范围内征收，包括增值税、消费税、个人所得税、企业所得税、矿产资源开采税、水资源使用税、开采碳氢化合物额外收入税、野生动物和水生生物资源使用费、政府性收费以及社会保险费10项税费。联邦主体税在相应的联邦主体范围内征收，包括企业财产税、博彩税和交通运输税3个税种。地方税费在相应的市、区内征收，主要包括土地税、个人财产税（房产税）、交易费3项税费。此外，俄罗斯还针对某些特定行业出台了5种"特别税收制度"，即简化征税制、统一农业税、统一推算收入税、专利征税制、与执行"产品分成协议"相关的税制，形成简易征税制度、统一农业税、核定征收制度（2021年1月1日失效）、特许征税制度以及产品分成协议征税制度。

在税收优惠方面，俄罗斯地域税收优惠特色明显，包含区域投资项目税收优惠、经济特区优惠政策、跨越式发展区优惠政策、符拉迪沃斯托克自由港政策、北极地区优惠政策、"斯科尔科沃"及联邦法律规定的其他创新中心优惠政策等。

俄罗斯规定，2017年至2020年，俄罗斯企业所得税的税率为20%；自2021年1月1日起，俄公民年收入超过500万卢布的部分适用的个人所得税税率由13%提高到15%；自2019年1月1日起，增值税一般税率由18%提高到20%。数字服务税方面，俄罗斯规定，自2017年1月1日开始，外国企业通过互联网向俄罗斯个人（不包括个体企业家）提供电子服务及相关内容须缴纳增值税。此外,俄罗斯自 2019 年 1 月 1 日起,取消对动产征收企业财产税,只对不动产征收企业财产税。

二、主要税种介绍

俄罗斯主要税种包括:企业所得税、个人所得税、增值税,联邦主体税中的博彩税,地方税费中的个人财产税等。

(一)企业所得税

俄罗斯企业所得税纳税人分为居民企业纳税人和非居民企业纳税人。企业所得税的法定税率为 20%。

1. 纳税人身份判断标准

根据《税法典》第 246.2 条规定,俄罗斯企业所得税的居民企业纳税人为在俄罗斯注册成立的企业、实际管理机构在俄罗斯境内的外国企业,以及根据适用的税收协定被视为俄罗斯税收居民的外国企业。

《税法典》第 246.2 条明确,根据在俄罗斯定期开展业务、会计核算或会计管理地点、人员业务管理地点、办公室工作地点等多方面因素来判定一个企业是否为实际管理机构在俄罗斯境内的外国企业。

企业所得税的非居民企业纳税人为通过常设机构在俄罗斯境内从事经营活动的外国企业或者有来源于俄罗斯收入的外国企业。

2. 征收范围

俄罗斯企业所得税的居民企业纳税人就其来源于境内和境外的全部所得缴纳企业所得税。非居民企业纳税人收入形式分为两类:一是通过常设机构在俄罗斯境内从事经营活动的非居民企业,其征税范围与居民企业类似,即归属于常设机构的境内和境外所得;二是对于没有俄罗斯常设机构,或其来源于俄罗斯收入与常设机构的业务无关的非居民企业,征收范围是《税法典》第 309 条所列示的从俄罗斯境内获得的收入,由俄罗斯境内的支付方代扣代缴企业所得税。

3. 税率

对于居民企业和设立常设机构的非居民企业,其企业所得税的法定税率为 20%。此外,俄罗斯还规定了特定类型所得税税率,即股息、红利所得税税率(0、13%)、利息所得税税率(0、9%、15% 和 20%)以及某些特定财产转让收益所得税税率(零税率)。

对于非居民企业未设立常设机构或与常设机构无关的所得预提税率，主要为股息、红利所得税税率（15%、5%）、利息所得税税率（0、9%、15%、20%）、股权转让收益所得税税率（0、20%）、国际运输收入税率（10%）、其他收入所得税税率（20%）。

（二）个人所得税

2021年1月1日以前，俄罗斯实行13%的单一税率个人所得税；2021年1月1日以后，俄罗斯实行13%~15%的累进税率个人所得税。俄罗斯个人所得税纳税人分为居民个人纳税人和非居民个人纳税人。

1. 纳税人身份判定标准

俄罗斯常住居民个人，是指俄罗斯公民和外国公民或无国籍人士，在任何连续12个月内在俄罗斯联邦居住至少183天。其中境外旅行、不到6个月的短期境外治疗或培训以及因用工合同或其他责任到境外工作或提供服务等情况不中止居住时间的计算。不符合上述条件纳税人为俄罗斯非居民个人。

2. 征收范围

对于俄罗斯居民个人，对其来源于俄罗斯境内和境外的全部所得征税，除非税收协定另有规定，否则其在境外缴纳的税款不得从在俄罗斯计算的税款中扣除。对于俄罗斯非居民个人，仅对其来源于俄罗斯境内的特定类型所得征税。俄罗斯个人所得税就受雇所得、营业和专业所得、投资所得、资本利得进行征税。

3. 税率和税前扣除

居民个人的所得税标准税率为13%，非居民个人的所得税标准税率为30%，下列情形除外：

（1）对于居民个人，在2007年1月1日前发行的抵押债券的利息适用税率为9%。

（2）具有高素质专家身份的外籍员工在俄罗斯受雇所得收入以及以免签证形式停留在俄罗斯的非居民外籍人士和凭借特殊许可证从事为个人、家庭和类似需求工作的个人在俄罗斯受雇所得收入适用税率为13%。

（3）非居民个人从俄罗斯公司收到的股息收入适用税率为15%。

（4）特定类型的非雇佣收入适用税率为35%，包括：各种博彩、竞赛中的得奖，奖金收入和广告收入等超过4000卢布（非居民个人为2000卢布）以上的收入；从自愿性保险合同中获得的超过《税法典》有关规定的保险赔款；纳税周期内超过中央银行规定的本币存款再融资利率加5个百分点或外币存款9%年利率的卢布或外币存款获得的利息收入；纳税人个人借款所获得的利息收入。

根据《税法典》，对于居民个人，法定个人所得税扣除项目包括：标准扣除额（如抚养子女）、社会化扣除额（如教育、医疗、保险、捐赠）、房屋扣除额、经营业务费用扣除额和投资扣除额。扣除额只适用于按一般税率（13%）征税的收入，适用其他税率的收入没有扣除。

（三）增值税

在俄罗斯销售货物、提供劳务或服务的收入都要征收增值税。2019年1月1日起，增值税税率为0、10%和20%三档（2019年1月1日以前的税率为0、10%和18%三档）。

1. 纳税人身份判断标准

根据《税法典》第143条规定，增值税的纳税人为：

（1）具有法人地位、从事生产和其他经营活动的各种组织形式和所有制形式的企业、机构和组织；非居民企业在俄罗斯境内设立的分支机构和代表机构。

（2）从事生产和其他商业活动的外商投资企业。

（3）个体（家庭）企业、私营企业、由个体和社会组织创办的从事生产和其他商业活动的企业。

（4）具有独立结算账户并独自销售货物的各类企业的分厂、分部和其他独立分支机构。

（5）在俄罗斯境内从事生产和其他商业活动的国际联合公司和外国法人；自2017年1月1日开始，通过互联网向俄罗斯纳税人提供电子服务的外国企业。

（6）非商业性组织，其中包括：消费合作社、社会和宗教联合组织、从事商业活动的慈善和其他基金会。

（7）向俄罗斯境内进口货物的企业。

2. 征收范围

根据《税法典》第146条规定，增值税的征收范围主要包括以下方面：

（1）在俄罗斯领土上销售货物（劳务、服务），包括销售已质押的货物、根据补偿协议或续订协议转让货物（劳务、服务）以及转让产权；货物（劳务、服务）的销售是指货物（劳务成果、提供服务）所有权的转移。

（2）俄罗斯的企业内部用于自己生产需要转移的货物（劳务成果、提供服务)。

(3) 自用建筑安装工程。

(4) 进口到俄罗斯或其管辖范围内的其他领土的货物。

(5) 外国企业通过互联网向俄罗斯居民提供的电子服务,包括通过互联网提供计算机软件使用权,游戏和数据库的使用权,以及提供互联网广告服务、发布信息服务、提供数据库服务、提供电子书和提供网上音乐、视频等。

3. 税率

俄罗斯增值税税率分为0(与出口相关的货物、劳务、服务)、10%(低税率)和20%(货物、劳务、服务适用的标准税率)。其中,适用10%低税率的货物为基础食品类货物、儿童货物类、符合条件的期刊杂志、个人使用的医药产品等,详见《税法典》第164条款中的完整清单。

4. 应纳税额

俄罗斯增值税纳税人按照典型的销项减去进项体系纳税。其计算公式为:

应纳税额 = 当期销项税额 − 当期进项税额

销项税额 = 销售额 × 税率

若纳税人可抵扣的进项税额超过了当期的销项税额,纳税人则有权申请留抵进项税额退税。

(四) 博彩税

俄罗斯对从事博彩业的组织和个人征收博彩税。征收对象包括赌桌、赌博机等。

博彩税的税率分为定额税率和比例税率两种,各联邦主体有权在法律规定的浮动税率范围内确定具体的适用税率。例如,莫斯科市规定每张赌桌每月的税额标准为12.5万卢布,每台赌博机每月的税额标准为8.5万卢布。①

(五) 个人财产税

俄罗斯对拥有不动产并且符合相关条件的个人征收个人财产税。但仅对位于市区的不动产征税,包含住宅建筑、公寓(公摊部分除外)、房间、车库、停车位、单独的综合建筑、在建工程、任何其他建筑物和构筑物。

纳税人拥有多套房产的,以其拥有的全部房产评估价格总和扣除免征额

---

① 国家税务总局国际税务司国别投资税收指南课题组. 中国居民赴俄罗斯投资税收指南 [EB/OL]. [2020 − 11 − 27]. http://www.chinatax.gov.cn/chinatax//n810219/n810744/n1671176/n1671206/c2069894/5116155/files/8b78986de8b841e9b1e63bf926bc3d4a.pdf.

后的余额计征房产税。税率为 0.1% ~ 0.5%。

三、税收征收和管理制度

（一）税收征管部门

俄罗斯联邦税务局是俄罗斯负责税收征管的主要部门，隶属于俄罗斯联邦财政部，主要负责履行监督税法的执行情况、税款以及国家征收的其他费用能否按照有关法律规定准确、足额、及时征收，同时还监督酒精、酒精制品和烟草制品的生产和流转，并且还负有在其管辖范围内外汇管理的职能。

（二）注册登记管理

纳税人进行注册登记需经俄罗斯联邦税务局审批，税务局在收到登记申请文件起 3 个工作日内，作出是否受理的决定。注册登记申请需提交的资料如下：①

（1）根据规定的程序予以证明的组织机构设立文件复印件。

（2）该组织机构或自然人在国家统一注册机构进行登记的事实确认文件复印件。

（3）在税务机关办理登记的证明文件复印件。

（4）投资报告（附带投资方案）。

（5）根据《税法典》和相应的俄罗斯联邦主体法律规定，针对地区投资项目或其参与方要求提供的其他文件。

对于外国企业，若其在一年内通过分支机构在俄罗斯进行或者准备进行超过 30 日（连续或者总计）的活动，则该公司应当在活动开始后的 30 日之内在俄罗斯税务机关进行注册登记。

（三）纳税申报管理

1. 企业所得税申报

企业所得税分为季度预申报和年度申报。纳税年度为一个日历年。年度企业所得税纳税申报期限为纳税年度终了后次年的 3 月 28 日前。此外，纳税人在年度内须按季或按月提交简化纳税申报表，申报期限为申报期终了后次月 28 日前。

---

① 国家税务总局国际税务司国别投资税收指南课题组. 中国居民赴俄罗斯投资税收指南 [EB/OL]. [2020-11-27]. http://www.chinatax.gov.cn/chinatax//n810219/n810744/n1671176/n1671206/c2069894/5116155/files/8b78986de8b841e9b1e63bf926bc3d4a.pdf.

税务机关可以要求纳税人在报送纳税申报表时，提供与纳税申报有关的必要文件和资料，如资产负债表和损益表。此外，企业还应将财务报表报送至俄罗斯联邦统计局。企业所得税申报实行电子申报或纸质申报，但雇员人数超过 100 人的居民企业纳税人以及税法规定的其他符合条件的纳税人必须使用电子申报，即通过俄罗斯联邦税务局官方网站（www.nalog.ru）上的"企业账户"电子服务平台申报。

2. 个人所得税申报

个人所得税由雇主在支付时代扣代缴或者由纳税人按年度自行申报，申报期限为纳税年度终了后次年 4 月 30 日前。

3. 增值税申报

增值税申报期限为季度终了后次月 25 日前。增值税申报表包含纳税人的采购分类账和销售分类账，包含当期纳税人收到或开具的每张增值税发票的信息。从 2015 年 1 月 1 日起，增值税申报实行电子申报。《税法典》第 174 条规定，增值税可分期缴纳，可在报告季度结束后的连续 3 个月中的每个月 25 日前分 3 个等额缴纳。

4. 博彩税申报

博彩税按月缴纳，纳税期限为申报期终了后次月 20 日内。

5. 个人财产税申报

个人财产税由纳税人根据每年税务评估结果在纳税年度终了后次年 12 月 1 日之前缴纳。

（四）发票管理

俄罗斯利用"在线收银机制度"作为发票管理的有力手段之一。联邦税务局 2012 年在韩国学习了国际经验后，开始研发在线收银机。在线收银机可立即将销售数据上传到俄罗斯联邦税务局数据处理中心。客户可以通过手机 APP（可免费下载使用的移动应用程序）扫描在线收银机开具的发票的二维码，实时与税务管理部门存储的信息验证发票。在线收银机应用系统可以验证发票、监视收银机开具并在数据不匹配时自动提出风险提示，实时验证发票是否违规，是对违规行为的有力震慑。俄罗斯报告说，在引入新的在线收银机系统之前，原来收银机系统无法确保收入数据来源的可靠性或完整性，导致了零售业避税的高风险。在引入在线收银机系统后，零售商的增值税合规率有了显着提高。

四、特别纳税调整规定

(一) 关联交易

《税法典》第 105.1 条明确规定了 11 种类型的关联方,其中直接拥有 25% 以上的股权、指定或任命人事权是主要标准。

根据《税法典》第 105.14 条规定,关联交易包括符合条件的跨境交易和国内交易。俄罗斯 2018 年出台的第 302 – FZ 号法案对转让定价规则的适用范围进行了修订,从转让定价规则中剔除了大量国内交易,对跨境交易规定了统一的交易额门槛,其中,跨境交易门槛为交易额 6000 万卢布,国内交易为一个日历年度 10 亿卢布。该规定自 2019 年 1 月 1 日起实施。

关联申报的申报期限为次年 5 月 20 日前。根据《税法典》第 129.4 条规定,未在规定时限内提交关联交易申报或提交载有不准确资料的关联交易申报,将被罚款 5000 卢布。

(二) 同期资料

2017 年 11 月,根据 BEPS 第 13 项行动计划关于转让定价文档的要求,俄罗斯在《税法典》中加入跨国企业集团及其组成实体的定义、提交转让定价文档(国别报告、主体文档和本地文档)、情报自动交换等内容。

1. 国别报告

国别报告适用于 2017 年 1 月 1 日之后的财政年度,申报期限为一个财政年度结束后的 12 个月内。除特殊情况外,国别报告应使用俄语编写。根据《税法典》第 105.16 – 3 (2) 条规定,有两类纳税人有义务提交国别报告:一是如果跨国公司的最终母公司是俄罗斯纳税人,则国别报告必须由该最终母公司或最终母公司指定的代理公司代替最终母公司提交;二是如果跨国企业集团的最终母公司不是俄罗斯纳税人,则作为跨国企业集团组成实体的俄罗斯纳税人应税务部门要求提交国别报告。俄罗斯税收居民提交国别报告的收入门槛是跨国企业集团财政年度合并报表收入 500 亿卢布。

2. 主体文档

主体文档适用于 2017 年 1 月 1 日之后的财政年度,申报期限为俄罗斯联邦税务局提出申报要求后的 3 个月内。无需与国别报告一起提供,只需在俄罗斯联邦税务局要求时提交。除特殊情况外,主体文档应使用俄语编写。法律规定,主体文档可以任意方式编制,只要其中包括《税法典》第 105.16 – 4 (1) 条所列的资料。跨国企业集团的组成实体根据俄罗斯法律被视为纳税人的，需要准备主体文档，提交主体文档的收入门槛与国别报告的收入门槛相同。逾期提交主体文档，可处 10 万卢布罚款。

3. 本地文档

本地文档适用于 2018 年及以后年份，申报期限为俄罗斯联邦税务局提出申报要求后的 30 天内。本地文档应该用俄语编写，也允许使用其他语言。被视为俄罗斯纳税人的跨国企业集团的组成实体，应当填报本地文档。提交本地文档的收入门槛为跨国企业集团财政年度合并报表收入 500 亿卢布。本地文档应包含《税法典》第 105.15（1）条中的内容。未在规定时限内提交本地文档的，可处 10 万卢布罚款。

（三）转让定价调查

俄罗斯对转让价格和毛利的确定方法与 OECD 类似，为可比非受控价格法、再销售价格法、成本加成法、可比利润法、利润分割法。因在受控交易中使用非市场价格而少缴税款的纳税人，适用下列税收处罚。①

1. 延迟缴纳税款利息

根据《税法典》第 75 条规定，需要按日支付延迟缴纳税款的利息，利率为俄罗斯中央银行再融资利率的 1/300。

2. 罚款

2014—2016 年之间进行的关联交易的收入调整的处罚是纳税年度少缴税款的 20%；2017 年及以后罚款额是纳税年度少缴税款的 40%，但不低于 3 万卢布。纳税人向税务机关提交支持受控交易中使用的市场价格水平的本地文档（《税法典》第 129.3 条），因关联交易的收入调整而形成的纳税年度未足额缴纳的税款不受处罚。

（四）预约定价安排

属于《税法典》第 83 条定义的大企业级别的俄罗斯纳税人有权向税务机关递交预约定价协议（以下简称定价协议）签订申请书。申请人可就具有同样标的的一个或几个交易（一组同类交易）签订定价协议，签订期限不超过 3 年。纳税人申请缔结或修正定价协议的须缴付 200 万卢布的政府税费（如服务费）。

---

① 国家税务总局国际税务司国别投资税收指南课题组. 中国居民赴俄罗斯投资税收指南 [EB/OL]. [2020 - 11 - 27]. http: // www. chinatax. gov. cn/chinatax//n810219/n810744/n1671176/n1671206/c2069894/5116155/files/8b78986de8b841e9b1e63bf926bc3d4a. pdf.

(五) 受控外国企业①

受控外国企业，是指俄罗斯税收居民（个人或公司）控制的外国管辖区的税收居民和非法人分支机构。控制，是指俄罗斯法人实体或个人对受控法人公司的利润分配拥有决定性影响的能力，对于受控非法人分支机构拥有资产管理、经营和利润分配决定性影响的能力。控制人，是指俄罗斯法人或自然人（包括配偶、子女和其他亲属在内）直接或间接持有25%以上外国企业股份的或者单一直接或者间持有外国企业10%以上股份的俄罗斯法人或自然人（包括配偶、子女和其他亲属在内）共同持有该外国企业50%以上股份的。

当纳税人参股外国企业10%以上的股份或者创建外国非法律实体或者成为外国非法律实体利润的受益所有人时，必须向税务当局报告信息。具体而言，控制人应于次年3月20日前将受控外国企业的收入纳入应纳税所得额进行纳税，并向税务局提交受控外国企业信息报表和受控外国企业经审计的财务报表或确认受控外国企业收入的基础资料。例如，2015年受控外国企业的收入应于2016年12月31日前纳入应纳税所得额进行纳税，并于2017年第一次提交受控外国企业信息报表。俄罗斯对没有填报受控外国企业信息报表或提供错误的受控外国企业信息的，每个受控公司罚款10万卢布。

(六) 资本弱化②

关联方贷款利息的扣除和下列情况下的贷款提供方适用资本弱化规则：

(1) 直接或间接拥有俄罗斯公司超过25%注册资本的外国企业或自然人；

(2) 上述外国企业或自然人的俄罗斯关联公司；

(3) 任何上述俄罗斯关联公司或外国企业或自然人向俄罗斯借款方为其提供担保的公司或自然人，包括自身作为担保人或以任何其他方式提供担保。

通常，关联法人实体的债权性投资与权益性投资的比例不得超过3∶1，银行和租赁公司的该比例不得超过12.5∶1。对具有受控债务特征的债务汇总计算债权性投资与权益性投资的比例。

---

①② 国家税务总局国际税务司国别投资税收指南课题组. 中国居民赴俄罗斯投资税收指南 [EB/OL]. [2020-11-27]. http://www.chinatax.gov.cn/chinatax//n810219/n810744/n1671176/n1671206/c2069894/5116155/files/8b78986de8b841e9b1e63bf926bc3d4a.pdf.

[思考练习]

1. 俄罗斯税收按几个层级进行征收，分别征收哪些税种？

答：俄罗斯税收按3个层级征收，分别为俄罗斯联邦、联邦主体（也译为地区）和地方三级。其中，联邦税费在俄罗斯范围内征收，包括增值税、消费税、个人所得税、企业所得税、矿产资源开采税、水资源使用税、开采碳氢化合物额外收入税、野生动物和水生生物资源使用费、政府性收费以及社会保险费10项税费。联邦主体税在相应的联邦主体范围内征收，包括企业财产税、博彩税和交通运输税3个税种。地方税费在相应的市、区内征收，主要包括土地税、个人财产税（房产税）、交易费3项税费。

2. 俄罗斯对企业所得税的征收范围是如何规定的？

答：俄罗斯企业所得税的居民企业纳税人就其来源于境内和境外的全部所得缴纳企业所得税。非居民企业纳税人的收入分两类处理：一是通过常设机构在俄罗斯境内从事经营活动的非居民企业，其征收范围与居民企业类似，即归属于常设机构的境内和境外所得；二是对于没有俄罗斯常设机构，或其来源于俄罗斯收入与常设机构的业务无关的非居民企业，征收范围是《税法典》第309条所列示的从俄罗斯境内获得的收入，由俄罗斯境内的支付方代扣代缴企业所得税。

3. 俄罗斯个人所得税实行单一税率还是累进税率？

答：2021年1月1日以前，俄罗斯实行13%的单一税率个人所得税；2021年1月1日以后，俄罗斯实行13%~15%的累进税率个人所得税。

4. 俄罗斯税收居民个人和税收非居民个人的所得税标准税率分别为多少？

答：俄罗斯个人所得税纳税人分为居民个人纳税人和非居民个人纳税人。其中，居民个人的所得税标准税率为13%，非居民个人的所得税标准税率为30%。

5. 俄罗斯增值税税率分为几档？分别适用于什么经营活动？

答：2019年1月1日起，俄罗斯增税税率为0、10%和20%三档（2019年1月1日以前的税率为0、10%和18%三档）。其中，零税率适用于与出口相关的货物、劳务、服务经营活动，10%为低税率适用于基础食品类货物、儿童货物类、符合条件的期刊杂志、个人使用的医药产品等（详见《税法典》第164条款中的完整清单）相关经营活动，20%标准税率适用于除以上两档税率外的货物、劳务、服务经营活动。

6. 俄罗斯企业所得税申报实行电子申报还是纸质申报？

答：俄罗斯企业所得税申报实行电子申报或纸质申报，但雇员人数超过100人的居民企业纳税人以及税法规定的其他符合条件的纳税人必须使用电子申报，即通过俄罗斯联邦税务局官方网站（www.nalog.ru）上的"企业账户"电子服务平台申报。

附录2　服务"一带一路"建设主要税收政策目录

1. 国家税务总局　国家外汇管理局关于服务贸易等项目对外支付税务备案有关问题的补充公告（国家税务总局　国家外汇管理局公告2021年第19号）
2. 国家税务总局关于优化整合出口退税信息系统　更好服务纳税人有关事项的公告（国家税务总局公告2021年第15号）
3. 财政部　税务总局关于境外所得有关个人所得税政策的公告（财政部　税务总局公告2020年第3号）
4. 国家税务总局关于调整《中国税收居民身份证明》有关事项的公告（国家税务总局公告2019年第17号）
5. 国家税务总局关于公布已取消税务行政许可事项的公告（国家税务总局公告2019年第11号）
6. 国家税务总局关于税收协定执行若干问题的公告（国家税务总局公告2018年第11号）
7. 国家税务总局关于税收协定中"受益所有人"有关问题的公告（国家税务总局公告2018年第9号）
8. 财政部　税务总局关于完善企业境外所得税收抵免政策问题的通知（财税〔2017〕84号）
9. 国家税务总局关于进一步做好税收服务"一带一路"建设工作的通知（税总发〔2017〕42号）
10. 国家税务总局关于完善预约定价安排管理有关事项的公告（国家税务总局公告2016年第64号）
11. 国家税务总局关于完善关联申报和同期资料管理有关事项的公告（国家税务总局公告2016年第42号）
12. 国家税务总局关于开具《中国税收居民身份证明》有关事项的公告

（国家税务总局公告2016年第40号）

13. 国家税务总局关于发布《营业税改征增值税跨境应税行为增值税免税管理办法（试行）》的公告（国家税务总局公告2016年第29号）

14. 国家税务总局关于境内机构向我国银行的境外分行支付利息扣缴企业所得税有关问题的公告（国家税务总局公告2015年第47号）

15. 国家税务总局关于做好居民企业报告境外投资和所得信息工作的通知（税总函〔2015〕327号）

16. 国家税务总局关于企业境外所得适用简易征收和饶让抵免的核准事项取消后有关后续管理问题的公告（国家税务总局公告2015年第70号）

17. 国家税务总局关于居民企业报告境外投资和所得信息有关问题的公告（国家税务总局公告2014年第38号）

18. 国家税务总局关于发布《税收协定相互协商程序实施办法》的公告（国家税务总局公告2013年第56号）

19. 国家税务总局关于印发《境外注册中资控股居民企业所得税管理办法（试行）》的公告（国家税务总局公告2011年第45号）

20. 国家税务总局关于印发《特别纳税调整实施办法（试行）》的通知（节选）（国税发〔2009〕2号）

21. 财政部 国家税务总局关于企业境外所得税收抵免有关问题的通知（财税〔2009〕125号）

扫码阅读政策内容摘编